Datenschutz-Grundverordnung (DS-GVO)

General Data Protection Regulation (GDPR)

D1618342

Thomas Müthlein (Hrsg.)

Datenschutz-Grundverordnung (DS-GVO)
General Data Protection Regulation (GDPR)

Textausgabe Englisch – Deutsch

Mit einem Einführungstext zur DS-GVO von Prof. Peter Gola

DATAKONTEXT

Bibliografische Information der Deutschen Bibliothek
Die Deutsche Bibliothek verzeichnet diese Publikation in der
Deutschen Nationalbibliografie; detaillierte bibliografische Daten sind im
Internet über http://dnb.ddb.de abrufbar.

ISBN 978-3-89577-781-3
1. Auflage 2016

© 2016 DATAKONTEXT GmbH

www.datakontextcom

E-Mail: kundenbetreuung@datakontext.com

Telefon: +49 89/21 83-7928
Telefax: +49 89/21 83-7620

Covergestaltung: Britta Happel
Satz: Ill-satz, Husby
Druck: Medienhaus Plump GmbH

Printed in Germany

Inhaltsverzeichnis
Table of Contents

Erwägungsgründe zur DS-GVO Englisch – Deutsch   **157**

Einführung in die Datenschutz-Grundverordnung (DS-GVO)

Englisch – Deutsch

Prof. Peter Gola

übersetzt von Wendy Marth, Bonn

Introduction to the GDPR

I. Background

The EU Regulation 2016/79 "on the protection of natural persons with regard to the processing of personal data (GDPR) "[1] came into force on 25.5.2016 following publication in the official journal of the EU[2] on 4.5.2016 and will start to apply as from 25.5.2018 (Art. 99).[3]

Until then the basis for a standardised form of data protection law in the EU will remain the EC Data Protection Directive of 24.10.1995.[4] A directive applies solely to Member States and is intended to harmonise regulated legal matter after being transposed into national law, which was accomplished inter alia by the BDSG. The harmonization effect relates particularly to the creation of equal economic conditions and equal terms of competition and can only be achieved if the national states keep within the margins assigned to them. This had not been sufficiently observed in practice.[5] This realization led to data protection in the EU now being organised in the form of a Regulation. Unlike Directives, Regulations have general and direct applicability and are in their entirety binding legal acts. Because of their direct applicability, they do not need to be transposed into national law by the Member States (Art. 288 Para. 2 TFEU).

On the other hand, a Regulation can have "escape clauses" which continue to allow regulations in national law or allow for national room for manoeuvre. In the GDPR this occurs in a number of cases. Some escape clauses give Member States a mandate for action; others – and this is the majority – leave scope for action at

---

1. The full title is: "Regulation (EU) 2016/679 of the European Parliament and of the Council of 27 April on the protection of natural persons with regard to the processing of personal data and on the free movement of such data, and repealing Directive 95/46/EC (General Data Protection Regulation)"
2. Official Journal L 119 of 4 May 2016
3. In the following the Articles of the GDPR are listed without Regulation titles
4. Data Protection Directive 95/46/EG of 24.10.1995.
5. cf. CJEU of 24.11.2011 in the cases C-468/10 – ASNEF and C-469/10 – FECEMD; Lang, K&R 2012, 40

Einführung in die DS-GVO

I. Die Ausgangslage

Die EU-Verordnung 2016/79 „zum Schutz natürlicher Personen bei der der Verarbeitung personenbezogener Daten (DS-GVO)"[1] ist, nachdem sie am 4. 5. 2016 im Amtsblatt der EU[2] veröffentlicht wurde, am 25. 5. 2016 in Kraft getreten und wird ab dem 25. 5. 2018 (Art. 99) Geltung haben.[3]

Grundlage für die einheitliche Gestaltung des Datenschutzrechts in der EU ist bis dahin noch die EG-Datenschutzrichtlinie vom 24.10.1995.[4] Eine Richtlinie ist mit dem Ziel der Harmonisierung der geregelten Rechtsmaterie ausschließlich an die Mitgliedstaaten gerichtet und von diesen in nationales Recht umzusetzen, was sodann u. a. im Bundesdatenschutzgesetz (BDSG) geschah. Der speziell unter dem Gesichtspunkt der Schaffung einheitlicher Wirtschaftsbedingungen und der Wettbewerbsgleichheit bedeutsame Harmonisierungseffekt wird aber nur erreicht, wenn die Nationalstaaten sich an die ihnen gewährten Spielräume halten. Dies war in der Praxis nicht hinreichend geschehen.[5] Auf Grund dieser Erkenntnis wird der Datenschutz in der EU nunmehr in einer Verordnung geregelt. Im Gegensatz zu Richtlinien sind Verordnungen allgemein und unmittelbar geltende und in allen ihren Teilen verbindliche Rechtsakte. Gemäß ihrer „Durchgriffswirkung" müssen sie von den EU-Mitgliedstaaten nicht in nationales Recht umgesetzt werden (Art. 288 Abs. 2 AEUV).

Andererseits kann eine Verordnung durch „Öffnungsklauseln" auch weiterhin Regulierungen im nationalen Recht gestatten bzw. nationale Gestaltungsspielräume eröffnen. Dies geschieht in der DS-GVO in gewichtiger Zahl. Einige Öffnungsklauseln geben den Mitgliedstaaten einen Handlungsauftrag; andere – und das ist

---

1. Der vollständige Titel lautet: „Verordnung (EU) 2016/679 des Europäischen Parlaments und des Rates vom 27. April zum Schutz natürlicher Personenbei der Verarbeitung personenbezogener Daten, zum freien Datenverkehr zur Aufhebung der Richtlinie 95/46/EG (Datenschutz-Grundverordnung)"
2. ABl.. L 119 vom 4. Mai 2016
3. Die Art. der DS-GVO werden nachfolgend ohne Verordnungstitel angegeben.
4. Datenschutzrichtlinie 95/46/EG vom 24.10.1995.
5. Vgl. EuGH vom 24.11.2011 in den Rechtssachen C-468/10 – ASNEF und C-469/10 – FECEMD; Lang, K&R 2012, 40

Introduction to the GDPR	**Einführung in die DS-GVO**

the discretion of the Member States.[1] 50 to 60 saving clauses can be counted according to the method used. As a result the European data protection landscape will continue to be complex and confusing after 2018.

die Mehrzahl – eröffnen einen in das Ermessen der Staaten gestellten Handlungsspielraum.[1] Je nach Zählweise kann man 50 bis 60 Öffnungsklauseln feststellen. Im Ergebnis wird sich ab 2018 die europäische Datenschutzlandschaft auch weiterhin komplex und unübersichtlich darstellen.

II.   Revision of data protection by the GDPR

1.   General

Building on the well-established principles of the EU Data Protection Directive, numerous topics are tackled which are also dealt with, for instance, in the key points of "modern data protection legislation" presented by the supervisory authorities.[2] This includes the revised formulation of the scope of protection, the technology-neutral approach, extended transparency obligations or special protection for minors. Other more recent calls for updating of data protection law are reflected in the regulation of "privacy by design and by default" (Art. 25), in data portability (Art. 20) and the special way in which erasure is organised in the form of the right to be forgotten (Art. 17 para. 2).

The principles for the processing of personal data laid out in Art. 5 of the Regulation form its main body. These include the principle of lawfulness, fairness and transparency, limitation to specific purposes, minimisation of data and storage, integrity and confidentiality and accountability.

It is not only the implementation of the principles embodied in these articles that will entail additional time and effort in practical terms, but also the substantial amount of documentation work[3] falling on a company required to prove the fulfilment of its obligations.

II.   Neuregelungen des Datenschutzes durch die DS-GVO

1.   Allgemeines

Aufbauend auf den bewährten Prinzipien der EU-Datenschutzrichtlinie werden zahlreiche Themen angegangen, die auch z.B. Gegenstand der von den Aufsichtsbehörden[2] vorgelegten Eckpunkte eines „modernen Datenschutzrechts" sind. Dazu gehören die Neuformulierung der Schutzrichtung, der technikneutrale Ansatz, erweiterte Transparenzverpflichtungen oder der besondere Schutz Minderjähriger. Weitere aktuelle Forderungen der Fortschreibung des Datenschutzrechts finden ihren Niederschlag in der Regelung der „privacy by design and by default" (Art.25), der Datenübertragbarkeit (Art. 20) und der speziellen Ausgestaltung der Löschung in Form des „Rechts auf Vergessenwerden" (Art. 17 Abs. 2).

Basis der Verordnung sind die in Art. 5 für die Verarbeitung personenbezogener Daten aufgestellten Grundsätze. Dazu gehören das Prinzip der Rechtmäßigkeit, der Richtigkeit, die Grundsätze von Treu und Glauben und der Transparenz, der Zweckbindung, der Daten- und Speicherminimierung, der Integrität und Vertraulichkeit und der Accountability.

Die Praxis mit Mehraufwand belasten werden nicht nur die Umsetzung der die obigen Grundsätze konkretisierenden Artikel, sondern auch die umfangreichreichen Dokumentationsaufwendungen,[3] die das Unternehmen hinsichtlich des Nachweises seiner diesbezüglichen Verpflichtungen zu erfüllen hat.

---

1.   cf. Veil, CR-online.de Blog of 1.2.2016-00.06;
2.   Conference of the data protection commissioners of national and state governments: "Modern Data Protection Law for the 21st Century", resolution of 18 March 2010.
3.   cf. Lepperhoff RDV 4/2016

---

1.   Vgl. Veil, CR-online.de Blog vom 1.2.2016-00.06;
2.   Konferenz der Datenschutzbeauftragten des Bundes und der Länder: „Ein modernes Datenschutzrecht für das 21. Jahrhundert", Beschluss vom 18. März 2010
3.   Vgl. hierzu im Einzelnen Lepperhoff, RDV 4/2016,

2. Scope of application
2.1 Material scope

According to Art. 2 para. 1, the Regulation applies to fully or partially automated processing of personal data and to the non-automated processing of personal data which are stored or are to be stored in a filing system.

2.1.1 Personal data

Personal data continues to mean any information on an identified or identifiable natural person, i.e. a "data subject" (Art. 4 (1). A person is identifiable when he or she can be identified either directly or indirectly by a controller or other person by means of reference to an identifier such as a name, identification number, location data, an online identifier or to one or more specific factors relating to the identity of that person. Data that can only be attributed to a natural person after the acquisition of additional information are deemed to be personal data if the controller or other person is generally considered to have the financial and technical means at their disposal to acquire this information. To this extent there continues to be a difference between pseudonymised data and anonymous or anonymised information from which a data subject cannot or can no longer be identified.[1] There is still no clear answer to the question of the relativity of the personal reference, i.e. whether data are regarded as pseudonymous for someone who has access to additional knowledge and anonymous for those to whom this does not apply.[2]

2.1.2 Processing

"Processing" refers to the handling of personal data, whether or not by automated means, that begins with collection and ends with erasure or destruction (Art. 4 (2)). Despite a considerably expanded catalogue of terms in Art. 4, the "classic" types of processing hitherto listed under Section 3 subsection 3-7 of the BDSG

2. Geltungsbereich
2.1 Sachlicher Anwendungsbereich

Nach Art. 2 Abs. 1 findet die Verordnung Anwendung für die ganz oder teilweise automatisierte Verarbeitung personenbezogener Daten sowie für die nichtautomatisierte Verarbeitung personenbezogener Daten, die in einem Dateisystem gespeichert sind oder gespeichert werden sollen.

2.1.1 Personenbezogene Daten

Mit einem personenbezogenem Datum wird weiterhin jede Art von Informationen über eine bestimmte oder bestimmbare natürliche, d.h. „betroffene" Person gemeint (Art. 4 Nr. 1). Identifizierbar ist jemand, wenn er direkt oder indirekt, insbesondere mittels Zuordnung zu einer Kennung wie einem Namen, zu einer Kennnummer, zu Standortdaten, zu einer Online-Kennung oder zu einem oder mehreren besonderen Merkmalen, die Ausdruck seiner Identität sind, von dem Verantwortlichen oder einer anderen Person ermittelbar ist. Daten, die erst durch Heranziehung zusätzlicher Informationen einer natürlichen Person zugeordnet werden könnten, gelten als personenbezogen, wenn dem Verantwortlichen oder anderen Personen zu deren Erlangung nach allgemeinem Ermessen finanzielle und technische Mittel zur Verfügung stehen. Insoweit unterscheiden sich weiterhin pseudonymisierte Daten von anonymen bzw. anonymisierten Informationen, bei denen die betroffene Person nicht oder nicht mehr identifiziert werden kann.[1] Weiterhin nicht eindeutig beantwortet bleibt die Frage nach der Relativität des Personenbezugs, d.h. ob Daten für den einen, der Zugang zu dem Zusatzwissen hat, als pseudonym und für andere, bei denen das nicht der Fall ist, als anonym gelten.[2]

2.1.2 Die Verarbeitung

Als „Verarbeitung" wird sodann jeder mit oder ohne Hilfe automatisierter Verfahren stattfindender Umgang mit personenbezogenen Daten, beginnend mit dem Erheben und endend mit dem Löschen oder Vernichten (Art. 4 Nr. 2), definiert. Trotz des in Art. 4 erheblich erweiterten Begriffskatalogs werden die

---

1. cf. .See details in Recital 26
2. Cf. Gola/Schomerus, BDSG Section 3 Rdn. 10 f on the relativity of personal relatability

1. Vgl.im Einzelnen ErwG. 26
2. Zur Relativität des Personenbeziehbarkeit vgl. Gola/ Schomerus, BDSG § 3 Rdn. 10 f

are no longer defined although, as in the case of transmission or erasure, they are regulated separately. One exception is "blocking" of data which now appears as the "right to restriction of processing" (Art. 4 (3)).

2.1.3 Automated/file-based procedure

This Regulation, too, only applies to a fully or partially automated processing of data or in cases when storage takes place in a filing system (Art. 2 para. 1) which is to be understood as manual processing as defined in Art. 4 (6) in a structured filing system. Oral questioning is also covered to the extent that the outcome is noted at least on file. The classic, unstructured file does not fall within the scope of the Regulation.

2.2 Territorial scope

2.2.1 Controllers in the EU

The GDPR applies to any person who operates from an establishment within the Union, regardless of the location at which processing is conducted. The fact that a data subject has a job or habitual residence in a third country or is a foreign national is not relevant to his or her status as regards data protection (Recital 14).

2.2.2 Controllers resident outside the EU

Processing on the part of a controller or processor not established or operating in the Union is covered by the Regulation provided the purpose of the data processing is related to services offered to data subjects in the EU or the monitoring of their behaviour (Art. 3 para. 2 lit. b). Like Art. 37 para. 1 lit.b regarding the obligation in this context to appoint a data protection officer[1], the norm targets the monitoring and evaluation of internet activities (Recital 24) and the compiling of client profiles. There is nevertheless no apparent reason why it

bisherigen „klassischen" Erscheinungsformen der Verarbeitung des § 3 Abs. 3 bis 7 BDSG nicht mehr definiert, obwohl sie wie z. B. das Übermitteln oder das Löschen gesondert geregelt werden. Eine Ausnahme bildet das „Sperren" von Daten, das nunmehr als „Recht auf Einschränkung der Verarbeitung" firmiert (Art. 4 Nr. 3).

2.1.3 Automatisiertes/dateigebundenes Verfahren

Auch die Verordnung gilt „erst" bei einer ganz oder teilweise automatisierten Verarbeitung der Daten oder wenn ihre Speicherung in einem Dateisystem (Art. 2 Abs. 1) erfolgt, worunter eine in Art. 4 Nr. 6 definierte manuelle Verarbeitung in einem strukturierten Ablagesystem zu verstehen ist. Erfasst wird also auch die mündliche Befragung von Bewerbern, vorausgesetzt das Ergebnis wird zumindest dateimäßig notiert. Die klassische, unstrukturierte Akte fällt nicht unter die Verordnung.

2.2 Räumlicher Anwendungsbereich

2.2.1 In der EU ansässige Verantwortliche

Die DS-GVO zu beachten hat jeder, der – unabhängig von dem Ort, an dem die Verarbeitung erfolgt – von einer Niederlassung in der Union aus agiert (Art. 3 Abs. 1). Wenn der Betroffene seinen Arbeitsplatz bzw. Aufenthaltsort in einem Drittland hat oder ausländischer Staatsangehöriger ist, ändert das an seinen datenschutzrechtlichen Positionen nichts (ErwG. 14).

2.2.2 Außerhalb der EU ansässige Verantwortliche

Auch Verarbeitungen eines nicht in der Union Niedergelassenen bzw. von hieraus Agierenden werden u. a. erfasst, wenn die Datenverarbeitung dazu dient, das Verhalten von Personen in der EU zu beobachten oder ihnen Dienstleistungen anzubieten (Art. 3 Abs. 2 lit. b). Die Norm stellt – ebenso wie Art. 37 Abs. 1 lit. b hinsichtlich der diesbezüglichen Bestellpflicht eines Datenschutzbeauftragten[1] – ab auf die Beobachtung und Auswertung von Internetaktivitäten (ErwG. 24) und die Erstellung von Kundenprofilen. Gleichwohl ist nicht er-

---

1. Weichert, CuA 4/2016, 9

1. Weichert, CuA 4/2016, 9

Introduction to the GDPR	Einführung in die DS-GVO

should not be applicable in the case of employee data processing. An ongoing performance and conduct data evaluation and the human resources system assessing employee conduct of an international enterprise established in a third country also meet the statutory definition.[1]

3. Norm addressees

3.1 The data processing controller

The norm addressee, the person henceforth called the controller (Art. 4 (7))[2] is the natural or legal person, authority, agency or other body who either alone or with others decides on the purpose and means of processing, whereby in bodies such as a corporate association several controllers can cooperate with one another (Art. 26).

3.2 The processor

Direct responsibilities are henceforth allocated to bodies described as processors, these being agencies that process personal data as directed by the controller (Art. 3 (8)). The processor now no longer becomes a "third party" if his establishment is in a third country (Art. 4 (10)). A new element is that adherence by the processor to the obligation to apply the required technical and organisational measures can now be demonstrated (Art. 28 para. 5) by means of codes of conduct pursuant to Art. 40 (code of conduct) or certification pursuant to Art. 42. If a processor ignores instructions regarding adherence to the purpose and means of processing, the processor shall be held responsible (Art. 28 para. 10).[3] Another new element is that the processor, together with a controller where applicable, can be held liable for any material or immaterial damage resulting from unlawful data processing (Art. 82 para. 1).

kennbar, weshalb sie bei Beschäftigtendatenverarbeitung nicht anwendbar sein sollte. Eine dauernde Auswertung von Leistungs- und Verhaltensdaten und ein das Mitarbeiterverhalten bewertendes Human Resource-System eines im Drittland ansässigen internationalen Konzerns erfüllt den Tatbestand daher ebenfalls.[1]

3. Normadressaten

3.1 Der Datenschutz „Verantwortliche"

Normadressat, der nunmehr als der „Verantwortliche" bezeichnet wird (Art. 4 Nr. 7),[2] ist die natürliche oder juristische Person, Behörde, Einrichtung oder andere Stelle, die allein oder gemeinsam mit anderen über die Zwecke und Mittel der Verarbeitung von personenbezogenen Daten entscheidet, wobei z. B. innerhalb eines Unternehmensverbunds auch mehrere als gemeinsam Verantwortliche kooperieren können (Art. 26).

3.2 Auftragsverarbeiter

Unmittelbar mit Pflichten belegt werden auch nunmehr als „Auftragsverarbeiter" bezeichnete Stellen, d. h. Stellen, die personenbezogene Daten weisungsgebunden für den Verantwortlichen verarbeiten (Art. 3 Nr. 8). Der Auftragnehmer wird nunmehr nicht mehr zum „Dritten", wenn er seinen Sitz im Drittland hat (Art. 4 Nr. 10). Neu ist, dass die Einhaltung der Pflichten des Auftragnehmers zur Einhaltung der erforderlichen technisch-organisatorischen Maßnahmen durch Anwendung von Verhaltensregelungen nach Art. 40 (code of conduct) oder eine Zertifizierung nach Art. 42 nachgewiesen werden kann (Art. 28 Abs. 5). Setzt sich der Auftragnehmer über die ihm gegebenen Weisungen hinsichtlich der Bindung an die Zwecke und Mittel der Datenverarbeitung hinweg, ist er für diese unautorisierte Verarbeitung nunmehr als Verantwortlicher in Rechenschaft zu ziehen (Art. 28 Abs. 10).[3] Neu ist ferner, dass der Auftragsverarbeiter ggf. gemeinsam mit seinem Auftraggeber für einen bei ihnen infolge rechtswidriger Datenverarbeitung eingetretenen materiellen und immateriellen Schaden haften muss (Art. 82 Abs. 1).

---

1. So Wybitul/Fladung, BB 2012, 509
2. cf. Monreal, ZD 2014, 611 on terminology
3. cf. Petri, ZD 2015, 305; Müthlein, RDV 2016, 74 on commissioned data processing in the GDPR

1. So Wybitul/Fladung, BB 2012, 509
2. Zum Begriff vgl. bei Monreal, ZD 2014, 611
3. Vgl. zur AuftragsDV nach der DS DS-GVO im einzelnen bei Petri, ZD 2015, 305; Müthlein, RDV 2016, 74

3.3   Data processing employees/data confidentiality

Art. 29 of the GDPR addresses persons with access to personal data responsible to the controller or processor and to processors themselves and specifies that as a general principle they should only process personal data on instruction from the controller responsible for processing. This stipulation corresponds to Section 5 sentence 1 and Section 11 para. 3 sentence of the BDSG. An obligation by private employers to commit employees to confidentiality on commencement of their duties now only exists in indirect form; processors are obliged to ascertain whether persons authorized by them to process personal data have undertaken to observe confidentiality or whether they are covered by an appropriate statutory confidentiality obligation (Art. 28 para. 3 lit. b).

3.4   Data protection officer

The data protection officer now introduced in all Member States is also allocated statutory responsibilities (Art. 37ff). However, the GDPR only stipulates an obligation to designate to those private bodies whose core activity involves carrying out processing that requires regular and systematic monitoring of data subjects on a large scale or which involves processing special categories of data pursuant to Article 9 para. 1 or of data on criminal convictions and offences as in Art. 9. The question as to when monitoring of employees meets the statutory definition[1] can possibly be irrelevant for German employers if German legislation retains the provisions contained in Section 4 f para. 1 of the BDSG in the light of the escape clause in Art. 37 para. 4 sentence 1 relating to the obligation to designate. The responsibilities of the data protection officer now include increasing compliance and monitoring functions which leads to the question of his guarantor function in the penal and administrative offence context.[2]

3.3   Die bei der Datenverarbeitung Beschäftigten/Datengeheimnis

Die DS-GVO wendet sich in Art. 29 auch an Personen, die dem Verantwortlichen oder seinen Auftragsverarbeitern unterstellt sind und Zugang zu personenbezogenen Daten haben, und auch an den Auftragsverarbeiter selbst und gibt ihnen vor, personenbezogene Daten grundsätzlich nur auf Anweisung des für die Verarbeitung Verantwortlichen zu verarbeiten. Die Bestimmung entspricht den § 5 S. 1 und § 11 Abs. 3 S. 1 BDSG. Eine Pflicht privater Arbeitgeber, die Beschäftigten bei Aufnahme ihrer Tätigkeit auf das Datengeheimnis zu verpflichten, besteht nunmehr nur indirekt, indem Auftragsverarbeiter sicherzustellen haben, dass die von ihnen zur Verarbeitung personenbezogener Daten autorisierten Personen sich zur Vertraulichkeit verpflichtet haben oder einer angemessenen gesetzlichen Verschwiegenheitspflicht unterliegen (Art. 28 Abs. 3 lit. b).

3.4   Datenschutzbeauftragter

Gesetzliche Pflichten werden auch dem nunmehr für alle Mitgliedstaaten eingeführten Datenschutzbeauftragten zugewiesen (Art. 37 ff). Die DS-GVO sieht eine Bestellpflicht jedoch nur für solche privaten Stellen vor, deren Kerntätigkeit in der Durchführung von Verarbeitungsvorgängen besteht, welche eine regelmäßige und systematische Beobachtung von betroffenen Personen im großem Umfang erforderlich machen oder die Verarbeitung besonderer Kategorien von Daten gemäß Artikel 9 Abs. 1 im großem Umfang oder von Daten zu strafrechtlichen Verurteilungen und Straftaten im Sinne des Art. 9 zum Gegenstand haben. Die Frage, ab wann eine Überwachung von Beschäftigten den Tatbestand erfüllt,[1] kann für deutsche Arbeitgeber ggf. dahinstehen, wenn der deutsche Gesetzgeber gemäß der Öffnungsklausel in Art. 37 Abs. 4 S. 1 für die Bestellpflicht an den bislang geltenden Bestimmungen des § 4 f Abs. 1 BDSG festhält. Die Aufgabenstellung des Datenschutzbeauftragten hat nunmehr verstärkt Compliance- und Überwachungsfunktionen, woraus sich die Frage nach seiner Garantenfunktion im straf- und ordnungswidrigkeitrechtlichen Sinne ergibt.[2]

| Introduction to the GDPR | Einführung in die DS-GVO |

3.5 The supervisory authority

New, broad scale regulations on the competence and in particular cooperation between the supervisory authorities of Member States is intended to bring about a EU-wide uniform supervisory system[1] and efficient application of the law by data protection authorities in the single market. A European Data Protection Board equipped with extensive authorities (Art. 68 ff) consisting of representatives of the national supervisory authorities is charged with maintaining uniform application of data protection law. Parallel to this a so-called "one stop shop" approach[2] is designed to make it easier for data subjects and responsible enterprises to interact with data protection supervisors in creating central public authority responsibility. It also gives an assurance that data subjects can always approach the authority responsible for their place of residence or employment (Art.77). Where there are several responsible bodies, a so-called consistency mechanism safeguards uniform application of the Regulation. The GDPR provides for severe penalties in an effort to underline the importance of practical implementation of the data protection regulations. Fines are increased drastically. To date the maximum fine was 300 000 euros. Now enterprises can be faced with fines of up to 20 million euros or – for instance in the case of infringement of basic principles such as in compliances, the rights of data subjects or the rules for international data transmission – fines for affiliates of up to four percent of their global annual turnover. The statutory definitions of a fine offence have also been increased so that there is hardly any non-observance of the GDPR regulations left without sanction.

3.5 Die Aufsichtsbehörden

Umfangreiche Neuregelungen zur Kompetenz und insbesondere zur Zusammenarbeit der Aufsichtsbehörden der Mitgliedstaaten sollen eine EU-weite einheitlichere Aufsichtspraxis[1] und effektive Rechts-durchsetzung der Datenschutzbehörden im Binnenmarkt bewirken. Ein mit weitreichenden Kompetenzen ausgestatteter Europäischer Datenschutzausschuss (Art. 68 ff), bestehend aus Vertretern der nationalen Aufsichtsbehörden, soll die einheitliche Anwendung des Datenschutzrechts sicherstellen. Parallel dazu soll der sog. „One-Stop-Shop"-Ansatz[2] Betroffenen und verantwortlichen Unternehmen die Interaktion mit der Datenschutzaufsicht erleichtern, indem eine zentrale Behördenzuständigkeit begründet wird. Gleichzeitig wird damit gewährleistet, dass sich der Betroffene immer an die für seinen Wohnsitz oder Arbeitsplatz zuständige Behörde wenden kann (Art. 77). Bei mehreren Zuständigkeiten wird im sog. Kohärenzverfahren eine einheitliche Anwendung der Verordnung sichergestellt. Um die Notwendigkeit einer praktischen Umsetzung der Datenschutzvorschriften Nachdruck zu verleihen, sieht die DS-GVO empfindliche Sanktionen vor. Die Bußgelder werden drastisch erhöht. Bisher betrug das maximale Bußgeld 300.000 Euro. Nunmehr können gegenüber Unternehmen Bußgelder bis zu 20 Mio Euro oder z. B. bei einer Verletzung von wesentlichen Grundprinzipien, bspw. in Bezug auf Einwilligungen, Betroffenenrechte oder die Regeln für die internationale Datenübermittlung, Geldbußen bei Konzerngesellschaften bis zu vier Prozent des weltweiten Jahresumsatzes verhängt werden. Vermehrt wurden auch die Bußgeldtatbestände, so dass kaum noch eine Missachtung von Vorschriften der DS-GVO sanktionsfrei bleibt (siehe Art.83 Abs. 2).

4. Admissibility of processing

4.1 Ban subject to the possibility of authorisation

A basic principle of the GDPR remains that the processing of personal data is governed by a ban subject to au-

4. Zulässigkeit der Verarbeitung

4.1 Verbot mit Erlaubnisvorbehalt

Grundprinzip der DS-GVO bleibt, dass die Verarbeitung personenbezogener Daten unter einem Verbot mit Er-

---

1. See Lüdemann/Wenzel, RDV 2015, 285 on the current situation in Germany and the GDPR.
2. Nguyen, ZD 2015, 265

1. Zur aktuellen Situation in Deutschland und der DS-GVO Lüdemann/Wenzel, RDV 2015. 285
2. Hierzu Nguyen, ZD 2015, 265

thorisation[1], meaning that any form of processing continues only to be admissible with the consent of the data subject or if the Regulation itself has given its consent. Articles 6 and 7 describe the norms allowing data processors to process data without the consent or even contrary to the will of employees.

4.2   Consent

Article 6 para. 1 lit.a lists consent as the first statutory criteria for permissibility. Art. 4 (11) states that it must be given freely. Recital 43 states in general terms that consent is no legal basis for data processing if there is a clear imbalance between the data subject and the controller responsible for processing. It is not assumed, as a Commission proposal[2] initially envisaged, that there is an imbalance in an employment relationship that generally excludes consent.[3] Recital 42 sentence 5 also states that it can only be assumed that the consent of an employee is freely given if he or she has a genuine or free choice and is thus in a position to refuse or withdraw consent without suffering any disadvantage. On the other hand the Recital allows requiring consent as a "conditio sine qua non" if consent is necessary for the fulfilment of a contract.

A specific, informed statement is required (Art. 4 (11)) meaning that blanket or global consent for the processing of personal data is not valid.

Art. 7 para. 3 states that consent can be withdrawn at any time. This, too, is in line with current law. The Regulation does not apparently regard it as an abuse of the law if employees are deceived about their alleged right to self-determination when giving what turns out to be

laubnisvorbehalt steht,[1] d.h. jede Form der Verarbeitung ist weiterhin nur zulässig, wenn der Betroffene eingewilligt hat oder die Verordnung selbst die Einwilligung erteilt. Die Erlaubnisnormen der Verordnung, die dem Datenverarbeiter Datenverarbeitungen auch ohne oder sogar gegen den Willen des Beschäftigten gestatten, geben die Art. 6 und 7 wieder.

4.2   Die Einwilligung

Artikel 6 Abs. 1 lit. a nennt die Einwilligung an erster Stelle als Erlaubnistatbestand. Gemäß Art. 4 Nr. 11 muss sie freiwillig („freely given") erteilt werden. In ErwG. 43 wird dazu allgemein ausgeführt, dass eine Einwilligung dann keine Rechtsgrundlage für die Datenverarbeitung darstellt, wenn ein klares Ungleichgewicht zwischen dem Betroffenen und dem für die Verarbeitung Verantwortlichen besteht. Nicht unterstellt wird, wie ein erster Kommissionsvorschlag[2] es noch vorsah, dass im Arbeitsverhältnis ein solches Einwilligungen generell ausschließendes Ungleichgewicht bestehe.[3] Nach ErwG. 42 S. 5 sollte auch nur dann davon ausgegangen werden, dass der Beschäftigte die Einwilligung freiwillig abgibt, wenn er eine echte oder freie Wahl hat und somit in der Lage ist, die Einwilligung zu verweigern oder zurückzuziehen, ohne Nachteile zu erleiden. Andererseits lässt aber ErwG. 43 S. 2 die Einholung der Einwilligung als „conditio sine qua non" zu, wenn die Einwilligung für die Erfüllung eines Vertrages erforderlich ist.

Verlangt wird eine konkrete, informierte Erklärung (Art. 4 Nr. 11), so dass pauschale oder globale Einwilligungen für den Umgang mit personenbezogenen Daten nicht wirksam sind.

Nach Art. 7 Abs. 3 kann die Einwilligung jederzeit widerrufen werden. Auch dies entspricht bereits der geltenden Rechtslage. Nicht als rechtsmissbräuchlich sieht es die Verordnung offensichtlich an, wenn der Beschäftigte bei Einholung einer im Endeffekt belang-

---

1. cf.Horning ZD2012, 101 on this concept which has rightly been described as "welcome".
2. COM/2012/011 final; Gola, EuZW 2012, 332
3. cf. Also the Federal Labour Court on the admissibility of images published in the internet based on consent given by employees, RDV 2015, 259; also the parallel decision, ZD 2015, 380 with comment Tiedemann

1. Vgl. zu dieser zu Recht als „begrüßenswert" bezeichneten Konzeption Hornung ZD 2012, 101
2. KOM/2012/011 endgültig; Gola, EuZW 2012, 332
3. Vgl. insoweit auch BAG zur Zulässigkeit von Bildveröffentlichungen im Internet auf Grund erteilter Einwilligung der Beschäftigten, RDV 2015, 259; ferner die Parallelentscheidung, ZD 2015, 380 mit Anm. Tiedemann

|

irrelevant consent as the Regulation permits the controller to refer to another norm permitting processing despite consent being withdrawn.

losen Einwilligung über sein vermeintliches Selbstbestimmungsrecht getäuscht wird, weil die Verordnung dem Verantwortlichen erlaubt, sich nunmehr trotz Widerruf ggf. auf eine andere Erlaubnisnorm für die Verarbeitung zu berufen.

4.3 Assigned purpose resulting from a contractual relationship

The Regulation then permits processing – as did Section 28 para. 1 sentence 1 (1) of the BDSG – for purposes linked to a contract with the data subject or a pre-contractual relationship (Art. 6 para. 1 lit. b). This means that a – potential – contract partner is allowed to process data when they are required for the justification, implementation or ending of a prospective contractual relationship.

4.3 Sich aus einer vertraglichen Beziehung ergebende Zweckbestimmung

Die Verordnung gibt die Erlaubnis sodann – wie bisher § 28 Abs. 1 Abs. 1 S. 1 Nr. 1 BDSG – für Zwecke, die sich aus einem mit dem Betroffenen abgeschlossenen Vertrag bzw. einer vorvertraglichen Beziehung ergeben (Art. 6 Abs. 1 lit. b), d.h. ein – potentieller – Vertragspartner darf die Daten verarbeiten, die erforderlich sind für die Begründung, Durchführung und Beendigung der in Betracht kommenden vertraglichen Beziehung.

4.4 Balance of interests

If data are involved that are not part of contractual relationships, the balance of interests clause of Art. 6 para. 1 lit. f may be referred to. This states that the lawfulness of processing can be justified by the legitimate interests of the controller or a third party. In the event of appropriate balancing of interests, consideration must be given to the reasonable expectations of the data subject which can include considerations such as being an employee or customer of the controller (Recital 47 sentence 2). Although the text of the Regulation differs somewhat from that of Section 28 1 sentence 1 (2) of the BDSG, the balance of interests result should not normally be any different.

Recital 48 states that controllers who are part of a group of undertakings or institutions affiliated to a central body may have a legitimate interest in transmitting the personal data of employees within the group for internal administrative purposes. According to Art. 4 (19) and Recital 37, a "group of undertakings" means a controlling undertaking and the undertakings it controls. A central undertaking that controls the processing of personal data in affiliated undertakings forms a unit with these which can also be treated as a group of undertakings. Hence the GDPR contains no privilege for multicorporate enterprises but does make clear that special multicorporate interests can have special significance in balancing the interests worthy of

4.4 Die Interessenabwägung

Handelt es sich um außerhalb vertraglicher Beziehungen benötigte Daten, kann auf die Interessenabwägungsklausel des Art. 6 Abs. 1 lit. f zurückgegriffen werden. Danach kann die Rechtmäßigkeit der Verarbeitung durch die berechtigten Interessen des Verantwortlichen oder auch eines Dritten begründet sein. Bei der gebotenen Interessenabwägung sind die vernünftigen Erwartungen der betroffenen Person zu berücksichtigen, die sich u. a. daraus ergeben können, dass sie in den Diensten des Verantwortlichen steht oder dessen Kunde ist (ErwG. 47 S. 2). Trotz der etwas von dem Text des § 28 Abs. 1 S. 1 Nr. 2 BDSG abweichenden Formulierung der Verordnung werden sich im Abwägungsergebnis in der Regel keine Unterschiede ergeben.

Nach ErwG. 48 sollen Verantwortliche, die Teil einer Unternehmensgruppe oder einer Gruppe von Einrichtungen sind, die einer zentralen Stelle zugeordnet sind, ggf. ein berechtigtes Interesse haben, personenbezogene Daten von Mitarbeitern innerhalb der Unternehmensgruppe für interne Verwaltungszwecke zu übermitteln. Gemäß Art. 4 Nr. 19 und ErwG. 37 versteht man unter einer „Unternehmensgruppe" ein herrschendes und von diesem abhängige Unternehmen. Ein zentrales Unternehmen, das die Verarbeitung personenbezogener Daten in angeschlossenen Unternehmen kontrolliert, bildet mit diesen eine Einheit, die ebenfalls als Unternehmensgruppe behandelt werden kann. Die DS-GVO enthält damit zwar kein Konzernpri-

protection of employees in the context of Art. 6 para. 2 lit. f or also in drawing up company agreements.

vileg, macht aber doch deutlich, dass spezielle Konzern- interessen in der Abwägung mit den schutzwürdigen Interessen der Beschäftigten im Rahmen des Art. 6 Abs. 2 lit. f oder auch bei der Gestaltung von Betriebs- vereinbarungen ein besonderes Gewicht haben können.

4.5 Compliance with statutory provisions

Processing is automatically permissible if it is required for complying with a legal obligation resulting from EU law or from the law of Member States that satisfies data protection principles (Art. 2 lt.c) or when process- ing is necessary in order to be able to carry out a func- tion in the public interest or in the execution of sovereign powers assigned to the controller for the processing (Art. 6 para. 2 lite.e). This means that, for in- stance, the processing of data in a payroll programme required on the grounds of legal stipulations is fully justifiable.

4.5 Erfüllung gesetzlicher Vorgaben

Eine Verarbeitung ist zwangsläufig auch dann gestattet, wenn sie für die Erfüllung einer rechtlichen Ver- pflichtung erforderlich ist, die sich aus dem EU-Recht oder Datenschutzgrundsätzen genügendem Recht ei- nes Mitgliedstaats ergibt (Art. 6 Abs. 2 lit. c) oder wenn die Verarbeitung für die Wahrnehmung einer Aufgabe erforderlich ist, die im öffentlichen Interesse liegt oder in Ausübung von dem für die Verarbeitung Verantwort- lichen übertragener hoheitlicher Gewalt erfolgt (Art. 6 Abs. 2 lit. e). Damit ist z. B. die Zulässigkeit der Verarbei- tung der auf Grund gesetzlicher Vorgaben in einem Gehaltsabrechnungsprogramm erforderlichen Daten durchweg gerechtfertigt.

4.6 Sensitive data

Special regulations (Art. 9 para. 2) overriding Art. 6 GDPR apply to the specific categories of personal data named in Art. 9 para. 1. Members of a trade union and the genetic and biometric data used for the unique identification of a person as defined in Art. 4(13) and (14) are added to those already mentioned in Section 3 para. 9 BDSG.

Worth noting here is that the legal conditions for con- sent in Art. 9 para. 2 are stricter than in Art. 6. On the other hand, Art. 9 para. 2 lit. b explicitly permits pro- cessing that is necessary in order for an employer or employee to comply with rights and obligations arising from labour law and social security and social protec- tion law.

Finally, Art. 9 para. 4 includes an escape clause whereby Member States can introduce further provi- sions including limitations in the processing of genetic, biometric and health data.

4.6 Sensible Daten

Besondere, dem Art. 6 DS-GVO vorrangige Zulässig- keitsregelungen (Art. 9 Abs. 2) gelten für die in Art. 9 Abs.1 benannten besonderen Kategorien personenbe- zogener Daten. Ergänzend zu den bereits in § 3 Abs. 9 BDSG genannten zählen hierzu die Gewerkschaftszu- gehörigkeit und der eindeutigen Identifizierung einer Person dienende genetische und biometrische Daten, die in Art. 4 Nr. 13 und 14 definiert werden.

Die eigentliche Besonderheit liegt darin, dass die Er- laubnistatbestände des Art. 9 Abs. 2 strengere Voraus- setzungen beinhalten als Art. 6. Andererseits erlaubt Art. 9 Abs. 2 lit. b ausdrücklich die Verarbeitung, wenn sie erforderlich ist, damit der Arbeitgeber oder der Be- schäftigte den ihm aus dem Arbeitsrecht und dem Recht der sozialen Sicherheit und des Sozialschutzes erwachsenden Rechte bzw. Pflichten nachkommen bzw. erhalten kann.

Schließlich enthält Art. 9 Abs. 4 eine Öffnungsklausel, nach der die Mitgliedstaaten weitere Bestimmungen, einschließlich Beschränkungen, zur Verarbeitung ge- netischer, biometrischer und Gesundheitsdaten beibe- halten oder einführen können.

4.7 Criminal convictions and offences

Art. 10 stipulates that data on criminal convictions and offences may only be processed where this is permissible under the law of a Member State with adequate guarantees for the rights of the data subjects. It must be assumed that henceforth a concrete area-specific provision is required for the collection of criminal records in the case of applicants and employees. Police certificates of good conduct can only be asked for if explicitly permitted by law, as is the case for so-called special police good conduct certificates (section 30a Federal Central Register Act BZRG).

4.8 Data from public sources

The GDPR surprisingly only provides for privileged processing of generally accessible data as foreseen in Section 28 para. 1 sentence 1 (3) or Section 29 para. 1 sentence (2) of the BDSG in the case of processing of special types of personal data which the data subjects have manifestly made public (Art. 9 para. 2 lit. e). The alleviated authorisation this brings can in any case be achieved by applying the balance of interest clause in Art. 6 para. 2 lit. f to the advantage of the employer. Googling applicant data thus remains permissible in the existing limits, with attention now needed to be paid to the transparency ruling of Art. 14.

4.9 Automated individual decisions and profiling

Art. 21 and Art. 22 regulate the permissibility or inadmissibility of an automated individual decision and decision-making and the profiling that may underpin this decision. According to the definition in Art. 4 (4), profiling is any kind of automated processing serving to analyse a natural person, with analysis covering items such as work performance, economic situation, health, personal preferences or interests, reliability or conduct, location or movements.

Art. 22 para. 1 accords data subjects the right not to be subject to a decision based solely on automated processing, including profiling, which has significant legal or other effects for them. An exception applies inter alia when the decision occurs in the context of conclud-

4.7 Strafurteile und Straftaten

Nach Art. 10 darf die Verarbeitung von Daten über Strafurteile und Straftaten nur erfolgen, wenn diese nach dem Recht des Mitglied-staates unter angemessenen Garantien für die Rechte der betroffenen Person zulässig ist. Auszugehen ist davon, dass nunmehr eine konkrete bereichsspezifische Regelung für die Erhebung von Vorstrafen beim Bewerber oder Mitarbeiter benötigt wird. Polizeiliche Führungszeugnisse können nur dann verlangt werden, wenn das Gesetz es ausdrücklich vorsieht, wie es für sog. besondere polizeiliche Führungszeugnisse der Fall ist (§ 30a BZRG).

4.8 Daten aus öffentlichen Quellen

Eine Privilegierung der Verarbeitung von allgemein zugänglichen Daten, wie sie § 28 Abs. 1 S. 1 Nr. 3 oder § 29 Abs. 1 S. 1 Nr. 2 BDSG kennt, enthält die DS-GVO erstaunlicherweise nur für die Verarbeitung besonderer Arten personenbezogener Daten, die die betroffene Person offenkundig öffentlich gemacht hat (Art. 9 Abs. 2 lit. e). Die insoweit erleichterte Erlaubnis wird aber auch ansonsten bei Anwendung der Interessenabwägungsklausel des Art. 6 Abs. 2 lit. f zugunsten des Arbeitgebers herangezogen werden können. Damit bleibt ein Googeln von Bewerberdaten weiterhin in den bisherigen Grenzen zulässig, wobei nunmehr jedoch die Transparenzregelung des Art. 14 zu beachten ist.

4.9 Automatisierte Einzelentscheidungen und Profiling

Art. 21 und Art. 22 regeln die Zu- bzw. Unzulässigkeit einer automatisierten Einzelentscheidung und Entscheidung und einem dieser Entscheidung ggf. zugrundeliegenden Profiling. Nach der Definition in Art. 4 Nr. 4 bezeichnet der Begriff des „Profiling" jede Art der automatisierten Verarbeitung persönlicher Aspekte zur Bewertung einer Person, wobei es insbesondere um die Analyse ihrer Arbeitsleistung, wirtschaftlichen Lage, Gesundheit, persönlichen Vorlieben oder Interessen, Zuverlässigkeit oder Verhalten, Aufenthaltsort oder Ortswechsel gehen kann.

Nach Art. 22 Abs. 1 ist es grundsätzlich untersagt, den Betroffenen einer allein, ggf. auf einem Profiling beruhenden, ihn beeinträchtigenden automatisierten Entscheidung zu unterwerfen. Eine Ausnahme gilt u. a., wenn die Entscheidung für den Abschluss oder die Er-

ing or fulfilling a contract and the data subject has the right to personal intervention or to state his or her own standpoint. This corresponds to the ruling in Section 6a para. 2 of the BDSG.
Attention is also drawn to the right to object to profiling in Art. 21 para. 1, to which an applicant or employee has recourse at the time of the first communication at the latest and which should be conveyed in terms that are explicit, comprehensible in form and separately from any other information. (Art. 21 Para. 4).

4.10   Change of purpose/big data
While deliberating on the GDPR it took some time to agree on the circumstances under which data collected for a specific purpose may subsequently be used for purposes other than those conveyed to the data subject. Art. 6 para. 4 authorises processing for a purpose other than that for which data were collected as long as the data subject agrees, there is an individual state consent ruling or where several conditions are fulfilled that underline the protection interests of the data subject.[1] These include the link between the purposes, the type of data or possible consequences for the data subject or, for example, the existence of safeguards which may include pseudonymisation or encryption. This could open the way to the application of big data.[2]

4.11   Regulations no longer applicable
A not inconsiderable number of BDSG permissibility regulations no longer appear in the GDPR. These include the clauses on video surveillance in Section 6b of the BDSG and the use of so-called mobile personal storage and processing media as in Section 6c of the BDSG. The Regulation no longer makes provision for automated retrieval procedures (Art. 10 BDSG). As the GDPR no longer distinguishes between agencies that process data
- for their own purposes (Section 28 BDSG) or
- professionally for transmission in a personal form (Section 29 BDSG) or

füllung eines Vertrages erfolgt und dem Betroffenen z. B. ein Recht auf ein persönliches Eingreifen oder zur Darlegung des eigenen Standpunkts eingeräumt ist. Dies entspricht der Regelung in § 6a Abs. 2 BDSG.
Zu beachten ist zudem das gegenüber einem Profiling nach Art. 21 Abs. 1 bestehende Widerspruchsrecht, auf das der Bewerber/Beschäftigte spätestens zum Zeitpunkt der ersten Kommunikation mit ihm ausdrücklich und in einer verständlichen und von anderen Informationen getrennten Form hingewiesen werden muss (Art. 21 Abs. 4).

4.10   Zweckänderung/Big Data
In den Beratungen um die DS-GVO war lange strittig, unter welchen Umständen für einen bestimmten Zweck erhobene Daten auch nachträglich für andere, d. h. dem Betroffenen nicht mitgeteilte Zwecke verwendet werden dürfen. Art. 6 Abs. 4 erlaubt die Verarbeitung für einen anderen Zweck als den, für den die Daten erhoben wurden, sofern der Betroffene zustimmt, eine einzelstaatliche Erlaubnisregelung besteht oder eine Reihe die Schutzinteressen des Betroffenen betonender Bedingungen erfüllt sind.[1] Hierzu zählt die Verbindung zwischen den Zwecken, die Art der Daten oder mögliche Konsequenzen für den Betroffenen oder durch z. B. Pseudonymisierung oder Verschlüsselung getroffene Sicherheitsmaßnahmen. Dies zeigt ggf. einen Weg zu Big Data-Anwendungen.[2]

4.11   Entfallene Vorschriften
Eine nicht unwesentliche Zahl von Zulässigkeitsregelungen des BDSG tauchen in der DS-GVO nicht mehr auf. Dazu zählen die Vorschriften über die Videoüberwachung in § 6b BDSG und zum Einsatz sog. mobiler personenbezogener Speicher- und Verarbeitungsmedien in § 6c BDSG. Nicht mehr geregelt sind automatisierte Abrufverfahren (Art. 10 BDSG). Da die DS-GVO nicht mehr trennt zwischen Stellen, die Daten
- für eigene Zwecke (§ 28 BDSG) oder
- geschäftsmäßig zur Übermittlung in personenbezogener Form (§ 29 BDSG) oder

---

1. But cf. with the obligation to provide information that follows under 5.5
2. BfDI,-Info 6, Datenschutz-Grundverordnung, No. 2.3

---

1. Vgl. jedoch die Informationspflicht nachfolgend unter 5.5
2. BfDI,-Info 6, Datenschutz-Grundverordnung, Ziff. 2.3

- professionally for transmission in an anonymised form (Section 30 BDSG) and
- in market research and opinion surveys (Section 30a BDSG),

the cancelled special rulings for the last three areas have now been dropped. Some purpose limitations like the regulations in Section 6 para. 2 BDSG and Section 31 BDSG have now also been dropped. Whether data involved in access control required by data protection law may now be used for working hours control is now decided by Art. 1 lit. b and para. 4.

- geschäftsmäßig zur Übermittlung in anonymisierter Form (§ 30 BDSG) oder
- für Zwecke der Markt- und Meinungsforschung (§ 30a BDSG)

verarbeiten, sind auch die die letztgenannten drei Bereiche betreffenden Sonderregelungen entfallen. Weggefallen sind auch einige Zweckbindungsgebote, so u. a. die Regelung des § 6 Abs. 2 BDSG oder die des § 31 BDSG. Ob Daten, die bei einer datenschutzrechtlich bedingten Zugangskontrolle anfallen, auch zur Arbeitszeitkontrolle genutzt werden dürfen, entscheidet sich nun nach Art. 6 Abs.1 lit. b bzw. Abs. 4.

5. Obligation to transparency

5.1 Preliminary remarks

The principle of direct collection that was hitherto regulated in Section 4 para. 3 BDSG is now no longer part of the law. Nevertheless this will continue to apply because of the principle of fairness that is applied to processing (Art. 5 lit. a) since this implies that data that can be collected directly from the data subject should not be obtained elsewhere behind his or her back. Transparency of data processing is, however, safeguarded by comprehensive rulings in Art. 13 and 14 that significantly expand on the rulings on information obligations in Sections 4 para. 3 and 33 BDSG, with the notification obligation taking in the concrete processing situation of the employee's data as well as a general, fundamental briefing on his or her legal position.

5.2 Indispensability

Section 6 of the BDSG states that the rights of data subjects to data access, rectification, erasure and blocking cannot be excluded or limited by a legal transaction. This indispensability was also affirmed for further legal positions of data subjects, such as for the right to data access, the general right to object or the option of contacting the supervisory authorities, without these rights being named.[1] The GDPR retains this too and is to be regarded as an imperative law in that it only allows for individual deviations in cases in which consent on the part of the data subject makes this possible.

5. Transparenzpflichten

5.1 Vorbemerkung

Nicht mehr Gesetzestext ist der bislang in § 4 Abs. 3 BDSG geregelte Grundsatz der Direkterhebung. Gleichwohl wird dieser auf Grund des für die Verarbeitung geltenden Grundsatzes von Treu und Glauben (Art. 5 lit. a) doch weiterhin gelten, weil es ihm entspricht, Daten, die beim Betroffenen erhoben werden können, nicht hinter seinem Rücken anderweitig zu beschaffen. Die Transparenz der Datenverarbeitung wird jedoch durch umfassende, die derzeitigen Informationspflichten der §§ 4 Abs. 3 und 33 BDSG erheblich erweiternde Regelungen in Art. 13 und 14 sichergestellt, wobei die Mitteilungspflichten einmal die konkrete Verarbeitungssituation der Daten des Beschäftigten und zum anderen allgemeine, grundsätzliche Belehrungen über seine Rechtspositionen enthalten.

5.2 Unabdingbarkeit

Nach § 6 BDSG konnten die Rechte der Betroffenen auf Auskunft, Berichtigung, Löschung oder Sperrung nicht durch Rechtsgeschäft ausgeschlossen oder beschränkt werden. Auch ohne dass diese Rechte benannt wurden, wurde diese Unabdingbarkeit auch für weitere Rechtspositionen der betroffenen Person bejaht; so z. B. für das Recht auf Benachrichtigung, das allgemeine Widerspruchsrecht oder auch die Möglichkeit, sich an die Aufsichtsbehörden zu wenden.[1] Hierbei bleibt es auch bei der DS-GVO, die insoweit als zwingendes Gesetz zu verstehen ist und individuelle Abwei-

---

1. Gola/Schomerus, BDSG § 6 Rdn. 2

1. Gola/Schomerus, BDSG § 6 Rdn. 2

chungen nur dort erlaubt, wo sie eine diesbezügliche Einwilligung des Betroffenen zulässt.

5.3   Data collection from data subject

Henceforth data subjects must be informed at the time when data is collected of the duration of data storage and the criteria for their erasure and on relevant rights to data access and rectification and the right to complain to the supervisory authorities (Art. 13). Contact details of the controller responsible for processing plus those of any data protection officer appointed are to be made known.

If the data are to be used in an automated individual decision or profiling, information should be supplied on the logic used and its effects.

The obligation to inform does not apply if the data subject already has the information (Art. 13 para. 4).

5.4   Data not collected from the data subject

In Section 33 para. 1 sentence 1 of the BDSG the communication obligation regarding data stored without the knowledge of the data subject applies when data from the data subject are stored for the first time. An obligation to inform was to date rejected by prevailing opinion in cases where data on data subjects are already stored and further data are added to these that were collected without their knowledge.[1] Art. 14 that covers the obligation to provide information to data not collected from the data subject does not make provision for this restriction to the basic initial conveying of information. Transparency for the data subject is to be established in the case of every data collection. The content matter of this corresponds basically to that of Art. 13, with the addition of the data source. A maximum period of one month applies to the provision of information unless data are used prior to this for communication with the data subject or passed to third parties (Art. 14 para. 3). Hence if so-called background checks on job applicants using the internet or third par-

5.3   Datenerhebung bei der betroffen Person

Bei der Datenerhebung beim Bewerber bzw. Beschäftigten ist nunmehr auch über die Dauer der Speicherung der Daten bzw. die Kriterien für ihre Löschung oder die einschlägigen Auskunfts- und Korrekturrechte nebst dem Beschwerderecht bei der Aufsichtsbehörde zu informieren (Art. 13). Neben den Kontaktdaten des oder der für die Verarbeitung Verantwortlichen sind auch die des ggf. zu benennenden Datenschutzbeauftragten mitzuteilen.

Sollen die Daten zu einer automatisierten Einzelentscheidung und Profiling verwendet werden, sind ggf. Angaben über die verwendete Logik sowie ihre Auswirkungen zu machen.

Die Informationspflicht entfällt, wenn der Betroffene bereits über die Information „verfügt" (Art. 13 Abs. 4).

5.4   Nicht bei der betroffenen Person stattfindende Datenerhebung

Die Benachrichtigungspflicht hinsichtlich der Speicherung von ohne Kenntnis des Betroffenen erhobenen Daten entsteht nach § 33 Abs. 1 S. 1 BDSG bei erstmaliger Speicherung personenbezogener Daten des Betroffenen. Sind über den Betroffenen bereits Daten gespeichert und werden ohne seine Kenntnis erhobene weitere Daten hinzugespeichert, so verneinte die wohl h.M. bislang eine Benachrichtigungspflicht.[1] Diese Einschränkung auf die erstmalige Grundinformation sieht der die Informationspflicht über nicht bei der betroffenen Person erhobene Daten regelnde Art. 14 nicht vor. Die Transparenz gegenüber dem Betroffenen ist bei jeder Datenerhebung herzustellen. Ihr Inhalt entspricht grundsätzlich dem des Art. 13, wobei hier zusätzlich die Quelle der Daten offenzulegen ist. Für die Mitteilung gilt eine Maximalfrist von einem Monat, es sei denn, die Daten werden vorher zur Kommunikation mit dem Betroffen verwendet oder an Dritte weitergegeben (Art. 14 Abs. 3). Werden also über den Bewerber im Internet oder bei Dritten sog. Background Checks durchgeführt,

---

1.   A.A. Gola/Schomerus, BDSG Section 33 Rdn. 16 with information of sources for opposing views

1.   A.A. Gola/Schomerus, BDSG § 33 Rdn. 16 mit Angabe der Quellen der Gegenmeinung.

ties are carried out, the applicant is to be informed and the concrete result conveyed to him or her if the right to access is exercised; with the proviso that data is processed by automated means or file-based.

so ist der Bewerber zu informieren und ihm bei Geltendmachung des Auskunftsrecht auch das konkrete Ergebnis mitzuteilen; vorausgesetzt die Daten werden automatisiert oder dateigebunden verarbeitet.

5.5 Prior information on uses that change specified purpose

If data are processed for a purpose other than that for which they were collected, an obligation to provide information applies prior to any further processing (Art. 13 para. 3 and Art. 14 para. 4). Full-scale compliance with this obligation to provide information and the right to object that is communicated to the data subject will undoubtedly impose restrictions on big data analysis.

5.5 Vorherige Information über zweckändernde Verwendungen

Sollen Daten nach Art. 6 Abs. 4 für einen anderen Zweck weiterverarbeitet werden als den, für den sie erhoben wurden, so besteht eine vor der Weiterverarbeitung zu erfüllende Benachrichtigungspflicht (Art. 13 Abs.3 bzw. Art. 14 Abs.4). Die umfassende Erfüllung dieser Informationspflicht und das dem Betroffenen offenzulegende Widerspruchsrecht wird Big Data-Analysen zweifelsohne einschränken.

5.6 Notification in the event of data breaches

The obligation to notify in Section 42a BDSG has a parallel ruling in two Articles in the Regulation. Art. 33 contains the pre-conditions for the obligation to notify a "personal data breach" to the supervisory authority and Art. 34 the notification of the data subject. The obligation to notify assumes that any kind of law infringement in the GDPR is likely to lead to a risk or to a great risk (i.e. in the case of the obligation to notify the data subject) to the personal rights and liberties of the data subject. The controller is initially left rather alone in the assessment of this which is likely to lead to increasing involvement of the supervisory authority given the severe fines that can be imposed for an infringement of the obligation to notify and the fact that the instances of non-compliance to be notified are no longer limited to cases in which third parties gain unlawful access to certain types of sensitive data.

5.6 Meldung bei „Datenpannen"

Die Meldepflicht des § 42a BDSG hat ihre Parallelregelung in zwei Artikeln der Verordnung gefunden. Art. 33 enthält die Voraussetzungen zur Pflicht zur Mitteilung „von Verletzungen des Schutzes personenbezogener Daten" an die Aufsichtsbehörde und Art. 34 zur Benachrichtigung der betroffenen Person. Die Informationspflicht setzt voraus, dass die in jeglichem Rechtsverstoß liegende DS-GVO-Verletzung voraussichtlich zu einem Risiko bzw. zu einem hohen Risiko (so für die Benachrichtigungspflicht gegenüber der betroffenen Person) für die persönlichen Rechte und Freiheiten der betroffenen Person führt. In der diesbezüglichen Bewertung steht der Verantwortliche zunächst alleine da, was im Hinblick auf die bei einer Verletzung der Mitteilungspflicht anstehenden gravierenden Bußgelddrohung wohl zu zunehmender Beschäftigung der Aufsichtsbehörde führen wird, zumal die zu meldenden Verstöße nicht mehr auf Fälle beschränkt sind, in denen bestimmte Arten sensibler Daten unrechtmäßig in die Hände Dritter gelangt sind.

5.7 Omission of obligation to provide information

Generally speaking the obligations to notify contained in Articles 13 and 14 are not applied when the data subject already has knowledge of the information that is to be conveyed (Art. 13 para. 4, Art. 14 para. 5 lit. a). This is the case if a corresponding leaflet was distributed regardless of whether or not it was read.

5.7 Wegfall der Informationspflichten

Generell entfallen die Benachrichtigungspflichten nach Art. 13 und 14, wenn und soweit die betroffene Person bereits über die Kenntnis der ansonsten mitzuteilenden Informationen verfügt. (Art. 13 Abs. 4, Art. 14 Abs. 5 lit. a). Dies ist der Fall, wenn ein entsprechendes Merkblatt ausgehändigt wurde, unabhängig davon, ob es gelesen wurde.

Data not obtained from the data subject are also not subject to the obligation to provide information in cases such as for data that are covered by professional secrecy including a statutory confidentiality obligation. It is noteworthy that a confidentiality obligation for internal investigations covertly conducted, as contained in Section 33 para. 2 sentence 1 (7) lit. b BDSG for data whose nature is such that they are subject to secrecy (which in some cases may be temporary), is not included among the exceptions in Art. 14 para. 5).

Über eine nicht beim Betroffenen stattgefundene Datenerhebung entfällt die Benachrichtigungspflicht u. a. auch dann, wenn die Daten einem Berufsgeheimnis einschließlich einer satzungsmäßigen Geheimhaltungspflicht unterliegen. Auffällig ist, dass eine Geheimhaltungsberechtigung bei verdeckt durchgeführten internal investigations, wie sie sich in § 33 Abs. 2 S. 1 Nr. 7 lit. b BDSG für „ihrem Wesen nach" – ggf. vorübergehend – geheim zu haltende Daten wiederfindet, in den Ausnahmetatbeständen des Art. 14 Abs. 5 nicht enthalten ist.

5.8   Prerequisite for lawfulness

Non-compliance with the obligation to inform does not normally lead to the processing allowed by the GDPR becoming unlawful, hence compliance with the obligation to inform continues not to be a prerequisite for lawfulness. In individual cases the situation is quite different for conscious and blatant disregard of the basic tenets of processing contained in Art. 5, which states in para. 1 lit. a: "Personal data shall be: (a) processed lawfully, fairly and in a transparent manner in relation to the data subject."

5.8   Rechtmäßigkeitsvoraussetzung

Die Nichterfüllung der Informationspflicht führt im Regelfall nicht dazu, dass die nach der DS-GVO erlaubte Verarbeitung rechtswidrig würde, d. h. die Erfüllung der Informationspflicht ist wie bisher keine Rechtmäßigkeitsvoraussetzung. Anders muss es im Einzelfall bei bewusster gravierender Missachtung der in Art. 5 enthaltenen Grundsätze für die Verarbeitung personenbezogener Daten sein, die in Abs. 1 lit. a wie folgt lauten: "Personenbezogene Daten müssen auf rechtmäßige Weise, nach dem Grundsatz von Treu und Glauben und in einer für die betroffene Person nachvollziehbare Weise verarbeitet werden."

5.9   The right to access and to data portability

The right to access regulated in Art. 15 contains the obligation to inform the data subject of the purpose, recipient or categories of recipients including transfer to third countries and to provide information on the period of processing and includes several instruction obligations also contained in Articles 13 and 14. Specific information on the data can also be requested in electronic form and also as a copy of processed data (Art. 15 para. 1).

The right of access is supplemented by the right to data portability (Art. 20) which was evidently designed – albeit not made clear in the wording – for a change in social networks providers, but can also be applied by other contractual partners such as insurance companies, banks or energy suppliers.[1] Data subjects can then choose whether they themselves wish to pass the data

5.9   Das Auskunftsrecht und das Recht auf Datenportabilität

Das in Art. 15 geregelte Auskunftsrecht verpflichtet zur Mitteilung des Zwecks, der Empfänger oder Kategorien vom Empfängern, einschließlich der Drittlandübermittlung und der Angaben zur Dauer der Verarbeitung, und enthält zahlreiche auch in Art. 13 und 14 enthaltene Belehrungspflichten. Eine konkrete Auskunft über die Daten kann in elektronischer Form und auch in Form einer Kopie der verarbeiteten Daten verlangt werden (Art. 15 Abs. 1).

Das Auskunftsrecht wird ergänzt durch das Recht auf Datenportabilität (Art. 20), das wohl – was der Wortlaut aber nicht deutlich macht – zwar für den Wechsel eines Dienstanbieters von Social Networks konzipiert ist, findet aber auch bei anderen Vertragspartner wie Versicherungen, Banken oder Energieversorgern hinsichtlich der diesen zur Verfügung gestellten Daten Anwendung.[1]

---

1.   BfDI, -Info 6 No.. 2.6

1.   BfDI, -Info 6 Ziff. 2.6

on to the new contractual partner or whether the current processor should do this directly. When changing employment, an employee can likewise opt for having the skills data entered into the employer's filing system passed on to a new employer.[1]

Der Betroffene kann sich dann aussuchen, ob er die Daten selbst zwecks Weitergabe an den neuen Vertragspartner erhalten will oder ob der bisherige Verarbeiter die Daten unmittelbar an den neuen Verarbeiter weitergeben soll. Ebenso kann ein Arbeitnehmer seine in ein Datensystem des Arbeitgebers eingegebenen Skill-Daten bei einem Wechsel zu einem anderen Arbeitgeber an diesen weitergeben lassen.[1]

6. Correction rights

6.1 Rectification

Art. 16 gives the data subject the right to rectification of inaccurate or incomplete data, if necessary by the addition of a supplementary statement. There is no indication as to who is responsible for evidence of the accuracy of the statement and whether the controller can – in contrast to the personal file counter statement in Section 83 para. 1 sentence 3 of the Industrial Constitution Act – reject the supplementary statement produced by the data subject if it is deemed to be inaccurate. This can be assumed to be the case according to Art. 18 para. 1 lit. a and para. 3 after corresponding investigation of the case, up to which time the data are subject to restricted processing.

6. Korrekturrechte

6.1 Berichtigung

Art. 16 gibt dem Betroffenen ein Recht auf Berichtigung unzutreffender oder unvollständiger Daten ggf. durch Einfügung einer ergänzenden Erklärung. Keine Aussage wird getroffen, wer den Nachweis der Richtigkeit der Erklärung zu führen hat und ob der Verantwortliche eine vorgelegte ergänzende Erklärung des Betroffenen, deren Angaben er für unzutreffend hält, anders als es bei der personalaktenrechtlichen Gegendarstellung des § 83 Abs. 1 S. 3 BetrVG der Fall ist, zurückweisen kann. Dies ist wohl nach Art. 18 Abs. 1 lit. a und Abs. 3 nach entsprechender Überprüfung der Fall, wobei bis dahin die Daten eingeschränkter Verarbeitung unterliegen.

6.2 Erasure

Art. 17 para. 1 lit. a and d stipulates an obligation to erase if data are unlawfully processed, which occurs regularly when the original purpose of the processing no longer applies, or when the employee lodges a legitimate objection pursuant to Art. 21 para. 1 or withdraws his or her initial consent and in the absence of any norm justifying processing.[2]

6.2 Löschung

Die Pflicht zur Löschung besteht nach Art. 17 Abs. 1 lit.a und d, wenn die Daten unrechtmäßig verarbeitet werden, was auch regelmäßig der Fall ist, wenn der ursprüngliche Verarbeitungszweck entfällt oder der Beschäftigte einen berechtigten Widerspruch nach Art. 21 Abs. 1 einlegt oder seine zunächst erteilte Einwilligung zurückzieht und keine die Verarbeitung gleichwohl rechtfertigende Norm vorliegt.[2]

6.3 The right to be forgotten

The obligation to implement the right to be forgotten contained in Art. 17 para. 2 can already be found in the "Google Spain" decision of the CJEU[3] which affirmed a blocking obligation of search engine operators that goes further than the erasure obligations of the actual website operators.[4]

6.3 Das Recht auf „Vergessenwerden"

Die in Art. 17 Abs. 2 geregelte Pflicht zur Realisierung des "Vergessenwerdens" findet sich bereits in der „Google-Spain"-Entscheidung des EuGH[3], in der eine Sperrverpflichtung von Suchmaschinenbetreibern bejaht wurde, die über die Löschpflichten der eigentlichen Webseitenbetreiber hinausgeht.[4]

1. So Wybitul/Fladung, BB 2012, 509
2. cf preceding section II/4.2
3. ZD 2014, 250=DuD 2014, 559
4. cf. Franck, RDV 2016, 109

1. So Wybitul/Fladung, BB 2012, 509
2. Vgl. hierzu vorstehend Abschnitt II/4.2
3. ZD 2014, 250=DuD 2014, 559
4. Vgl. Franck, RDV 2016, 109

The controller who makes personal data public is obliged to inform third parties that the data subject has requested, also from third parties, the erasure of all links to these personal data or of all copies or replications. Search machines and news sites that are in turn obligated to erase links, are obliged to notify the initial publishing party of the request to erase. At the same time the initial publishing party is obliged to exert influence on any third parties continuing to process the data. Notification does not constitute grounds for an independent erasure obligation on the part of third parties, which is determined separately in Art. 17 para. 1. The right to be forgotten requires the identification of the third party in each case by the controller. This should be accomplished by means of appropriate measures that take into consideration the technology available and the implementation costs involved.

Der Verantwortliche, der personenbezogene Daten öffentlich gemacht und zur Löschung verpflichtet ist, hat Dritte darüber zu informieren, dass die betroffene Person die Löschung aller Links zu diesen personenbezogenen Daten oder von Kopien oder Replikationen dieser Daten auch vom Dritten verlangt hat. Suchmaschinen oder News-Sites, die ihrerseits zur Löschung eines Links verpflichtet sind, müssen den Erstveröffentlichenden vom Löschbegehren in Kenntnis setzen. Gleichzeitig ist der Erstveröffentlichende gehalten, auf jeden Dritten einzuwirken, der die Daten nun weiterverarbeitet. Eine eigenständige Löschverpflichtung Dritter wird durch die Mitteilung nicht begründet, diese richtet sich originär nach Art. 17 Abs. 1. Das Recht auf Vergessenwerden bedingt die Identifizierung der jeweiligen Dritten durch den Verantwortlichen. Dies soll an Hand angemessener Maßnahmen unter Berücksichtigung der verfügbaren Technologie und der jeweiligen Implementierungskosten erreicht werden.

6.4   Restriction of processing

The process described in the BDSG as "blocking" (Section 3 para. 4 sentence 2 (4) BDSG) indicates "restriction of processing" and appears in Art. 4 para. 3 in the "marking" of stored personal data, the objective being that (apart from being stored) the data may only be processed after meeting very strict requirements and very specifically defined purposes. "Restriction of processing" replaces the erasure of data if this is in the interests of the data subject or is appropriate for the processing controller in place of erasure.

A continued existence of data that is due to be erased because it is no longer required by the controller, i.e. the purpose of storage no longer applies, is, however, in the interest of the data subject when the data is required for the assertion, exercising or defence of legal claims (Art. 18 para. 1 lit. b).

6.4   Einschränkung der Verarbeitung

Der im BDSG als „Sperrung" (§ 3 Abs. 4 S. 2 Nr. 4 BDSG) bezeichnete Vorgang der „Einschränkung der Verarbeitung" besteht nach Art. 4 Abs. 3 in der „Markierung" gespeicherter personenbezogener Daten mit dem Ziel, dass sie (abgesehen von ihrer Speicherung) nur noch unter besonders engen Voraussetzungen und besonderen Zweckbestimmungen verarbeitet werden dürfen.

Die „Einschränkung der Verarbeitung" tritt an die Stellung der Löschung von Daten, wenn diese im Interesse der betroffenen Person oder des für die Verarbeitung Verantwortlichen anstelle einer Löschung geboten ist. Im Interesse der betroffenen Person liegt die weitere Existenz der Daten, wenn an und für sich die Löschung ansteht, weil die für die Verarbeitung Verantwortliche sie nicht mehr benötigt, d. h. der Speicherzweck entfallen ist, die betroffene Person der Daten jedoch noch zur Geltendmachung, Ausübung oder Verteidigung von Rechtsansprüchen bedarf (Art. 18 Abs. 1 lit. b).

It is in the interest of the processing controller for data to continue to exist for the time being pending clarification of the justification for any request from the data subject for erasure of the data on the grounds of inac-

Im Interesse des für die Verarbeitung Verantwortlichen liegt die zunächst fortdauernde Existenz solange, bis er, wenn die betroffene Person Löschung der Daten wegen Unrichtigkeit oder Verletzung der sich aus ihrer

curacy or infringement of protection-worthy interests arising from his or her particular situation.

Art. 18 para. 2 reduces the permissibility of processing data for restricted processing to four statutory definitions; processing
*   that is carried out with the consent of the data subject
    or
*   with the aim of asserting, exercising or defending legal claims
    or
*   carried out to protect the rights of another natural or legal person
    or
*   for reasons of an important public interest of the Union or of a Member State.

6.5 The general right to object

Art. 21 para. 1 states that every person has the right to object for reasons that arise from his or her particular situation to processing including profiling being conducted on the basis of Art. 6 para. 1 lit.e. The objection is to be complied with except where compelling reasons meriting protection and which outweigh the interests, rights and liberties of the data subject are presented and substantiated or where processing is necessary for the assertion, exercising or defence of legal claims. The regulation corresponds largely to the provisions of Section 35 para. 5 BDSG, which found little relevance in an employment relationship.

III.   Conclusion

The GDPR brings no major conceptual change and little alteration to most of the detailed regulations in current data protection law. Instead many provisions are taken over from the Data Protection Directive 95/46/EC, which forms the basis for the BDSG. On the other hand, there are numerous new data protection stipulations which call for due attention and compliance in the light of the immensely increased scope for fines. It remains to be seen to what extent the regulations of the GDPR

besonderen Situation ergebenden schutzwürdigen Interessen verlangt, die Berechtigung des Begehrens geprüft hat.

Art. 18 Abs. 2 reduziert die Zulässigkeit der nur noch für eingeschränkte Verarbeitungen bestimmten Daten auf vier Tatbestände, nämlich dass die Verarbeitung
*   mit Einwilligung der betroffenen Person erfolgt

    oder
*   zur Geltendmachung, Ausübung oder Verteidigung von Rechtsansprüchen

    oder
*   zum Schutz der Rechte einer anderen natürlichen oder juristischen Person

    oder
*   aus Gründen eines wichtigen öffentlichen Interesses der Union oder eines Mitgliedstaats erfolgt.

6.5 Das allgemeine Widerspruchsrecht

Nach Art. 21 Abs. 1 hat jeder das Recht, aus Gründen, die sich aus seiner besonderen Situation ergeben, jederzeit gegen eine aufgrund von Artikel 6 Abs. 1 lit. e oder f erfolgende Verarbeitung einschließlich von Profilerstellungen Widerspruch einzulegen. Dem Widerspruch ist nachzukommen, es sei denn, dass zwingende schutzwürdige Gründe, die die Interessen, Rechte und Freiheiten der betroffenen Person überwiegen, für die Verarbeitung dargelegt und nachgewiesen werden oder dass die Verarbeitung zur Geltend-machung, Ausübung oder Verteidigung von Rechtsansprüchen erforderlich ist. Die Regelung entspricht weitgehend der im Beschäftigungsverhältnis kaum relevant gewordenen Bestimmung des § 35 Abs. 5 BDSG.

III.   Fazit

Die DS-GVO ändert die Konzeption und weitgehend auch die Detailregelungen des geltenden Datenschutzrechts nicht grundlegend. Vielmehr werden vielfach Bestimmungen der die Grundlage des BDSG bildenden Datenschutzrichtlinie 95/46/EG übernommen. Andererseits gibt es aber auch zahlreiche neue datenschutzrechtliche Vorgaben, deren Erfüllung hinsichtlich des immens erhöhten Bußgeldrahmens korrekter Beachtung bedarf. Inwieweit Regelungen des DS-GVO als

Einführung in die DS-GVO

can be regarded as future oriented in their effect on areas such as internet law, the big data world and the digitalized work world.

Internetgesetz, für die Big Data-Welt und für die digitalisierte Welt der Arbeit zukunftsweisende Regelungen enthält, bleibt abzuwarten.

Text der GDPR – DS-GVO

Englisch – Deutsch

Wichtige Hinweise:

Der vorliegende Text der Datenschutz-Grundverordnung basiert auf der amtlichen Fassung vom 04. Mai 2016:

- Die **englische Fassung** entspricht der Fassung Official Journal of the European Union, 04.05.2016, EN L 119/1.
- Die **deutsche Fassung** entspricht der Fassung im Amtsblatt der Europäischen Union vom 04.05.2016, DE L 119/1.
- Die Gliederung und die Zuordnung von Erwägungsgründen und Artikeln sind nicht Bestandteil der offiziellen Dokumente.

GDPR	DS-GVO
REGULATION (EU) 2016/679 OF THE EUROPEAN PARLIAMENT AND OF THE COUNCIL of 27 April 2016 on the protection of natural persons with regard to the processing of personal data and on the free movement of such data, and repealing Directive 95/46/EC (General Data Protection Regulation)	VERORDNUNG (EU) 2016/679 DES EUROPÄISCHEN PARLAMENTS UND DES RATES vom 27. April 2016 zum Schutz natürlicher Personen bei der Verarbeitung personenbezogener Daten, zum freien Datenverkehr und zur Aufhebung der Richtlinie 95/46/EG (Datenschutz-Grundverordnung)
(Text with EEA relevance) ...	(Text von Bedeutung für den EWR) ...

GDPR	DS-GVO

Chapter I
General provisions

Kapitel I
Allgemeine Bestimmungen
[Erwägungsgründe 1 – 37]

Article 1
Subject-matter and objectives

Artikel 1
Gegenstand und Ziele
[Erwägungsgründe 1 – 13]

1. This Regulation lays down rules relating to the protection of natural persons with regard to the processing of personal data and rules relating to the free movement of personal data.
2. This Regulation protects fundamental rights and freedoms of natural persons and in particular their right to the protection of personal data.
3. The free movement of personal data within the Union shall be neither restricted nor prohibited for reasons connected with the protection of natural persons with regard to the processing of personal data.

(1) Diese Verordnung enthält Vorschriften zum Schutz natürlicher Personen bei der Verarbeitung personenbezogener Daten und zum freien Verkehr solcher Daten.
(2) Diese Verordnung schützt die Grundrechte und Grundfreiheiten natürlicher Personen und insbesondere deren Recht auf Schutz personenbezogener Daten.
(3) Der freie Verkehr personenbezogener Daten in der Union darf aus Gründen des Schutzes natürlicher Personen bei der Verarbeitung personenbezogener Daten weder eingeschränkt noch verboten werden.

Article 2
Material scope

Artikel 2
Sachlicher Anwendungsbereich
[Erwägungsgründe 14 – 21]

1. This Regulation applies to the processing of personal data wholly or partly by automated means and to the processing other than by automated means of personal data which form part of a filing system or are intended to form part of a filing system.
2. This Regulation does not apply to the processing of personal data:
   (a) in the course of an activity which falls outside the scope of Union law;
   (b) by the Member States when carrying out activities which fall within the scope of Chapter 2 of Title V of the TEU;
   (c) by a natural person in the course of a purely personal or household activity;
   (d) by competent authorities for the purposes of the prevention, investigation, detection or prosecution of criminal offences or the execution of criminal penalties, including the safeguarding against and the prevention of threats to public security.

(1) Diese Verordnung gilt für die ganz oder teilweise automatisierte Verarbeitung personenbezogener Daten sowie für die nichtautomatisierte Verarbeitung personenbezogener Daten, die in einem Dateisystem gespeichert sind oder gespeichert werden sollen.
(2) Diese Verordnung findet keine Anwendung auf die Verarbeitung personenbezogener Daten
   a) im Rahmen einer Tätigkeit, die nicht in den Anwendungsbereich des Unionsrechts fällt,
   b) durch die Mitgliedstaaten im Rahmen von Tätigkeiten, die in den Anwendungsbereich von Titel V Kapitel 2 EUV fallen,
   c) durch natürliche Personen zur Ausübung ausschließlich persönlicher oder familiärer Tätigkeiten,
   d) durch die zuständigen Behörden zum Zwecke der Verhütung, Ermittlung, Aufdeckung oder Verfolgung von Straftaten oder der Strafvollstreckung, einschließlich des Schutzes vor und der Abwehr von Gefahren für die öffentliche Sicherheit.

GDPR	DS-GVO

3. For the processing of personal data by the Union institutions, bodies, offices and agencies, Regulation (EC) No 45/2001 applies. Regulation (EC) No 45/2001 and other Union legal acts applicable to such processing of personal data shall be adapted to the principles and rules of this Regulation in accordance with Article 98.

4. This Regulation shall be without prejudice to the application of Directive 2000/31/EC, in particular of the liability rules of intermediary service providers in Articles 12 to 15 of that Directive.

Article 3
Territorial scope

1. This Regulation applies to the processing of personal data in the context of the activities of an establishment of a controller or a processor in the Union, regardless of whether the processing takes place in the Union or not.

2. This Regulation applies to the processing of personal data of data subjects who are in the Union by a controller or processor not established in the Union, where the processing activities are related to:

(a) the offering of goods or services, irrespective of whether a payment of the data subject is required, to such data subjects in the Union; or

(b) the monitoring of their behaviour as far as their behaviour takes place within the Union.

3. This Regulation applies to the processing of personal data by a controller not established in the Union, but in a place where Member State law applies by virtue of public international law.

Article 4
Definitions

For the purposes of this Regulation:

---

(3) Für die Verarbeitung personenbezogener Daten durch die Organe, Einrichtungen, Ämter und Agenturen der Union gilt die Verordnung (EG) Nr. 45/2001. Die Verordnung (EG) Nr. 45/2001 und sonstige Rechtsakte der Union, die diese Verarbeitung personenbezogener Daten regeln, werden im Einklang mit Artikel 98 an die Grundsätze und Vorschriften der vorliegenden Verordnung angepasst.

(4) Die vorliegende Verordnung lässt die Anwendung der Richtlinie 2000/31/EG und speziell die Vorschriften der Artikel 12 bis 15 dieser Richtlinie zur Verantwortlichkeit der Vermittler unberührt.

Artikel 3
Räumlicher Anwendungsbereich
[Erwägungsgründe 22 – 25]

(1) Diese Verordnung findet Anwendung auf die Verarbeitung personenbezogener Daten, soweit diese im Rahmen der Tätigkeiten einer Niederlassung eines Verantwortlichen oder eines Auftragsverarbeiters in der Union erfolgt, unabhängig davon, ob die Verarbeitung in der Union stattfindet.

(2) Diese Verordnung findet Anwendung auf die Verarbeitung personenbezogener Daten von betroffenen Personen, die sich in der Union befinden, durch einen nicht in der Union niedergelassenen Verantwortlichen oder Auftragsverarbeiter, wenn die Datenverarbeitung im Zusammenhang damit steht

a) betroffenen Personen in der Union Waren oder Dienstleistungen anzubieten, unabhängig davon, ob von diesen betroffenen Personen eine Zahlung zu leisten ist;

b) das Verhalten betroffener Personen zu beobachten, soweit ihr Verhalten in der Union erfolgt.

(3) Diese Verordnung findet Anwendung auf die Verarbeitung personenbezogener Daten durch einen nicht in der Union niedergelassenen Verantwortlichen an einem Ort, der aufgrund Völkerrechts dem Recht eines Mitgliedstaats unterliegt.

Artikel 4
Begriffsbestimmungen
[Erwägungsgründe 26 – 37]

Im Sinne dieser Verordnung bezeichnet der Ausdruck:

GDPR	DS-GVO

(1) 'personal data' means any information relating to an identified or identifiable natural person ('data subject'); an identifiable natural person is one who can be identified, directly or indirectly, in particular by reference to an identifier such as a name, an identification number, location data, an online identifier or to one or more factors specific to the physical, physiological, genetic, mental, economic, cultural or social identity of that natural person;

(2) 'processing' means any operation or set of operations which is performed on personal data or on sets of personal data, whether or not by automated means, such as collection, recording, organisation, structuring, storage, adaptation or alteration, retrieval, consultation, use, disclosure by transmission, dissemination or otherwise making available, alignment or combination, restriction, erasure or destruction;

(3) 'restriction of processing' means the marking of stored personal data with the aim of limiting their processing in the future;

(4) 'profiling' means any form of automated processing of personal data consisting of the use of personal data to evaluate certain personal aspects relating to a natural person, in particular to analyse or predict aspects concerning that natural person's performance at work, economic situation, health, personal preferences, interests, reliability, behaviour, location or movements;

(5) 'pseudonymisation' means the processing of personal data in such a manner that the personal data can no longer be attributed to a specific data subject without the use of additional information, provided that such additional information is kept separately and is subject to technical and organisational measures to ensure that the personal data

1. „personenbezogene Daten" alle Informationen, die sich auf eine identifizierte oder identifizierbare natürliche Person (im Folgenden „betroffene Person") beziehen; als identifizierbar wird eine natürliche Person angesehen, die direkt oder indirekt, insbesondere mittels Zuordnung zu einer Kennung wie einem Namen, zu einer Kennnummer, zu Standortdaten, zu einer Online-Kennung oder zu einem oder mehreren besonderen Merkmalen, die Ausdruck der physischen, physiologischen, genetischen, psychischen, wirtschaftlichen, kulturellen oder sozialen Identität dieser natürlichen Person sind, identifiziert werden kann;[1]

2. „Verarbeitung" jeden mit oder ohne Hilfe automatisierter Verfahren ausgeführten Vorgang oder jede solche Vorgangsreihe im Zusammenhang mit personenbezogenen Daten wie das Erheben, das Erfassen, die Organisation, das Ordnen, die Speicherung, die Anpassung oder Veränderung, das Auslesen, das Abfragen, die Verwendung, die Offenlegung durch Übermittlung, Verbreitung oder eine andere Form der Bereitstellung, den Abgleich oder die Verknüpfung, die Einschränkung, das Löschen oder die Vernichtung;

3. „Einschränkung der Verarbeitung" die Markierung gespeicherter personenbezogener Daten mit dem Ziel, ihre künftige Verarbeitung einzuschränken;

4. „Profiling" jede Art der automatisierten Verarbeitung personenbezogener Daten, die darin besteht, dass diese personenbezogenen Daten verwendet werden, um bestimmte persönliche Aspekte, die sich auf eine natürliche Person beziehen, zu bewerten, insbesondere um Aspekte bezüglich Arbeitsleistung, wirtschaftliche Lage, Gesundheit, persönliche Vorlieben, Interessen, Zuverlässigkeit, Verhalten, Aufenthaltsort oder Ortswechsel dieser natürlichen Person zu analysieren oder vorherzusagen;

5. „Pseudonymisierung" die Verarbeitung personenbezogener Daten in einer Weise, dass die personenbezogenen Daten ohne Hinzuziehung zusätzlicher Informationen nicht mehr einer spezifischen betroffenen Person zugeordnet werden können, sofern diese zusätzlichen Informationen geson-

---

1. Erwägungsgründe 26, 27, 30, 31

GDPR	DS-GVO

are not attributed to an identified or identifiable natural person;

dert aufbewahrt werden und technischen und organisatorischen Maßnahmen unterliegen, die gewährleisten, dass die personenbezogenen Daten nicht einer identifizierten oder identifizierbaren natürlichen Person zugewiesen werden; [1]

(6) 'filing system' means any structured set of personal data which are accessible according to specific criteria, whether centralised, decentralised or dispersed on a functional or geographical basis;

6. „Dateisystem" jede strukturierte Sammlung personenbezogener Daten, die nach bestimmten Kriterien zugänglich sind, unabhängig davon, ob diese Sammlung zentral, dezentral oder nach funktionalen oder geografischen Gesichtspunkten geordnet geführt wird;

(7) 'controller' means the natural or legal person, public authority, agency or other body which, alone or jointly with others, determines the purposes and means of the processing of personal data; where the purposes and means of such processing are determined by Union or Member State law, the controller or the specific criteria for its nomination may be provided for by Union or Member State law;

7. „Verantwortlicher" die natürliche oder juristische Person, Behörde, Einrichtung oder andere Stelle, die allein oder gemeinsam mit anderen über die Zwecke und Mittel der Verarbeitung von personenbezogenen Daten entscheidet; sind die Zwecke und Mittel dieser Verarbeitung durch das Unionsrecht oder das Recht der Mitgliedstaaten vorgegeben, so kann der Verantwortliche beziehungsweise können die bestimmten Kriterien seiner Benennung nach dem Unionsrecht oder dem Recht der Mitgliedstaaten vorgesehen werden;

(8) 'processor' means a natural or legal person, public authority, agency or other body which processes personal data on behalf of the controller;

8. „Auftragsverarbeiter" eine natürliche oder juristische Person, Behörde, Einrichtung oder andere Stelle, die personenbezogene Daten im Auftrag des Verantwortlichen verarbeitet;

(9) 'recipient' means a natural or legal person, public authority, agency or another body, to which the personal data are disclosed, whether a third party or not. However, public authorities which may receive personal data in the framework of a particular inquiry in accordance with Union or Member State law shall not be regarded as recipients; the processing of those data by those public authorities shall be in compliance with the applicable data protection rules according to the purposes of the processing;

9. „Empfänger" eine natürliche oder juristische Person, Behörde, Einrichtung oder andere Stelle, der personenbezogene Daten offengelegt werden, unabhängig davon, ob es sich bei ihr um einen Dritten handelt oder nicht. Behörden, die im Rahmen eines bestimmten Untersuchungsauftrags nach dem Unionsrecht oder dem Recht der Mitgliedstaaten möglicherweise personenbezogene Daten erhalten, gelten jedoch nicht als Empfänger; die Verarbeitung dieser Daten durch die genannten Behörden erfolgt im Einklang mit den geltenden Datenschutzvorschriften gemäß den Zwecken der Verarbeitung;

(10) 'third party' means a natural or legal person, public authority, agency or body other than the data subject, controller, processor and persons who, under the direct authority of the controller or processor, are authorised to process personal data;

10. „Dritter" eine natürliche oder juristische Person, Behörde, Einrichtung oder andere Stelle, außer der betroffenen Person, dem Verantwortlichen, dem Auftragsverarbeiter und den Personen, die unter

---

1. Erwägungsgründe 26, 28, 29

GDPR	DS-GVO

der unmittelbaren Verantwortung des Verantwortlichen oder des Auftragsverarbeiters befugt sind, die personenbezogenen Daten zu verarbeiten;

(11) 'consent' of the data subject means any freely given, specific, informed and unambiguous indication of the data subject's wishes by which he or she, by a statement or by a clear affirmative action, signifies agreement to the processing of personal data relating to him or her;

11. „Einwilligung" der betroffenen Person jede freiwillig für den bestimmten Fall, in informierter Weise und unmissverständlich abgegebene Willensbekundung in Form einer Erklärung oder einer sonstigen eindeutigen bestätigenden Handlung, mit der die betroffene Person zu verstehen gibt, dass sie mit der Verarbeitung der sie betreffenden personenbezogenen Daten einverstanden ist; [1]

(12) 'personal data breach' means a breach of security leading to the accidental or unlawful destruction, loss, alteration, unauthorised disclosure of, or access to, personal data transmitted, stored or otherwise processed;

12. „Verletzung des Schutzes personenbezogener Daten" eine Verletzung der Sicherheit, die, ob unbeabsichtigt oder unrechtmäßig, zur Vernichtung, zum Verlust, zur Veränderung, oder zur unbefugten Offenlegung von beziehungsweise zum unbefugten Zugang zu personenbezogenen Daten führt, die übermittelt, gespeichert oder auf sonstige Weise verarbeitet wurden;

(13) 'genetic data' means personal data relating to the inherited or acquired genetic characteristics of a natural person which give unique information about the physiology or the health of that natural person and which result, in particular, from an analysis of a biological sample from the natural person in question;

13. „genetische Daten" personenbezogene Daten zu den ererbten oder erworbenen genetischen Eigenschaften einer natürlichen Person, die eindeutige Informationen über die Physiologie oder die Gesundheit dieser natürlichen Person liefern und insbesondere aus der Analyse einer biologischen Probe der betreffenden natürlichen Person gewonnen wurden; [2]

(14) 'biometric data' means personal data resulting from specific technical processing relating to the physical, physiological or behavioural characteristics of a natural person, which allow or confirm the unique identification of that natural person, such as facial images or dactyloscopic data;

14. „biometrische Daten" mit speziellen technischen Verfahren gewonnene personenbezogene Daten zu den physischen, physiologischen oder verhaltenstypischen Merkmalen einer natürlichen Person, die die eindeutige Identifizierung dieser natürlichen Person ermöglichen oder bestätigen, wie Gesichtsbilder oder daktyloskopische Daten;

(15) 'data concerning health' means personal data related to the physical or mental health of a natural person, including the provision of health care services, which reveal information about his or her health status;

15. „Gesundheitsdaten" personenbezogene Daten, die sich auf die körperliche oder geistige Gesundheit einer natürlichen Person, einschließlich der Erbringung von Gesundheitsdienstleistungen, beziehen und aus denen Informationen über deren Gesundheitszustand hervorgehen; [3]

---

1. Erwägungsgründe 32, 33
2. Erwägungsgrund 34
3. Erwägungsgrund 35

GDPR	DS-GVO

(16) 'main establishment' means:

   (a) as regards a controller with establishments in more than one Member State, the place of its central administration in the Union, unless the decisions on the purposes and means of the processing of personal data are taken in another establishment of the controller in the Union and the latter establishment has the power to have such decisions implemented, in which case the establishment having taken such decisions is to be considered to be the main establishment;

   (b) as regards a processor with establishments in more than one Member State, the place of its central administration in the Union, or, if the processor has no central administration in the Union, the establishment of the processor in the Union where the main processing activities in the context of the activities of an establishment of the processor take place to the extent that the processor is subject to specific obligations under this Regulation;

(17) 'representative' means a natural or legal person established in the Union who, designated by the controller or processor in writing pursuant to Article 27, represents the controller or processor with regard to their respective obligations under this Regulation;

(18) 'enterprise' means a natural or legal person engaged in an economic activity, irrespective of its legal form, including partnerships or associations regularly engaged in an economic activity;

(19) 'group of undertakings' means a controlling undertaking and its controlled undertakings;

(20) 'binding corporate rules' means personal data protection policies which are adhered to by a controller or processor established on the territory of a Member State for transfers or a set of transfers of personal data to a controller or processor in one or

---

16. „Hauptniederlassung"[1]

   a) im Falle eines Verantwortlichen mit Niederlassungen in mehr als einem Mitgliedstaat den Ort seiner Hauptverwaltung in der Union, es sei denn, die Entscheidungen hinsichtlich der Zwecke und Mittel der Verarbeitung personenbezogener Daten werden in einer anderen Niederlassung des Verantwortlichen in der Union getroffen und diese Niederlassung ist befugt, diese Entscheidungen umsetzen zu lassen; in diesem Fall gilt die Niederlassung, die derartige Entscheidungen trifft, als Hauptniederlassung;

   b) im Falle eines Auftragsverarbeiters mit Niederlassungen in mehr als einem Mitgliedstaat den Ort seiner Hauptverwaltung in der Union oder, sofern der Auftragsverarbeiter keine Hauptverwaltung in der Union hat, die Niederlassung des Auftragsverarbeiters in der Union, in der die Verarbeitungstätigkeiten im Rahmen der Tätigkeiten einer Niederlassung eines Auftragsverarbeiters hauptsächlich stattfinden, soweit der Auftragsverarbeiter spezifischen Pflichten aus dieser Verordnung unterliegt;

17. „Vertreter" eine in der Union niedergelassene natürliche oder juristische Person, die von dem Verantwortlichen oder Auftragsverarbeiter schriftlich gemäß Artikel 27 bestellt wurde und den Verantwortlichen oder Auftragsverarbeiter in Bezug auf die ihnen jeweils nach dieser Verordnung obliegenden Pflichten vertritt;

18. „Unternehmen" eine natürliche und juristische Person, die eine wirtschaftliche Tätigkeit ausübt, unabhängig von ihrer Rechtsform, einschließlich Personengesellschaften oder Vereinigungen, die regelmäßig einer wirtschaftlichen Tätigkeit nachgehen;

19. „Unternehmensgruppe" eine Gruppe, die aus einem herrschenden Unternehmen und den von diesem abhängigen Unternehmen besteht;[2]

20. „verbindliche interne Datenschutzvorschriften" Maßnahmen zum Schutz personenbezogener Da-

---

1. Erwägungsgrund 36
2. Erwägungsgrund 37, 36 a. E.

GDPR	DS-GVO

more third countries within a group of undertakings, or group of enterprises engaged in a joint economic activity;

(21) 'supervisory authority' means an independent public authority which is established by a Member State pursuant to Article 51;

(22) 'supervisory authority concerned' means a supervisory authority which is concerned by the processing of personal data because:

    (a) the controller or processor is established on the territory of the Member State of that supervisory authority;

    (b) data subjects residing in the Member State of that supervisory authority are substantially affected or likely to be substantially affected by the processing; or

    (c) a complaint has been lodged with that supervisory authority;

(23) 'cross-border processing' means either:

    (a) processing of personal data which takes place in the context of the activities of establishments in more than one Member State of a controller or processor in the Union where the controller or processor is established in more than one Member State; or

    (b) processing of personal data which takes place in the context of the activities of a single establishment of a controller or processor in the Union but which substantially affects or is likely to substantially affect data subjects in more than one Member State.

(24) 'relevant and reasoned objection' means an objection to a draft decision as to whether there is an infringement of this Regulation, or whether envisaged action in relation to the controller or processor complies with this Regulation, which

---

ten, zu deren Einhaltung sich ein im Hoheitsgebiet eines Mitgliedstaats niedergelassener Verantwortlicher oder Auftragsverarbeiter verpflichtet im Hinblick auf Datenübermittlungen oder eine Kategorie von Datenübermittlungen personenbezogener Daten an einen Verantwortlichen oder Auftragsverarbeiter derselben Unternehmensgruppe oder derselben Gruppe von Unternehmen, die eine gemeinsame Wirtschaftstätigkeit ausüben, in einem oder mehreren Drittländern;

21. „Aufsichtsbehörde" eine von einem Mitgliedstaat gemäß Artikel 51 eingerichtete unabhängige staatliche Stelle;

22. „betroffene Aufsichtsbehörde" eine Aufsichtsbehörde, die von der Verarbeitung personenbezogener Daten betroffen ist, weil

    a) der Verantwortliche oder der Auftragsverarbeiter im Hoheitsgebiet des Mitgliedstaats dieser Aufsichtsbehörde niedergelassen ist,

    b) diese Verarbeitung erhebliche Auswirkungen auf betroffene Personen mit Wohnsitz im Mitgliedstaat dieser Aufsichtsbehörde hat oder haben kann oder

    c) eine Beschwerde bei dieser Aufsichtsbehörde eingereicht wurde;

23. „grenzüberschreitende Verarbeitung" entweder

    a) eine Verarbeitung personenbezogener Daten, die im Rahmen der Tätigkeiten von Niederlassungen eines Verantwortlichen oder eines Auftragsverarbeiters in der Union in mehr als einem Mitgliedstaat erfolgt, wenn der Verantwortliche oder Auftragsverarbeiter in mehr als einem Mitgliedstaat niedergelassen ist, oder

    b) eine Verarbeitung personenbezogener Daten, die im Rahmen der Tätigkeiten einer einzelnen Niederlassung eines Verantwortlichen oder eines Auftragsverarbeiters in der Union erfolgt, die jedoch erhebliche Auswirkungen auf betroffene Personen in mehr als einem Mitgliedstaat hat oder haben kann;

24. „maßgeblicher und begründeter Einspruch" einen Einspruch gegen einen Beschlussentwurf im Hinblick darauf, ob ein Verstoß gegen diese Verordnung vorliegt oder ob beabsichtigte Maßnahmen gegen den Verantwortlichen oder den Auftrags-

GDPR	DS-GVO
clearly demonstrates the significance of the risks posed by the draft decision as regards the fundamental rights and freedoms of data subjects and, where applicable, the free flow of personal data within the Union;	verarbeiter im Einklang mit dieser Verordnung steht, wobei aus diesem Einspruch die Tragweite der Risiken klar hervorgeht, die von dem Beschlussentwurf in Bezug auf die Grundrechte und Grundfreiheiten der betroffenen Personen und gegebenenfalls den freien Verkehr personenbezogener Daten in der Union ausgehen;
(25) 'information society service' means a service as defined in point (b) of Article 1(1) of Directive (EU) 2015/1535 of the European Parliament and of the Council[1];	25. „Dienst der Informationsgesellschaft" eine Dienstleistung im Sinne des Artikels 1 Nummer 1 Buchstabe b der Richtlinie (EU) 2015/1535 des Europäischen Parlaments und des Rates [1];
(26) 'international organisation' means an organisation and its subordinate bodies governed by public international law, or any other body which is set up by, or on the basis of, an agreement between two or more countries.	26. „internationale Organisation" eine völkerrechtliche Organisation und ihre nachgeordneten Stellen oder jede sonstige Einrichtung, die durch eine zwischen zwei oder mehr Ländern geschlossene Übereinkunft oder auf der Grundlage einer solchen Übereinkunft geschaffen wurde.

Chapter II
Principles

Kapitel II
Grundsätze
[Erwägungsgründe 38 – 57]

Article 5
Principles relating to processing of personal data

Artikel 5
Grundsätze für die Verarbeitung personenbezogener Daten
[Erwägungsgrund 39]

1. Personal data shall be:	(1) Personenbezogene Daten müssen
(a) processed lawfully, fairly and in a transparent manner in relation to the data subject ('lawfulness, fairness and transparency');	a) auf rechtmäßige Weise, nach Treu und Glauben und in einer für die betroffene Person nachvollziehbaren Weise verarbeitet werden („Rechtmäßigkeit, Verarbeitung nach Treu und Glauben, Transparenz") ;
(b) collected for specified, explicit and legitimate purposes and not further processed in a manner that is incompatible with those purposes; further processing for archiving purposes in the public interest, scientific or historical research purposes or statistical purposes shall, in accordance with Article 89(1), not be con-	b) für festgelegte, eindeutige und legitime Zwecke erhoben werden und dürfen nicht in einer mit diesen Zwecken nicht zu vereinbarenden Weise weiterverarbeitet werden; eine Weiterverarbeitung für im öffentlichen Interesse liegende Archivzwecke, für wissenschaftliche oder historische Forschungszwecke oder für

---

1. Directive (EU) 2015/1535 of the European Parliament and of the Council of 9 September 2015 laying down a procedure for the provision of information in the field of technical regulations and of rules on Information Society services (OJ L 241, 17.9.2015, p. 1).

1. Richtlinie (EU) 2015/1535 des Europäischen Parlaments und des Rates vom 9. September 2015 über ein Informationsverfahren auf dem Gebiet der technischen Vorschriften und der Vorschriften für die Dienste der Informationsgesellschaft (ABl. L 241 vom 17.9.2015, S. 1).

GDPR	DS-GVO

sidered to be incompatible with the initial purposes ('purpose limitation');

(c) adequate, relevant and limited to what is necessary in relation to the purposes for which they are processed ('data minimisation');

(d) accurate and, where necessary, kept up to date; every reasonable step must be taken to ensure that personal data that are inaccurate, having regard to the purposes for which they are processed, are erased or rectified without delay ('accuracy');

(e) kept in a form which permits identification of data subjects for no longer than is necessary for the purposes for which the personal data are processed; personal data may be stored for longer periods insofar as the personal data will be processed solely for archiving purposes in the public interest, scientific or historical research purposes or statistical purposes in accordance with Article 89(1) subject to implementation of the appropriate technical and organisational measures required by this Regulation in order to safeguard the rights and freedoms of the data subject ('storage limitation');

(f) processed in a manner that ensures appropriate security of the personal data, including protection against unauthorised or unlawful processing and against accidental loss, destruction or damage, using appropriate technical or organisational measures ('integrity and confidentiality').

2. The controller shall be responsible for, and be able to demonstrate compliance with, paragraph 1 ('accountability').

---

statistische Zwecke gilt gemäß Artikel 89 Absatz 1 nicht als unvereinbar mit den ursprünglichen Zwecken („Zweckbindung") ;

c) dem Zweck angemessen und erheblich sowie auf das für die Zwecke der Verarbeitung notwendige Maß beschränkt sein („Datenminimierung") ;

d) sachlich richtig und erforderlichenfalls auf dem neuesten Stand sein; es sind alle angemessenen Maßnahmen zu treffen, damit personenbezogene Daten, die im Hinblick auf die Zwecke ihrer Verarbeitung unrichtig sind, unverzüglich gelöscht oder berichtigt werden („Richtigkeit") ;

e) in einer Form gespeichert werden, die die Identifizierung der betroffenen Personen nur so lange ermöglicht, wie es für die Zwecke, für die sie verarbeitet werden, erforderlich ist; personenbezogene Daten dürfen länger gespeichert werden, soweit die personenbezogenen Daten vorbehaltlich der Durchführung geeigneter technischer und organisatorischer Maßnahmen, die von dieser Verordnung zum Schutz der Rechte und Freiheiten der betroffenen Person gefordert werden, ausschließlich für im öffentlichen Interesse liegende Archivzwecke oder für wissenschaftliche und historische Forschungszwecke oder für statistische Zwecke gemäß Artikel 89 Absatz 1 verarbeitet werden („Speicherbegrenzung");

f) in einer Weise verarbeitet werden, die eine angemessene Sicherheit der personenbezogenen Daten gewährleistet, einschließlich Schutz vor unbefugter oder unrechtmäßiger Verarbeitung und vor unbeabsichtigtem Verlust, unbeabsichtigter Zerstörung oder unbeabsichtigter Schädigung durch geeignete technische und organisatorische Maßnahmen („Integrität und Vertraulichkeit");

(2) Der Verantwortliche ist für die Einhaltung des Absatzes 1 verantwortlich und muss dessen Einhaltung nachweisen können („Rechenschaftspflicht").

GDPR	DS-GVO
Article 6	**Artikel 6**
Lawfulness of processing	**Rechtmäßigkeit der Verarbeitung**

[Erwägungsgründe 32, 40 – 50, 55, 56]

1. Processing shall be lawful only if and to the extent that at least one of the following applies:

(a) the data subject has given consent to the processing of his or her personal data for one or more specific purposes;

(b) processing is necessary for the performance of a contract to which the data subject is party or in order to take steps at the request of the data subject prior to entering into a contract;

(c) processing is necessary for compliance with a legal obligation to which the controller is subject;

(d) processing is necessary in order to protect the vital interests of the data subject or of another natural person;

(e) processing is necessary for the performance of a task carried out in the public interest or in the exercise of official authority vested in the controller;

(f) processing is necessary for the purposes of the legitimate interests pursued by the controller or by a third party, except where such interests are overridden by the interests or fundamental rights and freedoms of the data subject which require protection of personal data, in particular where the data subject is a child.

Point (f) of the first subparagraph shall not apply to processing carried out by public authorities in the performance of their tasks.

(1) Die Verarbeitung ist nur rechtmäßig, wenn mindestens eine der nachstehenden Bedingungen erfüllt ist:

a) Die betroffene Person hat ihre Einwilligung zu der Verarbeitung der sie betreffenden personenbezogenen Daten für einen oder mehrere bestimmte Zwecke gegeben; [1]

b) die Verarbeitung ist für die Erfüllung eines Vertrags, dessen Vertragspartei die betroffene Person ist, oder zur Durchführung vorvertraglicher Maßnahmen erforderlich, die auf Anfrage der betroffenen Person erfolgen; [2]

c) die Verarbeitung ist zur Erfüllung einer rechtlichen Verpflichtung erforderlich, der der Verantwortliche unterliegt; [3]

d) die Verarbeitung ist erforderlich, um lebenswichtige Interessen der betroffenen Person oder einer anderen natürlichen Person zu schützen; [4]

e) die Verarbeitung ist für die Wahrnehmung einer Aufgabe erforderlich, die im öffentlichen Interesse liegt oder in Ausübung öffentlicher Gewalt erfolgt, die dem Verantwortlichen übertragen wurde; [5]

f) die Verarbeitung ist zur Wahrung der berechtigten Interessen des Verantwortlichen oder eines Dritten erforderlich, sofern nicht die Interessen oder Grundrechte und Grundfreiheiten der betroffenen Person, die den Schutz personenbezogener Daten erfordern, überwiegen, insbesondere dann, wenn es sich bei der betroffenen Person um ein Kind handelt. [6]

Unterabsatz 1 Buchstabe f gilt nicht für die von Behörden in Erfüllung ihrer Aufgaben vorgenommene Verarbeitung.

---

1. Erwägungsgründe 32, 40, 42, 43
2. Erwägungsgründe 40, 44
3. Erwägungsgründe 40, 41, 45
4. Erwägungsgrund 46
5. Erwägungsgründe 55, 56
6. Erwägungsgründe 47–48

GDPR	DS-GVO

2. Member States may maintain or introduce more specific provisions to adapt the application of the rules of this Regulation with regard to processing for compliance with points (c) and (e) of paragraph 1 by determining more precisely specific requirements for the processing and other measures to ensure lawful and fair processing including for other specific processing situations as provided for in Chapter IX.

3. The basis for the processing referred to in point (c) and (e) of paragraph 1 shall be laid down by:
   (a) Union law; or
   (b) Member State law to which the controller is subject.

The purpose of the processing shall be determined in that legal basis or, as regards the processing referred to in point (e) of paragraph 1, shall be necessary for the performance of a task carried out in the public interest or in the exercise of official authority vested in the controller. That legal basis may contain specific provisions to adapt the application of rules of this Regulation, inter alia: the general conditions governing the lawfulness of processing by the controller; the types of data which are subject to the processing; the data subjects concerned; the entities to, and the purposes for which, the personal data may be disclosed; the purpose limitation; storage periods; and processing operations and processing procedures, including measures to ensure lawful and fair processing such as those for other specific processing situations as provided for in Chapter IX. The Union or the Member State law shall meet an objective of public interest and be proportionate to the legitimate aim pursued.

---

(2) Die Mitgliedstaaten können spezifischere Bestimmungen zur Anpassung der Anwendung der Vorschriften dieser Verordnung in Bezug auf die Verarbeitung zur Erfüllung von Absatz 1 Buchstaben c und e beibehalten oder einführen, indem sie spezifische Anforderungen für die Verarbeitung sowie sonstige Maßnahmen präziser bestimmen, um eine rechtmäßig und nach Treu und Glauben erfolgende Verarbeitung zu gewährleisten, einschließlich für andere besondere Verarbeitungssituationen gemäß Kapitel IX.

(3) [1]Die Rechtsgrundlage für die Verarbeitungen gemäß Absatz 1 Buchstaben c und e wird festgelegt durch
   a) Unionsrecht oder
   b) das Recht der Mitgliedstaaten, dem der Verantwortliche unterliegt.
Der Zweck der Verarbeitung muss in dieser Rechtsgrundlage festgelegt oder hinsichtlich der Verarbeitung gemäß Absatz 1 Buchstabe e für die Erfüllung einer Aufgabe erforderlich sein, die im öffentlichen Interesse liegt oder in Ausübung öffentlicher Gewalt erfolgt, die dem Verantwortlichen übertragen wurde. Diese Rechtsgrundlage kann spezifische Bestimmungen zur Anpassung der Anwendung der Vorschriften dieser Verordnung enthalten, unter anderem Bestimmungen darüber, welche allgemeinen Bedingungen für die Regelung der Rechtmäßigkeit der Verarbeitung durch den Verantwortlichen gelten, welche Arten von Daten verarbeitet werden, welche Personen betroffen sind, an welche Einrichtungen und für welche Zwecke die personenbezogenen Daten offengelegt werden dürfen, welcher Zweckbindung sie unterliegen, wie lange sie gespeichert werden dürfen und welche Verarbeitungsvorgänge und -verfahren angewandt werden dürfen, einschließlich Maßnahmen zur Gewährleistung einer rechtmäßig und nach Treu und Glauben erfolgenden Verarbeitung, wie solche für sonstige besondere Verarbeitungssituationen gemäß Kapitel IX. Das Unionsrecht oder das Recht der Mitgliedstaaten müssen ein im öffentlichen Interesse liegendes

---

1. Erwägungsgrund 41

| GDPR | DS-GVO |

Ziel verfolgen und in einem angemessenen Verhältnis zu dem verfolgten legitimen Zweck stehen.

4. Where the processing for a purpose other than that for which the personal data have been collected is not based on the data subject's consent or on a Union or Member State law which constitutes a necessary and proportionate measure in a democratic society to safeguard the objectives referred to in Article 23(1), the controller shall, in order to ascertain whether processing for another purpose is compatible with the purpose for which the personal data are initially collected, take into account, inter alia:

(4) Beruht die Verarbeitung zu einem anderen Zweck als zu demjenigen, zu dem die personenbezogenen Daten erhoben wurden, nicht auf der Einwilligung der betroffenen Person oder auf einer Rechtsvorschrift der Union oder der Mitgliedstaaten, die in einer demokratischen Gesellschaft eine notwendige und verhältnismäßige Maßnahme zum Schutz der in Artikel 23 Absatz 1 genannten Ziele darstellt, so berücksichtigt der Verantwortliche – um festzustellen, ob die Verarbeitung zu einem anderen Zweck mit demjenigen, zu dem die personenbezogenen Daten ursprünglich erhoben wurden, vereinbar ist – unter anderem [1]

(a) any link between the purposes for which the personal data have been collected and the purposes of the intended further processing;

a) jede Verbindung zwischen den Zwecken, für die die personenbezogenen Daten erhoben wurden, und den Zwecken der beabsichtigten Weiterverarbeitung,

(b) the context in which the personal data have been collected, in particular regarding the relationship between data subjects and the controller;

b) den Zusammenhang, in dem die personenbezogenen Daten erhoben wurden, insbesondere hinsichtlich des Verhältnisses zwischen den betroffenen Personen und dem Verantwortlichen,

(c) the nature of the personal data, in particular whether special categories of personal data are processed, pursuant to Article 9, or whether personal data related to criminal convictions and offences are processed, pursuant to Article 10;

c) die Art der personenbezogenen Daten, insbesondere ob besondere Kategorien personenbezogener Daten gemäß Artikel 9 verarbeitet werden oder ob personenbezogene Daten über strafrechtliche Verurteilungen und Straftaten gemäß Artikel 10 verarbeitet werden,

(d) the possible consequences of the intended further processing for data subjects;

d) die möglichen Folgen der beabsichtigten Weiterverarbeitung für die betroffenen Personen,

(e) the existence of appropriate safeguards, which may include encryption or pseudonymisation.

e) das Vorhandensein geeigneter Garantien, wozu Verschlüsselung oder Pseudonymisierung gehören kann.

Article 7
Conditions for consent

Artikel 7
Bedingungen für die Einwilligung
[Erwägungsgründe 32, 33, 42, 43]

1. Where processing is based on consent, the controller shall be able to demonstrate that the data subject has consented to processing of his or her personal data.

(1) Beruht die Verarbeitung auf einer Einwilligung, muss der Verantwortliche nachweisen können, dass die betroffene Person in die Verarbeitung ihrer personenbezogenen Daten eingewilligt hat.

---

1. Erwägungsgrund 50

GDPR	DS-GVO

2. If the data subject's consent is given in the context of a written declaration which also concerns other matters, the request for consent shall be presented in a manner which is clearly distinguishable from the other matters, in an intelligible and easily accessible form, using clear and plain language. Any part of such a declaration which constitutes an infringement of this Regulation shall not be binding.

(2) Erfolgt die Einwilligung der betroffenen Person durch eine schriftliche Erklärung, die noch andere Sachverhalte betrifft, so muss das Ersuchen um Einwilligung in verständlicher und leicht zugänglicher Form in einer klaren und einfachen Sprache so erfolgen, dass es von den anderen Sachverhalten klar zu unterscheiden ist. Teile der Erklärung sind dann nicht verbindlich, wenn sie einen Verstoß gegen diese Verordnung darstellen.

3. The data subject shall have the right to withdraw his or her consent at any time. The withdrawal of consent shall not affect the lawfulness of processing based on consent before its withdrawal. Prior to giving consent, the data subject shall be informed thereof. It shall be as easy to withdraw as to give consent.

(3) Die betroffene Person hat das Recht, ihre Einwilligung jederzeit zu widerrufen. Durch den Widerruf der Einwilligung wird die Rechtmäßigkeit der aufgrund der Einwilligung bis zum Widerruf erfolgten Verarbeitung nicht berührt. Die betroffene Person wird vor Abgabe der Einwilligung hiervon in Kenntnis gesetzt. Der Widerruf der Einwilligung muss so einfach wie die Erteilung der Einwilligung sein.

4. When assessing whether consent is freely given, utmost account shall be taken of whether, *inter alia*, the performance of a contract, including the provision of a service, is conditional on consent to the processing of personal data that is not necessary for the performance of that contract.

(4) Bei der Beurteilung, ob die Einwilligung freiwillig erteilt wurde, muss dem Umstand in größtmöglichem Umfang Rechnung getragen werden, ob unter anderem die Erfüllung eines Vertrags, einschließlich der Erbringung einer Dienstleistung, von der Einwilligung zu einer Verarbeitung von personenbezogenen Daten abhängig ist, die für die Erfüllung des Vertrags nicht erforderlich sind.

Article 8
Conditions applicable to child's consent in relation to information society services

Artikel 8
Bedingungen für die Einwilligung eines Kindes in Bezug auf Dienste der Informationsgesellschaft
[Erwägungsgrund 38]

1. Where point (a) of Article 6(1) applies, in relation to the offer of information society services directly to a child, the processing of the personal data of a child shall be lawful where the child is at least 16 years old. Where the child is below the age of 16 years, such processing shall be lawful only if and to the extent that consent is given or authorised by the holder of parental responsibility over the child. Member States may provide by law for a lower age for those purposes provided that such lower age is not below 13 years.

(1) Gilt Artikel 6 Absatz 1 Buchstabe a bei einem Angebot von Diensten der Informationsgesellschaft, das einem Kind direkt gemacht wird, so ist die Verarbeitung der personenbezogenen Daten des Kindes rechtmäßig, wenn das Kind das sechzehnte Lebensjahr vollendet hat. Hat das Kind noch nicht das sechzehnte Lebensjahr vollendet, so ist diese Verarbeitung nur rechtmäßig, sofern und soweit diese Einwilligung durch den Träger der elterlichen Verantwortung für das Kind oder mit dessen Zustimmung erteilt wird. Die Mitgliedstaaten können durch Rechtsvorschriften zu diesen Zwecken eine niedrigere Altersgrenze vorsehen, die jedoch

GDPR	DS-GVO

nicht unter dem vollendeten dreizehnten Lebensjahr liegen darf.

2. The controller shall make reasonable efforts to verify in such cases that consent is given or authorised by the holder of parental responsibility over the child, taking into consideration available technology.

(2) Der Verantwortliche unternimmt unter Berücksichtigung der verfügbaren Technik angemessene Anstrengungen, um sich in solchen Fällen zu vergewissern, dass die Einwilligung durch den Träger der elterlichen Verantwortung für das Kind oder mit dessen Zustimmung erteilt wurde.

3. Paragraph 1 shall not affect the general contract law of Member States such as the rules on the validity, formation or effect of a contract in relation to a child.

(3) Absatz 1 lässt das allgemeine Vertragsrecht der Mitgliedstaaten, wie etwa die Vorschriften zur Gültigkeit, zum Zustandekommen oder zu den Rechtsfolgen eines Vertrags in Bezug auf ein Kind, unberührt.

Article 9
Processing of special
categories of personal data

Artikel 9
Verarbeitung besonderer Kategorien
personenbezogener Daten
[Erwägungsgründe 51 – 56]

1. Processing of personal data revealing racial or ethnic origin, political opinions, religious or philosophical beliefs, or trade union membership, and the processing of genetic data, biometric data for the purpose of uniquely identifying a natural person, data concerning health or data concerning a natural person's sex life or sexual orientation shall be prohibited.

(1) Die Verarbeitung personenbezogener Daten, aus denen die rassische und ethnische Herkunft, politische Meinungen, religiöse oder weltanschauliche Überzeugungen oder die Gewerkschaftszugehörigkeit hervorgehen, sowie die Verarbeitung von genetischen Daten, biometrischen Daten zur eindeutigen Identifizierung einer natürlichen Person, Gesundheitsdaten oder Daten zum Sexualleben oder der sexuellen Orientierung einer natürlichen Person ist untersagt.

2. Paragraph 1 shall not apply if one of the following applies:

(2) Absatz 1 gilt nicht in folgenden Fällen:

(a) the data subject has given explicit consent to the processing of those personal data for one or more specified purposes, except where Union or Member State law provide that the prohibition referred to in paragraph 1 may not be lifted by the data subject;

a) Die betroffene Person hat in die Verarbeitung der genannten personenbezogenen Daten für einen oder mehrere festgelegte Zwecke ausdrücklich eingewilligt, es sei denn, nach Unionsrecht oder dem Recht der Mitgliedstaaten kann das Verbot nach Absatz 1 durch die Einwilligung der betroffenen Person nicht aufgehoben werden,

(b) processing is necessary for the purposes of carrying out the obligations and exercising specific rights of the controller or of the data subject in the field of employment and social security and social protection law in so far as it is authorised by Union or Member State law or a collective agreement pursuant to Member State law providing for appropriate safe-

b) die Verarbeitung ist erforderlich, damit der Verantwortliche oder die betroffene Person die ihm bzw. ihr aus dem Arbeitsrecht und dem Recht der sozialen Sicherheit und des Sozialschutzes erwachsenden Rechte ausüben und seinen bzw. ihren diesbezüglichen Pflichten nachkommen kann, soweit dies nach Unionsrecht oder dem Recht der Mitglied-

guards for the fundamental rights and the interests of the data subject;

(c) processing is necessary to protect the vital interests of the data subject or of another natural person where the data subject is physically or legally incapable of giving consent;

(d) processing is carried out in the course of its legitimate activities with appropriate safeguards by a foundation, association or any other not-for-profit body with a political, philosophical, religious or trade union aim and on condition that the processing relates solely to the members or to former members of the body or to persons who have regular contact with it in connection with its purposes and that the personal data are not disclosed outside that body without the consent of the data subjects;

(e) processing relates to personal data which are manifestly made public by the data subject;

(f) processing is necessary for the establishment, exercise or defence of legal claims or whenever courts are acting in their judicial capacity;

(g) processing is necessary for reasons of substantial public interest, on the basis of Union or Member State law which shall be proportionate to the aim pursued, respect the essence of the right to data protection and provide for suitable and specific measures to safeguard the fundamental rights and the interests of the data subject;

(h) processing is necessary for the purposes of preventive or occupational medicine, for the as-

staaten oder einer Kollektivvereinbarung nach dem Recht der Mitgliedstaaten, das geeignete Garantien für die Grundrechte und die Interessen der betroffenen Person vorsieht, zulässig ist,

c) die Verarbeitung ist zum Schutz lebenswichtiger Interessen der betroffenen Person oder einer anderen natürlichen Person erforderlich und die betroffene Person ist aus körperlichen oder rechtlichen Gründen außerstande, ihre Einwilligung zu geben,

d) die Verarbeitung erfolgt auf der Grundlage geeigneter Garantien durch eine politisch, weltanschaulich, religiös oder gewerkschaftlich ausgerichtete Stiftung, Vereinigung oder sonstige Organisation ohne Gewinnerzielungsabsicht im Rahmen ihrer rechtmäßigen Tätigkeiten und unter der Voraussetzung, dass sich die Verarbeitung ausschließlich auf die Mitglieder oder ehemalige Mitglieder der Organisation oder auf Personen, die im Zusammenhang mit deren Tätigkeitszweck regelmäßige Kontakte mit ihr unterhalten, bezieht und die personenbezogenen Daten nicht ohne Einwilligung der betroffenen Personen nach außen offengelegt werden,

e) die Verarbeitung bezieht sich auf personenbezogene Daten, die die betroffene Person offensichtlich öffentlich gemacht hat,

f) die Verarbeitung ist zur Geltendmachung, Ausübung oder Verteidigung von Rechtsansprüchen oder bei Handlungen der Gerichte im Rahmen ihrer justiziellen Tätigkeit erforderlich,

g) die Verarbeitung ist auf der Grundlage des Unionsrechts oder des Rechts eines Mitgliedstaats, das in angemessenem Verhältnis zu dem verfolgten Ziel steht, den Wesensgehalt des Rechts auf Datenschutz wahrt und angemessene und spezifische Maßnahmen zur Wahrung der Grundrechte und Interessen der betroffenen Person vorsieht, aus Gründen eines erheblichen öffentlichen Interesses erforderlich,

h) die Verarbeitung ist für Zwecke der Gesundheitsvorsorge oder der Arbeitsmedizin, für

sessment of the working capacity of the employee, medical diagnosis, the provision of health or social care or treatment or the management of health or social care systems and services on the basis of Union or Member State law or pursuant to contract with a health professional and subject to the conditions and safeguards referred to in paragraph 3;

(i) processing is necessary for reasons of public interest in the area of public health, such as protecting against serious cross-border threats to health or ensuring high standards of quality and safety of health care and of medicinal products or medical devices, on the basis of Union or Member State law which provides for suitable and specific measures to safeguard the rights and freedoms of the data subject, in particular professional secrecy;

(j) processing is necessary for archiving purposes in the public interest, scientific or historical research purposes or statistical purposes in accordance with Article 89(1) based on Union or Member State law which shall be proportionate to the aim pursued, respect the essence of the right to data protection and provide for suitable and specific measures to safeguard the fundamental rights and the interests of the data subject.

3. Personal data referred to in paragraph 1 may be processed for the purposes referred to in point (h) of paragraph 2 when those data are processed by or under the responsibility of a professional subject to the obligation of professional secrecy under Union or Member State law or rules established by national competent bodies or by another person

die Beurteilung der Arbeitsfähigkeit des Beschäftigten, für die medizinische Diagnostik, die Versorgung oder Behandlung im Gesundheits- oder Sozialbereich oder für die Verwaltung von Systemen und Diensten im Gesundheits- oder Sozialbereich auf der Grundlage des Unionsrechts oder des Rechts eines Mitgliedstaats oder aufgrund eines Vertrags mit einem Angehörigen eines Gesundheitsberufs und vorbehaltlich der in Absatz 3 genannten Bedingungen und Garantien erforderlich,

i) die Verarbeitung ist aus Gründen des öffentlichen Interesses im Bereich der öffentlichen Gesundheit, wie dem Schutz vor schwerwiegenden grenzüberschreitenden Gesundheitsgefahren oder zur Gewährleistung hoher Qualitäts- und Sicherheitsstandards bei der Gesundheitsversorgung und bei Arzneimitteln und Medizinprodukten, auf der Grundlage des Unionsrechts oder des Rechts eines Mitgliedstaats, das angemessene und spezifische Maßnahmen zur Wahrung der Rechte und Freiheiten der betroffenen Person, insbesondere des Berufsgeheimnisses, vorsieht, erforderlich, oder

j) die Verarbeitung ist auf der Grundlage des Unionsrechts oder des Rechts eines Mitgliedstaats, das in angemessenem Verhältnis zu dem verfolgten Ziel steht, den Wesensgehalt des Rechts auf Datenschutz wahrt und angemessene und spezifische Maßnahmen zur Wahrung der Grundrechte und Interessen der betroffenen Person vorsieht, für im öffentlichen Interesse liegende Archivzwecke, für wissenschaftliche oder historische Forschungszwecke oder für statistische Zwecke gemäß Artikel 89 Absatz 1 erforderlich.

(3) Die in Absatz 1 genannten personenbezogenen Daten dürfen zu den in Absatz 2 Buchstabe h genannten Zwecken verarbeitet werden, wenn diese Daten von Fachpersonal oder unter dessen Verantwortung verarbeitet werden und dieses Fachpersonal nach dem Unionsrecht oder dem Recht eines Mitgliedstaats oder den Vorschriften

GDPR	DS-GVO

also subject to an obligation of secrecy under Union or Member State law or rules established by national competent bodies.

nationaler zuständiger Stellen dem Berufsgeheimnis unterliegt, oder wenn die Verarbeitung durch eine andere Person erfolgt, die ebenfalls nach dem Unionsrecht oder dem Recht eines Mitgliedstaats oder den Vorschriften nationaler zuständiger Stellen einer Geheimhaltungspflicht unterliegt.

4. Member States may maintain or introduce further conditions, including limitations, with regard to the processing of genetic data, biometric data or data concerning health.

(4) Die Mitgliedstaaten können zusätzliche Bedingungen, einschließlich Beschränkungen, einführen oder aufrechterhalten, soweit die Verarbeitung von genetischen, biometrischen oder Gesundheitsdaten betroffen ist.

Article 10
Processing of personal data relating to criminal convictions and offences

Processing of personal data relating to criminal convictions and offences or related security measures based on Article 6(1) shall be carried out only under the control of official authority or when the processing is authorised by Union or Member State law providing for appropriate safeguards for the rights and freedoms of data subjects. Any comprehensive register of criminal convictions shall be kept only under the control of official authority.

Artikel 10
Verarbeitung von personenbezogenen Daten über strafrechtliche Verurteilungen und Straftaten

Die Verarbeitung personenbezogener Daten über strafrechtliche Verurteilungen und Straftaten oder damit zusammenhängende Sicherungsmaßregeln aufgrund von Artikel 6 Absatz 1 darf nur unter behördlicher Aufsicht vorgenommen werden oder wenn dies nach dem Unionsrecht oder dem Recht der Mitgliedstaaten, das geeignete Garantien für die Rechte und Freiheiten der betroffenen Personen vorsieht, zulässig ist. Ein umfassendes Register der strafrechtlichen Verurteilungen darf nur unter behördlicher Aufsicht geführt werden.

Article 11
Processing which does not require identification

Artikel 11
Verarbeitung, für die eine Identifizierung der betroffenen Person nicht erforderlich ist
[Erwägungsgrund 57]

1. If the purposes for which a controller processes personal data do not or do no longer require the identification of a data subject by the controller, the controller shall not be obliged to maintain, acquire or process additional information in order to identify the data subject for the sole purpose of complying with this Regulation.

(1) Ist für die Zwecke, für die ein Verantwortlicher personenbezogene Daten verarbeitet, die Identifizierung der betroffenen Person durch den Verantwortlichen nicht oder nicht mehr erforderlich, so ist dieser nicht verpflichtet, zur bloßen Einhaltung dieser Verordnung zusätzliche Informationen aufzubewahren, einzuholen oder zu verarbeiten, um die betroffene Person zu identifizieren.

2. Where, in cases referred to in paragraph 1 of this Article, the controller is able to demonstrate that it is not in a position to identify the data subject, the controller shall inform the data subject accord-

(2) Kann der Verantwortliche in Fällen gemäß Absatz 1 des vorliegenden Artikels nachweisen, dass er nicht in der Lage ist, die betroffene Person zu identifizieren, so unterrichtet er die betroffene Person

ingly, if possible. In such cases, Articles 15 to 20 shall not apply except where the data subject, for the purpose of exercising his or her rights under those articles, provides additional information enabling his or her identification.

Chapter III
Rights of the data subject

Section 1
Transparency and modalities

Article 12
Transparent information, communication and modalities for the exercise of the rights of the data subject

1. The controller shall take appropriate measures to provide any information referred to in Articles 13 and 14 and any communication under Articles 15 to 22 and 34 relating to processing to the data subject in a concise, transparent, intelligible and easily accessible form, using clear and plain language, in particular for any information addressed specifically to a child. The information shall be provided in writing, or by other means, including, where appropriate, by electronic means. When requested by the data subject, the information may be provided orally, provided that the identity of the data subject is proven by other means.

2. The controller shall facilitate the exercise of data subject rights under Articles 15 to 22. In the cases referred to in Article 11(2), the controller shall not refuse to act on the request of the data subject for exercising his or her rights under Articles 15 to 22, unless the controller demonstrates that it is not in a position to identify the data subject.

3. The controller shall provide information on action taken on a request under Articles 15 to 22 to the data subject without undue delay and in any event within one month of receipt of the request. That

hierüber, sofern möglich. In diesen Fällen finden die Artikel 15 bis 20 keine Anwendung, es sei denn, die betroffene Person stellt zur Ausübung ihrer in diesen Artikeln niedergelegten Rechte zusätzliche Informationen bereit, die ihre Identifizierung ermöglichen.

Kapitel III
Rechte der betroffenen Person
[Erwägungsgründe 58 – 73]

Abschnitt 1
Transparenz und Modalitäten

Artikel 12
Transparente Information, Kommunikation und Modalitäten für die Ausübung der Rechte der betroffenen Person
[Erwägungsgründe 58, 59]

(1) Der Verantwortliche trifft geeignete Maßnahmen, um der betroffenen Person alle Informationen gemäß den Artikeln 13 und 14 und alle Mitteilungen gemäß den Artikeln 15 bis 22 und Artikel 34, die sich auf die Verarbeitung beziehen, in präziser, transparenter, verständlicher und leicht zugänglicher Form in einer klaren und einfachen Sprache zu übermitteln; dies gilt insbesondere für Informationen, die sich speziell an Kinder richten. Die Übermittlung der Informationen erfolgt schriftlich oder in anderer Form, gegebenenfalls auch elektronisch. Falls von der betroffenen Person verlangt, kann die Information mündlich erteilt werden, sofern die Identität der betroffenen Person in anderer Form nachgewiesen wurde.

(2) Der Verantwortliche erleichtert der betroffenen Person die Ausübung ihrer Rechte gemäß den Artikeln 15 bis 22. In den in Artikel 11 Absatz 2 genannten Fällen darf sich der Verantwortliche nur dann weigern, aufgrund des Antrags der betroffenen Person auf Wahrnehmung ihrer Rechte gemäß den Artikeln 15 bis 22 tätig zu werden, wenn er glaubhaft macht, dass er nicht in der Lage ist, die betroffene Person zu identifizieren.

(3) Der Verantwortliche stellt der betroffenen Person Informationen über die auf Antrag gemäß den Artikeln 15 bis 22 ergriffenen Maßnahmen unverzüglich, in jedem Fall aber innerhalb eines Monats

period may be extended by two further months where necessary, taking into account the complexity and number of the requests. The controller shall inform the data subject of any such extension within one month of receipt of the request, together with the reasons for the delay. Where the data subject makes the request by electronic form means, the information shall be provided by electronic means where possible, unless otherwise requested by the data subject.

4. If the controller does not take action on the request of the data subject, the controller shall inform the data subject without delay and at the latest within one month of receipt of the request of the reasons for not taking action and on the possibility of lodging a complaint with a supervisory authority and seeking a judicial remedy.

5. Information provided under Articles 13 and 14 and any communication and any actions taken under Articles 15 to 22 and 34 shall be provided free of charge. Where requests from a data subject are manifestly unfounded or excessive, in particular because of their repetitive character, the controller may either:

(a) charge a reasonable fee taking into account the administrative costs of providing the information or communication or taking the action requested; or

(b) refuse to act on the request.

The controller shall bear the burden of demonstrating the manifestly unfounded or excessive character of the request.

6. Without prejudice to Article 11, where the controller has reasonable doubts concerning the identity of the natural person making the request referred to in Articles 15 to 21, the controller may request the provision of additional information necessary to confirm the identity of the data subject.

7. The information to be provided to data subjects pursuant to Articles 13 and 14 may be provided in

nach Eingang des Antrags zur Verfügung. Diese Frist kann um weitere zwei Monate verlängert werden, wenn dies unter Berücksichtigung der Komplexität und der Anzahl von Anträgen erforderlich ist. Der Verantwortliche unterrichtet die betroffene Person innerhalb eines Monats nach Eingang des Antrags über eine Fristverlängerung, zusammen mit den Gründen für die Verzögerung. Stellt die betroffene Person den Antrag elektronisch, so ist sie nach Möglichkeit auf elektronischem Weg zu unterrichten, sofern sie nichts anderes angibt.

(4) Wird der Verantwortliche auf den Antrag der betroffenen Person hin nicht tätig, so unterrichtet er die betroffene Person ohne Verzögerung, spätestens aber innerhalb eines Monats nach Eingang des Antrags über die Gründe hierfür und über die Möglichkeit, bei einer Aufsichtsbehörde Beschwerde einzulegen oder einen gerichtlichen Rechtsbehelf einzulegen.

(5) Informationen gemäß den Artikeln 13 und 14 sowie alle Mitteilungen und Maßnahmen gemäß den Artikeln 15 bis 22 und Artikel 34 werden unentgeltlich zur Verfügung gestellt. Bei offenkundig unbegründeten oder – insbesondere im Fall von häufiger Wiederholung – exzessiven Anträgen einer betroffenen Person kann der Verantwortliche entweder

a) ein angemessenes Entgelt verlangen, bei dem die Verwaltungskosten für die Unterrichtung oder die Mitteilung oder die Durchführung der beantragten Maßnahme berücksichtigt werden, oder

b) sich weigern, aufgrund des Antrags tätig zu werden.

Der Verantwortliche hat den Nachweis für den offenkundig unbegründeten oder exzessiven Charakter des Antrags zu erbringen.

(6) Hat der Verantwortliche begründete Zweifel an der Identität der natürlichen Person, die den Antrag gemäß den Artikeln 15 bis 21 stellt, so kann er unbeschadet des Artikels 11 zusätzliche Informationen anfordern, die zur Bestätigung der Identität der betroffenen Person erforderlich sind.

(7) Die Informationen, die den betroffenen Personen gemäß den Artikeln 13 und 14 bereitzustellen

combination with standardised icons in order to give in an easily visible, intelligible and clearly legible manner a meaningful overview of the intended processing. Where the icons are presented electronically they shall be machine-readable.

8. The Commission shall be empowered to adopt delegated acts in accordance with Article 92 for the purpose of determining the information to be presented by the icons and the procedures for providing standardised icons.

sind, können in Kombination mit standardisierten Bildsymbolen bereitgestellt werden, um in leicht wahrnehmbarer, verständlicher und klar nachvollziehbarer Form einen aussagekräftigen Überblick über die beabsichtigte Verarbeitung zu vermitteln. Werden die Bildsymbole in elektronischer Form dargestellt, müssen sie maschinenlesbar sein.

(8) Der Kommission wird die Befugnis übertragen, gemäß Artikel 92 delegierte Rechtsakte zur Bestimmung der Informationen, die durch Bildsymbole darzustellen sind, und der Verfahren für die Bereitstellung standardisierter Bildsymbole zu erlassen. Abschnitt 2 Informationspflicht und Recht auf Auskunft zu personenbezogenen Daten

Section 2
Information and access to personal data

Abschnitt 2
Informationspflicht und Recht auf Auskunft zu personenbezogenen Daten

Article 13
Information to be provided where personal data are collected from the data subject

Artikel 13
Informationspflicht bei Erhebung von personenbezogenen Daten bei der betroffenen Person

[Erwägungsgründe 60 – 62]

1. Where personal data relating to a data subject are collected from the data subject, the controller shall, at the time when personal data are obtained, provide the data subject with all of the following information:

    (a) the identity and the contact details of the controller and, where applicable, of the controller's representative;

    (b) the contact details of the data protection officer, where applicable;

    (c) the purposes of the processing for which the personal data are intended as well as the legal basis for the processing;

    (d) where the processing is based on point (f) of Article 6(1), the legitimate interests pursued by the controller or by a third party;

    (e) the recipients or categories of recipients of the personal data, if any;

    (f) where applicable, the fact that the controller intends to transfer personal data to a third country or international organisation and the

(1) Werden personenbezogene Daten bei der betroffenen Person erhoben, so teilt der Verantwortliche der betroffenen Person zum Zeitpunkt der Erhebung dieser Daten Folgendes mit:

    a) den Namen und die Kontaktdaten des Verantwortlichen sowie gegebenenfalls seines Vertreters;

    b) gegebenenfalls die Kontaktdaten des Datenschutzbeauftragten;

    c) die Zwecke, für die die personenbezogenen Daten verarbeitet werden sollen, sowie die Rechtsgrundlage für die Verarbeitung;

    d) wenn die Verarbeitung auf Artikel 6 Absatz 1 Buchstabe f beruht, die berechtigten Interessen, die von dem Verantwortlichen oder einem Dritten verfolgt werden;

    e) gegebenenfalls die Empfänger oder Kategorien von Empfängern der personenbezogenen Daten und

    f) gegebenenfalls die Absicht des Verantwortlichen, die personenbezogenen Daten an ein Drittland oder eine internationale Organisa-

GDPR	DS-GVO

existence or absence of an adequacy decision by the Commission, or in the case of transfers referred to in Article 46 or 47, or the second subparagraph of Article 49(1), reference to the appropriate or suitable safeguards and the means by which to obtain a copy of them or where they have been made available.

2. In addition to the information referred to in paragraph 1, the controller shall, at the time when personal data are obtained, provide the data subject with the following further information necessary to ensure fair and transparent processing:

(a) the period for which the personal data will be stored, or if that is not possible, the criteria used to determine that period;

(b) the existence of the right to request from the controller access to and rectification or erasure of personal data or restriction of processing concerning the data subject or to object to processing as well as the right to data portability;

(c) where the processing is based on point (a) of Article 6(1) or point (a) of Article 9(2), the existence of the right to withdraw consent at any time, without affecting the lawfulness of processing based on consent before its withdrawal;

(d) the right to lodge a complaint with a supervisory authority;

(e) whether the provision of personal data is a statutory or contractual requirement, or a requirement necessary to enter into a contract, as well as whether the data subject is obliged to provide the personal data and of the possible consequences of failure to provide such data;

(f) the existence of automated decision-making, including profiling, referred to in Article 22(1) and (4) and, at least in those cases, meaningful information about the logic involved, as

tion zu übermitteln, sowie das Vorhandensein oder das Fehlen eines Angemessenheitsbeschlusses der Kommission oder im Falle von Übermittlungen gemäß Artikel 46 oder Artikel 47 oder Artikel 49 Absatz 1 Unterabsatz 2 einen Verweis auf die geeigneten oder angemessenen Garantien und die Möglichkeit, wie eine Kopie von ihnen zu erhalten ist, oder wo sie verfügbar sind.

(2) Zusätzlich zu den Informationen gemäß Absatz 1 stellt der Verantwortliche der betroffenen Person zum Zeitpunkt der Erhebung dieser Daten folgende weitere Informationen zur Verfügung, die notwendig sind, um eine faire und transparente Verarbeitung zu gewährleisten:

a) die Dauer, für die die personenbezogenen Daten gespeichert werden oder, falls dies nicht möglich ist, die Kriterien für die Festlegung dieser Dauer;

b) das Bestehen eines Rechts auf Auskunft seitens des Verantwortlichen über die betreffenden personenbezogenen Daten sowie auf Berichtigung oder Löschung oder auf Einschränkung der Verarbeitung oder eines Widerspruchsrechts gegen die Verarbeitung sowie des Rechts auf Datenübertragbarkeit;

c) wenn die Verarbeitung auf Artikel 6 Absatz 1 Buchstabe a oder Artikel 9 Absatz 2 Buchstabe a beruht, das Bestehen eines Rechts, die Einwilligung jederzeit zu widerrufen, ohne dass die Rechtmäßigkeit der aufgrund der Einwilligung bis zum Widerruf erfolgten Verarbeitung berührt wird;

d) das Bestehen eines Beschwerderechts bei einer Aufsichtsbehörde;

e) ob die Bereitstellung der personenbezogenen Daten gesetzlich oder vertraglich vorgeschrieben oder für einen Vertragsabschluss erforderlich ist, ob die betroffene Person verpflichtet ist, die personenbezogenen Daten bereitzustellen, und welche mögliche Folgen die Nichtbereitstellung hätte und

f) das Bestehen einer automatisierten Entscheidungsfindung einschließlich Profiling gemäß Artikel 22 Absätze 1 und 4 und – zumindest in diesen Fällen – aussagekräftige Informatio-

GDPR	DS-GVO

well as the significance and the envisaged consequences of such processing for the data subject.

3. Where the controller intends to further process the personal data for a purpose other than that for which the personal data were collected, the controller shall provide the data subject prior to that further processing with information on that other purpose and with any relevant further information as referred to in paragraph 2.

4. Paragraphs 1, 2 and 3 shall not apply where and insofar as the data subject already has the information.

nen über die involvierte Logik sowie die Tragweite und die angestrebten Auswirkungen einer derartigen Verarbeitung für die betroffene Person.

(3) Beabsichtigt der Verantwortliche, die personenbezogenen Daten für einen anderen Zweck weiterzuverarbeiten als den, für den die personenbezogenen Daten erhoben wurden, so stellt er der betroffenen Person vor dieser Weiterverarbeitung Informationen über diesen anderen Zweck und alle anderen maßgeblichen Informationen gemäß Absatz 2 zur Verfügung.

(4) Die Absätze 1, 2 und 3 finden keine Anwendung, wenn und soweit die betroffene Person bereits über die Informationen verfügt.

Article 14
Information to be provided where personal data have not been obtained from the data subject

Artikel 14
Informationspflicht, wenn die personenbezogenen Daten nicht bei der betroffenen Person erhoben wurden
[Erwägungsgründe 61, 62]

1. Where personal data have not been obtained from the data subject, the controller shall provide the data subject with the following information:

   (a) the identity and the contact details of the controller and, where applicable, of the controller's representative;

   (b) the contact details of the data protection officer, where applicable;

   (c) the purposes of the processing for which the personal data are intended as well as the legal basis for the processing;

   (d) the categories of personal data concerned;

   (e) the recipients or categories of recipients of the personal data, if any;

   (f) where applicable, that the controller intends to transfer personal data to a recipient in a third country or international organisation and the existence or absence of an adequacy decision by the Commission, or in the case of transfers referred to in Article 46 or 47, or the second subparagraph of Article 49(1), reference to the appropriate or suitable safeguards

(1) Werden personenbezogene Daten nicht bei der betroffenen Person erhoben, so teilt der Verantwortliche der betroffenen Person Folgendes mit:

   a) den Namen und die Kontaktdaten des Verantwortlichen sowie gegebenenfalls seines Vertreters;

   b) zusätzlich die Kontaktdaten des Datenschutzbeauftragten;

   c) die Zwecke, für die die personenbezogenen Daten verarbeitet werden sollen, sowie die Rechtsgrundlage für die Verarbeitung;

   d) die Kategorien personenbezogener Daten, die verarbeitet werden;

   e) gegebenenfalls die Empfänger oder Kategorien von Empfängern der personenbezogenen Daten;

   f) gegebenenfalls die Absicht des Verantwortlichen, die personenbezogenen Daten an einen Empfänger in einem Drittland oder einer internationalen Organisation zu übermitteln, sowie das Vorhandensein oder das Fehlen eines Angemessenheitsbeschlusses der Kommission oder im Falle von Übermittlungen gemäß Artikel 46 oder Artikel 47 oder Artikel 49 Absatz 1 Unterabsatz 2 einen Verweis auf die ge-

GDPR	DS-GVO

and the means to obtain a copy of them or where they have been made available.

2. In addition to the information referred to in paragraph 1, the controller shall provide the data subject with the following information necessary to ensure fair and transparent processing in respect of the data subject:

(a) the period for which the personal data will be stored, or if that is not possible, the criteria used to determine that period;

(b) where the processing is based on point (f) of Article 6(1), the legitimate interests pursued by the controller or by a third party;

(c) the existence of the right to request from the controller access to and rectification or erasure of personal data or restriction of processing concerning the data subject and to object to processing as well as the right to data portability;

(d) where processing is based on point (a) of Article 6(1) or point (a) of Article 9(2), the existence of the right to withdraw consent at any time, without affecting the lawfulness of processing based on consent before its withdrawal;

(e) the right to lodge a complaint with a supervisory authority;

(f) from which source the personal data originate, and if applicable, whether it came from publicly accessible sources;

(g) the existence of automated decision-making, including profiling, referred to in Article 22(1) and (4) and, at least in those cases, meaningful information about the logic involved, as well as the significance and the envisaged consequences of such processing for the data subject.

---

eigneten oder angemessenen Garantien und die Möglichkeit, eine Kopie von ihnen zu erhalten, oder wo sie verfügbar sind.

(2) Zusätzlich zu den Informationen gemäß Absatz 1 stellt der Verantwortliche der betroffenen Person die folgenden Informationen zur Verfügung, die erforderlich sind, um der betroffenen Person gegenüber eine faire und transparente Verarbeitung zu gewährleisten:

a) die Dauer, für die die personenbezogenen Daten gespeichert werden oder, falls dies nicht möglich ist, die Kriterien für die Festlegung dieser Dauer;

b) wenn die Verarbeitung auf Artikel 6 Absatz 1 Buchstabe f beruht, die berechtigten Interessen, die von dem Verantwortlichen oder einem Dritten verfolgt werden;

c) das Bestehen eines Rechts auf Auskunft seitens des Verantwortlichen über die betreffenden personenbezogenen Daten sowie auf Berichtigung oder Löschung oder auf Einschränkung der Verarbeitung und eines Widerspruchsrechts gegen die Verarbeitung sowie des Rechts auf Datenübertragbarkeit;

d) wenn die Verarbeitung auf Artikel 6 Absatz 1 Buchstabe a oder Artikel 9 Absatz 2 Buchstabe a beruht, das Bestehen eines Rechts, die Einwilligung jederzeit zu widerrufen, ohne dass die Rechtmäßigkeit der aufgrund der Einwilligung bis zum Widerruf erfolgten Verarbeitung berührt wird;

e) das Bestehen eines Beschwerderechts bei einer Aufsichtsbehörde;

f) aus welcher Quelle die personenbezogenen Daten stammen und gegebenenfalls ob sie aus öffentlich zugänglichen Quellen stammen;

g) das Bestehen einer automatisierten Entscheidungsfindung einschließlich Profiling gemäß Artikel 22 Absätze 1 und 4 und – zumindest in diesen Fällen – aussagekräftige Informationen über die involvierte Logik sowie die Tragweite und die angestrebten Auswirkungen einer derartigen Verarbeitung für die betroffene Person.

GDPR	DS-GVO

3. The controller shall provide the information referred to in paragraphs 1 and 2:

(a) within a reasonable period after obtaining the personal data, but at the latest within one month, having regard to the specific circumstances in which the personal data are processed;

(b) if the personal data are to be used for communication with the data subject, at the latest at the time of the first communication to that data subject; or

(c) if a disclosure to another recipient is envisaged, at the latest when the personal data are first disclosed.

4. Where the controller intends to further process the personal data for a purpose other than that for which the personal data were obtained, the controller shall provide the data subject prior to that further processing with information on that other purpose and with any relevant further information as referred to in paragraph 2.

5. Paragraphs 1 to 4 shall not apply where and insofar as:

(a) the data subject already has the information;

(b) the provision of such information proves impossible or would involve a disproportionate effort, in particular for processing for archiving purposes in the public interest, scientific or historical research purposes or statistical purposes, subject to the conditions and safeguards referred to in Article 89(1) or in so far as the obligation referred to in paragraph 1 of this Article is likely to render impossible or seriously impair the achievement of the objectives of that processing. In such cases the controller shall take appropriate measures to protect the data subject's rights and freedoms and legitimate interests, including making the information publicly available;

(3) Der Verantwortliche erteilt die Informationen gemäß den Absätzen 1 und 2

a) unter Berücksichtigung der spezifischen Umstände der Verarbeitung der personenbezogenen Daten innerhalb einer angemessenen Frist nach Erlangung der personenbezogenen Daten, längstens jedoch innerhalb eines Monats,

b) falls die personenbezogenen Daten zur Kommunikation mit der betroffenen Person verwendet werden sollen, spätestens zum Zeitpunkt der ersten Mitteilung an sie, oder,

c) falls die Offenlegung an einen anderen Empfänger beabsichtigt ist, spätestens zum Zeitpunkt der ersten Offenlegung.

(4) Beabsichtigt der Verantwortliche, die personenbezogenen Daten für einen anderen Zweck weiterzuverarbeiten als den, für den die personenbezogenen Daten erlangt wurden, so stellt er der betroffenen Person vor dieser Weiterverarbeitung Informationen über diesen anderen Zweck und alle anderen maßgeblichen Informationen gemäß Absatz 2 zur Verfügung.

(5) Die Absätze 1 bis 4 finden keine Anwendung, wenn und soweit

a) die betroffene Person bereits über die Informationen verfügt,

b) die Erteilung dieser Informationen sich als unmöglich erweist oder einen unverhältnismäßigen Aufwand erfordern würde; dies gilt insbesondere für die Verarbeitung für im öffentlichen Interesse liegende Archivzwecke, für wissenschaftliche oder historische Forschungszwecke oder für statistische Zwecke vorbehaltlich der in Artikel 89 Absatz 1 genannten Bedingungen und Garantien oder soweit die in Absatz 1 des vorliegenden Artikels genannte Pflicht voraussichtlich die Verwirklichung der Ziele dieser Verarbeitung unmöglich macht oder ernsthaft beeinträchtigt. In diesen Fällen ergreift der Verantwortliche geeignete Maßnahmen zum Schutz der Rechte und Freiheiten sowie der berechtigten Interessen der betroffenen Person, einschließlich der Bereitstellung dieser Informationen für die Öffentlichkeit,

GDPR	DS-GVO

(c) obtaining or disclosure is expressly laid down by Union or Member State law to which the controller is subject and which provides appropriate measures to protect the data subject's legitimate interests; or

(d) where the personal data must remain confidential subject to an obligation of professional secrecy regulated by Union or Member State law, including a statutory obligation of secrecy.

c) die Erlangung oder Offenlegung durch Rechtsvorschriften der Union oder der Mitgliedstaaten, denen der Verantwortliche unterliegt und die geeignete Maßnahmen zum Schutz der berechtigten Interessen der betroffenen Person vorsehen, ausdrücklich geregelt ist oder

d) die personenbezogenen Daten gemäß dem Unionsrecht oder dem Recht der Mitgliedstaaten dem Berufsgeheimnis, einschließlich einer satzungsmäßigen Geheimhaltungspflicht, unterliegen und daher vertraulich behandelt werden müssen.

Article 15
Right of access by the data subject

1. The data subject shall have the right to obtain from the controller confirmation as to whether or not personal data concerning him or her are being processed, and, where that is the case, access to the personal data and the following information:

(a) the purposes of the processing;
(b) the categories of personal data concerned;

(c) the recipients or categories of recipient to whom the personal data have been or will be disclosed, in particular recipients in third countries or international organisations;

(d) where possible, the envisaged period for which the personal data will be stored, or, if not possible, the criteria used to determine that period;

(e) the existence of the right to request from the controller rectification or erasure of personal data or restriction of processing of personal data concerning the data subject or to object to such processing;

(f) the right to lodge a complaint with a supervisory authority;

Artikel 15
Auskunftsrecht der betroffenen Person
[Erwägungsgründe 63, 64]

(1) Die betroffene Person hat das Recht, von dem Verantwortlichen eine Bestätigung darüber zu verlangen, ob sie betreffende personenbezogene Daten verarbeitet werden; ist dies der Fall, so hat sie ein Recht auf Auskunft über diese personenbezogenen Daten und auf folgende Informationen:

a) die Verarbeitungszwecke;
b) die Kategorien personenbezogener Daten, die verarbeitet werden;

c) die Empfänger oder Kategorien von Empfängern, gegenüber denen die personenbezogenen Daten offengelegt worden sind oder noch offengelegt werden, insbesondere bei Empfängern in Drittländern oder bei internationalen Organisationen;

d) falls möglich die geplante Dauer, für die die personenbezogenen Daten gespeichert werden, oder, falls dies nicht möglich ist, die Kriterien für die Festlegung dieser Dauer;

e) das Bestehen eines Rechts auf Berichtigung oder Löschung der sie betreffenden personenbezogenen Daten oder auf Einschränkung der Verarbeitung durch den Verantwortlichen oder eines Widerspruchsrechts gegen diese Verarbeitung;

f) das Bestehen eines Beschwerderechts bei einer Aufsichtsbehörde;

GDPR	DS-GVO

(g) where the personal data are not collected from the data subject, any available information as to their source;

(h) the existence of automated decision-making, including profiling, referred to in Article 22(1) and (4) and, at least in those cases, meaningful information about the logic involved, as well as the significance and the envisaged consequences of such processing for the data subject.

2. Where personal data are transferred to a third country or to an international organisation, the data subject shall have the right to be informed of the appropriate safeguards pursuant to Article 46 relating to the transfer.

3. The controller shall provide a copy of the personal data undergoing processing. For any further copies requested by the data subject, the controller may charge a reasonable fee based on administrative costs. Where the data subject makes the request by electronic means, and unless otherwise requested by the data subject, the information shall be provided in a commonly used electronic form.

4. The right to obtain a copy referred to in paragraph 3 shall not adversely affect the rights and freedoms of others.

g) wenn die personenbezogenen Daten nicht bei der betroffenen Person erhoben werden, alle verfügbaren Informationen über die Herkunft der Daten;

h) das Bestehen einer automatisierten Entscheidungsfindung einschließlich Profiling gemäß Artikel 22 Absätze 1 und 4 und – zumindest in diesen Fällen – aussagekräftige Informationen über die involvierte Logik sowie die Tragweite und die angestrebten Auswirkungen einer derartigen Verarbeitung für die betroffene Person.

(2) Werden personenbezogene Daten an ein Drittland oder an eine internationale Organisation übermittelt, so hat die betroffene Person das Recht, über die geeigneten Garantien gemäß Artikel 46 im Zusammenhang mit der Übermittlung unterrichtet zu werden.

(3) Der Verantwortliche stellt eine Kopie der personenbezogenen Daten, die Gegenstand der Verarbeitung sind, zur Verfügung. Für alle weiteren Kopien, die die betroffene Person beantragt, kann der Verantwortliche ein angemessenes Entgelt auf der Grundlage der Verwaltungskosten verlangen. Stellt die betroffene Person den Antrag elektronisch, so sind die Informationen in einem gängigen elektronischen Format zur Verfügung zu stellen, sofern sie nichts anderes angibt.

(4) Das Recht auf Erhalt einer Kopie gemäß Absatz 3 darf die Rechte und Freiheiten anderer Personen nicht beeinträchtigen.

Section 3
Rectification and erasure

Abschnitt 3
Berichtigung und Löschung

Article 16
Right to rectification

Artikel 16
Recht auf Berichtigung
[Erwägungsgrund 65]

The data subject shall have the right to obtain from the controller without undue delay the rectification of inaccurate personal data concerning him or her. Taking into account the purposes of the processing, the data subject shall have the right to have incomplete personal data completed, including by means of providing a supplementary statement.

Die betroffene Person hat das Recht, von dem Verantwortlichen unverzüglich die Berichtigung sie betreffender unrichtiger personenbezogener Daten zu verlangen. Unter Berücksichtigung der Zwecke der Verarbeitung hat die betroffene Person das Recht, die Vervollständigung unvollständiger personenbezogener Daten – auch mittels einer ergänzenden Erklärung – zu verlangen.

GDPR	DS-GVO

Article 17	**Artikel 17**
Right to erasure	**Recht auf Löschung**
('right to be forgotten')	**(„Recht auf Vergessenwerden")**
	[Erwägungsgründe 65, 66]

1. The data subject shall have the right to obtain from the controller the erasure of personal data concerning him or her without undue delay and the controller shall have the obligation to erase personal data without undue delay where one of the following grounds applies:

(a) the personal data are no longer necessary in relation to the purposes for which they were collected or otherwise processed;

(b) the data subject withdraws consent on which the processing is based according to point (a) of Article 6(1), or point (a) of Article 9(2), and where there is no other legal ground for the processing;

(c) the data subject objects to the processing pursuant to Article 21(1) and there are no overriding legitimate grounds for the processing, or the data subject objects to the processing pursuant to Article 21(2);

(d) the personal data have been unlawfully processed;

(e) the personal data have to be erased for compliance with a legal obligation in Union or Member State law to which the controller is subject;

(f) the personal data have been collected in relation to the offer of information society services referred to in Article 8(1).

2. Where the controller has made the personal data public and is obliged pursuant to paragraph 1 to erase the personal data, the controller, taking account of available technology and the cost of implementation, shall take reasonable steps, including technical measures, to inform controllers which are processing the personal data that the data subject has requested the erasure by such

---

(1) Die betroffene Person hat das Recht, von dem Verantwortlichen zu verlangen, dass sie betreffende personenbezogene Daten unverzüglich gelöscht werden, und der Verantwortliche ist verpflichtet, personenbezogene Daten unverzüglich zu löschen, sofern einer der folgenden Gründe zutrifft:

a) Die personenbezogenen Daten sind für die Zwecke, für die sie erhoben oder auf sonstige Weise verarbeitet wurden, nicht mehr notwendig.

b) Die betroffene Person widerruft ihre Einwilligung, auf die sich die Verarbeitung gemäß Artikel 6 Absatz 1 Buchstabe a oder Artikel 9 Absatz 2 Buchstabe a stützte, und es fehlt an einer anderweitigen Rechtsgrundlage für die Verarbeitung.

c) Die betroffene Person legt gemäß Artikel 21 Absatz 1 Widerspruch gegen die Verarbeitung ein und es liegen keine vorrangigen berechtigten Gründe für die Verarbeitung vor, oder die betroffene Person legt gemäß Artikel 21 Absatz 2 Widerspruch gegen die Verarbeitung ein.

d) Die personenbezogenen Daten wurden unrechtmäßig verarbeitet.

e) Die Löschung der personenbezogenen Daten ist zur Erfüllung einer rechtlichen Verpflichtung nach dem Unionsrecht oder dem Recht der Mitgliedstaaten erforderlich, dem der Verantwortliche unterliegt.

f) Die personenbezogenen Daten wurden in Bezug auf angebotene Dienste der Informationsgesellschaft gemäß Artikel 8 Absatz 1 erhoben.

(2) Hat der Verantwortliche die personenbezogenen Daten öffentlich gemacht und ist er gemäß Absatz 1 zu deren Löschung verpflichtet, so trifft er unter Berücksichtigung der verfügbaren Technologie und der Implementierungskosten angemessene Maßnahmen, auch technischer Art, um für die Datenverarbeitung Verantwortliche, die die personenbezogenen Daten verarbeiten, darüber zu

controllers of any links to, or copy or replication of, those personal data.

3. Paragraphs 1 and 2 shall not apply to the extent that processing is necessary:
    (a) for exercising the right of freedom of expression and information;
    (b) for compliance with a legal obligation which requires processing by Union or Member State law to which the controller is subject or for the performance of a task carried out in the public interest or in the exercise of official authority vested in the controller;

    (c) for reasons of public interest in the area of public health in accordance with points (h) and (i) of Article 9(2) as well as Article 9(3);

    (d) for archiving purposes in the public interest, scientific or historical research purposes or statistical purposes in accordance with Article 89(1) in so far as the right referred to in paragraph 1 is likely to render impossible or seriously impair the achievement of the objectives of that processing; or

    (e) for the establishment, exercise or defence of legal claims.

Article 18
Right to restriction of processing

1. The data subject shall have the right to obtain from the controller restriction of processing where one of the following applies:

    (a) the accuracy of the personal data is contested by the data subject, for a period enabling the controller to verify the accuracy of the personal data;

    (b) the processing is unlawful and the data subject opposes the erasure of the personal data

informieren, dass eine betroffene Person von ihnen die Löschung aller Links zu diesen personenbezogenen Daten oder von Kopien oder Replikationen dieser personenbezogenen Daten verlangt hat.

(3) Die Absätze 1 und 2 gelten nicht, soweit die Verarbeitung erforderlich ist
    a) zur Ausübung des Rechts auf freie Meinungsäußerung und Information;
    b) zur Erfüllung einer rechtlichen Verpflichtung, die die Verarbeitung nach dem Recht der Union oder der Mitgliedstaaten, dem der Verantwortliche unterliegt, erfordert, oder zur Wahrnehmung einer Aufgabe, die im öffentlichen Interesse liegt oder in Ausübung öffentlicher Gewalt erfolgt, die dem Verantwortlichen übertragen wurde;
    c) aus Gründen des öffentlichen Interesses im Bereich der öffentlichen Gesundheit gemäß Artikel 9 Absatz 2 Buchstaben h und i sowie Artikel 9 Absatz 3;
    d) für im öffentlichen Interesse liegende Archivzwecke, wissenschaftliche oder historische Forschungszwecke oder für statistische Zwecke gemäß Artikel 89 Absatz 1, soweit das in Absatz 1 genannte Recht voraussichtlich die Verwirklichung der Ziele dieser Verarbeitung unmöglich macht oder ernsthaft beeinträchtigt, oder
    e) zur Geltendmachung, Ausübung oder Verteidigung von Rechtsansprüchen.

Artikel 18
Recht auf Einschränkung der Verarbeitung
[Erwägungsgrund 67]

(1) Die betroffene Person hat das Recht, von dem Verantwortlichen die Einschränkung der Verarbeitung zu verlangen, wenn eine der folgenden Voraussetzungen gegeben ist:
    a) die Richtigkeit der personenbezogenen Daten von der betroffenen Person bestritten wird, und zwar für eine Dauer, die es dem Verantwortlichen ermöglicht, die Richtigkeit der personenbezogenen Daten zu überprüfen,
    b) die Verarbeitung unrechtmäßig ist und die betroffene Person die Löschung der personenbezogenen Daten ablehnt und stattdessen die

GDPR	DS-GVO

and requests the restriction of their use instead;

(c) the controller no longer needs the personal data for the purposes of the processing, but they are required by the data subject for the establishment, exercise or defence of legal claims;

(d) the data subject has objected to processing pursuant to Article 21(1) pending the verification whether the legitimate grounds of the controller override those of the data subject.

2. Where processing has been restricted under paragraph 1, such personal data shall, with the exception of storage, only be processed with the data subject's consent or for the establishment, exercise or defence of legal claims or for the protection of the rights of another natural or legal person or for reasons of important public interest of the Union or of a Member State.

3. A data subject who has obtained restriction of processing pursuant to paragraph 1 shall be informed by the controller before the restriction of processing is lifted.

Article 19
Notification obligation regarding rectification or erasure of personal data or restriction of processing

The controller shall communicate any rectification or erasure of personal data or restriction of processing carried out in accordance with Article 16, Article 17(1) and Article 18 to each recipient to whom the personal data have been disclosed, unless this proves impossible or involves disproportionate effort. The controller shall inform the data subject about those recipients if the data subject requests it.

Einschränkung der Nutzung der personenbezogenen Daten verlangt;

c) der Verantwortliche die personenbezogenen Daten für die Zwecke der Verarbeitung nicht länger benötigt, die betroffene Person sie jedoch zur Geltendmachung, Ausübung oder Verteidigung von Rechtsansprüchen benötigt, oder

d) die betroffene Person Widerspruch gegen die Verarbeitung gemäß Artikel 21 Absatz 1 eingelegt hat, solange noch nicht feststeht, ob die berechtigten Gründe des Verantwortlichen gegenüber denen der betroffenen Person überwiegen.

(2) Wurde die Verarbeitung gemäß Absatz 1 eingeschränkt, so dürfen diese personenbezogenen Daten – von ihrer Speicherung abgesehen – nur mit Einwilligung der betroffenen Person oder zur Geltendmachung, Ausübung oder Verteidigung von Rechtsansprüchen oder zum Schutz der Rechte einer anderen natürlichen oder juristischen Person oder aus Gründen eines wichtigen öffentlichen Interesses der Union oder eines Mitgliedstaats verarbeitet werden.

(3) Eine betroffene Person, die eine Einschränkung der Verarbeitung gemäß Absatz 1 erwirkt hat, wird von dem Verantwortlichen unterrichtet, bevor die Einschränkung aufgehoben wird.

Artikel 19
Mitteilungspflicht im Zusammenhang mit der Berichtigung oder Löschung personenbezogener Daten oder der Einschränkung der Verarbeitung

Der Verantwortliche teilt allen Empfängern, denen personenbezogenen Daten offengelegt wurden, jede Berichtigung oder Löschung der personenbezogenen Daten oder eine Einschränkung der Verarbeitung nach Artikel 16, Artikel 17 Absatz 1 und Artikel 18 mit, es sei denn, dies erweist sich als unmöglich oder ist mit einem unverhältnismäßigen Aufwand verbunden. Der Verantwortliche unterrichtet die betroffene Person über diese Empfänger, wenn die betroffene Person dies verlangt.

GDPR	DS-GVO
Article 20	**Artikel 20**
Right to data portability	**Recht auf Datenübertragbarkeit**
	[Erwägungsgrund 68]

1. The data subject shall have the right to receive the personal data concerning him or her, which he or she has provided to a controller, in a structured, commonly used and machine-readable format and have the right to transmit those data to another controller without hindrance from the controller to which the personal data have been provided, where:

   (a) the processing is based on consent pursuant to point (a) of Article 6(1) or point (a) of Article 9(2) or on a contract pursuant to point (b) of Article 6(1); and

   (b) the processing is carried out by automated means.

2. In exercising his or her right to data portability pursuant to paragraph 1, the data subject shall have the right to have the personal data transmitted directly from one controller to another, where technically feasible.

3. The exercise of the right referred to in paragraph 1 of this Article shall be without prejudice to Article 17. That right shall not apply to processing necessary for the performance of a task carried out in the public interest or in the exercise of official authority vested in the controller.

4. The right referred to in paragraph 1 shall not adversely affect the rights and freedoms of others.

(1) Die betroffene Person hat das Recht, die sie betreffenden personenbezogenen Daten, die sie einem Verantwortlichen bereitgestellt hat, in einem strukturierten, gängigen und maschinenlesbaren Format zu erhalten, und sie hat das Recht, diese Daten einem anderen Verantwortlichen ohne Behinderung durch den Verantwortlichen, dem die personenbezogenen Daten bereitgestellt wurden, zu übermitteln, sofern

a) die Verarbeitung auf einer Einwilligung gemäß Artikel 6 Absatz 1 Buchstabe a oder Artikel 9 Absatz 2 Buchstabe a oder auf einem Vertrag gemäß Artikel 6 Absatz 1 Buchstabe b beruht und

b) die Verarbeitung mithilfe automatisierter Verfahren erfolgt.

(2) Bei der Ausübung ihres Rechts auf Datenübertragbarkeit gemäß Absatz 1 hat die betroffene Person das Recht, zu erwirken, dass die personenbezogenen Daten direkt von einem Verantwortlichen einem anderen Verantwortlichen übermittelt werden, soweit dies technisch machbar ist.

(3) Die Ausübung des Rechts nach Absatz 1 des vorliegenden Artikels lässt Artikel 17 unberührt. Dieses Recht gilt nicht für eine Verarbeitung, die für die Wahrnehmung einer Aufgabe erforderlich ist, die im öffentlichen Interesse liegt oder in Ausübung öffentlicher Gewalt erfolgt, die dem Verantwortlichen übertragen wurde.

(4) Das Recht gemäß Absatz 2 darf die Rechte und Freiheiten anderer Personen nicht beeinträchtigen.

Section 4
Right to object and automated individual decision-making

Abschnitt 4
Widerspruchsrecht und automatisierte Entscheidungsfindung im Einzelfall

Article 21
Right to object

Artikel 21
Widerspruchsrecht
[Erwägungsgründe 69, 70]

1. The data subject shall have the right to object, on grounds relating to his or her particular situation, at any time to processing of personal data concerning him or her which is based on point (e)

(1) Die betroffene Person hat das Recht, aus Gründen, die sich aus ihrer besonderen Situation ergeben, jederzeit gegen die Verarbeitung sie betreffender personenbezogener Daten, die aufgrund von

GDPR	DS-GVO

or (f) of Article 6(1), including profiling based on those provisions. The controller shall no longer process the personal data unless the controller demonstrates compelling legitimate grounds for the processing which override the interests, rights and freedoms of the data subject or for the establishment, exercise or defence of legal claims.

Artikel 6 Absatz 1 Buchstaben e oder f erfolgt, Widerspruch einzulegen; dies gilt auch für ein auf diese Bestimmungen gestütztes Profiling. Der Verantwortliche verarbeitet die personenbezogenen Daten nicht mehr, es sei denn, er kann zwingende schutzwürdige Gründe für die Verarbeitung nachweisen, die die Interessen, Rechte und Freiheiten der betroffenen Person überwiegen, oder die Verarbeitung dient der Geltendmachung, Ausübung oder Verteidigung von Rechtsansprüchen.

2. Where personal data are processed for direct marketing purposes, the data subject shall have the right to object at any time to processing of personal data concerning him or her for such marketing, which includes profiling to the extent that it is related to such direct marketing.

(2) Werden personenbezogene Daten verarbeitet, um Direktwerbung zu betreiben, so hat die betroffene Person das Recht, jederzeit Widerspruch gegen die Verarbeitung sie betreffender personenbezogener Daten zum Zwecke derartiger Werbung einzulegen; dies gilt auch für das Profiling, soweit es mit solcher Direktwerbung in Verbindung steht.[1]

3. Where the data subject objects to processing for direct marketing purposes, the personal data shall no longer be processed for such purposes.

(3) Widerspricht die betroffene Person der Verarbeitung für Zwecke der Direktwerbung, so werden die personenbezogenen Daten nicht mehr für diese Zwecke verarbeitet.

4. At the latest at the time of the first communication with the data subject, the right referred to in paragraphs 1 and 2 shall be explicitly brought to the attention of the data subject and shall be presented clearly and separately from any other information.

(4) Die betroffene Person muss spätestens zum Zeitpunkt der ersten Kommunikation mit ihr ausdrücklich auf das in den Absätzen 1 und 2 genannte Recht hingewiesen werden; dieser Hinweis hat in einer verständlichen und von anderen Informationen getrennten Form zu erfolgen.

5. In the context of the use of information society services, and notwithstanding Directive 2002/58/EC, the data subject may exercise his or her right to object by automated means using technical specifications.

(5) Im Zusammenhang mit der Nutzung von Diensten der Informationsgesellschaft kann die betroffene Person ungeachtet der Richtlinie 2002/58/EG ihr Widerspruchsrecht mittels automatisierter Verfahren ausüben, bei denen technische Spezifikationen verwendet werden.

6. Where personal data are processed for scientific or historical research purposes or statistical purposes pursuant to Article 89(1), the data subject, on grounds relating to his or her particular situation, shall have the right to object to processing of personal data concerning him or her, unless the processing is necessary for the performance of a task carried out for reasons of public interest.

(6) Die betroffene Person hat das Recht, aus Gründen, die sich aus ihrer besonderen Situation ergeben, gegen die sie betreffende Verarbeitung sie betreffender personenbezogener Daten, die zu wissenschaftlichen oder historischen Forschungszwecken oder zu statistischen Zwecken gemäß Artikel 89 Absatz 1 erfolgt, Widerspruch einzulegen, es sei denn, die Verarbeitung ist zur Erfüllung einer im öffentlichen Interesse liegenden Aufgabe erforderlich.

---

1. Erwägungsgrund 70

GDPR

Article 22
Automated individual decision-making, including profiling

1. The data subject shall have the right not to be subject to a decision based solely on automated processing, including profiling, which produces legal effects concerning him or her or similarly significantly affects him or her.

2. Paragraph 1 shall not apply if the decision:
   (a) is necessary for entering into, or performance of, a contract between the data subject and a data controller;
   (b) is authorised by Union or Member State law to which the controller is subject and which also lays down suitable measures to safeguard the data subject's rights and freedoms and legitimate interests; or

   (c) is based on the data subject's explicit consent.

3. In the cases referred to in points (a) and (c) of paragraph 2, the data controller shall implement suitable measures to safeguard the data subject's rights and freedoms and legitimate interests, at least the right to obtain human intervention on the part of the controller, to express his or her point of view and to contest the decision.

4. Decisions referred to in paragraph 2 shall not be based on special categories of personal data referred to in Article 9(1), unless point (a) or (g) of Article 9(2) applies and suitable measures to safeguard the data subject's rights and freedoms and legitimate interests are in place.

DS-GVO

Artikel 22
Automatisierte Entscheidungen im Einzelfall einschließlich Profiling
[Erwägungsgründe 71, 72]

(1) Die betroffene Person hat das Recht, nicht einer ausschließlich auf einer automatisierten Verarbeitung – einschließlich Profiling – beruhenden Entscheidung unterworfen zu werden, die ihr gegenüber rechtliche Wirkung entfaltet oder sie in ähnlicher Weise erheblich beeinträchtigt.

(2) Absatz 1 gilt nicht, wenn die Entscheidung
   a) für den Abschluss oder die Erfüllung eines Vertrags zwischen der betroffenen Person und dem Verantwortlichen erforderlich ist,
   b) aufgrund von Rechtsvorschriften der Union oder der Mitgliedstaaten, denen der Verantwortliche unterliegt, zulässig ist und diese Rechtsvorschriften angemessene Maßnahmen zur Wahrung der Rechte und Freiheiten sowie der berechtigten Interessen der betroffenen Person enthalten oder
   c) mit ausdrücklicher Einwilligung der betroffenen Person erfolgt.

(3) In den in Absatz 2 Buchstaben a und c genannten Fällen trifft der Verantwortliche angemessene Maßnahmen, um die Rechte und Freiheiten sowie die berechtigten Interessen der betroffenen Person zu wahren, wozu mindestens das Recht auf Erwirkung des Eingreifens einer Person seitens des Verantwortlichen, auf Darlegung des eigenen Standpunkts und auf Anfechtung der Entscheidung gehört.

(4) Entscheidungen nach Absatz 2 dürfen nicht auf besonderen Kategorien personenbezogener Daten nach Artikel 9 Absatz 1 beruhen, sofern nicht Artikel 9 Absatz 2 Buchstabe a oder g gilt und angemessene Maßnahmen zum Schutz der Rechte und Freiheiten sowie der berechtigten Interessen der betroffenen Person getroffen wurden.

GDPR	DS-GVO

Section 5
Restrictions

Abschnitt 5
Beschränkungen

Article 23
Restrictions

Artikel 23
Beschränkungen
[Erwägungsgrund 73]

1. Union or Member State law to which the data controller or processor is subject may restrict by way of a legislative measure the scope of the obligations and rights provided for in Articles 12 to 22 and Article 34, as well as Article 5 in so far as its provisions correspond to the rights and obligations provided for in Articles 12 to 22, when such a restriction respects the essence of the fundamental rights and freedoms and is a necessary and proportionate measure in a democratic society to safeguard:

(1) Durch Rechtsvorschriften der Union oder der Mitgliedstaaten, denen der Verantwortliche oder der Auftragsverarbeiter unterliegt, können die Pflichten und Rechte gemäß den Artikeln 12 bis 22 und Artikel 34 sowie Artikel 5, insofern dessen Bestimmungen den in den Artikeln 12 bis 22 vorgesehenen Rechten und Pflichten entsprechen, im Wege von Gesetzgebungsmaßnahmen beschränkt werden, sofern eine solche Beschränkung den Wesensgehalt der Grundrechte und Grundfreiheiten achtet und in einer demokratischen Gesellschaft eine notwendige und verhältnismäßige Maßnahme darstellt, die Folgendes sicherstellt:

(a) national security;
(b) defence;
(c) public security;
(d) the prevention, investigation, detection or prosecution of criminal offences or the execution of criminal penalties, including the safeguarding against and the prevention of threats to public security;
(e) other important objectives of general public interest of the Union or of a Member State, in particular an important economic or financial interest of the Union or of a Member State, including monetary, budgetary and taxation matters, public health and social security;

a) die nationale Sicherheit;
b) die Landesverteidigung;
c) die öffentliche Sicherheit;
d) die Verhütung, Ermittlung, Aufdeckung oder Verfolgung von Straftaten oder die Strafvollstreckung, einschließlich des Schutzes vor und der Abwehr von Gefahren für die öffentliche Sicherheit;
e) den Schutz sonstiger wichtiger Ziele des allgemeinen öffentlichen Interesses der Union oder eines Mitgliedstaats, insbesondere eines wichtigen wirtschaftlichen oder finanziellen Interesses der Union oder eines Mitgliedstaats, etwa im Währungs-, Haushalts- und Steuerbereich sowie im Bereich der öffentlichen Gesundheit und der sozialen Sicherheit;

(f) the protection of judicial independence and judicial proceedings;
(g) the prevention, investigation, detection and prosecution of breaches of ethics for regulated professions;
(h) a monitoring, inspection or regulatory function connected, even occasionally, to the exercise of official authority in the cases referred to in points (a) to (e) and (g);

f) den Schutz der Unabhängigkeit der Justiz und den Schutz von Gerichtsverfahren;
g) die Verhütung, Aufdeckung, Ermittlung und Verfolgung von Verstößen gegen die berufsständischen Regeln reglementierter Berufe;
h) Kontroll-, Überwachungs- und Ordnungsfunktionen, die dauernd oder zeitweise mit der Ausübung öffentlicher Gewalt für die unter den Buchstaben a bis e und g genannten Zwecke verbunden sind;

GDPR	DS-GVO

(i) the protection of the data subject or the rights and freedoms of others;

(j) the enforcement of civil law claims.

2. In particular, any legislative measure referred to in paragraph 1 shall contain specific provisions at least, where relevant, as to:

(a) the purposes of the processing or categories of processing;

(b) the categories of personal data;

(c) the scope of the restrictions introduced;

(d) the safeguards to prevent abuse or unlawful access or transfer;

(e) the specification of the controller or categories of controllers;

(f) the storage periods and the applicable safeguards taking into account the nature, scope and purposes of the processing or categories of processing;

(g) the risks to the rights and freedoms of data subjects; and

(h) the right of data subjects to be informed about the restriction, unless that may be prejudicial to the purpose of the restriction.

i) den Schutz der betroffenen Person oder der Rechte und Freiheiten anderer Personen;

j) die Durchsetzung zivilrechtlicher Ansprüche.

(2) Jede Gesetzgebungsmaßnahme im Sinne des Absatzes 1 muss insbesondere gegebenenfalls spezifische Vorschriften enthalten zumindest in Bezug auf

a) die Zwecke der Verarbeitung oder die Verarbeitungskategorien,

b) die Kategorien personenbezogener Daten,

c) den Umfang der vorgenommenen Beschränkungen,

d) die Garantien gegen Missbrauch oder unrechtmäßigen Zugang oder unrechtmäßige Übermittlung;

e) die Angaben zu dem Verantwortlichen oder den Kategorien von Verantwortlichen,

f) die jeweiligen Speicherfristen sowie die geltenden Garantien unter Berücksichtigung von Art, Umfang und Zwecken der Verarbeitung oder der Verarbeitungskategorien,

g) die Risiken für die Rechte und Freiheiten der betroffenen Personen und

h) das Recht der betroffenen Personen auf Unterrichtung über die Beschränkung, sofern dies nicht dem Zweck der Beschränkung abträglich ist.

Chapter IV
Controller and processor

Section 1
General obligations

Article 24
Responsibility of the controller

1. Taking into account the nature, scope, context and purposes of processing as well as the risks of varying likelihood and severity for the rights and freedoms of natural persons, the controller shall implement appropriate technical and organisational measures to ensure and to be able to demonstrate that processing is performed in ac-

Kapitel IV
Verantwortlicher und Auftragsverarbeiter
[Erwägungsgründe 74 – 100]
Abschnitt 1
Allgemeine Pflichten

Artikel 24
Verantwortung des für die Verarbeitung Verantwortlichen
[Erwägungsgründe 74 – 77]

(1) Der Verantwortliche setzt unter Berücksichtigung der Art, des Umfangs, der Umstände und der Zwecke der Verarbeitung sowie der unterschiedlichen Eintrittswahrscheinlichkeit und Schwere der Risiken für die Rechte und Freiheiten natürlicher Personen geeignete technische und organisatorische Maßnahmen um, um sicherzustellen und den Nachweis dafür erbringen zu können, dass die Ver-

cordance with this Regulation. Those measures shall be reviewed and updated where necessary.

2. Where proportionate in relation to processing activities, the measures referred to in paragraph 1 shall include the implementation of appropriate data protection policies by the controller.

3. Adherence to approved codes of conduct as referred to in Article 40 or approved certification mechanisms as referred to in Article 42 may be used as an element by which to demonstrate compliance with the obligations of the controller.

Article 25
Data protection by design and by default

1. Taking into account the state of the art, the cost of implementation and the nature, scope, context and purposes of processing as well as the risks of varying likelihood and severity for rights and freedoms of natural persons posed by the processing, the controller shall, both at the time of the determination of the means for processing and at the time of the processing itself, implement appropriate technical and organisational measures, such as pseudonymisation, which are designed to implement data-protection principles, such as data minimisation, in an effective manner and to integrate the necessary safeguards into the processing in order to meet the requirements of this Regulation and protect the rights of data subjects.

2. The controller shall implement appropriate technical and organisational measures for ensuring that, by default, only personal data which are necessary for each specific purpose of the processing are processed. That obligation applies to the amount of personal data collected, the extent of their processing, the period of their storage and their accessibility. In particular, such measures shall ensure that by default personal data are not made acces-

arbeitung gemäß dieser Verordnung erfolgt. Diese Maßnahmen werden erforderlichenfalls überprüft und aktualisiert.

(2) Sofern dies in einem angemessenen Verhältnis zu den Verarbeitungstätigkeiten steht, müssen die Maßnahmen gemäß Absatz 1 die Anwendung geeigneter Datenschutzvorkehrungen durch den Verantwortlichen umfassen.

(3) Die Einhaltung der genehmigten Verhaltensregeln gemäß Artikel 40 oder eines genehmigten Zertifizierungsverfahrens gemäß Artikel 42 kann als Gesichtspunkt herangezogen werden, um die Erfüllung der Pflichten des Verantwortlichen nachzuweisen.

Artikel 25
Datenschutz durch Technikgestaltung und durch datenschutzfreundliche Voreinstellungen
[Erwägungsgrund 78]

(1) Unter Berücksichtigung des Stands der Technik, der Implementierungskosten und der Art, des Umfangs, der Umstände und der Zwecke der Verarbeitung sowie der unterschiedlichen Eintrittswahrscheinlichkeit und Schwere der mit der Verarbeitung verbundenen Risiken für die Rechte und Freiheiten natürlicher Personen trifft der Verantwortliche sowohl zum Zeitpunkt der Festlegung der Mittel für die Verarbeitung als auch zum Zeitpunkt der eigentlichen Verarbeitung geeignete technische und organisatorische Maßnahmen – wie z.B. Pseudonymisierung – trifft, die dafür ausgelegt sind, die Datenschutzgrundsätze wie etwa Datenminimierung wirksam umzusetzen und die notwendigen Garantien in die Verarbeitung aufzunehmen, um den Anforderungen dieser Verordnung zu genügen und die Rechte der betroffenen Personen zu schützen.

(2) Der Verantwortliche trifft geeignete technische und organisatorische Maßnahmen, die sicherstellen, dass durch Voreinstellung grundsätzlich nur personenbezogene Daten, deren Verarbeitung für den jeweiligen bestimmten Verarbeitungszweck erforderlich ist, verarbeitet werden. Diese Verpflichtung gilt für die Menge der erhobenen personenbezogenen Daten, den Umfang ihrer Verarbeitung, ihre Speicherfrist und ihre Zugäng-

sible without the individual's intervention to an indefinite number of natural persons.

3. An approved certification mechanism pursuant to Article 42 may be used as an element to demonstrate compliance with the requirements set out in paragraphs 1 and 2 of this Article.

lichkeit. Solche Maßnahmen müssen insbesondere sicherstellen, dass personenbezogene Daten durch Voreinstellungen nicht ohne Eingreifen der Person einer unbestimmten Zahl von natürlichen Personen zugänglich gemacht werden.

(3) Ein genehmigtes Zertifizierungsverfahren gemäß Artikel 42 kann als Faktor herangezogen werden, um die Erfüllung der in den Absätzen 1 und 2 des vorliegenden Artikels genannten Anforderungen nachzuweisen.

Article 26
Joint controllers

1. Where two or more controllers jointly determine the purposes and means of processing, they shall be joint controllers. They shall in a transparent manner determine their respective responsibilities for compliance with the obligations under this Regulation, in particular as regards the exercising of the rights of the data subject and their respective duties to provide the information referred to in Articles 13 and 14, by means of an arrangement between them unless, and in so far as, the respective responsibilities of the controllers are determined by Union or Member State law to which the controllers are subject. The arrangement may designate a contact point for data subjects.

2. The arrangement referred to in paragraph 1 shall duly reflect the respective roles and relationships of the joint controllers *vis-à-vis* the data subjects. The essence of the arrangement shall be made available to the data subject.

3. Irrespective of the terms of the arrangement referred to in paragraph 1, the data subject may exercise his or her rights under this Regulation in respect of and against each of the controllers.

Artikel 26
Gemeinsam für die Verarbeitung
Verantwortliche
[Erwägungsgrund 79]

(1) Legen zwei oder mehr Verantwortliche gemeinsam die Zwecke der und die Mittel zur Verarbeitung fest, so sind sie gemeinsam Verantwortliche. Sie legen in einer Vereinbarung in transparenter Form fest, wer von ihnen welche Verpflichtung gemäß dieser Verordnung erfüllt, insbesondere was die Wahrnehmung der Rechte der betroffenen Person angeht, und wer welchen Informationspflichten gemäß den Artikeln 13 und 14 nachkommt, sofern und soweit die jeweiligen Aufgaben der Verantwortlichen nicht durch Rechtsvorschriften der Union oder der Mitgliedstaaten, denen die Verantwortlichen unterliegen, festgelegt sind. In der Vereinbarung kann eine Anlaufstelle für die betroffenen Personen angegeben werden.

(2) Die Vereinbarung gemäß Absatz 1 muss die jeweiligen tatsächlichen Funktionen und Beziehungen der gemeinsam Verantwortlichen gegenüber betroffenen Personen gebührend widerspiegeln. Das wesentliche der Vereinbarung wird der betroffenen Person zur Verfügung gestellt.

(3) Ungeachtet der Einzelheiten der Vereinbarung gemäß Absatz 1 kann die betroffene Person ihre Rechte im Rahmen dieser Verordnung bei und gegenüber jedem einzelnen der Verantwortlichen geltend machen.

Article 27
Representatives of controllers or processors not established in the Union

	Artikel 27 **Vertreter von nicht in der Union niedergelassenen Verantwortlichen oder Auftragsverarbeitern** *[Erwägungsgrund 80]*

1. Where Article 3(2) applies, the controller or the processor shall designate in writing a representative in the Union.
2. The obligation laid down in paragraph 1 of this Article shall not apply to:
   (a) processing which is occasional, does not include, on a large scale, processing of special categories of data as referred to in Article 9(1) or processing of personal data relating to criminal convictions and offences referred to in Article 10, and is unlikely to result in a risk to the rights and freedoms of natural persons, taking into account the nature, context, scope and purposes of the processing; or

   (b) a public authority or body.
3. The representative shall be established in one of the Member States where the data subjects, whose personal data are processed in relation to the offering of goods or services to them, or whose behaviour is monitored, are.

4. The representative shall be mandated by the controller or processor to be addressed in addition to or instead of the controller or the processor by, in particular, supervisory authorities and data subjects, on all issues related to processing, for the purposes of ensuring compliance with this Regulation.
5. The designation of a representative by the controller or processor shall be without prejudice to legal actions which could be initiated against the controller or the processor themselves.

Artikel 27
Vertreter von nicht in der Union niedergelassenen Verantwortlichen oder Auftragsverarbeitern
[Erwägungsgrund 80]

(1) In den Fällen gemäß Artikel 3 Absatz 2 benennt der Verantwortliche oder der Auftragsverarbeiter schriftlich einen Vertreter in der Union.
(2) Die Pflicht gemäß Absatz 1 des vorliegenden Artikels gilt nicht für
   a) eine Verarbeitung, die gelegentlich erfolgt, nicht die umfangreiche Verarbeitung besonderer Datenkategorien im Sinne des Artikels 9 Absatz 1 oder die umfangreiche Verarbeitung von personenbezogenen Daten über strafrechtliche Verurteilungen und Straftaten im Sinne des Artikels 10 einschließt und unter Berücksichtigung der Art, der Umstände, des Umfangs und der Zwecke der Verarbeitung voraussichtlich nicht zu einem Risiko für die Rechte und Freiheiten natürlicher Personen führt, oder
   b) Behörden oder öffentliche Stellen.
(3) Der Vertreter muss in einem der Mitgliedstaaten niedergelassen sein, in denen die betroffenen Personen, deren personenbezogene Daten im Zusammenhang mit den ihnen angebotenen Waren oder Dienstleistungen verarbeitet werden oder deren Verhalten beobachtet wird, sich befinden.
(4) Der Vertreter wird durch den Verantwortlichen oder den Auftragsverarbeiter beauftragt, zusätzlich zu diesem oder an seiner Stelle insbesondere für Aufsichtsbehörden und betroffene Personen bei sämtlichen Fragen im Zusammenhang mit der Verarbeitung zur Gewährleistung der Einhaltung dieser Verordnung als Anlaufstelle zu dienen.
(5) Die Benennung eines Vertreters durch den Verantwortlichen oder den Auftragsverarbeiter erfolgt unbeschadet etwaiger rechtlicher Schritte gegen den Verantwortlichen oder den Auftragsverarbeiter selbst.

Article 28
Processor

1. Where processing is to be carried out on behalf of a controller, the controller shall use only processors

---

Artikel 28
Auftragsverarbeiter
[Erwägungsgrund 81]

(1) Erfolgt eine Verarbeitung im Auftrag eines Verantwortlichen, so arbeitet dieser nur mit Auftragsver-

providing sufficient guarantees to implement appropriate technical and organisational measures in such a manner that processing will meet the requirements of this Regulation and ensure the protection of the rights of the data subject.

2. The processor shall not engage another processor without prior specific or general written authorisation of the controller. In the case of general written authorisation, the processor shall inform the controller of any intended changes concerning the addition or replacement of other processors, thereby giving the controller the opportunity to object to such changes.

3. Processing by a processor shall be governed by a contract or other legal act under Union or Member State law, that is binding on the processor with regard to the controller and that sets out the subject-matter and duration of the processing, the nature and purpose of the processing, the type of personal data and categories of data subjects and the obligations and rights of the controller. That contract or other legal act shall stipulate, in particular, that the processor:

(a) processes the personal data only on documented instructions from the controller, including with regard to transfers of personal data to a third country or an international organisation, unless required to do so by Union or Member State law to which the processor is subject; in such a case, the processor shall inform the controller of that legal requirement before processing, unless that law prohibits such information on important grounds of public interest;

(b) ensures that persons authorised to process the personal data have committed themselves to

arbeitern, die hinreichend Garantien dafür bieten, dass geeignete technische und organisatorische Maßnahmen so durchgeführt werden, dass die Verarbeitung im Einklang mit den Anforderungen dieser Verordnung erfolgt und den Schutz der Rechte der betroffenen Person gewährleistet.

(2) Der Auftragsverarbeiter nimmt keinen weiteren Auftragsverarbeiter ohne vorherige gesonderte oder allgemeine schriftliche Genehmigung des Verantwortlichen in Anspruch. Im Fall einer allgemeinen schriftlichen Genehmigung informiert der Auftragsverarbeiter den Verantwortlichen immer über jede beabsichtigte Änderung in Bezug auf die Hinzuziehung oder die Ersetzung anderer Auftragsverarbeiter, wodurch der Verantwortliche die Möglichkeit erhält, gegen derartige Änderungen Einspruch zu erheben.

(3) Die Verarbeitung durch einen Auftragsverarbeiter erfolgt auf der Grundlage eines Vertrags oder eines anderen Rechtsinstruments nach dem Unionsrecht oder dem Recht der Mitgliedstaaten, der bzw. das den Auftragsverarbeiter in Bezug auf den Verantwortlichen bindet und in dem Gegenstand und Dauer der Verarbeitung, Art und Zweck der Verarbeitung, die Art der personenbezogenen Daten, die Kategorien betroffener Personen und die Pflichten und Rechte des Verantwortlichen festgelegt sind. Dieser Vertrag bzw. dieses andere Rechtsinstrument sieht insbesondere vor, dass der Auftragsverarbeiter

a) die personenbezogenen Daten nur auf dokumentierte Weisung des Verantwortlichen – auch in Bezug auf die Übermittlung personenbezogener Daten an ein Drittland oder eine internationale Organisation – verarbeitet, sofern er nicht durch das Recht der Union oder der Mitgliedstaaten, dem der Auftragsverarbeiter unterliegt, hierzu verpflichtet ist; in einem solchen Fall teilt der Auftragsverarbeiter dem Verantwortlichen diese rechtlichen Anforderungen vor der Verarbeitung mit, sofern das betreffende Recht eine solche Mitteilung nicht wegen eines wichtigen öffentlichen Interesses verbietet;

b) gewährleistet, dass sich die zur Verarbeitung der personenbezogenen Daten befugten Per-

GDPR	DS-GVO

confidentiality or are under an appropriate statutory obligation of confidentiality;

(c) takes all measures required pursuant to Article 32;

(d) respects the conditions referred to in paragraphs 2 and 4 for engaging another processor;

(e) taking into account the nature of the processing, assists the controller by appropriate technical and organisational measures, insofar as this is possible, for the fulfilment of the controller's obligation to respond to requests for exercising the data subject's rights laid down in Chapter III;

(f) assists the controller in ensuring compliance with the obligations pursuant to Articles 32 to 36 taking into account the nature of processing and the information available to the processor;

(g) at the choice of the controller, deletes or returns all the personal data to the controller after the end of the provision of services relating to processing, and deletes existing copies unless Union or Member State law requires storage of the personal data;

(h) makes available to the controller all information necessary to demonstrate compliance with the obligations laid down in this Article and allow for and contribute to audits, including inspections, conducted by the controller or another auditor mandated by the controller.

With regard to point (h) of the first subparagraph, the processor shall immediately inform the controller if, in its opinion, an instruction infringes this Regulation or other Union or Member State data protection provisions.

4. Where a processor engages another processor for carrying out specific processing activities on behalf of the controller, the same data protection obligations as set out in the contract or other legal act

---

sonen zur Vertraulichkeit verpflichtet haben oder einer angemessenen gesetzlichen Verschwiegenheitspflicht unterliegen;

c) alle gemäß Artikel 32 erforderlichen Maßnahmen ergreift;

d) die in den Absätzen 2 und 4 genannten Bedingungen für die Inanspruchnahme der Dienste eines weiteren Auftragsverarbeiters einhält;

e) angesichts der Art der Verarbeitung den Verantwortlichen nach Möglichkeit mit geeigneten technischen und organisatorischen Maßnahmen dabei unterstützt, seiner Pflicht zur Beantwortung von Anträgen auf Wahrnehmung der in Kapitel III genannten Rechte der betroffenen Person nachzukommen;

f) unter Berücksichtigung der Art der Verarbeitung und der ihm zur Verfügung stehenden Informationen den Verantwortlichen bei der Einhaltung der in den Artikeln 32 bis 36 genannten Pflichten unterstützt;

g) nach Abschluss der Erbringung der Verarbeitungsleistungen alle personenbezogenen Daten nach Wahl des Verantwortlichen entweder löscht oder zurückgibt, sofern nicht nach dem Unionsrecht oder dem Recht der Mitgliedstaaten eine Verpflichtung zur Speicherung der personenbezogenen Daten besteht;

h) dem Verantwortlichen alle erforderlichen Informationen zum Nachweis der Einhaltung der in diesem Artikel niedergelegten Pflichten zur Verfügung stellt und Überprüfungen – einschließlich Inspektionen –, die vom Verantwortlichen oder einem anderen von diesem beauftragten Prüfer durchgeführt werden, ermöglicht und dazu beiträgt.

Mit Blick auf Unterabsatz 1 Buchstabe h informiert der Auftragsverarbeiter den Verantwortlichen unverzüglich, falls er der Auffassung ist, dass eine Weisung gegen diese Verordnung oder gegen andere Datenschutzbestimmungen der Union oder der Mitgliedstaaten verstößt.

(4) Nimmt der Auftragsverarbeiter die Dienste eines weiteren Auftragsverarbeiters in Anspruch, um bestimmte Verarbeitungstätigkeiten im Namen des Verantwortlichen auszuführen, so werden die-

|

between the controller and the processor as referred to in paragraph 3 shall be imposed on that other processor by way of a contract or other legal act under Union or Member State law, in particular providing sufficient guarantees to implement appropriate technical and organisational measures in such a manner that the processing will meet the requirements of this Regulation. Where that other processor fails to fulfil its data protection obligations, the initial processor shall remain fully liable to the controller for the performance of that other processor's obligations.

5. Adherence of a processor to an approved code of conduct as referred to in Article 40 or an approved certification mechanism as referred to in Article 42 may be used as an element by which to demonstrate sufficient guarantees as referred to in paragraphs 1 and 4 of this Article.

6. Without prejudice to an individual contract between the controller and the processor, the contract or the other legal act referred to in paragraphs 3 and 4 of this Article may be based, in whole or in part, on standard contractual clauses referred to in paragraphs 7 and 8 of this Article, including when they are part of a certification granted to the controller or processor pursuant to Articles 42 and 43.

7. The Commission may lay down standard contractual clauses for the matters referred to in paragraph 3 and 4 of this Article and in accordance with the examination procedure referred to in Article 93(2).

8. A supervisory authority may adopt standard contractual clauses for the matters referred to in paragraph 3 and 4 of this Article and in accordance with the consistency mechanism referred to in Article 63.

sem weiteren Auftragsverarbeiter im Wege eines Vertrags oder eines anderen Rechtsinstruments nach dem Unionsrecht oder dem Recht des betreffenden Mitgliedstaats dieselben Datenschutzpflichten auferlegt, die in dem Vertrag oder anderen Rechtsinstrument zwischen dem Verantwortlichen und dem Auftragsverarbeiter gemäß Absatz 3 festgelegt sind, wobei insbesondere hinreichende Garantien dafür geboten werden muss, dass die geeigneten technischen und organisatorischen Maßnahmen so durchgeführt werden, dass die Verarbeitung entsprechend den Anforderungen dieser Verordnung erfolgt. Kommt der weitere Auftragsverarbeiter seinen Datenschutzpflichten nicht nach, so haftet der erste Auftragsverarbeiter gegenüber dem Verantwortlichen für die Einhaltung der Pflichten jenes anderen Auftragsverarbeiters.

(5) Die Einhaltung genehmigter Verhaltensregeln gemäß Artikel 40 oder eines genehmigten Zertifizierungsverfahrens gemäß Artikel 42 durch einen Auftragsverarbeiter kann als Faktor herangezogen werden, um hinreichende Garantien im Sinne der Absätze 1 und 4 des vorliegenden Artikels nachzuweisen.

(6) Unbeschadet eines individuellen Vertrags zwischen dem Verantwortlichen und dem Auftragsverarbeiter kann der Vertrag oder das andere Rechtsinstrument im Sinne der Absätze 3 und 4 des vorliegenden Artikels ganz oder teilweise auf den in den Absätzen 7 und 8 des vorliegenden Artikels genannten Standardvertragsklauseln beruhen, auch wenn diese Bestandteil einer dem Verantwortlichen oder dem Auftragsverarbeiter gemäß den Artikeln 42 und 43 erteilten Zertifizierung sind.

(7) Die Kommission kann im Einklang mit dem Prüfverfahren gemäß Artikel 87 Absatz 2 Standardvertragsklauseln zur Regelung der in den Absätzen 3 und 4 des vorliegenden Artikels genannten Fragen festlegen.

(8) Eine Aufsichtsbehörde kann im Einklang mit dem Kohärenzverfahren gemäß Artikel 63 Standardvertragsklauseln zur Regelung der in den Absätzen 3 und 4 des vorliegenden Artikels genannten Fragen festlegen.

GDPR	DS-GVO

9. The contract or the other legal act referred to in paragraphs 3 and 4 shall be in writing, including in electronic form.

10. Without prejudice to Articles 82, 83 and 84, if a processor infringes this Regulation by determining the purposes and means of processing, the processor shall be considered to be a controller in respect of that processing.

(9) Der Vertrag oder das andere Rechtsinstrument im Sinne der Absätze 3 und 4 ist schriftlich abzufassen, was auch in einem elektronischen Format erfolgen kann.

(10) Unbeschadet der Artikel 82, 83 und 84 gilt ein Auftragsverarbeiter, der unter Verstoß gegen diese Verordnung die Zwecke und Mittel der Verarbeitung bestimmt, in Bezug auf diese Verarbeitung als Verantwortlicher.

Article 29
Processing under the authority of the controller or processor

The processor and any person acting under the authority of the controller or of the processor, who has access to personal data, shall not process those data except on instructions from the controller, unless required to do so by Union or Member State law.

Artikel 29
Verarbeitung unter der Aufsicht des Verantwortlichen oder des Auftragsverarbeiters

Der Auftragsverarbeiter und jede dem Verantwortlichen oder dem Auftragsverarbeiter unterstellte Person, die Zugang zu personenbezogenen Daten hat, dürfen diese Daten ausschließlich auf Weisung des Verantwortlichen verarbeiten, es sei denn, dass sie nach dem Unionsrecht oder dem Recht der Mitgliedstaaten zur Verarbeitung verpflichtet sind.

Article 30
Records of processing activities

1. Each controller and, where applicable, the controller's representative, shall maintain a record of processing activities under its responsibility. That record shall contain all of the following information:
   (a) the name and contact details of the controller and, where applicable, the joint controller, the controller's representative and the data protection officer;

   (b) the purposes of the processing;
   (c) a description of the categories of data subjects and of the categories of personal data;

   (d) the categories of recipients to whom the personal data have been or will be disclosed including recipients in third countries or international organisations;

   (e) where applicable, transfers of personal data to a third country or an international organisation, including the identification of that

Artikel 30
Verzeichnis von Verarbeitungstätigkeiten
[Erwägungsgrund 82]

(1) Jeder Verantwortliche und gegebenenfalls sein Vertreter führen ein Verzeichnis aller Verarbeitungstätigkeiten, die ihrer Zuständigkeit unterliegen. Dieses Verzeichnis enthält sämtliche folgenden Angaben:
   a) den Namen und die Kontaktdaten des Verantwortlichen und gegebenenfalls des gemeinsam mit ihm Verantwortlichen, des Vertreters des Verantwortlichen sowie eines etwaigen Datenschutzbeauftragten;
   b) die Zwecke der Verarbeitung;
   c) eine Beschreibung der Kategorien betroffener Personen und der Kategorien personenbezogener Daten;
   d) die Kategorien von Empfängern, gegenüber denen die personenbezogenen Daten offengelegt worden sind oder noch offengelegt werden, einschließlich Empfänger in Drittländern oder internationalen Organisationen;
   e) gegebenenfalls Übermittlungen von personenbezogenen Daten an ein Drittland oder an eine internationale Organisation, einschließ-

third country or international organisation and, in the case of transfers referred to in the second subparagraph of Article 49(1), the documentation of suitable safeguards;

(f) where possible, the envisaged time limits for erasure of the different categories of data;

(g) where possible, a general description of the technical and organisational security measures referred to in Article 32(1).

2. Each processor and, where applicable, the processor's representative shall maintain a record of all categories of processing activities carried out on behalf of a controller, containing:

(a) the name and contact details of the processor or processors and of each controller on behalf of which the processor is acting, and, where applicable, of the controller's or the processor's representative, and the data protection officer;

(b) the categories of processing carried out on behalf of each controller;

(c) where applicable, transfers of personal data to a third country or an international organisation, including the identification of that third country or international organisation and, in the case of transfers referred to in the second subparagraph of Article 49(1), the documentation of suitable safeguards;

(d) where possible, a general description of the technical and organisational security measures referred to in Article 32(1).

3. The records referred to in paragraphs 1 and 2 shall be in writing, including in electronic form.

4. The controller or the processor and, where applicable, the controller's or the processor's representative, shall make the record available to the supervisory authority on request.

lich der Angabe des betreffenden Drittlands oder der betreffenden internationalen Organisation, sowie bei den in Artikel 49 Absatz 1 Unterabsatz 2 genannten Datenübermittlungen die Dokumentierung geeigneter Garantien;

f) wenn möglich, die vorgesehenen Fristen für die Löschung der verschiedenen Datenkategorien;

g) wenn möglich, eine allgemeine Beschreibung der technischen und organisatorischen Maßnahmen gemäß Artikel 32 Absatz 1.

(2) Jeder Auftragsverarbeiter und gegebenenfalls sein Vertreter führen ein Verzeichnis zu allen Kategorien von im Auftrag eines Verantwortlichen durchgeführten Tätigkeiten der Verarbeitung, die Folgendes enthält:

a) den Namen und die Kontaktdaten des Auftragsverarbeiters oder der Auftragsverarbeiter und jedes Verantwortlichen, in dessen Auftrag der Auftragsverarbeiter tätig ist, sowie gegebenenfalls des Vertreters des Verantwortlichen oder des Auftragsverarbeiters und eines etwaigen Datenschutzbeauftragten;

b) die Kategorien von Verarbeitungen, die im Auftrag jedes Verantwortlichen durchgeführt werden;

c) gegebenenfalls Übermittlungen von personenbezogenen Daten an ein Drittland oder an eine internationale Organisation, einschließlich der Angabe des betreffenden Drittlands oder der betreffenden internationalen Organisation, sowie bei den in Artikel 49 Absatz 1 Unterabsatz 2 genannten Datenübermittlungen die Dokumentierung geeigneter Garantien;

d) wenn möglich, eine allgemeine Beschreibung der technischen und organisatorischen Maßnahmen gemäß Artikel 32 Absatz 1.

(3) Das in den Absätzen 1 und 2 genannte Verzeichnis ist schriftlich zu führen, was auch in einem elektronischen Format erfolgen kann.

(4) Der Verantwortliche oder der Auftragsverarbeiter sowie gegebenenfalls der Vertreter des Verantwortlichen oder des Auftragsverarbeiters stellen der Aufsichtsbehörde das Verzeichnis auf Anfrage zur Verfügung.

GDPR	DS-GVO

5. The obligations referred to in paragraphs 1 and 2 shall not apply to an enterprise or an organisation employing fewer than 250 persons unless the processing it carries out is likely to result in a risk to the rights and freedoms of data subjects, the processing is not occasional, or the processing includes special categories of data as referred to in Article 9(1) or personal data relating to criminal convictions and offences referred to in Article 10.

(5) Die in den Absätzen 1 und 2 genannten Pflichten gelten nicht für Unternehmen oder Einrichtungen, die weniger als 250 Mitarbeiter beschäftigen, sofern die von ihnen vorgenommene Verarbeitung nicht ein Risiko für die Rechte und Freiheiten der betroffenen Personen birgt, die Verarbeitung nicht nur gelegentlich erfolgt oder nicht die Verarbeitung besonderer Datenkategorien gemäß Artikel 9 Absatz 1 bzw. die Verarbeitung von personenbezogenen Daten über strafrechtliche Verurteilungen und Straftaten im Sinne des Artikels 10 einschließt.

Article 31
Cooperation with the supervisory authority

The controller and the processor and, where applicable, their representatives, shall cooperate, on request, with the supervisory authority in the performance of its tasks.

Artikel 31
Zusammenarbeit mit der Aufsichtsbehörde

Der Verantwortliche und der Auftragsverarbeiter und gegebenenfalls deren Vertreter arbeiten auf Anfrage mit der Aufsichtsbehörde bei der Erfüllung ihrer Aufgaben zusammen.

Section 2
Security of personal data

Abschnitt 2
Sicherheit personenbezogener Daten

Article 32
Security of processing

Artikel 32
Sicherheit der Verarbeitung
[Erwägungsgrund 83]

1. Taking into account the state of the art, the costs of implementation and the nature, scope, context and purposes of processing as well as the risk of varying likelihood and severity for the rights and freedoms of natural persons, the controller and the processor shall implement appropriate technical and organisational measures to ensure a level of security appropriate to the risk, including inter alia as appropriate:

(1) Unter Berücksichtigung des Stands der Technik, der Implementierungskosten und der Art, des Umfangs, der Umstände und der Zwecke der Verarbeitung sowie der unterschiedlichen Eintrittswahrscheinlichkeit und Schwere des Risikos für die Rechte und Freiheiten natürlicher Personen treffen der Verantwortliche und der Auftragsverarbeiter geeignete technische und organisatorische Maßnahmen, um ein dem Risiko angemessenes Schutzniveau zu gewährleisten; diese Maßnahmen schließen unter anderem Folgendes ein:

(a) the pseudonymisation and encryption of personal data;

a) die Pseudonymisierung und Verschlüsselung personenbezogener Daten;

(b) the ability to ensure the ongoing confidentiality, integrity, availability and resilience of processing systems and services;

b) die Fähigkeit, die Vertraulichkeit, Integrität, Verfügbarkeit und Belastbarkeit der Systeme und Dienste im Zusammenhang mit der Verarbeitung auf Dauer sicherzustellen;

(c) the ability to restore the availability and access to personal data in a timely manner in the event of a physical or technical incident;

c) die Fähigkeit, die Verfügbarkeit der personenbezogenen Daten und den Zugang zu ihnen

(d) a process for regularly testing, assessing and evaluating the effectiveness of technical and organisational measures for ensuring the security of the processing.

2. In assessing the appropriate level of security account shall be taken in particular of the risks that are presented by processing, in particular from accidental or unlawful destruction, loss, alteration, unauthorised disclosure of, or access to personal data transmitted, stored or otherwise processed.

3. Adherence to an approved code of conduct as referred to in Article 40 or an approved certification mechanism as referred to in Article 42 may be used as an element by which to demonstrate compliance with the requirements set out in paragraph 1 of this Article.

4. The controller and processor shall take steps to ensure that any natural person acting under the authority of the controller or the processor who has access to personal data does not process them except on instructions from the controller, unless he or she is required to do so by Union or Member State law.

Article 33
Notification of a personal data breach to the supervisory authority

1. In the case of a personal data breach, the controller shall without undue delay and, where feasible, not later than 72 hours after having become aware of it, notify the personal data breach to the supervisory authority competent in accordance with Article 55, unless the personal data breach is unlikely to result in a risk to the rights and freedoms of natural persons. Where the notification to the supervisory authority is not made within 72 hours, it shall be accompanied by reasons for the delay.

bei einem physischen oder technischen Zwischenfall rasch wiederherzustellen;

d) ein Verfahren zur regelmäßigen Überprüfung, Bewertung und Evaluierung der Wirksamkeit der technischen und organisatorischen Maßnahmen zur Gewährleistung der Sicherheit der Verarbeitung.

(2) Bei der Beurteilung des angemessenen Schutzniveaus sind insbesondere die Risiken zu berücksichtigen, die mit der Verarbeitung verbunden sind, insbesondere durch – ob unbeabsichtigt oder unrechtmäßig – Vernichtung, Verlust, Veränderung oder unbefugte Offenlegung von beziehungsweise unbefugten Zugang zu personenbezogenen Daten, die übermittelt, gespeichert oder auf andere Weise verarbeitet wurden.

(3) Die Einhaltung genehmigter Verhaltensregeln gemäß Artikel 40 oder eines genehmigten Zertifizierungsverfahrens gemäß Artikel 42 kann als Faktor herangezogen werden, um die Erfüllung der in Absatz 1 des vorliegenden Artikels genannten Anforderungen nachzuweisen.

(4) Der Verantwortliche und der Auftragsverarbeiter unternehmen Schritte, um sicherzustellen, dass ihnen unterstellte natürliche Personen, die Zugang zu personenbezogenen Daten haben, diese nur auf Anweisung des Verantwortlichen verarbeiten, es sei denn, sie sind nach dem Recht der Union oder der Mitgliedstaaten zur Verarbeitung verpflichtet.

Artikel 33
Meldung von Verletzungen des Schutzes personenbezogener Daten an die Aufsichtsbehörde
[Erwägungsgründe 85, 87, 88]

(1) Im Falle einer Verletzung des Schutzes personenbezogener Daten meldet der Verantwortliche unverzüglich und möglichst binnen 72 Stunden, nachdem ihm die Verletzung bekannt wurde, diese der gemäß Artikel 51 zuständigen Aufsichtsbehörde, es sei denn, dass die Verletzung des Schutzes personenbezogener Daten voraussichtlich nicht zu einem Risiko für die Rechte und Freiheiten natürlicher Personen führt. Erfolgt die Meldung an die Aufsichtsbehörde nicht binnen 72

GDPR	DS-GVO

Stunden, so ist ihr eine Begründung für die Verzögerung beizufügen.

2. The processor shall notify the controller without undue delay after becoming aware of a personal data breach.

(2) Wenn dem Auftragsverarbeiter eine Verletzung des Schutzes personenbezogener Daten bekannt wird, meldet er diese dem Verantwortlichen unverzüglich.

3. The notification referred to in paragraph 1 shall at least:
   (a) describe the nature of the personal data breach including where possible, the categories and approximate number of data subjects concerned and the categories and approximate number of personal data records concerned;

   (b) communicate the name and contact details of the data protection officer or other contact point where more information can be obtained;
   (c) describe the likely consequences of the personal data breach;

   (d) describe the measures taken or proposed to be taken by the controller to address the personal data breach, including, where appropriate, measures to mitigate its possible adverse effects.

4. Where, and in so far as, it is not possible to provide the information at the same time, the information may be provided in phases without undue further delay.

5. The controller shall document any personal data breaches, comprising the facts relating to the personal data breach, its effects and the remedial action taken. That documentation shall enable the supervisory authority to verify compliance with this Article.

(3) Die Meldung gemäß Absatz 1 enthält zumindest folgende Informationen:
   a) eine Beschreibung der Art der Verletzung des Schutzes personenbezogener Daten, soweit möglich mit Angabe der Kategorien und der ungefähren Zahl der betroffenen Personen, der betroffenen Kategorien und der ungefähren Zahl der betroffenen personenbezogenen Datensätze;

   b) den Namen und die Kontaktdaten des Datenschutzbeauftragten oder einer sonstigen Anlaufstelle für weitere Informationen;

   c) eine Beschreibung der wahrscheinlichen Folgen der Verletzung des Schutzes personenbezogener Daten;

   d) eine Beschreibung der von dem Verantwortlichen ergriffenen oder vorgeschlagenen Maßnahmen zur Behebung der Verletzung des Schutzes personenbezogener Daten und gegebenenfalls Maßnahmen zur Abmilderung ihrer möglichen nachteiligen Auswirkungen.

(4) Wenn und soweit die Informationen nicht zur gleichen Zeit bereitgestellt werden können, kann der Verantwortliche diese Informationen ohne unangemessene weitere Verzögerung schrittweise zur Verfügung stellen.

(5) Der Verantwortliche dokumentiert Verletzungen des Schutzes personenbezogener Daten einschließlich aller im Zusammenhang mit der Verletzung des Schutzes personenbezogener Daten stehenden Fakten, von deren Auswirkungen und der ergriffenen Abhilfemaßnahmen. Diese Dokumentation muss der Aufsichtsbehörde die Überprüfung der Einhaltung der Bestimmungen dieses Artikels ermöglichen.

Article 34
Communication of a personal data breach to the data subject

Artikel 34
Benachrichtigung der von einer Verletzung des Schutzes personenbezogener Daten betroffenen Person
[Erwägungsgrund 86]

1. When the personal data breach is likely to result in a high risk to the rights and freedoms of natural persons, the controller shall communicate the personal data breach to the data subject without undue delay.

2. The communication to the data subject referred to in paragraph 1 of this Article shall describe in clear and plain language the nature of the personal data breach and contain at least the information and measures referred to in points (b), (c) and (d) of Article 33(3).

3. The communication to the data subject referred to in paragraph 1 shall not be required if any of the following conditions are met:
   (a) the controller has implemented appropriate technical and organisational protection measures, and those measures were applied to the personal data affected by the personal data breach, in particular those that render the personal data unintelligible to any person who is not authorised to access it, such as encryption;

   (b) the controller has taken subsequent measures which ensure that the high risk to the rights and freedoms of data subjects referred to in paragraph 1 is no longer likely to materialise;

   (c) it would involve disproportionate effort. In such a case, there shall instead be a public communication or similar measure whereby the data subjects are informed in an equally effective manner.

4. If the controller has not already communicated the personal data breach to the data subject, the supervisory authority, having considered the likelihood of the personal data breach resulting in a high risk, may require it to do so or may de-

(1) Hat die Verletzung des Schutzes personenbezogener Daten voraussichtlich ein hohes Risiko für die persönlichen Rechte und Freiheiten natürlicher Personen zur Folge, so benachrichtigt der Verantwortliche die betroffene Person unverzüglich von der Verletzung.

(2) Die in Absatz 1 genannte Benachrichtigung der betroffenen Person beschreibt in klarer und einfacher Sprache die Art der Verletzung des Schutzes personenbezogener Daten und enthält zumindest die in Artikel 33 Absatz 3 Buchstaben b, c und d genannten Informationen und Maßnahmen.

(3) Die Benachrichtigung der betroffenen Person gemäß Absatz 1 ist nicht erforderlich, wenn eine der folgenden Bedingungen erfüllt ist:
   a) der Verantwortliche geeignete technische und organisatorische Sicherheitsvorkehrungen getroffen hat und diese Vorkehrungen auf die von der Verletzung betroffenen personenbezogenen Daten angewandt wurden, insbesondere solche, durch die die personenbezogenen Daten für alle Personen, die nicht zum Zugang zu den personenbezogenen Daten befugt sind, unzugänglich gemacht werden, etwa durch Verschlüsselung;

   b) der Verantwortliche durch nachfolgende Maßnahmen sichergestellt hat, dass das hohe Risiko für die Rechte und Freiheiten der betroffenen Personen gemäß Absatz 1 aller Wahrscheinlichkeit nach nicht mehr besteht;

   c) dies mit einem unverhältnismäßigen Aufwand verbunden wäre. In diesem Fall hat stattdessen eine öffentliche Bekanntmachung oder eine ähnliche Maßnahme zu erfolgen, durch die die betroffenen Personen vergleichbar wirksam informiert werden.

(4) Wenn der Verantwortliche die betroffene Person nicht bereits über die Verletzung des Schutzes personenbezogener Daten benachrichtigt hat, kann die Aufsichtsbehörde unter Berücksichtigung der Wahrscheinlichkeit, mit der die Verletzung des

GDPR	DS-GVO

cide that any of the conditions referred to in paragraph 3 are met.

Schutzes personenbezogener Daten zu einem hohen Risiko führt, von dem Verantwortlichen verlangen, dies nachzuholen, oder sie kann mit einem Beschluss feststellen, dass bestimmte der in Absatz 3 genannten Voraussetzungen erfüllt sind.

Section 3
Data protection impact assessment and prior consultation

Abschnitt 3
Datenschutz-Folgenabschätzung und vorherige Konsultation

Article 35
Data protection impact assessment

Artikel 35
Datenschutz-Folgenabschätzung
[Erwägungsgründe 84, 89 – 93]

1. Where a type of processing in particular using new technologies, and taking into account the nature, scope, context and purposes of the processing, is likely to result in a high risk to the rights and freedoms of natural persons, the controller shall, prior to the processing, carry out an assessment of the impact of the envisaged processing operations on the protection of personal data. A single assessment may address a set of similar processing operations that present similar high risks.

(1) Hat eine Form der Verarbeitung, insbesondere bei Verwendung neuer Technologien, aufgrund der Art, des Umfangs, der Umstände und der Zwecke der Verarbeitung voraussichtlich ein hohes Risiko für die Rechte und Freiheiten natürlicher Personen zur Folge, so führt der Verantwortliche vorab eine Abschätzung der Folgen der vorgesehenen Verarbeitungsvorgänge für den Schutz personenbezogener Daten durch. Für die Untersuchung mehrerer ähnlicher Verarbeitungsvorgänge mit ähnlich hohen Risiken kann eine einzige Abschätzung vorgenommen werden.

2. The controller shall seek the advice of the data protection officer, where designated, when carrying out a data protection impact assessment.

(2) Der Verantwortliche holt bei der Durchführung einer Datenschutz-Folgenabschätzung den Rat des Datenschutzbeauftragten, sofern ein solcher benannt wurde, ein.

3. A data protection impact assessment referred to in paragraph 1 shall in particular be required in the case of:

(3) Eine Datenschutz-Folgenabschätzung gemäß Absatz 1 ist insbesondere in folgenden Fällen erforderlich:

(a) a systematic and extensive evaluation of personal aspects relating to natural persons which is based on automated processing, including profiling, and on which decisions are based that produce legal effects concerning the natural person or similarly significantly affect the natural person;

a) systematische und umfassende Bewertung persönlicher Aspekte natürlicher Personen, die sich auf automatisierte Verarbeitung einschließlich Profiling gründet und die ihrerseits als Grundlage für Entscheidungen dient, die Rechtswirkung gegenüber natürlichen Personen entfalten oder diese in ähnlich erheblicher Weise beeinträchtigen;

(b) processing on a large scale of special categories of data referred to in Article 9(1), or of personal data relating to criminal convictions and offences referred to in Article 10; or

b) umfangreiche Verarbeitung besonderer Kategorien von personenbezogenen Daten gemäß Artikel 9 Absatz 1 oder von personenbezogenen Daten über strafrechtliche Verurteilungen und Straftaten gemäß Artikel 10 oder

GDPR	DS-GVO
(c) a systematic monitoring of a publicly accessible area on a large scale.	c) systematische umfangreiche Überwachung öffentlich zugänglicher Bereiche.

4. The supervisory authority shall establish and make public a list of the kind of processing operations which are subject to the requirement for a data protection impact assessment pursuant to paragraph 1. The supervisory authority shall communicate those lists to the Board referred to in Article 68.

5. The supervisory authority may also establish and make public a list of the kind of processing operations for which no data protection impact assessment is required. The supervisory authority shall communicate those lists to the Board.

6. Prior to the adoption of the lists referred to in paragraphs 4 and 5, the competent supervisory authority shall apply the consistency mechanism referred to in Article 63 where such lists involve processing activities which are related to the offering of goods or services to data subjects or to the monitoring of their behaviour in several Member States, or may substantially affect the free movement of personal data within the Union.

7. The assessment shall contain at least:

(a) a systematic description of the envisaged processing operations and the purposes of the processing, including, where applicable, the legitimate interest pursued by the controller;

(b) an assessment of the necessity and proportionality of the processing operations in relation to the purposes;

(c) an assessment of the risks to the rights and freedoms of data subjects referred to in paragraph 1; and

(d) the measures envisaged to address the risks, including safeguards, security measures and mechanisms to ensure the protection of personal data and to demonstrate compliance with this Regulation taking into account the rights and legitimate interests of data subjects and other persons concerned.

---

(4) Die Aufsichtsbehörde erstellt eine Liste der Verarbeitungsvorgänge, für die gemäß Absatz 1 eine Datenschutz- Folgenabschätzung durchzuführen ist, und veröffentlicht diese. Die Aufsichtsbehörde übermittelt diese Listen dem in Artikel 68 genannten Ausschuss.

(5) Die Aufsichtsbehörde kann des Weiteren eine Liste der Arten von Verarbeitungsvorgängen erstellen und veröffentlichen, für die keine Datenschutz-Folgenabschätzung erforderlich ist. Die Aufsichtsbehörde übermittelt diese Listen dem Ausschuss.

(6) Vor Festlegung der in den Absätzen 4 und 5 genannten Listen wendet die zuständige Aufsichtsbehörde das Kohärenzverfahren gemäß Artikel 63 an, wenn solche Listen Verarbeitungstätigkeiten umfassen, die mit dem Angebot von Waren oder Dienstleistungen für betroffene Personen oder der Beobachtung des Verhaltens dieser Personen in mehreren Mitgliedstaaten im Zusammenhang stehen oder die den freien Verkehr personenbezogener Daten innerhalb der Union erheblich beeinträchtigen könnten.

(7) Die Folgenabschätzung enthält zumindest Folgendes:

a) eine systematische Beschreibung der geplanten Verarbeitungsvorgänge und der Zwecke der Verarbeitung, gegebenenfalls einschließlich der von dem Verantwortlichen verfolgten berechtigten Interessen;

b) eine Bewertung der Notwendigkeit und Verhältnismäßigkeit der Verarbeitungsvorgänge in Bezug auf den Zweck;

c) eine Bewertung der Risiken für die Rechte und Freiheiten der betroffenen Personen gemäß Absatz 1 und

d) die zur Bewältigung der Risiken geplanten Abhilfemaßnahmen, einschließlich Garantien, Sicherheitsvorkehrungen und Verfahren, durch die der Schutz personenbezogener Daten sichergestellt und der Nachweis dafür erbracht wird, dass diese Verordnung eingehalten wird, wobei den Rechten und berechtigten Interessen der betroffenen Personen

GDPR	DS-GVO

und sonstiger Betroffener Rechnung getragen wird.

8. Compliance with approved codes of conduct referred to in Article 40 by the relevant controllers or processors shall be taken into due account in assessing the impact of the processing operations performed by such controllers or processors, in particular for the purposes of a data protection impact assessment.

(8) Die Einhaltung genehmigter Verhaltensregeln gemäß Artikel 40 durch die zuständigen Verantwortlichen oder die zuständigen Auftragsverarbeiter ist bei der Beurteilung der Auswirkungen der von diesen durchgeführten Verarbeitungsvorgänge, insbesondere für die Zwecke einer Datenschutz-Folgenabschätzung, gebührend zu berücksichtigen.

9. Where appropriate, the controller shall seek the views of data subjects or their representatives on the intended processing, without prejudice to the protection of commercial or public interests or the security of processing operations.

(9) Der Verantwortliche holt gegebenenfalls den Standpunkt der betroffenen Personen oder ihrer Vertreter zu der beabsichtigten Verarbeitung unbeschadet des Schutzes gewerblicher oder öffentlicher Interessen oder der Sicherheit der Verarbeitungsvorgänge ein.

10. Where processing pursuant to point (c) or (e) of Article 6(1) has a legal basis in Union law or in the law of the Member State to which the controller is subject, that law regulates the specific processing operation or set of operations in question, and a data protection impact assessment has already been carried out as part of a general impact assessment in the context of the adoption of that legal basis, paragraphs 1 to 7 shall not apply unless Member States deem it to be necessary to carry out such an assessment prior to processing activities.

(10) Falls die Verarbeitung gemäß Artikel 6 Absatz 1 Buchstabe c oder e auf einer Rechtsgrundlage im Unionsrecht oder im Recht des Mitgliedstaats, dem der Verantwortliche unterliegt, beruht und falls diese Rechtsvorschriften den konkreten Verarbeitungsvorgang oder die konkreten Verarbeitungsvorgänge regeln und bereits im Rahmen der allgemeinen Folgenabschätzung im Zusammenhang mit dem Erlass dieser Rechtsgrundlage eine Datenschutz-Folgenabschätzung erfolgte, gelten die Absätze 1 bis 7 nur, wenn es nach dem Ermessen der Mitgliedstaaten erforderlich ist, vor den betreffenden Verarbeitungstätigkeiten eine solche Folgenabschätzung durchzuführen.

11. Where necessary, the controller shall carry out a review to assess if processing is performed in accordance with the data protection impact assessment at least when there is a change of the risk represented by processing operations

(11) Erforderlichenfalls führt der Verantwortliche eine Überprüfung durch, um zu bewerten, ob die Verarbeitung gemäß der Datenschutz-Folgenabschätzung durchgeführt wird; dies gilt zumindest, wenn hinsichtlich des mit den Verarbeitungsvorgängen verbundenen Risikos Änderungen eingetreten sind.

Article 36
Prior consultation

1. The controller shall consult the supervisory authority prior to processing where a data protection impact assessment under Article 35 indicates that the processing would result in a high risk in the absence of measures taken by the controller to mitigate the risk.

Artikel 36
Vorherige Konsultation
[Erwägungsgründe 94 – 96]

(1) Der Verantwortliche konsultiert vor der Verarbeitung die Aufsichtsbehörde, wenn aus einer Datenschutz-Folgenabschätzung gemäß Artikel 35 hervorgeht, dass die Verarbeitung ein hohes Risiko zur Folge hätte, sofern der Verantwortliche keine Maßnahmen zur Eindämmung des Risikos trifft.

2. Where the supervisory authority is of the opinion that the intended processing referred to in paragraph 1 would infringe this Regulation, in particular where the controller has insufficiently identified or mitigated the risk, the supervisory authority shall, within period of up to eight weeks of receipt of the request for consultation, provide written advice to the controller and, where applicable to the processor, and may use any of its powers referred to in Article 58. That period may be extended by six weeks, taking into account the complexity of the intended processing. The supervisory authority shall inform the controller and, where applicable, the processor, of any such extension within one month of receipt of the request for consultation together with the reasons for the delay. Those periods may be suspended until the supervisory authority has obtained information it has requested for the purposes of the consultation.

3. When consulting the supervisory authority pursuant to paragraph 1, the controller shall provide the supervisory authority with:

(a) where applicable, the respective responsibilities of the controller, joint controllers and processors involved in the processing, in particular for processing within a group of undertakings;

(b) the purposes and means of the intended processing;

(c) the measures and safeguards provided to protect the rights and freedoms of data subjects pursuant to this Regulation;

(d) where applicable, the contact details of the data protection officer;

(e) the data protection impact assessment provided for in Article 35; and

(f) any other information requested by the supervisory authority.

4. Member States shall consult the supervisory authority during the preparation of a proposal for a legislative measure to be adopted by a national

---

(2) Falls die Aufsichtsbehörde der Auffassung ist, dass die geplante Verarbeitung gemäß Absatz 1 nicht im Einklang mit dieser Verordnung stünde, insbesondere weil der Verantwortliche das Risiko nicht ausreichend ermittelt oder nicht ausreichend eingedämmt hat, unterbreitet sie dem Verantwortlichen und gegebenenfalls dem Auftragsverarbeiter innerhalb eines Zeitraums von bis zu acht Wochen nach Erhalt des Ersuchens um Konsultation entsprechende schriftliche Empfehlungen und kann ihre in Artikel 58 genannten Befugnisse ausüben. Diese Frist kann unter Berücksichtigung der Komplexität der geplanten Verarbeitung um sechs Wochen verlängert werden. Die Aufsichtsbehörde unterrichtet den Verantwortlichen oder gegebenenfalls den Auftragsverarbeiter über eine solche Fristverlängerung innerhalb eines Monats nach Eingang des Antrags auf Konsultation zusammen mit den Gründen für die Verzögerung. Diese Fristen können ausgesetzt werden, bis die Aufsichtsbehörde die für die Zwecke der Konsultation angeforderten Informationen erhalten hat.

(3) Der Verantwortliche stellt der Aufsichtsbehörde bei einer Konsultation gemäß Absatz 1 folgende Informationen zur Verfügung:

a) gegebenenfalls Angaben zu den jeweiligen Zuständigkeiten des Verantwortlichen, der gemeinsam Verantwortlichen und der an der Verarbeitung beteiligten Auftragsverarbeiter, insbesondere bei einer Verarbeitung innerhalb einer Gruppe von Unternehmen;

b) die Zwecke und die Mittel der beabsichtigten Verarbeitung;

c) die zum Schutz der Rechte und Freiheiten der betroffenen Personen gemäß dieser Verordnung vorgesehenen Maßnahmen und Garantien;

d) gegebenenfalls die Kontaktdaten des Datenschutzbeauftragten;

e) die Datenschutz-Folgenabschätzung gemäß Artikel 35 und

f) alle sonstigen von der Aufsichtsbehörde angeforderten Informationen.

(4) Die Mitgliedstaaten konsultieren die Aufsichtsbehörde bei der Ausarbeitung eines Vorschlags für von einem nationalen Parlament zu erlassende

GDPR	DS-GVO

parliament, or of a regulatory measure based on such a legislative measure, which relates to processing.

5. Notwithstanding paragraph 1, Member State law may require controllers to consult with, and obtain prior authorisation from, the supervisory authority in relation to processing by a controller for the performance of a task carried out by the controller in the public interest, including processing in relation to social protection and public health.

Gesetzgebungsmaßnahmen oder von auf solchen Gesetzgebungsmaßnahmen basierenden Regelungsmaßnahmen, die die Verarbeitung betreffen.

(5) Ungeachtet des Absatzes 1 können Verantwortliche durch das Recht der Mitgliedstaaten verpflichtet werden, bei der Verarbeitung zur Erfüllung einer im öffentlichen Interesse liegenden Aufgabe, einschließlich der Verarbeitung zu Zwecken der sozialen Sicherheit und der öffentlichen Gesundheit, die Aufsichtsbehörde zu konsultieren und deren vorherige Genehmigung einzuholen.

Section 4
Data protection officer

Abschnitt 4
Datenschutzbeauftragter

Article 37
Designation of the data protection officer

Artikel 37
Benennung eines Datenschutzbeauftragten
[Erwägungsgrund 97]

1. The controller and the processor shall designate a data protection officer in any case where:

    (a) the processing is carried out by a public authority or body, except for courts acting in their judicial capacity;

    (b) the core activities of the controller or the processor consist of processing operations which, by virtue of their nature, their scope and/or their purposes, require regular and systematic monitoring of data subjects on a large scale; or

    (c) the core activities of the controller or the processor consist of processing on a large scale of special categories of data pursuant to Article 9 and personal data relating to criminal convictions and offences referred to in Article 10.

2. A group of undertakings may appoint a single data protection officer provided that a data protection officer is easily accessible from each establishment.

3. Where the controller or the processor is a public authority or body, a single data protection officer may be designated for several such authorities or

(1) Der Verantwortliche und der Auftragsverarbeiter benennen auf jeden Fall einen Datenschutzbeauftragten, wenn

    a) die Verarbeitung von einer Behörde oder öffentlichen Stelle durchgeführt wird, mit Ausnahme von Gerichten, die im Rahmen ihrer justiziellen Tätigkeit handeln,

    b) die Kerntätigkeit des Verantwortlichen oder des Auftragsverarbeiters in der Durchführung von Verarbeitungsvorgängen besteht, welche aufgrund ihrer Art, ihres Umfangs und/oder ihrer Zwecke eine umfangreiche regelmäßige und systematische Überwachung von betroffenen Personen erforderlich machen, oder

    c) die Kerntätigkeit des Verantwortlichen oder des Auftragsverarbeiters in der umfangreichen Verarbeitung besonderer Kategorien von Daten gemäß Artikel 9 oder von personenbezogenen Daten über strafrechtliche Verurteilungen und Straftaten gemäß Artikel 10 besteht.

(2) Eine Unternehmensgruppe darf einen gemeinsamen Datenschutzbeauftragten ernennen, sofern von jeder Niederlassung aus der Datenschutzbeauftragte leicht erreicht werden kann.

(3) Falls es sich bei dem Verantwortlichen oder dem Auftragsverarbeiter um eine Behörde oder öffentliche Stelle handelt, kann für mehrere solcher

bodies, taking account of their organisational structure and size.

4. In cases other than those referred to in paragraph 1, the controller or processor or associations and other bodies representing categories of controllers or processors may or, where required by Union or Member State law shall, designate a data protection officer. The data protection officer may act for such associations and other bodies representing controllers or processors.

5. The data protection officer shall be designated on the basis of professional qualities and, in particular, expert knowledge of data protection law and practices and the ability to fulfil the tasks referred to in Article 39.

6. The data protection officer may be a staff member of the controller or processor, or fulfil the tasks on the basis of a service contract.

7. The controller or the processor shall publish the contact details of the data protection officer and communicate them to the supervisory authority.

Article 38
Position of the data protection officer

1. The controller and the processor shall ensure that the data protection officer is involved, properly and in a timely manner, in all issues which relate to the protection of personal data.

2. The controller and processor shall support the data protection officer in performing the tasks referred to in Article 39 by providing resources necessary to carry out those tasks and access to personal data and processing operations, and to maintain his or her expert knowledge.

Behörden oder Stellen unter Berücksichtigung ihrer Organisationsstruktur und ihrer Größe ein gemeinsamer Datenschutzbeauftragter benannt werden.

(4) In anderen als den in Absatz 1 genannten Fällen können der Verantwortliche oder der Auftragsverarbeiter oder Verbände und andere Vereinigungen, die Kategorien von Verantwortlichen oder Auftragsverarbeitern vertreten, einen Datenschutzbeauftragten benennen; falls dies nach dem Recht der Union oder der Mitgliedstaaten vorgeschrieben ist, müssen sie einen solchen benennen. Der Datenschutzbeauftragte kann für derartige Verbände und andere Vereinigungen, die Verantwortliche oder Auftragsverarbeiter vertreten, handeln.

(5) Der Datenschutzbeauftragte wird auf der Grundlage seiner beruflichen Qualifikation und insbesondere des Fachwissens benannt, das er auf dem Gebiet des Datenschutzrechts und der Datenschutzpraxis besitzt, sowie auf der Grundlage seiner Fähigkeit zur Erfüllung der in Artikel 39 genannten Aufgaben.

(6) Der Datenschutzbeauftragte kann Beschäftigter des Verantwortlichen oder des Auftragsverarbeiters sein oder seine Aufgaben auf der Grundlage eines Dienstleistungsvertrags erfüllen.

(7) Der Verantwortliche oder der Auftragsverarbeiter veröffentlicht die Kontaktdaten des Datenschutzbeauftragten und teilt diese Daten der Aufsichtsbehörde mit.

Artikel 38
Stellung des Datenschutzbeauftragten

(1) Der Verantwortliche und der Auftragsverarbeiter stellen sicher, dass der Datenschutzbeauftragte ordnungsgemäß und frühzeitig in alle mit dem Schutz personenbezogener Daten zusammenhängenden Fragen eingebunden wird.

(2) Der Verantwortliche und der Auftragsverarbeiter unterstützen den Datenschutzbeauftragten bei der Erfüllung seiner Aufgaben gemäß Artikel 39, indem sie die für die Erfüllung dieser Aufgaben erforderlichen Ressourcen und den Zugang zu personenbezogenen Daten und Verarbeitungsvorgän-

GDPR	DS-GVO

gen sowie die zur Erhaltung seines Fachwissens erforderlichen Ressourcen zur Verfügung stellen.

3. The controller and processor shall ensure that the data protection officer does not receive any instructions regarding the exercise of those tasks. He or she shall not be dismissed or penalised by the controller or the processor for performing his tasks. The data protection officer shall directly report to the highest management level of the controller or the processor.

(3) Der Verantwortliche und der Auftragsverarbeiter stellen sicher, dass der Datenschutzbeauftragte bei der Erfüllung seiner Aufgaben keine Anweisungen bezüglich der Ausübung dieser Aufgaben erhält. Der Datenschutzbeauftragte darf von dem Verantwortlichen oder dem Auftragsverarbeiter wegen der Erfüllung seiner Aufgaben nicht abberufen oder benachteiligt werden. Der Datenschutzbeauftragte berichtet unmittelbar der höchsten Managementebene des Verantwortlichen oder des Auftragsverarbeiters.

4. Data subjects may contact the data protection officer with regard to all issues related to processing of their personal data and to the exercise of their rights under this Regulation.

(4) Betroffene Personen können den Datenschutzbeauftragten zu allen mit der Verarbeitung ihrer personenbezogenen Daten und mit der Wahrnehmung ihrer Rechte gemäß dieser Verordnung im Zusammenhang stehenden Fragen zu Rate ziehen.

5. The data protection officer shall be bound by secrecy or confidentiality concerning the performance of his or her tasks, in accordance with Union or Member State law.

(5) Der Datenschutzbeauftragte ist nach dem Recht der Union oder der Mitgliedstaaten bei der Erfüllung seiner Aufgaben an die Wahrung der Geheimhaltung oder der Vertraulichkeit gebunden.

6. The data protection officer may fulfil other tasks and duties. The controller or processor shall ensure that any such tasks and duties do not result in a conflict of interests.

(6) Der Datenschutzbeauftragte kann andere Aufgaben und Pflichten wahrnehmen. Der Verantwortliche oder der Auftragsverarbeiter stellt sicher, dass derartige Aufgaben und Pflichten nicht zu einem Interessenkonflikt führen.

Article 39
Tasks of the data protection officer

Artikel 39
Aufgaben des Datenschutzbeauftragten

1. The data protection officer shall have at least the following tasks:
(a) to inform and advise the controller or the processor and the employees who carry out processing of their obligations pursuant to this Regulation and to other Union or Member State data protection provisions;

(1) Dem Datenschutzbeauftragten obliegen zumindest folgende Aufgaben:
a) Unterrichtung und Beratung des Verantwortlichen oder des Auftragsverarbeiters und der Beschäftigten, die Verarbeitungen durchführen, hinsichtlich ihrer Pflichten nach dieser Verordnung sowie nach sonstigen Datenschutzvorschriften der Union bzw. der Mitgliedstaaten;

(b) to monitor compliance with this Regulation, with other Union or Member State data protection provisions and with the policies of the controller or processor in relation to the protection of personal data, including the assignment of responsibilities, awareness-raising

b) Überwachung der Einhaltung dieser Verordnung, anderer Datenschutzvorschriften der Union bzw. der Mitgliedstaaten sowie der Strategien des Verantwortlichen oder des Auftragsverarbeiters für den Schutz personenbezogener Daten einschließlich der Zuweisung

GDPR	DS-GVO

and training of staff involved in processing operations, and the related audits;

(c) to provide advice where requested as regards the data protection impact assessment and monitor its performance pursuant to Article 35;

(d) to cooperate with the supervisory authority;

(e) to act as the contact point for the supervisory authority on issues relating to processing, including the prior consultation referred to in Article 36, and to consult, where appropriate, with regard to any other matter.

2. The data protection officer shall in the performance of his or her tasks have due regard to the risk associated with processing operations, taking into account the nature, scope, context and purposes of processing.

Section 5
Codes of conduct and certification

Article 40
Codes of conduct

1. The Member States, the supervisory authorities, the Board and the Commission shall encourage the drawing up of codes of conduct intended to contribute to the proper application of this Regulation, taking account of the specific features of the various processing sectors and the specific needs of micro, small and medium-sized enterprises.

2. Associations and other bodies representing categories of controllers or processors may prepare codes of conduct, or amend or extend such codes, for the purpose of specifying the application of this Regulation, such as with regard to:

(a) fair and transparent processing;

(b) the legitimate interests pursued by controllers in specific contexts;

(c) the collection of personal data;

(d) the pseudonymisation of personal data;

---

von Zuständigkeiten, der Sensibilisierung und Schulung der an den Verarbeitungsvorgängen beteiligten Mitarbeiter und der diesbezüglichen Überprüfungen;

c) Beratung – auf Anfrage – im Zusammenhang mit der Datenschutz-Folgenabschätzung und Überwachung ihrer Durchführung gemäß Artikel 35;

d) Zusammenarbeit mit der Aufsichtsbehörde;

e) Tätigkeit als Anlaufstelle für die Aufsichtsbehörde in mit der Verarbeitung zusammenhängenden Fragen, einschließlich der vorherigen Konsultation gemäß Artikel 36, und gegebenenfalls Beratung zu allen sonstigen Fragen.

(2) Der Datenschutzbeauftragte trägt bei der Erfüllung seiner Aufgaben dem mit den Verarbeitungsvorgängen verbundenen Risiko gebührend Rechnung, wobei er die Art, den Umfang, die Umstände und die Zwecke der Verarbeitung berücksichtigt.

Abschnitt 5
Verhaltensregeln und Zertifizierung

Artikel 40
Verhaltensregeln
[Erwägungsgründe 98, 99]

(1) Die Mitgliedstaaten, die Aufsichtsbehörden, der Ausschuss und die Kommission fördern die Ausarbeitung von Verhaltensregeln, die nach Maßgabe der Besonderheiten der einzelnen Verarbeitungsbereiche und der besonderen Bedürfnisse von Kleinstunternehmen sowie kleinen und mittleren Unternehmen zur ordnungsgemäßen Anwendung dieser Verordnung beitragen sollen.

(2) Verbände und andere Vereinigungen, die Kategorien von Verantwortlichen oder Auftragsverarbeitern vertreten, können Verhaltensregeln ausarbeiten oder ändern oder erweitern, mit denen die Anwendung dieser Verordnung beispielsweise zu dem Folgenden präzisiert wird:

a) faire und transparente Verarbeitung;

b) die berechtigten Interessen des Verantwortlichen in bestimmten Zusammenhängen;

c) Erhebung personenbezogener Daten;

d) Pseudonymisierung personenbezogener Daten;

(e) the information provided to the public and to data subjects;	e) Unterrichtung der Öffentlichkeit und der betroffenen Personen;
(f) the exercise of the rights of data subjects;	f) Ausübung der Rechte betroffener Personen;
(g) the information provided to, and the protection of, children, and the manner in which the consent of the holders of parental responsibility over children is to be obtained;	g) Unterrichtung und Schutz von Kindern und Art und Weise, in der die Einwilligung des Trägers der elterlichen Verantwortung für das Kind einzuholen ist;
(h) the measures and procedures referred to in Articles 24 and 25 and the measures to ensure security of processing referred to in Article 32;	h) die Maßnahmen und Verfahren gemäß den Artikeln 24 und 25 und die Maßnahmen für die Sicherheit der Verarbeitung gemäß Artikel 32;
(i) the notification of personal data breaches to supervisory authorities and the communication of such personal data breaches to data subjects;	i) die Meldung von Verletzungen des Schutzes personenbezogener Daten an Aufsichtsbehörden und die Benachrichtigung der betroffenen Person von solchen Verletzungen des Schutzes personenbezogener Daten;
(j) the transfer of personal data to third countries or international organisations; or	j) die Übermittlung personenbezogener Daten an Drittländer oder an internationale Organisationen oder
(k) out-of-court proceedings and other dispute resolution procedures for resolving disputes between controllers and data subjects with regard to processing, without prejudice to the rights of data subjects pursuant to Articles 77 and 79.	k) außergerichtliche Verfahren und sonstige Streitbeilegungsverfahren zur Beilegung von Streitigkeiten zwischen Verantwortlichen und betroffenen Personen im Zusammenhang mit der Verarbeitung, unbeschadet der Rechte betroffener Personen gemäß den Artikeln 77 und 79.
3. In addition to adherence by controllers or processors subject to this Regulation, codes of conduct approved pursuant to paragraph 5 of this Article and having general validity pursuant to paragraph 9 of this Article may also be adhered to by controllers or processors that are not subject to this Regulation pursuant to Article 3 in order to provide appropriate safeguards within the framework of personal data transfers to third countries or international organisations under the terms referred to in point (e) of Article 46(2). Such controllers or processors shall make binding and enforceable commitments, via contractual or other legally binding instruments, to apply those appropriate safeguards including with regard to the rights of data subjects.	(3) Zusätzlich zur Einhaltung durch die unter diese Verordnung fallenden Verantwortlichen oder Auftragsverarbeiter können Verhaltensregeln, die gemäß Absatz 5 des vorliegenden Artikels genehmigt wurden und gemäß Absatz 9 des vorliegenden Artikels allgemeine Gültigkeit besitzen, können auch von Verantwortlichen oder Auftragsverarbeitern, die gemäß Artikel 3 nicht unter diese Verordnung fallen, eingehalten werden, um geeignete Garantien im Rahmen der Übermittlung personenbezogener Daten an Drittländer oder internationale Organisationen nach Maßgabe des Artikels 46 Absatz 2 Buchstabe e zu bieten. Diese Verantwortlichen oder Auftragsverarbeiter gehen mittels vertraglicher oder sonstiger rechtlich bindender Instrumente die verbindliche und durchsetzbare Verpflichtung ein, die geeigneten Garantien anzuwenden, auch im Hinblick auf die Rechte der betroffenen Personen.

4. A code of conduct referred to in paragraph 2 of this Article shall contain mechanisms which enable the body referred to in Article 41(1) to carry out the mandatory monitoring of compliance with its provisions by the controllers or processors which undertake to apply it, without prejudice to the tasks and powers of supervisory authorities competent pursuant to Article 55 or 56.

5. Associations and other bodies referred to in paragraph 2 of this Article which intend to prepare a code of conduct or to amend or extend an existing code shall submit the draft code, amendment or extension to the supervisory authority which is competent pursuant to Article 55. The supervisory authority shall provide an opinion on whether the draft code, amendment or extension complies with this Regulation and shall approve that draft code, amendment or extension if it finds that it provides sufficient appropriate safeguards.

6. Where the draft code, or amendment or extension is approved in accordance with paragraph 5, and where the code of conduct concerned does not relate to processing activities in several Member States, the supervisory authority shall register and publish the code.

7. Where a draft code of conduct relates to processing activities in several Member States, the supervisory authority which is competent pursuant to Article 55 shall, before approving the draft code, amendment or extension, submit it in the procedure referred to in Article 63 to the Board which shall provide an opinion on whether the draft code, amendment or extension complies with this Regulation or, in the situation referred to in paragraph 3 of this Article, provides appropriate safeguards.

(4) Die Verhaltensregeln gemäß Absatz 2 des vorliegenden Artikels müssen Verfahren vorsehen, die es der in Artikel 41 Absatz 1 genannten Stelle ermöglichen, die obligatorische Überwachung der Einhaltung ihrer Bestimmungen durch die Verantwortlichen oder die Auftragsverarbeiter, die sich zur Anwendung der Verhaltensregeln verpflichten, vorzunehmen, unbeschadet der Aufgaben und Befugnisse der Aufsichtsbehörde, die nach Artikel 55 oder 56 zuständig ist.

(5) Verbände und andere Vereinigungen gemäß Absatz 2 des vorliegenden Artikels, die beabsichtigen, Verhaltensregeln auszuarbeiten oder bestehende Verhaltensregeln zu ändern oder zu erweitern, legen den Entwurf der Verhaltensregeln bzw. den Entwurf zu deren Änderung oder Erweiterung der Aufsichtsbehörde vor, die nach Artikel 55 zuständig ist. Die Aufsichtsbehörde gibt eine Stellungnahme darüber ab, ob der Entwurf der Verhaltensregeln bzw. der Entwurf zu deren Änderung oder Erweiterung mit dieser Verordnung vereinbar ist und genehmigt diesen Entwurf der Verhaltensregeln bzw. den Entwurf zu deren Änderung oder Erweiterung, wenn sie der Auffassung ist, dass er ausreichende geeignete Garantien bietet.

(6) Wird durch die Stellungnahme nach Absatz 5 der Entwurf der Verhaltensregeln bzw. der Entwurf zu deren Änderung oder Erweiterung genehmigt und beziehen sich die betreffenden Verhaltensregeln nicht auf Verarbeitungstätigkeiten in mehreren Mitgliedstaaten, so nimmt die Aufsichtsbehörde die Verhaltensregeln in ein Verzeichnis auf und veröffentlicht sie.

(7) Bezieht sich der Entwurf der Verhaltensregeln auf Verarbeitungstätigkeiten in mehreren Mitgliedstaaten, so legt die nach Artikel 55 zuständige Aufsichtsbehörde – bevor sie den Entwurf der Verhaltensregeln bzw. den Entwurf zu deren Änderung oder Erweiterung genehmigt – ihn nach dem Verfahren gemäß Artikel 63 dem Ausschuss vor, der zu der Frage Stellung nimmt, ob der Entwurf der Verhaltensregeln bzw. der Entwurf zu deren Änderung oder Erweiterung mit dieser Verordnung vereinbar ist oder – im Fall nach Absatz 3 dieses Artikels – geeignete Garantien vorsieht.

GDPR	DS-GVO

8. Where the opinion referred to in paragraph 7 confirms that the draft code, amendment or extension complies with this Regulation, or, in the situation referred to in paragraph 3, provides appropriate safeguards, the Board shall submit its opinion to the Commission.

9. The Commission may, by way of implementing acts, decide that the approved code of conduct, amendment or extension submitted to it pursuant to paragraph 8 of this Article have general validity within the Union. Those implementing acts shall be adopted in accordance with the examination procedure set out in Article 93(2).

10. The Commission shall ensure appropriate publicity for the approved codes which have been decided as having general validity in accordance with paragraph 9.

11. The Board shall collate all approved codes of conduct, amendments and extensions in a register and shall make them publicly available by way of appropriate means.

Article 41
Monitoring of approved codes of conduct

1. Without prejudice to the tasks and powers of the competent supervisory authority under Articles 57 and 58, the monitoring of compliance with a code of conduct pursuant to Article 40 may be carried out by a body which has an appropriate level of expertise in relation to the subject-matter of the code and is accredited for that purpose by the competent supervisory authority.

2. A body as referred to in paragraph 1 may be accredited to monitor compliance with a code of conduct where that body has:
   (a) demonstrated its independence and expertise in relation to the subject-matter of the code to the satisfaction of the competent supervisory authority;
   (b) established procedures which allow it to assess the eligibility of controllers and proces-

---

(8) Wird durch die Stellungnahme nach Absatz 7 bestätigt, dass der Entwurf der Verhaltensregeln bzw. der Entwurf zu deren Änderung oder Erweiterung mit dieser Verordnung vereinbar ist oder – im Fall nach Absatz 3 – geeignete Garantien vorsieht, so übermittelt der Ausschuss seine Stellungnahme der Kommission.

(9) Die Kommission kann im Wege von Durchführungsrechtsakten beschließen, dass die ihr gemäß Absatz 8 übermittelten genehmigten Verhaltensregeln bzw. deren genehmigte Änderung oder Erweiterung allgemeine Gültigkeit in der Union besitzen. Diese Durchführungsrechtsakte werden gemäß dem Prüfverfahren nach Artikel 93 Absatz 2 erlassen.

(10) Die Kommission trägt dafür Sorge, dass die genehmigten Verhaltensregeln, denen gemäß Absatz 9 allgemeine Gültigkeit zuerkannt wurde, in geeigneter Weise veröffentlicht werden.

(11) Der Ausschuss nimmt alle genehmigten Verhaltensregeln bzw. deren genehmigte Änderungen oder Erweiterungen in ein Register auf und veröffentlicht sie in geeigneter Weise.

Artikel 41
Überwachung der genehmigten Verhaltensregeln

(1) Unbeschadet der Aufgaben und Befugnisse der zuständigen Aufsichtsbehörde gemäß den Artikeln 57 und 58 kann die Überwachung der Einhaltung von Verhaltensregeln gemäß Artikel 40 von einer Stelle durchgeführt werden, die über das geeignete Fachwissen hinsichtlich des Gegenstands der Verhaltensregeln verfügt und die von der zuständigen Aufsichtsbehörde zu diesem Zweck akkreditiert wurde.

(2) Eine Stelle gemäß Absatz 1 kann zum Zwecke der Überwachung der Einhaltung von Verhaltensregeln akkreditiert werden, wenn sie
   a) ihre Unabhängigkeit und ihr Fachwissen hinsichtlich des Gegenstands der Verhaltensregeln zur Zufriedenheit der zuständigen Aufsichtsbehörde nachgewiesen hat;
   b) Verfahren festgelegt hat, die es ihr ermöglichen, zu bewerten, ob Verantwortliche und

GDPR	DS-GVO

sors concerned to apply the code, to monitor their compliance with its provisions and to periodically review its operation;

(c) established procedures and structures to handle complaints about infringements of the code or the manner in which the code has been, or is being, implemented by a controller or processor, and to make those procedures and structures transparent to data subjects and the public; and

(d) demonstrated to the satisfaction of the competent supervisory authority that its tasks and duties do not result in a conflict of interests.

3. The competent supervisory authority shall submit the draft criteria for accreditation of a body as referred to in paragraph 1 of this Article to the Board pursuant to the consistency mechanism referred to in Article 63.

4. Without prejudice to the tasks and powers of the competent supervisory authority and the provisions of Chapter VIII, a body as referred to in paragraph 1 of this Article shall, subject to appropriate safeguards, take appropriate action in cases of infringement of the code by a controller or processor, including suspension or exclusion of the controller or processor concerned from the code. It shall inform the competent supervisory authority of such actions and the reasons for taking them.

5. The competent supervisory authority shall revoke the accreditation of a body as referred to in paragraph 1 if the conditions for accreditation are not, or are no longer, met or where actions taken by the body infringe this Regulation.

6. This Article shall not apply to processing carried out by public authorities and bodies.

Auftragsverarbeiter die Verhaltensregeln anwenden können, die Einhaltung der Verhaltensregeln durch die Verantwortlichen und Auftragsverarbeiter zu überwachen und die Anwendung der Verhaltensregeln regelmäßig zu überprüfen;

c) Verfahren und Strukturen festgelegt hat, mit denen sie Beschwerden über Verletzungen der Verhaltensregeln oder über die Art und Weise, in der die Verhaltensregeln von dem Verantwortlichen oder dem Auftragsverarbeiter angewendet werden oder wurden, nachgeht und diese Verfahren und Strukturen für betroffene Personen und die Öffentlichkeit transparent macht, und

d) zur Zufriedenheit der zuständigen Aufsichtsbehörde nachgewiesen hat, dass ihre Aufgaben und Pflichten nicht zu einem Interessenkonflikt führen.

(3) Die zuständige Aufsichtsbehörde übermittelt den Entwurf der Kriterien für die Akkreditierung einer Stelle nach Absatz 1 gemäß dem Kohärenzverfahren nach Artikel 63 an den Ausschuss.

(4) Unbeschadet der Aufgaben und Befugnisse der zuständigen Aufsichtsbehörde und der Bestimmungen des Kapitels VIII ergreift eine Stelle gemäß Absatz 1 vorbehaltlich geeigneter Garantien im Falle einer Verletzung der Verhaltensregeln durch einen Verantwortlichen oder einen Auftragsverarbeiter geeignete Maßnahmen, einschließlich eines vorläufigen oder endgültigen Ausschlusses des Verantwortlichen oder Auftragsverarbeiters von den Verhaltensregeln. Sie unterrichtet die zuständige Aufsichtsbehörde über solche Maßnahmen und deren Begründung.

(5) Die zuständige Aufsichtsbehörde widerruft die Akkreditierung einer Stelle gemäß Absatz 1, wenn die Voraussetzungen für ihre Akkreditierung nicht oder nicht mehr erfüllt sind oder wenn die Stelle Maßnahmen ergreift, die nicht mit dieser Verordnung vereinbar sind.

(6) Dieser Artikel gilt nicht für die Verarbeitung durch Behörden oder öffentliche Stellen.

GDPR	DS-GVO

Article 42
Certification

Artikel 42
Zertifizierung
[Erwägungsgrund 100]

1. The Member States, the supervisory authorities, the Board and the Commission shall encourage, in particular at Union level, the establishment of data protection certification mechanisms and of data protection seals and marks, for the purpose of demonstrating compliance with this Regulation of processing operations by controllers and processors. The specific needs of micro, small and medium-sized enterprises shall be taken into account.

2. In addition to adherence by controllers or processors subject to this Regulation, data protection certification mechanisms, seals or marks approved pursuant to paragraph 5 of this Article may be established for the purpose of demonstrating the existence of appropriate safeguards provided by controllers or processors that are not subject to this Regulation pursuant to Article 3 within the framework of personal data transfers to third countries or international organisations under the terms referred to in point (f) of Article 46(2). Such controllers or processors shall make binding and enforceable commitments, via contractual or other legally binding instruments, to apply those appropriate safeguards, including with regard to the rights of data subjects.

3. The certification shall be voluntary and available via a process that is transparent.

4. A certification pursuant to this Article does not reduce the responsibility of the controller or the processor for compliance with this Regulation and is without prejudice to the tasks and powers of the supervisory authorities which are competent pursuant to Article 55 or 56.

5. A certification pursuant to this Article shall be issued by the certification bodies referred to in Article 43 or by the competent supervisory authority, on the basis of criteria approved by that competent supervisory authority pursuant to Article 58(3) or by the Board pursuant to Article 63. Where the cri-

(1) Die Mitgliedstaaten, die Aufsichtsbehörden, der Ausschuss und die Kommission fördern insbesondere auf Unionsebene die Einführung von datenschutzspezifischen Zertifizierungsverfahren sowie von Datenschutzsiegeln und -prüfzeichen, die dazu dienen, nachzuweisen, dass diese Verordnung bei Verarbeitungsvorgängen von Verantwortlichen oder Auftragsverarbeitern eingehalten wird. Den besonderen Bedürfnissen von Kleinstunternehmen sowie kleinen und mittleren Unternehmen wird Rechnung getragen.

(2) Zusätzlich zur Einhaltung durch die unter diese Verordnung fallenden Verantwortlichen oder Auftragsverarbeiter können auch datenschutzspezifische Zertifizierungsverfahren, Siegel oder Prüfzeichen, die gemäß Absatz 5 des vorliegenden Artikels genehmigt worden sind, vorgesehen werden, um nachzuweisen, dass die Verantwortlichen oder Auftragsverarbeiter, die gemäß Artikel 3 nicht unter diese Verordnung fallen, im Rahmen der Übermittlung personenbezogener Daten an Drittländer oder internationale Organisationen nach Maßgabe von Artikel 46 Absatz 2 Buchstabe f geeignete Garantien bieten. Diese Verantwortlichen oder Auftragsverarbeiter gehen mittels vertraglicher oder sonstiger rechtlich bindender Instrumente die verbindliche und durchsetzbare Verpflichtung ein, diese geeigneten Garantien anzuwenden, auch im Hinblick auf die Rechte der betroffenen Personen.

(3) Die Zertifizierung muss freiwillig und über ein transparentes Verfahren zugänglich sein.

(4) Eine Zertifizierung gemäß diesem Artikel mindert nicht die Verantwortung des Verantwortlichen oder des Auftragsverarbeiters für die Einhaltung dieser Verordnung und berührt nicht die Aufgaben und Befugnisse der Aufsichtsbehörden, die gemäß Artikel 55 oder 56 zuständig sind.

(5) Eine Zertifizierung nach diesem Artikel wird durch die Zertifizierungsstellen nach Artikel 43 oder durch die zuständige Aufsichtsbehörde anhand der von dieser zuständigen Aufsichtsbehörde gemäß Artikel 58 Absatz 3 oder – gemäß Artikel 63 – durch den Ausschuss genehmigten Kriterien

GDPR	DS-GVO

teria are approved by the Board, this may result in a common certification, the European Data Protection Seal.

6. The controller or processor which submits its processing to the certification mechanism shall provide the certification body referred to in Article 43, or where applicable, the competent supervisory authority, with all information and access to its processing activities which are necessary to conduct the certification procedure.

7. Certification shall be issued to a controller or processor for a maximum period of three years and may be renewed, under the same conditions, provided that the relevant requirements continue to be met. Certification shall be withdrawn, as applicable, by the certification bodies referred to in Article 43 or by the competent supervisory authority where the requirements for the certification are not or are no longer met.

8. The Board shall collate all certification mechanisms and data protection seals and marks in a register and shall make them publicly available by any appropriate means.

Article 43
Certification bodies

1. Without prejudice to the tasks and powers of the competent supervisory authority under Articles 57 and 58, certification bodies which have an appropriate level of expertise in relation to data protection shall, after informing the supervisory authority in order to allow it to exercise its powers pursuant to point (h) of Article 58(2) where necessary, issue and renew certification. Member States shall ensure that those certification bodies are accredited by one or both of the following:

erteilt. Werden die Kriterien vom Ausschuss genehmigt, kann dies zu einer gemeinsamen Zertifizierung, dem Europäischen Datenschutzsiegel, führen.

(6) Der Verantwortliche oder der Auftragsverarbeiter, der die von ihm durchgeführte Verarbeitung dem Zertifizierungsverfahren unterwirft, stellt der Zertifizierungsstelle nach Artikel 43 oder gegebenenfalls der zuständigen Aufsichtsbehörde alle für die Durchführung des Zertifizierungsverfahrens erforderlichen Informationen zur Verfügung und gewährt ihr den in diesem Zusammenhang erforderlichen Zugang zu seinen Verarbeitungstätigkeiten.

(7) Die Zertifizierung wird einem Verantwortlichen oder einem Auftragsverarbeiter für eine Höchstdauer von drei Jahren erteilt und kann unter denselben Bedingungen verlängert werden, sofern die einschlägigen Voraussetzungen weiterhin erfüllt werden. Die Zertifizierung wird gegebenenfalls durch die Zertifizierungsstellen nach Artikel 43 oder durch die zuständige Aufsichtsbehörde widerrufen, wenn die Voraussetzungen für die Zertifizierung nicht oder nicht mehr erfüllt werden.

(8) Der Ausschuss nimmt alle Zertifizierungsverfahren und Datenschutzsiegel und -prüfzeichen in ein Register auf und veröffentlicht sie in geeigneter Weise.

Artikel 43
Zertifizierungsstellen

(1) Unbeschadet der Aufgaben und Befugnisse der zuständigen Aufsichtsbehörde gemäß den Artikeln 57 und 58 erteilen oder verlängern Zertifizierungsstellen, die über das geeignete Fachwissen hinsichtlich des Datenschutzes verfügen, nach Unterrichtung der Aufsichtsbehörde – damit diese erforderlichenfalls von ihren Befugnissen gemäß Artikel 58 Absatz 2 Buchstabe h Gebrauch machen kann – die Zertifizierung. Die Mitgliedstaaten stellen sicher, dass diese Zertifizierungsstellen von einer oder beiden der folgenden Stellen akkreditiert werden:

GDPR	DS-GVO

(a) the supervisory authority which is competent pursuant to Article 55 or 56;

(b) the national accreditation body named in accordance with Regulation (EC) No 765/2008 of the European Parliament and of the Council[1] in accordance with EN-ISO/IEC 17065/2012 and with the additional requirements established by the supervisory authority which is competent pursuant to Article 55 or 56.

2. Certification bodies referred to in paragraph 1 shall be accredited in accordance with that paragraph only where they have:

(a) demonstrated their independence and expertise in relation to the subject-matter of the certification to the satisfaction of the competent supervisory authority;

(b) undertaken to respect the criteria referred to in Article 42(5) and approved by the supervisory authority which is competent pursuant to Article 55 or 56 or by the Board pursuant to Article 63;

(c) established procedures for the issuing, periodic review and withdrawal of data protection certification, seals and marks;

(d) established procedures and structures to handle complaints about infringements of the certification or the manner in which the certification has been, or is being, implemented by the controller or processor, and to make those procedures and structures transparent to data subjects and the public; and

(e) demonstrated, to the satisfaction of the competent supervisory authority, that their tasks and duties do not result in a conflict of interests.

---

1. Regulation (EC) No 765/2008 of the European Parliament and of the Council of 9 July 2008 setting out the requirements for accreditation and market surveillance relating to the marketing of products and repealing Regulation (EEC) No 339/93 (OJ L 218, 13.8.2008, p. 30).

a) der gemäß Artikel 55 oder 56 zuständigen Aufsichtsbehörde;

b) der nationalen Akkreditierungsstelle, die gemäß der Verordnung (EG) Nr. 765/2008 des Europäischen Parlaments und des Rates[1] im Einklang mit EN-ISO/IEC 17065/2012 und mit den zusätzlichen von der gemäß Artikel 55 oder 56 zuständigen Aufsichtsbehörde festgelegten Anforderungen benannt wurde.

(2) Zertifizierungsstellen nach Absatz 1 dürfen nur dann gemäß dem genannten Absatz akkreditiert werden, wenn sie

a) ihre Unabhängigkeit und ihr Fachwissen hinsichtlich des Gegenstands der Zertifizierung zur Zufriedenheit der zuständigen Aufsichtsbehörde nachgewiesen haben;

b) sich verpflichtet haben, die Kriterien nach Artikel 42 Absatz 5, die von der gemäß Artikel 55 oder 56 zuständigen Aufsichtsbehörde oder – gemäß Artikel 63 – von dem Ausschuss genehmigt wurden, einzuhalten;

c) Verfahren für die Erteilung, die regelmäßige Überprüfung und den Widerruf der Datenschutzzertifizierung sowie der Datenschutzsiegel und -prüfzeichen festgelegt haben;

d) Verfahren und Strukturen festgelegt haben, mit denen sie Beschwerden über Verletzungen der Zertifizierung oder die Art und Weise, in der die Zertifizierung von dem Verantwortlichen oder dem Auftragsverarbeiter umgesetzt wird oder wurde, nachgehen und diese Verfahren und Strukturen für betroffene Personen und die Öffentlichkeit transparent machen, und

e) zur Zufriedenheit der zuständigen Aufsichtsbehörde nachgewiesen haben, dass ihre Aufgaben und Pflichten nicht zu einem Interessenkonflikt führen.

---

1. Verordnung (EG) Nr. 765/2008 des Europäischen Parlaments und des Rates vom 9. Juli 2008 über die Vorschriften für die Akkreditierung und Marktüberwachung im Zusammenhang mit der Vermarktung von Produkten und zur Aufhebung der Verordnung (EWG) Nr. 339/93 des Rates (ABl. L 218 vom 13.8.2008, S. 30).

GDPR	DS-GVO

3. The accreditation of certification bodies as referred to in paragraphs 1 and 2 of this Article shall take place on the basis of criteria approved by the supervisory authority which is competent pursuant to Article 55 or 56 or by the Board pursuant to Article 63. In the case of accreditation pursuant to point (b) of paragraph 1 of this Article, those requirements shall complement those envisaged in Regulation (EC) No 765/2008 and the technical rules that describe the methods and procedures of the certification bodies.

4. The certification bodies referred to in paragraph 1 shall be responsible for the proper assessment leading to the certification or the withdrawal of such certification without prejudice to the responsibility of the controller or processor for compliance with this Regulation. The accreditation shall be issued for a maximum period of five years and may be renewed on the same conditions provided that the certification body meets the requirements set out in this Article.

5. The certification bodies referred to in paragraph 1 shall provide the competent supervisory authorities with the reasons for granting or withdrawing the requested certification.

6. The requirements referred to in paragraph 3 of this Article and the criteria referred to in Article 42(5) shall be made public by the supervisory authority in an easily accessible form. The supervisory authorities shall also transmit those requirements and criteria to the Board. The Board shall collate all certification mechanisms and data protection seals in a register and shall make them publicly available by any appropriate means.

7. Without prejudice to Chapter VIII, the competent supervisory authority or the national accreditation body shall revoke an accreditation of a certification body pursuant to paragraph 1 of this Article where the conditions for the accreditation are not, or are no longer, met or where actions taken by a certification body infringe this Regulation.

8. The Commission shall be empowered to adopt delegated acts in accordance with Article 92 for the

(3) Die Akkreditierung von Zertifizierungsstellen nach den Absätzen 1 und 2 erfolgt anhand der Kriterien, die von der gemäß Artikel 55 oder 56 zuständigen Aufsichtsbehörde oder – gemäß Artikel 63 – von dem Ausschuss genehmigt wurden. Im Fall einer Akkreditierung nach Absatz 1 Buchstabe b des vorliegenden Artikels ergänzen diese Anforderungen diejenigen, die in der Verordnung (EG) Nr. 765/2008 und in den technischen Vorschriften, in denen die Methoden und Verfahren der Zertifizierungsstellen beschrieben werden, vorgesehen sind.

(4) Die Zertifizierungsstellen nach Absatz 1 sind unbeschadet der Verantwortung, die der Verantwortliche oder der Auftragsverarbeiter für die Einhaltung dieser Verordnung hat, für die angemessene Bewertung, die der Zertifizierung oder dem Widerruf einer Zertifizierung zugrunde liegt, verantwortlich. Die Akkreditierung wird für eine Höchstdauer von fünf Jahren erteilt und kann unter denselben Bedingungen verlängert werden, sofern die Zertifizierungsstelle die Anforderungen dieses Artikels erfüllt.

(5) Die Zertifizierungsstellen nach Absatz 1 teilen den zuständigen Aufsichtsbehörden die Gründe für die Erteilung oder den Widerruf der beantragten Zertifizierung mit.

(6) Die Anforderungen nach Absatz 3 des vorliegenden Artikels und die Kriterien nach Artikel 42 Absatz 5 werden von der Aufsichtsbehörde in leicht zugänglicher Form veröffentlicht. Die Aufsichtsbehörden übermitteln diese Anforderungen und Kriterien auch dem Ausschuss. Der Ausschuss nimmt alle Zertifizierungsverfahren und Datenschutzsiegel in ein Register auf und veröffentlicht sie in geeigneter Weise.

(7) Unbeschadet des Kapitels VIII widerruft die zuständige Aufsichtsbehörde oder die nationale Akkreditierungsstelle die Akkreditierung einer Zertifizierungsstelle nach Absatz 1, wenn die Voraussetzungen für die Akkreditierung nicht oder nicht mehr erfüllt sind oder wenn eine Zertifizierungsstelle Maßnahmen ergreift, die nicht mit dieser Verordnung vereinbar sind.

(8) Der Kommission wird die Befugnis übertragen, gemäß Artikel 92 delegierte Rechtsakte zu erlassen,

GDPR	DS-GVO

purpose of specifying the requirements to be taken into account for the data protection certification mechanisms referred to in Article 42(1).

9. The Commission may adopt implementing acts laying down technical standards for certification mechanisms and data protection seals and marks, and mechanisms to promote and recognise those certification mechanisms, seals and marks. Those implementing acts shall be adopted in accordance with the examination procedure referred to in Article 93(2).

um die Anforderungen festzulegen, die für die in Artikel 42 Absatz 1 genannten datenschutzspezifischen Zertifizierungsverfahren zu berücksichtigen sind.

(9) Die Kommission kann Durchführungsrechtsakte erlassen, mit denen technische Standards für Zertifizierungsverfahren und Datenschutzsiegel und -prüfzeichen sowie Mechanismen zur Förderung und Anerkennung dieser Zertifizierungsverfahren und Datenschutzsiegel und -prüfzeichen festgelegt werden. Diese Durchführungsrechtsakte werden gemäß dem in Artikel 93 Absatz 2 genannten Prüfverfahren erlassen.

Chapter V
Transfers of personal data to third countries or international organisations

Kapitel V
Übermittlungen personenbezogener Daten an Drittländer oder an internationale Organisationen
[Erwägungsgründe 101 – 116]

Article 44
General principle for transfers

Artikel 44
Allgemeine Grundsätze der Datenübermittlung

Any transfer of personal data which are undergoing processing or are intended for processing after transfer to a third country or to an international organisation shall take place only if, subject to the other provisions of this Regulation, the conditions laid down in this Chapter are complied with by the controller and processor, including for onward transfers of personal data from the third country or an international organisation to another third country or to another international organisation. All provisions in this Chapter shall be applied in order to ensure that the level of protection of natural persons guaranteed by this Regulation is not undermined.

Jedwede Übermittlung personenbezogener Daten, die bereits verarbeitet werden oder nach ihrer Übermittlung an ein Drittland oder eine internationale Organisation verarbeitet werden sollen, ist nur zulässig, wenn der Verantwortliche und der Auftragsverarbeiter die in diesem Kapitel niedergelegten Bedingungen einhalten und auch die sonstigen Bestimmungen dieser Verordnung eingehalten werden; dies gilt auch für die etwaige Weiterübermittlung personenbezogener Daten durch das betreffende Drittland oder die betreffende internationale Organisation an ein anderes Drittland oder eine andere internationale Organisation. Alle Bestimmungen dieses Kapitels sind anzuwenden, um sicherzustellen, dass das durch diese Verordnung gewährleistete Schutzniveau für natürliche Personen nicht untergraben wird.

Article 45
Transfers on the basis of an adequacy decision

Artikel 45
Datenübermittlung auf der Grundlage eines Angemessenheitsbeschlusses
[Erwägungsgründe 101 – 107]

1. A transfer of personal data to a third country or an international organisation may take place where

(1) Eine Übermittlung personenbezogener Daten an ein Drittland oder eine internationale Organisation

GDPR	DS-GVO

the Commission has decided that the third country, a territory or one or more specified sectors within that third country, or the international organisation in question ensures an adequate level of protection. Such a transfer shall not require any specific authorisation.

2. When assessing the adequacy of the level of protection, the Commission shall, in particular, take account of the following elements:
   (a) the rule of law, respect for human rights and fundamental freedoms, relevant legislation, both general and sectoral, including concerning public security, defence, national security and criminal law and the access of public authorities to personal data, as well as the implementation of such legislation, data protection rules, professional rules and security measures, including rules for the onward transfer of personal data to another third country or international organisation which are complied with in that country or international organisation, case-law, as well as effective and enforceable data subject rights and effective administrative and judicial redress for the data subjects whose personal data are being transferred;

   (b) the existence and effective functioning of one or more independent supervisory authorities in the third country or to which an international organisation is subject, with responsibility for ensuring and enforcing compliance with the data protection rules, including adequate enforcement powers, for assisting and advising the data subjects in exercising their rights and for cooperation with the supervisory authorities of the Member States; and

   (c) the international commitments the third country or international organisation concerned has entered into, or other obligations

darf vorgenommen werden, wenn die Kommission beschlossen hat, dass das betreffende Drittland, ein Gebiet oder ein oder mehrere spezifische Sektoren in diesem Drittland oder die betreffende internationale Organisation ein angemessenes Schutzniveau bietet. Eine solche Datenübermittlung bedarf keiner besonderen Genehmigung.

(2) Bei der Prüfung der Angemessenheit des gebotenen Schutzniveaus berücksichtigt die Kommission insbesondere das Folgende:
   a) die Rechtsstaatlichkeit, die Achtung der Menschenrechte und Grundfreiheiten, die in dem betreffenden Land bzw. bei der betreffenden internationalen Organisation geltenden einschlägigen Rechtsvorschriften sowohl allgemeiner als auch sektoraler Art – auch in Bezug auf öffentliche Sicherheit, Verteidigung, nationale Sicherheit und Strafrecht sowie Zugang der Behörden zu personenbezogenen Daten – sowie die Anwendung dieser Rechtsvorschriften, Datenschutzvorschriften, Berufsregeln und Sicherheitsvorschriften einschließlich der Vorschriften für die Weiterübermittlung personenbezogener Daten an ein anderes Drittland bzw. eine andere internationale Organisation, die Rechtsprechung sowie wirksame und durchsetzbare Rechte der betroffenen Person und wirksame verwaltungsrechtliche und gerichtliche Rechtsbehelfe für betroffene Personen, deren personenbezogene Daten übermittelt werden,

   b) die Existenz und die wirksame Funktionsweise einer oder mehrerer unabhängiger Aufsichtsbehörden in dem betreffenden Drittland oder denen eine internationale Organisation untersteht und die für die Einhaltung und Durchsetzung der Datenschutzvorschriften, einschließlich angemessener Durchsetzungsbefugnisse, für die Unterstützung und Beratung der betroffenen Personen bei der Ausübung ihrer Rechte und für die Zusammenarbeit mit den Aufsichtsbehörden der Mitgliedstaaten zuständig sind, und

   c) die von dem betreffenden Drittland bzw. der betreffenden internationalen Organisation eingegangenen internationalen Verpflichtun-

|

arising from legally binding conventions or instruments as well as from its participation in multilateral or regional systems, in particular in relation to the protection of personal data.

gen oder andere Verpflichtungen, die sich aus rechtsverbindlichen Übereinkünften oder Instrumenten sowie aus der Teilnahme des Drittlands oder der internationalen Organisation an multilateralen oder regionalen Systemen insbesondere in Bezug auf den Schutz personenbezogener Daten ergeben.

3. The Commission, after assessing the adequacy of the level of protection, may decide, by means of implementing act, that a third country, a territory or one or more specified sectors within a third country, or an international organisation ensures an adequate level of protection within the meaning of paragraph 2 of this Article. The implementing act shall provide for a mechanism for a periodic review, at least every four years, which shall take into account all relevant developments in the third country or international organisation. The implementing act shall specify its territorial and sectoral application and, where applicable, identify the supervisory authority or authorities referred to in point (b) of paragraph 2 of this Article. The implementing act shall be adopted in accordance with the examination procedure referred to in Article 93(2).

(3) Nach der Beurteilung der Angemessenheit des Schutzniveaus kann die Kommission im Wege eines Durchführungsrechtsaktes beschließen, dass ein Drittland, ein Gebiet oder ein oder mehrere spezifische Sektoren in einem Drittland oder eine internationale Organisation ein angemessenes Schutzniveau im Sinne des Absatzes 2 des vorliegenden Artikels bieten. In dem Durchführungsrechtsakt ist ein Mechanismus für eine regelmäßige Überprüfung, die mindestens alle vier Jahre erfolgt, vorzusehen, bei der allen maßgeblichen Entwicklungen in dem Drittland oder bei der internationalen Organisation Rechnung getragen wird. Im Durchführungsrechtsakt werden der territoriale und der sektorale Anwendungsbereich sowie gegebenenfalls die in Absatz 2 Buchstabe b des vorliegenden Artikels genannte Aufsichtsbehörde bzw. genannten Aufsichtsbehörden angegeben. Der Durchführungsrechtsakt wird gemäß dem in Artikel 93 Absatz 2 genannten Prüfverfahren erlassen.

4. The Commission shall, on an ongoing basis, monitor developments in third countries and international organisations that could affect the functioning of decisions adopted pursuant to paragraph 3 of this Article and decisions adopted on the basis of Article 25(6) of Directive 95/46/EC.

(4) Die Kommission überwacht fortlaufend die Entwicklungen in Drittländern und bei internationalen Organisationen, die die Wirkungsweise der nach Absatz 3 des vorliegenden Artikels erlassenen Beschlüsse und der nach Artikel 25 Absatz 6 der Richtlinie 95/46/EG erlassenen Feststellungen beeinträchtigen könnten.

5. The Commission shall, where available information reveals, in particular following the review referred to in paragraph 3 of this Article, that a third country, a territory or one or more specified sectors within a third country, or an international organisation no longer ensures an adequate level of protection within the meaning of paragraph 2 of this Article, to the extent necessary, repeal, amend or suspend the decision referred to in paragraph 3 of this Article by means of implementing acts without retro-active effect. Those implementing acts

(5) Die Kommission widerruft, ändert oder setzt die in Absatz 3 des vorliegenden Artikels genannten Beschlüsse im Wege von Durchführungsrechtsakten aus, soweit dies nötig ist und ohne rückwirkende Kraft, soweit entsprechende Informationen – insbesondere im Anschluss an die in Absatz 3 des vorliegenden Artikels genannte Überprüfung – dahingehend vorliegen, dass ein Drittland, ein Gebiet oder ein oder mehrere spezifischer Sektor in einem Drittland oder eine internationale Organisation kein angemessenes Schutzniveau im Sinne

GDPR	DS-GVO

shall be adopted in accordance with the examination procedure referred to in Article 93(2).

On duly justified imperative grounds of urgency, the Commission shall adopt immediately applicable implementing acts in accordance with the procedure referred to in Article 93(3).

6. The Commission shall enter into consultations with the third country or international organisation with a view to remedying the situation giving rise to the decision made pursuant to paragraph 5.

7. A decision pursuant to paragraph 5 of this Article is without prejudice to transfers of personal data to the third country, a territory or one or more specified sectors within that third country, or the international organisation in question pursuant to Articles 46 to 49.

8. The Commission shall publish in the *Official Journal of the European Union* and on its website a list of the third countries, territories and specified sectors within a third country and international organisations for which it has decided that an adequate level of protection is or is no longer ensured.

9. Decisions adopted by the Commission on the basis of Article 25(6) of Directive 95/46/EC shall remain in force until amended, replaced or repealed by a Commission Decision adopted in accordance with paragraph 3 or 5 of this Article.

des Absatzes 2 des vorliegenden Artikels mehr gewährleistet. Diese Durchführungsrechtsakte werden gemäß dem Prüfverfahren nach Artikel 93 Absatz 2 erlassen.

In hinreichend begründeten Fällen äußerster Dringlichkeit erlässt die Kommission gemäß dem in Artikel 93 Absatz 3 genannten Verfahren sofort geltende Durchführungsrechtsakte.

(6) Die Kommission nimmt Beratungen mit dem betreffenden Drittland bzw. der betreffenden internationalen Organisation auf, um Abhilfe für die Situation zu schaffen, die zu dem gemäß Absatz 5 erlassenen Beschluss geführt hat.

(7) Übermittlungen personenbezogener Daten an das betreffende Drittland, das Gebiet oder einen oder mehrere spezifische Sektoren in diesem Drittland oder an die betreffende internationale Organisation gemäß den Artikeln 46 bis 49 werden durch einen Beschluss nach Absatz 5 des vorliegenden Artikels nicht berührt.

(8) Die Kommission veröffentlicht im Amtsblatt der Europäischen Union und auf ihrer Website eine Liste aller Drittländer beziehungsweise Gebiete und spezifischen Sektoren in einem Drittland und aller internationalen Organisationen, für die sie durch Beschluss festgestellt hat, dass sie ein angemessenes Schutzniveau gewährleisten bzw. nicht mehr gewährleisten.

(9) Von der Kommission auf der Grundlage von Artikel 25 Absatz 6 der Richtlinie 95/46/EG erlassene Feststellungen bleiben so lange in Kraft, bis sie durch einen nach dem Prüfverfahren gemäß den Absätzen 3 oder 5 des vorliegenden Artikels erlassenen Beschluss der Kommission geändert, ersetzt oder aufgehoben werden.

Article 46
Transfers subject to appropriate safeguards

1. In the absence of a decision pursuant to Article 45(3), a controller or processor may transfer personal data to a third country or an international organisation only if the controller or processor has provided appropriate safeguards, and on condition

Artikel 46
Datenübermittlung vorbehaltlich geeigneter Garantien
[Erwägungsgründe 108, 109]

(1) Falls kein Beschluss nach Artikel 45 Absatz 3 vorliegt, darf ein Verantwortlicher oder ein Auftragsverarbeiter personenbezogene Daten an ein Drittland oder eine internationale Organisation nur übermitteln, sofern der Verantwortliche oder der Auftragsverarbeiter geeignete Garantien vor-

GDPR	DS-GVO

that enforceable data subject rights and effective legal remedies for data subjects are available.

2. The appropriate safeguards referred to in paragraph 1 may be provided for, without requiring any specific authorisation from a supervisory authority, by:

(a) a legally binding and enforceable instrument between public authorities or bodies;

(b) binding corporate rules in accordance with Article 47;

(c) standard data protection clauses adopted by the Commission in accordance with the examination procedure referred to in Article 93(2);

(d) standard data protection clauses adopted by a supervisory authority and approved by the Commission pursuant to the examination procedure referred to in Article 93(2);

(e) an approved code of conduct pursuant to Article 40 together with binding and enforceable commitments of the controller or processor in the third country to apply the appropriate safeguards, including as regards data subjects' rights; or

(f) an approved certification mechanism pursuant to Article 42 together with binding and enforceable commitments of the controller or processor in the third country to apply the appropriate safeguards, including as regards data subjects' rights.

3. Subject to the authorisation from the competent supervisory authority, the appropriate safeguards referred to in paragraph 1 may also be provided for, in particular, by:

(a) contractual clauses between the controller or processor and the controller, processor or the recipient of the personal data in the third country or international organisation; or

---

gesehen hat und sofern den betroffenen Personen durchsetzbare Rechte und wirksame Rechtsbehelfe zur Verfügung stehen.

(2) Die in Absatz 1 genannten geeigneten Garantien können, ohne dass hierzu eine besondere Genehmigung einer Aufsichtsbehörde erforderlich wäre, bestehen in

a) einem rechtlich bindenden und durchsetzbaren Dokument zwischen den Behörden oder öffentlichen Stellen,

b) verbindlichen internen Datenschutzvorschriften gemäß Artikel 47,

c) Standarddatenschutzklauseln, die von der Kommission gemäß dem Prüfverfahren nach Artikel 93 Absatz 2 erlassen werden,

d) von einer Aufsichtsbehörde angenommenen Standarddatenschutzklauseln, die von der Kommission gemäß dem Prüfverfahren nach Artikel 93 Absatz 2 genehmigt wurden,

e) genehmigten Verhaltensregeln gemäß Artikel 40 zusammen mit rechtsverbindlichen und durchsetzbaren Verpflichtungen des Verantwortlichen oder des Auftragsverarbeiters in dem Drittland zur Anwendung der geeigneten Garantien, einschließlich in Bezug auf die Rechte der betroffenen Personen, oder

f) einem genehmigten Zertifizierungsmechanismus gemäß Artikel 42 zusammen mit rechtsverbindlichen und durchsetzbaren Verpflichtungen des Verantwortlichen oder des Auftragsverarbeiters in dem Drittland zur Anwendung der geeigneten Garantien, einschließlich in Bezug auf die Rechte der betroffenen Personen.

(3) Vorbehaltlich der Genehmigung durch die zuständige Aufsichtsbehörde können die geeigneten Garantien gemäß Absatz 1 auch insbesondere bestehen in

a) Vertragsklauseln, die zwischen dem Verantwortlichen oder dem Auftragsverarbeiter und dem Verantwortlichen, dem Auftragsverarbeiter oder dem Empfänger der personenbezogenen Daten im Drittland oder der internationalen Organisation vereinbart wurden, oder

GDPR	DS-GVO

(b) provisions to be inserted into administrative arrangements between public authorities or bodies which include enforceable and effective data subject rights.

4. The supervisory authority shall apply the consistency mechanism referred to in Article 63 in the cases referred to in paragraph 3 of this Article.

5. Authorisations by a Member State or supervisory authority on the basis of Article 26(2) of Directive 95/46/EC shall remain valid until amended, replaced or repealed, if necessary, by that supervisory authority. Decisions adopted by the Commission on the basis of Article 26(4) of Directive 95/46/EC shall remain in force until amended, replaced or repealed, if necessary, by a Commission Decision adopted in accordance with paragraph 2 of this Article.

b) Bestimmungen, die in Verwaltungsvereinbarungen zwischen Behörden oder öffentlichen Stellen aufzunehmen sind und durchsetzbare und wirksame Rechte für die betroffenen Personen einschließen.

(4) Die Aufsichtsbehörde wendet das Kohärenzverfahren nach Artikel 63 an, wenn ein Fall gemäß Absatz 3 des vorliegenden Artikels vorliegt.

(5) Von einem Mitgliedstaat oder einer Aufsichtsbehörde auf der Grundlage von Artikel 26 Absatz 2 der Richtlinie 95/46/EG erteilte Genehmigungen bleiben so lange gültig, bis sie erforderlichenfalls von dieser Aufsichtsbehörde geändert, ersetzt oder aufgehoben werden. Von der Kommission auf der Grundlage von Artikel 26 Absatz 4 der Richtlinie 95/46/EG erlassene Feststellungen bleiben so lange in Kraft, bis sie erforderlichenfalls mit einem nach Absatz 2 des vorliegenden Artikels erlassenen Beschluss der Kommission geändert, ersetzt oder aufgehoben werden.

Article 47
Binding corporate rules

1. The competent supervisory authority shall approve binding corporate rules in accordance with the consistency mechanism set out in Article 63, provided that they:

(a) are legally binding and apply to and are enforced by every member concerned of the group of undertakings, or group of enterprises engaged in a joint economic activity, including their employees;

(b) expressly confer enforceable rights on data subjects with regard to the processing of their personal data; and

(c) fulfil the requirements laid down in paragraph 2.

2. The binding corporate rules referred to in paragraph 1 shall specify at least:

(a) the structure and contact details of the group of undertakings, or group of enterprises en-

Artikel 47
Verbindliche interne Datenschutzvorschriften
[Erwägungsgrund 110]

(1) Die zuständige Aufsichtsbehörde genehmigt gemäß dem Kohärenzverfahren nach Artikel 63 verbindliche interne Datenschutzvorschriften, sofern diese

a) rechtlich bindend sind, für alle betreffenden Mitglieder der Unternehmensgruppe oder einer Gruppe von Unternehmen, die eine gemeinsame Wirtschaftstätigkeit ausüben, gelten und von diesen Mitgliedern durchgesetzt werden, und dies auch für ihre Beschäftigten gilt,

b) den betroffenen Personen ausdrücklich durchsetzbare Rechte in Bezug auf die Verarbeitung ihrer personenbezogenen Daten übertragen und

c) die in Absatz 2 festgelegten Anforderungen erfüllen.

(2) Die verbindlichen internen Datenschutzvorschriften nach Absatz 1 enthalten mindestens folgende Angaben:

a) Struktur und Kontaktdaten der Unternehmensgruppe oder Gruppe von Unternehmen,

GDPR	DS-GVO
gaged in a joint economic activity and of each of its members;	die eine gemeinsame Wirtschaftstätigkeit ausüben, und jedes ihrer Mitglieder;
(b) the data transfers or set of transfers, including the categories of personal data, the type of processing and its purposes, the type of data subjects affected and the identification of the third country or countries in question;	b) die betreffenden Datenübermittlungen oder Reihen von Datenübermittlungen einschließlich der betreffenden Arten personenbezogener Daten, Art und Zweck der Datenverarbeitung, Art der betroffenen Personen und das betreffende Drittland beziehungsweise die betreffenden Drittländer;
(c) their legally binding nature, both internally and externally;	c) interne und externe Rechtsverbindlichkeit der betreffenden internen Datenschutzvorschriften;
(d) the application of the general data protection principles, in particular purpose limitation, data minimisation, limited storage periods, data quality, data protection by design and by default, legal basis for processing, processing of special categories of personal data, measures to ensure data security, and the requirements in respect of onward transfers to bodies not bound by the binding corporate rules;	d) die Anwendung der allgemeinen Datenschutzgrundsätze, insbesondere Zweckbindung, Datenminimierung, begrenzte Speicherfristen, Datenqualität, Datenschutz durch Technikgestaltung und durch datenschutzfreundliche Voreinstellungen, Rechtsgrundlage für die Verarbeitung, Verarbeitung besonderer Kategorien von personenbezogenen Daten, Maßnahmen zur Sicherstellung der Datensicherheit und Anforderungen für die Weiterübermittlung an nicht an diese internen Datenschutzvorschriften gebundene Stellen;
(e) the rights of data subjects in regard to processing and the means to exercise those rights, including the right not to be subject to decisions based solely on automated processing, including profiling in accordance with Article 22, the right to lodge a complaint with the competent supervisory authority and before the competent courts of the Member States in accordance with Article 79, and to obtain redress and, where appropriate, compensation for a breach of the binding corporate rules;	e) die Rechte der betroffenen Personen in Bezug auf die Verarbeitung und die diesen offenstehenden Mittel zur Wahrnehmung dieser Rechte einschließlich des Rechts, nicht einer ausschließlich auf einer automatisierten Verarbeitung – einschließlich Profiling – beruhenden Entscheidung nach Artikel 22 unterworfen zu werden sowie des in Artikel 79 niedergelegten Rechts auf Beschwerde bei der zuständigen Aufsichtsbehörde beziehungsweise auf Einlegung eines Rechtsbehelfs bei den zuständigen Gerichten der Mitgliedstaaten und im Falle einer Verletzung der verbindlichen internen Datenschutzvorschriften Wiedergutmachung und gegebenenfalls Schadenersatz zu erhalten;
(f) the acceptance by the controller or processor established on the territory of a Member State of liability for any breaches of the binding corporate rules by any member concerned not established in the Union; the controller or the	f) die von dem in einem Mitgliedstaat niedergelassenen Verantwortlichen oder Auftragsverarbeiter übernommene Haftung für etwaige Verstöße eines nicht in der Union niedergelassenen betreffenden Mitglieds der

processor shall be exempt from that liability, in whole or in part, only if it proves that that member is not responsible for the event giving rise to the damage;

(g) how the information on the binding corporate rules, in particular on the provisions referred to in points (d), (e) and (f) of this paragraph is provided to the data subjects in addition to Articles 13 and 14;

(h) the tasks of any data protection officer designated in accordance with Article 37 or any other person or entity in charge of the monitoring compliance with the binding corporate rules within the group of undertakings, or group of enterprises engaged in a joint economic activity, as well as monitoring training and complaint-handling;

(i) the complaint procedures;

(j) the mechanisms within the group of undertakings, or group of enterprises engaged in a joint economic activity for ensuring the verification of compliance with the binding corporate rules. Such mechanisms shall include data protection audits and methods for ensuring corrective actions to protect the rights of the data subject. Results of such verification should be communicated to the person or entity referred to in point (h) and to the board of the controlling undertaking of a group of undertakings, or of the group of enterprises engaged in a joint economic activity, and should be available upon request to the competent supervisory authority;

Unternehmensgruppe gegen die verbindlichen internen Datenschutzvorschriften; der Verantwortliche oder der Auftragsverarbeiter ist nur dann teilweise oder vollständig von dieser Haftung befreit, wenn er nachweist, dass der Umstand, durch den der Schaden eingetreten ist, dem betreffenden Mitglied nicht zur Last gelegt werden kann;

g) die Art und Weise, wie die betroffenen Personen über die Bestimmungen der Artikel 13 und 14 hinaus über die verbindlichen internen Datenschutzvorschriften und insbesondere über die unter den Buchstaben d, e und f dieses Absatzes genannten Aspekte informiert werden;

h) die Aufgaben jedes gemäß Artikel 37 benannten Datenschutzbeauftragten oder jeder anderen Person oder Einrichtung, die mit der Überwachung der Einhaltung der verbindlichen internen Datenschutzvorschriften in der Unternehmensgruppe oder Gruppe von Unternehmen, die eine gemeinsame Wirtschaftstätigkeit ausüben, sowie mit der Überwachung der Schulungsmaßnahmen und dem Umgang mit Beschwerden befasst ist;

i) die Beschwerdeverfahren;

j) die innerhalb der Unternehmensgruppe oder Gruppe von Unternehmen, die eine gemeinsame Wirtschaftstätigkeit ausüben, bestehenden Verfahren zur Überprüfung der Einhaltung der verbindlichen internen Datenschutzvorschriften. Derartige Verfahren beinhalten Datenschutzüberprüfungen und Verfahren zur Gewährleistung von Abhilfemaßnahmen zum Schutz der Rechte der betroffenen Person. Die Ergebnisse derartiger Überprüfungen sollten der in Buchstabe h genannten Person oder Einrichtung sowie dem Verwaltungsrat des herrschenden Unternehmens einer Unternehmensgruppe oder der Gruppe von Unternehmen, die eine gemeinsame Wirtschaftstätigkeit ausüben, mitgeteilt werden und sollten der zuständigen Aufsichtsbehörde auf Anfrage zur Verfügung gestellt werden;

GDPR	DS-GVO

(k) the mechanisms for reporting and recording changes to the rules and reporting those changes to the supervisory authority;

(l) the cooperation mechanism with the supervisory authority to ensure compliance by any member of the group of undertakings, or group of enterprises engaged in a joint economic activity, in particular by making available to the supervisory authority the results of verifications of the measures referred to in point (j);

(m) the mechanisms for reporting to the competent supervisory authority any legal requirements to which a member of the group of undertakings, or group of enterprises engaged in a joint economic activity is subject in a third country which are likely to have a substantial adverse effect on the guarantees provided by the binding corporate rules; and

(n) the appropriate data protection training to personnel having permanent or regular access to personal data.

3. The Commission may specify the format and procedures for the exchange of information between controllers, processors and supervisory authorities for binding corporate rules within the meaning of this Article. Those implementing acts shall be adopted in accordance with the examination procedure set out in Article 93(2).

Article 48
Transfers or disclosures not authorised by Union law

Any judgment of a court or tribunal and any decision of an administrative authority of a third country requiring a controller or processor to transfer or disclose personal data may only be recognised or enforceable in any manner if based on an international agreement, such as a mutual legal assistance treaty, in force between the requesting third country and the Union or a Mem-

---

k) die Verfahren für die Meldung und Erfassung von Änderungen der Vorschriften und ihre Meldung an die Aufsichtsbehörde;

l) die Verfahren für die Zusammenarbeit mit der Aufsichtsbehörde, die die Befolgung der Vorschriften durch sämtliche Mitglieder der Unternehmensgruppe oder Gruppe von Unternehmen, die eine gemeinsame Wirtschaftstätigkeit ausüben, gewährleisten, insbesondere durch Offenlegung der Ergebnisse von Überprüfungen der unter Buchstabe j genannten Maßnahmen gegenüber der Aufsichtsbehörde;

m) die Meldeverfahren zur Unterrichtung der zuständigen Aufsichtsbehörde über jegliche für ein Mitglied der Unternehmensgruppe oder Gruppe von Unternehmen, die eine gemeinsame Wirtschaftstätigkeit ausüben, in einem Drittland geltenden rechtlichen Bestimmungen, die sich nachteilig auf die Garantien auswirken könnten, die die verbindlichen internen Datenschutzvorschriften bieten, und

n) geeignete Datenschutzschulungen für Personal mit ständigem oder regelmäßigem Zugang zu personenbezogenen Daten.

(3) Die Kommission kann das Format und die Verfahren für den Informationsaustausch über verbindliche interne Datenschutzvorschriften im Sinne des vorliegenden Artikels zwischen Verantwortlichen, Auftragsverarbeitern und Aufsichtsbehörden festlegen. Diese Durchführungsrechtsakte werden gemäß dem Prüfverfahren nach Artikel 93 Absatz 2 erlassen.

Artikel 48
Nach dem Unionsrecht nicht zulässige Übermittlung oder Offenlegung
[Erwägungsgrund 115]

Jegliches Urteil eines Gerichts eines Drittlands und jegliche Entscheidung einer Verwaltungsbehörde eines Drittlands, mit denen von einem Verantwortlichen oder einem Auftragsverarbeiter die Übermittlung oder Offenlegung personenbezogener Daten verlangt wird, dürfen unbeschadet anderer Gründe für die Übermittlung gemäß diesem Kapitel jedenfalls nur dann anerkannt oder vollstreckbar werden, wenn sie auf eine in

GDPR	DS-GVO

ber State, without prejudice to other grounds for transfer pursuant to this Chapter.

Kraft befindliche internationale Übereinkunft wie etwa ein Rechtshilfeabkommen zwischen dem ersuchenden Drittland und der Union oder einem Mitgliedstaat gestützt sind.

Article 49
Derogations for specific situations

Artikel 49
Ausnahmen für bestimmte Fälle
[Erwägungsgründe 111 – 114]

1. In the absence of an adequacy decision pursuant to Article 45(3), or of appropriate safeguards pursuant to Article 46, including binding corporate rules, a transfer or a set of transfers of personal data to a third country or an international organisation shall take place only on one of the following conditions:

(1) Falls weder ein Angemessenheitsbeschluss nach Artikel 45 Absatz 3 vorliegt noch geeignete Garantien nach Artikel 46, einschließlich verbindlicher interner Datenschutzvorschriften, bestehen, ist eine Übermittlung oder eine Reihe von Übermittlungen personenbezogener Daten an ein Drittland oder an eine internationale Organisation nur unter einer der folgenden Bedingungen zulässig:

(a) the data subject has explicitly consented to the proposed transfer, after having been informed of the possible risks of such transfers for the data subject due to the absence of an adequacy decision and appropriate safeguards;

a) die betroffene Person hat in die vorgeschlagene Datenübermittlung ausdrücklich eingewilligt, nachdem sie über die für sie bestehenden möglichen Risiken derartiger Datenübermittlungen ohne Vorliegen eines Angemessenheitsbeschlusses und ohne geeignete Garantien unterrichtet wurde,

(b) the transfer is necessary for the performance of a contract between the data subject and the controller or the implementation of precontractual measures taken at the data subject's request;

b) die Übermittlung ist für die Erfüllung eines Vertrags zwischen der betroffenen Person und dem Verantwortlichen oder zur Durchführung von vorvertraglichen Maßnahmen auf Antrag der betroffenen Person erforderlich,

(c) the transfer is necessary for the conclusion or performance of a contract concluded in the interest of the data subject between the controller and another natural or legal person;

c) die Übermittlung ist zum Abschluss oder zur Erfüllung eines im Interesse der betroffenen Person von dem Verantwortlichen mit einer anderen natürlichen oder juristischen Person geschlossenen Vertrags erforderlich,

(d) the transfer is necessary for important reasons of public interest;

d) die Übermittlung ist aus wichtigen Gründen des öffentlichen Interesses notwendig,

(e) the transfer is necessary for the establishment, exercise or defence of legal claims;

e) die Übermittlung ist zur Geltendmachung, Ausübung oder Verteidigung von Rechtsansprüchen erforderlich,

(f) the transfer is necessary in order to protect the vital interests of the data subject or of other persons, where the data subject is physically or legally incapable of giving consent;

f) die Übermittlung ist zum Schutz lebenswichtiger Interessen der betroffenen Person oder anderer Personen erforderlich, sofern die betroffene Person aus physischen oder rechtlichen Gründen außerstande ist, ihre Einwilligung zu geben,

(g) the transfer is made from a register which according to Union or Member State law is intended to provide information to the public

g) die Übermittlung erfolgt aus einem Register, das gemäß dem Recht der Union oder der Mitgliedstaaten zur Information der Öffentlich-

|

and which is open to consultation either by the public in general or by any person who can demonstrate a legitimate interest, but only to the extent that the conditions laid down by Union or Member State law for consultation are fulfilled in the particular case.

Where a transfer could not be based on a provision in Article 45 or 46, including the provisions on binding corporate rules, and none of the derogations for a specific situation referred to in the first subparagraph of this paragraph is applicable, a transfer to a third country or an international organisation may take place only if the transfer is not repetitive, concerns only a limited number of data subjects, is necessary for the purposes of compelling legitimate interests pursued by the controller which are not overridden by the interests or rights and freedoms of the data subject, and the controller has assessed all the circumstances surrounding the data transfer and has on the basis of that assessment provided suitable safeguards with regard to the protection of personal data. The controller shall inform the supervisory authority of the transfer. The controller shall, in addition to providing the information referred to in Articles 13 and 14, inform the data subject of the transfer and on the compelling legitimate interests pursued.

2. A transfer pursuant to point (g) of the first subparagraph of paragraph 1 shall not involve the entirety of the personal data or entire categories of the personal data contained in the register. Where the register is intended for consultation by persons having a legitimate interest, the transfer shall be made only at the request of those persons or if they are to be the recipients.

3. Points (a), (b) and (c) of the first subparagraph of paragraph 1 and the second subparagraph thereof shall not apply to activities carried out by public authorities in the exercise of their public powers.

keit bestimmt ist und entweder der gesamten Öffentlichkeit oder allen Personen, die ein berechtigtes Interesse nachweisen können, zur Einsichtnahme offensteht, aber nur soweit die im Recht der Union oder der Mitgliedstaaten festgelegten Voraussetzungen für die Einsichtnahme im Einzelfall gegeben sind.

Falls die Übermittlung nicht auf eine Bestimmung der Artikel 45 oder 46 – einschließlich der verbindlichen internen Datenschutzvorschriften – gestützt werden könnte und keine der Ausnahmen für einen bestimmten Fall gemäß dem ersten Unterabsatz anwendbar ist, darf eine Übermittlung an ein Drittland oder eine internationale Organisation nur dann erfolgen, wenn die Übermittlung nicht wiederholt erfolgt, nur eine begrenzte Zahl von betroffenen Personen betrifft, für die Wahrung der zwingenden berechtigten Interessen des Verantwortlichen erforderlich ist, sofern die Interessen oder die Rechte und Freiheiten der betroffenen Person nicht überwiegen, und der Verantwortliche alle Umstände der Datenübermittlung beurteilt und auf der Grundlage dieser Beurteilung geeignete Garantien in Bezug auf den Schutz personenbezogener Daten vorgesehen hat. Der Verantwortliche setzt die Aufsichtsbehörde von der Übermittlung in Kenntnis. Der Verantwortliche unterrichtet die betroffene Person über die Übermittlung und seine zwingenden berechtigten Interessen; dies erfolgt zusätzlich zu den der betroffenen Person nach den Artikeln 13 und 14 mitgeteilten Informationen.

(2) Datenübermittlungen gemäß Absatz 1 Untersatz 1 Buchstabe g dürfen nicht die Gesamtheit oder ganze Kategorien der im Register enthaltenen personenbezogenen Daten umfassen. Wenn das Register der Einsichtnahme durch Personen mit berechtigtem Interesse dient, darf die Übermittlung nur auf Anfrage dieser Personen oder nur dann erfolgen, wenn diese Personen die Adressaten der Übermittlung sind.

(3) Absatz 1 Unterabsatz 1 Buchstaben a, b und c und sowie Absatz 1 Unterabsatz 2 gelten nicht für Tätigkeiten, die Behörden in Ausübung ihrer hoheitlichen Befugnisse durchführen.

GDPR	DS-GVO

4. The public interest referred to in point (d) of the first subparagraph of paragraph 1 shall be recognised in Union law or in the law of the Member State to which the controller is subject.

5. In the absence of an adequacy decision, Union or Member State law may, for important reasons of public interest, expressly set limits to the transfer of specific categories of personal data to a third country or an international organisation. Member States shall notify such provisions to the Commission.

6. The controller or processor shall document the assessment as well as the suitable safeguards referred to in the second subparagraph of paragraph 1 of this Article in the records referred to in Article 30.

(4) Das öffentliche Interesse im Sinne des Absatzes 1 Unterabsatz 1 Buchstabe d muss im Unionsrecht oder im Recht des Mitgliedstaats, dem der Verantwortliche unterliegt, anerkannt sein.

(5) Liegt kein Angemessenheitsbeschluss vor, so können im Unionsrecht oder im Recht der Mitgliedstaaten aus wichtigen Gründen des öffentlichen Interesses ausdrücklich Beschränkungen der Übermittlung bestimmter Kategorien von personenbezogenen Daten an Drittländer oder internationale Organisationen vorgesehen werden. Die Mitgliedstaaten teilen der Kommission derartige Bestimmungen mit.

(6) Der Verantwortliche oder der Auftragsverarbeiter erfasst die von ihm vorgenommene Beurteilung sowie die angemessenen Garantien im Sinne des Absatzes 1 Unterabsatz 2 des vorliegenden Artikels in der Dokumentation gemäß Artikel 30.

Article 50
International cooperation for the protection of personal data

In relation to third countries and international organisations, the Commission and supervisory authorities shall take appropriate steps to:

(a) develop international cooperation mechanisms to facilitate the effective enforcement of legislation for the protection of personal data;

(b) provide international mutual assistance in the enforcement of legislation for the protection of personal data, including through notification, complaint referral, investigative assistance and information exchange, subject to appropriate safeguards for the protection of personal data and other fundamental rights and freedoms;

(c) engage relevant stakeholders in discussion and activities aimed at furthering international cooperation in the enforcement of legislation for the protection of personal data;

Artikel 50
Internationale Zusammenarbeit zum Schutz personenbezogener Daten
[Erwägungsgrund 116]

In Bezug auf Drittländer und internationale Organisationen treffen die Kommission und die Aufsichtsbehörden geeignete Maßnahmen zur

a) Entwicklung von Mechanismen der internationalen Zusammenarbeit, durch die die wirksame Durchsetzung von Rechtsvorschriften zum Schutz personenbezogener Daten erleichtert wird,

b) gegenseitigen Leistung internationaler Amtshilfe bei der Durchsetzung von Rechtsvorschriften zum Schutz personenbezogener Daten, unter anderem durch Meldungen, Beschwerdeverweisungen, Amtshilfe bei Untersuchungen und Informationsaustausch, sofern geeignete Garantien für den Schutz personenbezogener Daten und anderer Grundrechte und Grundfreiheiten bestehen,

c) Einbindung maßgeblicher Interessenträger in Diskussionen und Tätigkeiten, die zum Ausbau der internationalen Zusammenarbeit bei der Durchsetzung von Rechtsvorschriften zum Schutz personenbezogener Daten dienen,

GDPR	DS-GVO

(d)promote the exchange and documentation of personal data protection legislation and practice, including on jurisdictional conflicts with third countries.

d) Förderung des Austauschs und der Dokumentation von Rechtsvorschriften und Praktiken zum Schutz personenbezogener Daten einschließlich Zuständigkeitskonflikten mit Drittländern.

Chapter VI
Independent supervisory authorities

Kapitel VI
Unabhängige Aufsichtsbehörden
[Erwägungsgründe 117 – 129]

Section 1
Independent status

Abschnitt 1
Unabhängigkeit

Article 51
Supervisory authority

Artikel 51
Aufsichtsbehörde
[Erwägungsgründe 117, 119]

1. Each Member State shall provide for one or more independent public authorities to be responsible for monitoring the application of this Regulation, in order to protect the fundamental rights and freedoms of natural persons in relation to processing and to facilitate the free flow of personal data within the Union ('supervisory authority').

(1) Jeder Mitgliedstaat sieht vor, dass eine oder mehrere unabhängige Behörden für die Überwachung der Anwendung dieser Verordnung zuständig sind, damit die Grundrechte und Grundfreiheiten natürlicher Personen bei der Verarbeitung geschützt werden und der freie Verkehr personenbezogener Daten in der Union erleichtert wird (im Folgenden „Aufsichtsbehörde").

2. Each supervisory authority shall contribute to the consistent application of this Regulation throughout the Union. For that purpose, the supervisory authorities shall cooperate with each other and the Commission in accordance with Chapter VII.

(2) Jede Aufsichtsbehörde leistet einen Beitrag zur einheitlichen Anwendung dieser Verordnung in der gesamten Union. Zu diesem Zweck arbeiten die Aufsichtsbehörden untereinander sowie mit der Kommission gemäß Kapitel VII zusammen.

3. Where more than one supervisory authority is established in a Member State, that Member State shall designate the supervisory authority which is to represent those authorities in the Board and shall set out the mechanism to ensure compliance by the other authorities with the rules relating to the consistency mechanism referred to in Article 63.

(3) Gibt es in einem Mitgliedstaat mehr als eine Aufsichtsbehörde, so bestimmt dieser Mitgliedstaat die Aufsichtsbehörde, die diese Behörden im Ausschuss vertritt, und führt ein Verfahren ein, mit dem sichergestellt wird, dass die anderen Behörden die Regeln für das Kohärenzverfahren nach Artikel 63 einhalten.

4. Each Member State shall notify to the Commission the provisions of its law which it adopts pursuant to this Chapter, by 25 May 2018 and, without delay, any subsequent amendment affecting them.

(4) Jeder Mitgliedstaat teilt der Kommission bis spätestens 25. Mai 2018 die Rechtsvorschriften, die er aufgrund dieses Kapitels erlässt, sowie unverzüglich alle folgenden Änderungen dieser Vorschriften mit.

Article 52
Independence

Artikel 52
Unabhängigkeit
[Erwägungsgründe 118, 120]

1. Each supervisory authority shall act with complete independence in performing its tasks and exercising its powers in accordance with this Regulation.

(1) Jede Aufsichtsbehörde handelt bei der Erfüllung ihrer Aufgaben und bei der Ausübung ihrer Befugnisse gemäß dieser Verordnung völlig unabhängig.

GDPR	DS-GVO

2. The member or members of each supervisory authority shall, in the performance of their tasks and exercise of their powers in accordance with this Regulation, remain free from external influence, whether direct or indirect, and shall neither seek nor take instructions from anybody.

3. Member or members of each supervisory authority shall refrain from any action incompatible with their duties and shall not, during their term of office, engage in any incompatible occupation, whether gainful or not.

4. Each Member State shall ensure that each supervisory authority is provided with the human, technical and financial resources, premises and infrastructure necessary for the effective performance of its tasks and exercise of its powers, including those to be carried out in the context of mutual assistance, cooperation and participation in the Board.

5. Each Member State shall ensure that each supervisory authority chooses and has its own staff which shall be subject to the exclusive direction of the member or members of the supervisory authority concerned.

6. Each Member State shall ensure that each supervisory authority is subject to financial control which does not affect its independence and that it has separate, public annual budgets, which may be part of the overall state or national budget.

Article 53
General conditions for the members of the supervisory authority

1. Member States shall provide for each member of their supervisory authorities to be appointed by means of a transparent procedure by:
   - their parliament;
   - their government;
   - their head of State; or
   - an independent body entrusted with the appointment under Member State law.

---

(2) Das Mitglied oder die Mitglieder jeder Aufsichtsbehörde unterliegen bei der Erfüllung ihrer Aufgaben und der Ausübung ihrer Befugnisse gemäß dieser Verordnung weder direkter noch indirekter Beeinflussung von außen und ersuchen weder um Weisung noch nehmen sie Weisungen entgegen.

(3) Das Mitglied oder die Mitglieder der Aufsichtsbehörde sehen von allen mit den Aufgaben ihres Amtes nicht zu vereinbarenden Handlungen ab und üben während ihrer Amtszeit keine andere mit ihrem Amt nicht zu vereinbarende entgeltliche oder unentgeltliche Tätigkeit aus.

(4) Jeder Mitgliedstaat stellt sicher, dass jede Aufsichtsbehörde mit den personellen, technischen und finanziellen Ressourcen, Räumlichkeiten und Infrastrukturen ausgestattet wird, die sie benötigt, um ihre Aufgaben und Befugnisse auch im Rahmen der Amtshilfe, Zusammenarbeit und Mitwirkung im Ausschuss effektiv wahrnehmen zu können.

(5) Jeder Mitgliedstaat stellt sicher, dass jede Aufsichtsbehörde ihr eigenes Personal auswählt und hat, das ausschließlich der Leitung des Mitglieds oder der Mitglieder der betreffenden Aufsichtsbehörde untersteht.

(6) Jeder Mitgliedstaat stellt sicher, dass jede Aufsichtsbehörde einer Finanzkontrolle unterliegt, die ihre Unabhängigkeit nicht beeinträchtigt und dass sie über eigene, öffentliche, jährliche Haushaltspläne verfügt, die Teil des gesamten Staatshaushalts oder nationalen Haushalts sein können.

Artikel 53
Allgemeine Bedingungen für die Mitglieder der Aufsichtsbehörde
[Erwägungsgrund 121]

(1) Die Mitgliedstaaten sehen vor, dass jedes Mitglied ihrer Aufsichtsbehörden im Wege eines transparenten Verfahrens ernannt wird, und zwar
   - vom Parlament,
   - von der Regierung,
   - vom Staatsoberhaupt oder
   - von einer unabhängigen Stelle, die nach dem Recht des Mitgliedstaats mit der Ernennung betraut wird.

GDPR	DS-GVO

2. Each member shall have the qualifications, experience and skills, in particular in the area of the protection of personal data, required to perform its duties and exercise its powers.

3. The duties of a member shall end in the event of the expiry of the term of office, resignation or compulsory retirement, in accordance with the law of the Member State concerned.

4. A member shall be dismissed only in cases of serious misconduct or if the member no longer fulfils the conditions required for the performance of the duties.

Article 54
Rules on the establishment of the supervisory authority

1. Each Member State shall provide by law for all of the following:
   (a) the establishment of each supervisory authority;
   (b) the qualifications and eligibility conditions required to be appointed as member of each supervisory authority;
   (c) the rules and procedures for the appointment of the member or members of each supervisory authority;
   (d) the duration of the term of the member or members of each supervisory authority of no less than four years, except for the first appointment after 24 May 2016, part of which may take place for a shorter period where that is necessary to protect the independence of the supervisory authority by means of a staggered appointment procedure;
   (e) whether and, if so, for how many terms the member or members of each supervisory authority is eligible for reappointment;
   (f) the conditions governing the obligations of the member or members and staff of each supervisory authority, prohibitions on actions, occupations and benefits incompatible therewith during and after the term of office and rules governing the cessation of employment.

(2) Jedes Mitglied muss über die für die Erfüllung seiner Aufgaben und Ausübung seiner Befugnisse erforderliche Qualifikation, Erfahrung und Sachkunde insbesondere im Bereich des Schutzes personenbezogener Daten verfügen.

(3) Das Amt eines Mitglieds endet mit Ablauf der Amtszeit, mit seinem Rücktritt oder verpflichtender Versetzung in den Ruhestand gemäß dem Recht des betroffenen Mitgliedstaats.

(4) Ein Mitglied wird seines Amtes nur enthoben, wenn es eine schwere Verfehlung begangen hat oder die Voraussetzungen für die Wahrnehmung seiner Aufgaben nicht mehr erfüllt.

Artikel 54
Errichtung der Aufsichtsbehörde

(1) Jeder Mitgliedstaat sieht durch Rechtsvorschriften Folgendes vor:
   a) die Errichtung jeder Aufsichtsbehörde;
   b) die erforderlichen Qualifikationen und sonstigen Voraussetzungen für die Ernennung zum Mitglied jeder Aufsichtsbehörde;
   c) die Vorschriften und Verfahren für die Ernennung des Mitglieds oder der Mitglieder jeder Aufsichtsbehörde;
   d) die Amtszeit des Mitglieds oder der Mitglieder jeder Aufsichtsbehörde von mindestens vier Jahren; dies gilt nicht für die erste Amtszeit nach 24. Mai 2016, die für einen Teil der Mitglieder kürzer sein kann, wenn eine zeitlich versetzte Ernennung zur Wahrung der Unabhängigkeit der Aufsichtsbehörde notwendig ist;
   e) die Frage, ob und – wenn ja – wie oft das Mitglied oder die Mitglieder jeder Aufsichtsbehörde wiederernannt werden können;
   f) die Bedingungen im Hinblick auf die Pflichten des Mitglieds oder der Mitglieder und der Bediensteten jeder Aufsichtsbehörde, die Verbote von Handlungen, beruflichen Tätigkeiten und Vergütungen während und nach der Amtszeit, die mit diesen Pflichten unvereinbar

2. The member or members and the staff of each supervisory authority shall, in accordance with Union or Member State law, be subject to a duty of professional secrecy both during and after their term of office, with regard to any confidential information which has come to their knowledge in the course of the performance of their tasks or exercise of their powers. During their term of office, that duty of professional secrecy shall in particular apply to reporting by natural persons of infringements of this Regulation.

sind, und die Regeln für die Beendigung des Beschäftigungsverhältnisses.

(2) Das Mitglied oder die Mitglieder und die Bediensteten jeder Aufsichtsbehörde sind gemäß dem Unionsrecht oder dem Recht der Mitgliedstaaten sowohl während ihrer Amts- beziehungsweise Dienstzeit als auch nach deren Beendigung verpflichtet, über alle vertraulichen Informationen, die ihnen bei der Wahrnehmung ihrer Aufgaben oder der Ausübung ihrer Befugnisse bekannt geworden sind, Verschwiegenheit zu wahren. Während dieser Amts- beziehungsweise Dienstzeit gilt diese Verschwiegenheitspflicht insbesondere für die von natürlichen Personen gemeldeten Verstöße gegen diese Verordnung.

Section 2
Competence, tasks and powers

Abschnitt 2
Zuständigkeit, Aufgaben und Befugnisse

Article 55
Competence

Artikel 55
Zuständigkeit
[Erwägungsgründe 122, 123]

1. Each supervisory authority shall be competent for the performance of the tasks assigned to and the exercise of the powers conferred on it in accordance with this Regulation on the territory of its own Member State.

2. Where processing is carried out by public authorities or private bodies acting on the basis of point (c) or (e) of Article 6(1), the supervisory authority of the Member State concerned shall be competent. In such cases Article 56 does not apply.

3. Supervisory authorities shall not be competent to supervise processing operations of courts acting in their judicial capacity.

(1) Jede Aufsichtsbehörde ist für die Erfüllung der Aufgaben und die Ausübung der Befugnisse, die ihr mit dieser Verordnung übertragen wurden, im Hoheitsgebiet ihres eigenen Mitgliedstaats zuständig.

(2) Erfolgt die Verarbeitung durch Behörden oder private Stellen auf der Grundlage von Artikel 6 Absatz 1 Buchstabe c oder e, so ist die Aufsichtsbehörde des betroffenen Mitgliedstaats zuständig. In diesem Fall findet Artikel 56 keine Anwendung.

(3) Die Aufsichtsbehörden sind nicht zuständig für die Aufsicht über die von Gerichten im Rahmen ihrer justiziellen Tätigkeit vorgenommenen Verarbeitungen.

Article 56
Competence of the lead supervisory authority

Artikel 56
Zuständigkeit der federführenden Aufsichtsbehörde
[Erwägungsgründe 124 – 128]

1. Without prejudice to Article 55, the supervisory authority of the main establishment or of the single establishment of the controller or processor shall be competent to act as lead supervisory authority for the cross-border processing carried out

(1) Unbeschadet des Artikels 55 ist die Aufsichtsbehörde der Hauptniederlassung oder der einzigen Niederlassung des Verantwortlichen oder des Auftragsverarbeiters gemäß dem Verfahren nach Artikel 60 die zuständige federführende Aufsichts-

GDPR	DS-GVO

by that controller or processor in accordance with the procedure provided in Article 60.

2. By derogation from paragraph 1, each supervisory authority shall be competent to handle a complaint lodged with it or a possible infringement of this Regulation, if the subject matter relates only to an establishment in its Member State or substantially affects data subjects only in its Member State.

3. In the cases referred to in paragraph 2 of this Article, the supervisory authority shall inform the lead supervisory authority without delay on that matter. Within a period of three weeks after being informed the lead supervisory authority shall decide whether or not it will handle the case in accordance with the procedure provided in Article 60, taking into account whether or not there is an establishment of the controller or processor in the Member State of which the supervisory authority informed it.

4. Where the lead supervisory authority decides to handle the case, the procedure provided in Article 60 shall apply. The supervisory authority which informed the lead supervisory authority may submit to the lead supervisory authority a draft for a decision. The lead supervisory authority shall take utmost account of that draft when preparing the draft decision referred to in Article 60(3).

5. Where the lead supervisory authority decides not to handle the case, the supervisory authority which informed the lead supervisory authority shall handle it according to Articles 61 and 62.

6. The lead supervisory authority shall be the sole interlocutor of the controller or processor for the cross-border processing carried out by that controller or processor.

behörde für die von diesem Verantwortlichen oder diesem Auftragsverarbeiter durchgeführte grenzüberschreitende Verarbeitung.

(2) Abweichend von Absatz 1 ist jede Aufsichtsbehörde dafür zuständig, sich mit einer bei ihr eingereichten Beschwerde oder einem etwaigen Verstoß gegen diese Verordnung zu befassen, wenn der Gegenstand nur mit einer Niederlassung in ihrem Mitgliedstaat zusammenhängt oder betroffene Personen nur ihres Mitgliedstaats erheblich beeinträchtigt.

(3) In den in Absatz 2 des vorliegenden Artikels genannten Fällen unterrichtet die Aufsichtsbehörde unverzüglich die federführende Aufsichtsbehörde über diese Angelegenheit. Innerhalb einer Frist von drei Wochen nach der Unterrichtung entscheidet die federführende Aufsichtsbehörde, ob sie sich mit dem Fall gemäß dem Verfahren nach Artikel 60 befasst oder nicht, wobei sie berücksichtigt, ob der Verantwortliche oder der Auftragsverarbeiter in dem Mitgliedstaat, dessen Aufsichtsbehörde sie unterrichtet hat, eine Niederlassung hat oder nicht.

(4) Entscheidet die federführende Aufsichtsbehörde, sich mit dem Fall zu befassen, so findet das Verfahren nach Artikel 60 Anwendung. Die Aufsichtsbehörde, die die federführende Aufsichtsbehörde unterrichtet hat, kann dieser einen Beschlussentwurf vorlegen. Die federführende Aufsichtsbehörde trägt diesem Entwurf bei der Ausarbeitung des Beschlussentwurfs nach Artikel 60 Absatz 3 weitestgehend Rechnung.

(5) Entscheidet die federführende Aufsichtsbehörde, sich mit dem Fall nicht selbst zu befassen, so befasst die Aufsichtsbehörde, die die federführende Aufsichtsbehörde unterrichtet hat, sich mit dem Fall gemäß den Artikeln 61 und 62.

(6) Die federführende Aufsichtsbehörde ist der einzige Ansprechpartner der Verantwortlichen oder der Auftragsverarbeiter für Fragen der von diesem Verantwortlichen oder diesem Auftragsverarbeiter durchgeführten grenzüberschreitenden Verarbeitung.

Article 57
Tasks

1. Without prejudice to other tasks set out under this Regulation, each supervisory authority shall on its territory:

   (a) monitor and enforce the application of this Regulation;

   (b) promote public awareness and understanding of the risks, rules, safeguards and rights in relation to processing. Activities addressed specifically to children shall receive specific attention;

   (c) advise, in accordance with Member State law, the national parliament, the government, and other institutions and bodies on legislative and administrative measures relating to the protection of natural persons' rights and freedoms with regard to processing;

   (d) promote the awareness of controllers and processors of their obligations under this Regulation;

   (e) upon request, provide information to any data subject concerning the exercise of their rights under this Regulation and, if appropriate, cooperate with the supervisory authorities in other Member States to that end;

   (f) handle complaints lodged by a data subject, or by a body, organisation or association in accordance with Article 80, and investigate, to the extent appropriate, the subject matter of the complaint and inform the complainant of the progress and the outcome of the investigation within a reasonable period, in particular if further investigation or coordination with another supervisory authority is necessary;

   (g) cooperate with, including sharing information and provide mutual assistance to, other supervisory authorities with a view to ensuring the consistency of application and enforcement of this Regulation;

Artikel 57
Aufgaben
[Erwägungsgründe 123, 132]

(1) Unbeschadet anderer in dieser Verordnung dargelegter Aufgaben muss jede Aufsichtsbehörde in ihrem Hoheitsgebiet

   a) die Anwendung dieser Verordnung überwachen und durchsetzen;

   b) die Öffentlichkeit für die Risiken, Vorschriften, Garantien und Rechte im Zusammenhang mit der Verarbeitung sensibilisieren und sie darüber aufklären. Besondere Beachtung finden dabei spezifische Maßnahmen für Kinder;

   c) im Einklang mit dem Recht des Mitgliedstaats das nationale Parlament, die Regierung und andere Einrichtungen und Gremien über legislative und administrative Maßnahmen zum Schutz der Rechte und Freiheiten natürlicher Personen in Bezug auf die Verarbeitung beraten;

   d) die Verantwortlichen und die Auftragsverarbeiter für die ihnen aus dieser Verordnung entstehenden Pflichten sensibilisieren;

   e) auf Anfrage jeder betroffenen Person Informationen über die Ausübung ihrer Rechte aufgrund dieser Verordnung zur Verfügung stellen und gegebenenfalls zu diesem Zweck mit den Aufsichtsbehörden in anderen Mitgliedstaaten zusammenarbeiten;

   f) sich mit Beschwerden einer betroffenen Person oder Beschwerden einer Stelle, einer Organisation oder eines Verbandes gemäß Artikel 80 befassen, den Gegenstand der Beschwerde in angemessenem Umfang untersuchen und den Beschwerdeführer innerhalb einer angemessenen Frist über den Fortgang und das Ergebnis der Untersuchung unterrichten, insbesondere, wenn eine weitere Untersuchung oder Koordinierung mit einer anderen Aufsichtsbehörde notwendig ist;

   g) mit anderen Aufsichtsbehörden zusammenarbeiten, auch durch Informationsaustausch, und ihnen Amtshilfe leisten, um die einheitliche Anwendung und Durchsetzung dieser Verordnung zu gewährleisten;

GDPR	DS-GVO
(h) conduct investigations on the application of this Regulation, including on the basis of information received from another supervisory authority or other public authority;	h) Untersuchungen über die Anwendung dieser Verordnung durchführen, auch auf der Grundlage von Informationen einer anderen Aufsichtsbehörde oder einer anderen Behörde;
(i) monitor relevant developments, insofar as they have an impact on the protection of personal data, in particular the development of information and communication technologies and commercial practices;	i) maßgebliche Entwicklungen verfolgen, soweit sie sich auf den Schutz personenbezogener Daten auswirken, insbesondere die Entwicklung der Informations- und Kommunikationstechnologie und der Geschäftspraktiken;
(j) adopt standard contractual clauses referred to in Article 28(8) and in point (d) of Article 46(2);	j) Standardvertragsklauseln im Sinne des Artikels 28 Absatz 8 und des Artikels 46 Absatz 2 Buchstabe d festlegen;
(k) establish and maintain a list in relation to the requirement for data protection impact assessment pursuant to Article 35(4);	k) eine Liste der Verarbeitungsarten erstellen und führen, für die gemäß Artikel 35 Absatz 4 eine Datenschutz-Folgenabschätzung durchzuführen ist;
(l) give advice on the processing operations referred to in Article 36(2);	l) Beratung in Bezug auf die in Artikel 36 Absatz 2 genannten Verarbeitungsvorgänge leisten;
(m) encourage the drawing up of codes of conduct pursuant to Article 40(1) and provide an opinion and approve such codes of conduct which provide sufficient safeguards, pursuant to Article 40(5);	m) die Ausarbeitung von Verhaltensregeln gemäß Artikel 40 Absatz 1 fördern und zu diesen Verhaltensregeln, die ausreichende Garantien im Sinne des Artikels 40 Absatz 5 bieten müssen, Stellungnahmen abgeben und sie billigen;
(n) encourage the establishment of data protection certification mechanisms and of data protection seals and marks pursuant to Article 42(1), and approve the criteria of certification pursuant to Article 42(5);	n) die Einführung von Datenschutzzertifizierungsmechanismen und von Datenschutzsiegeln und -prüfzeichen nach Artikel 42 Absatz 1 anregen und Zertifizierungskriterien nach Artikel 42 Absatz 5 billigen;
(o) where applicable, carry out a periodic review of certifications issued in accordance with Article 42(7);	o) gegebenenfalls die nach Artikel 42 Absatz 7 erteilten Zertifizierungen regelmäßig überprüfen;
(p) draft and publish the criteria for accreditation of a body for monitoring codes of conduct pursuant to Article 41 and of a certification body pursuant to Article 43;	p) die Kriterien für die Akkreditierung einer Stelle für die Überwachung der Einhaltung der Verhaltensregeln gemäß Artikel 41 und einer Zertifizierungsstelle gemäß Artikel 43 abfassen und veröffentlichen;
(q) conduct the accreditation of a body for monitoring codes of conduct pursuant to Article 41 and of a certification body pursuant to Article 43;	q) die Akkreditierung einer Stelle für die Überwachung der Einhaltung der Verhaltensregeln gemäß Artikel 41 und einer Zertifizierungsstelle gemäß Artikel 43 vornehmen;
(r) authorise contractual clauses and provisions referred to in Article 46(3);	r) Vertragsklauseln und Bestimmungen im Sinne des Artikels 46 Absatz 3 genehmigen;
(s) approve binding corporate rules pursuant to Article 47;	s) verbindliche interne Vorschriften gemäß Artikel 47 genehmigen;
(t) contribute to the activities of the Board;	t) Beiträge zur Tätigkeit des Ausschusses leisten;

GDPR	DS-GVO

(u) keep internal records of infringements of this Regulation and of measures taken in accordance with Article 58(2); and

(v) fulfil any other tasks related to the protection of personal data.

2. Each supervisory authority shall facilitate the submission of complaints referred to in point (f) of paragraph 1 by measures such as a complaint submission form which can also be completed electronically, without excluding other means of communication.

3. The performance of the tasks of each supervisory authority shall be free of charge for the data subject and, where applicable, for the data protection officer.

4. Where requests are manifestly unfounded or excessive, in particular because of their repetitive character, the supervisory authority may charge a reasonable fee based on administrative costs, or refuse to act on the request. The supervisory authority shall bear the burden of demonstrating the manifestly unfounded or excessive character of the request.

u) interne Verzeichnisse über Verstöße gegen diese Verordnung und gemäß Artikel 58 Absatz 2 ergriffene Maßnahmen und

v) jede sonstige Aufgabe im Zusammenhang mit dem Schutz personenbezogener Daten erfüllen.

(2) Jede Aufsichtsbehörde erleichtert das Einreichen von in Absatz 1 Buchstabe f genannten Beschwerden durch Maßnahmen wie etwa die Bereitstellung eines Beschwerdeformulars, das auch elektronisch ausgefüllt werden kann, ohne dass andere Kommunikationsmittel ausgeschlossen werden.

(3) Die Erfüllung der Aufgaben jeder Aufsichtsbehörde ist für die betroffene Person und gegebenenfalls für den Datenschutzbeauftragten unentgeltlich.

(4) Bei offenkundig unbegründeten oder – insbesondere im Fall von häufiger Wiederholung – exzessiven Anfragen kann die Aufsichtsbehörde eine angemessene Gebühr auf der Grundlage der Verwaltungskosten verlangen oder sich weigern, aufgrund der Anfrage tätig zu werden. In diesem Fall trägt die Aufsichtsbehörde die Beweislast für den offenkundig unbegründeten oder exzessiven Charakter der Anfrage.

Article 58
Powers

1. Each supervisory authority shall have all of the following investigative powers:

(a) to order the controller and the processor, and, where applicable, the controller's or the processor's representative to provide any information it requires for the performance of its tasks;

(b) to carry out investigations in the form of data protection audits;

(c) to carry out a review on certifications issued pursuant to Article 42(7);

(d) to notify the controller or the processor of an alleged infringement of this Regulation;

Artikel 58
Befugnisse
[Erwägungsgrund 129]

(1) Jede Aufsichtsbehörde verfügt über sämtliche folgenden Untersuchungsbefugnisse, die es ihr gestatten,

a) den Verantwortlichen, den Auftragsverarbeiter und gegebenenfalls den Vertreter des Verantwortlichen oder des Auftragsverarbeiters anzuweisen, alle Informationen bereitzustellen, die für die Erfüllung ihrer Aufgaben erforderlich sind,

b) Untersuchungen in Form von Datenschutzüberprüfungen durchzuführen,

c) eine Überprüfung der nach Artikel 42 Absatz 7 erteilten Zertifizierungen durchzuführen,

d) den Verantwortlichen oder den Auftragsverarbeiter auf einen vermeintlichen Verstoß gegen diese Verordnung hinzuweisen,

GDPR	DS-GVO

(e) to obtain, from the controller and the processor, access to all personal data and to all information necessary for the performance of its tasks;

(f) to obtain access to any premises of the controller and the processor, including to any data processing equipment and means, in accordance with Union or Member State procedural law.

2. Each supervisory authority shall have all of the following corrective powers:

   (a) to issue warnings to a controller or processor that intended processing operations are likely to infringe provisions of this Regulation;

   (b) to issue reprimands to a controller or a processor where processing operations have infringed provisions of this Regulation;

   (c) to order the controller or the processor to comply with the data subject's requests to exercise his or her rights pursuant to this Regulation;

   (d) to order the controller or processor to bring processing operations into compliance with the provisions of this Regulation, where appropriate, in a specified manner and within a specified period;

   (e) to order the controller to communicate a personal data breach to the data subject;

   (f) to impose a temporary or definitive limitation including a ban on processing;

   (g) to order the rectification or erasure of personal data or restriction of processing pursuant to Articles 16, 17 and 18 and the notification of such actions to recipients to whom the personal data have been disclosed pursuant to Article 17(2) and Article 19;

---

e) von dem Verantwortlichen und dem Auftragsverarbeiter Zugang zu allen personenbezogenen Daten und Informationen, die zur Erfüllung ihrer Aufgaben notwendig sind, zu erhalten,

f) gemäß dem Verfahrensrecht der Union oder dem Verfahrensrecht des Mitgliedstaats Zugang zu den Geschäftsräumen, einschließlich aller Datenverarbeitungsanlagen und -geräte, des Verantwortlichen und des Auftragsverarbeiters zu erhalten.

(2) Jede Aufsichtsbehörde verfügt über sämtliche folgenden Abhilfebefugnisse, die es ihr gestatten,

a) einen Verantwortlichen oder einen Auftragsverarbeiter zu warnen, dass beabsichtigte Verarbeitungsvorgänge voraussichtlich gegen diese Verordnung verstoßen,

b) einen Verantwortlichen oder einen Auftragsverarbeiter zu verwarnen, wenn er mit Verarbeitungsvorgängen gegen diese Verordnung verstoßen hat,

c) den Verantwortlichen oder den Auftragsverarbeiter anzuweisen, den Anträgen der betroffenen Person auf Ausübung der ihr nach dieser Verordnung zustehenden Rechte zu entsprechen,

d) den Verantwortlichen oder den Auftragsverarbeiter anzuweisen, Verarbeitungsvorgänge gegebenenfalls auf bestimmte Weise und innerhalb eines bestimmten Zeitraums in Einklang mit dieser Verordnung zu bringen,

e) den Verantwortlichen anzuweisen, die von einer Verletzung des Schutzes personenbezogener Daten betroffenen Person entsprechend zu benachrichtigen,

f) eine vorübergehende oder endgültige Beschränkung der Verarbeitung, einschließlich eines Verbots, zu verhängen,

g) die Berichtigung oder Löschung von personenbezogenen Daten oder die Einschränkung der Verarbeitung gemäß den Artikeln 16, 17 und 18 und die Unterrichtung der Empfänger, an die diese personenbezogenen Daten gemäß Artikel 17 Absatz 2 und Artikel 19 offengelegt wurden, über solche Maßnahmen anzuordnen,

(h) to withdraw a certification or to order the certification body to withdraw a certification issued pursuant to Articles 42 and 43, or to order the certification body not to issue certification if the requirements for the certification are not or are no longer met;

(i) to impose an administrative fine pursuant to Article 83, in addition to, or instead of measures referred to in this paragraph, depending on the circumstances of each individual case;

(j) to order the suspension of data flows to a recipient in a third country or to an international organisation.

3. Each supervisory authority shall have all of the following authorisation and advisory powers:

(a) to advise the controller in accordance with the prior consultation procedure referred to in Article 36;

(b) to issue, on its own initiative or on request, opinions to the national parliament, the Member State government or, in accordance with Member State law, to other institutions and bodies as well as to the public on any issue related to the protection of personal data;

(c) to authorise processing referred to in Article 36(5), if the law of the Member State requires such prior authorisation;

(d) to issue an opinion and approve draft codes of conduct pursuant to Article 40(5);

(e) to accredit certification bodies pursuant to Article 43;

(f) to issue certifications and approve criteria of certification in accordance with Article 42(5);

(g) to adopt standard data protection clauses referred to in Article 28(8) and in point (d) of Article 46(2);

(h) to authorise contractual clauses referred to in point (a) of Article 46(3);

h) eine Zertifizierung zu widerrufen oder die Zertifizierungsstelle anzuweisen, eine gemäß den Artikel 42 und 43 erteilte Zertifizierung zu widerrufen, oder die Zertifizierungsstelle anzuweisen, keine Zertifizierung zu erteilen, wenn die Voraussetzungen für die Zertifizierung nicht oder nicht mehr erfüllt werden,

i) eine Geldbuße gemäß Artikel 83 zu verhängen, zusätzlich zu oder anstelle von in diesem Absatz genannten Maßnahmen, je nach den Umständen des Einzelfalls,

j) die Aussetzung der Übermittlung von Daten an einen Empfänger in einem Drittland oder an eine internationale Organisation anzuordnen.

(3) Jede Aufsichtsbehörde verfügt über sämtliche folgenden Genehmigungsbefugnisse und beratenden Befugnisse, die es ihr gestatten,

a) gemäß dem Verfahren der vorherigen Konsultation nach Artikel 36 den Verantwortlichen zu beraten,

b) zu allen Fragen, die im Zusammenhang mit dem Schutz personenbezogener Daten stehen, von sich aus oder auf Anfrage Stellungnahmen an das nationale Parlament, die Regierung des Mitgliedstaats oder im Einklang mit dem Recht des Mitgliedstaats an sonstige Einrichtungen und Stellen sowie an die Öffentlichkeit zu richten,

c) die Verarbeitung gemäß Artikel 36 Absatz 5 zu genehmigen, falls im Recht des Mitgliedstaats eine derartige vorherige Genehmigung verlangt wird,

d) eine Stellungnahme abzugeben und Entwürfe von Verhaltensregeln gemäß Artikel 40 Absatz 5 zu billigen,

e) Zertifizierungsstellen gemäß Artikel 43 zu akkreditieren,

f) im Einklang mit Artikel 42 Absatz 5 Zertifizierungen zu erteilen und Kriterien für die Zertifizierung zu billigen,

g) Standarddatenschutzklauseln nach Artikel 28 Absatz 8 und Artikel 46 Absatz 2 Buchstabe d festzulegen,

h) Vertragsklauseln gemäß Artikel 46 Absatz 3 Buchstabe a zu genehmigen,

GDPR	DS-GVO

(i) to authorise administrative arrangements referred to in point (b) of Article 46(3);

(j) to approve binding corporate rules pursuant to Article 47.

4. The exercise of the powers conferred on the supervisory authority pursuant to this Article shall be subject to appropriate safeguards, including effective judicial remedy and due process, set out in Union and Member State law in accordance with the Charter.

5. Each Member State shall provide by law that its supervisory authority shall have the power to bring infringements of this Regulation to the attention of the judicial authorities and where appropriate, to commence or engage otherwise in legal proceedings, in order to enforce the provisions of this Regulation.

6. Each Member State may provide by law that its supervisory authority shall have additional powers to those referred to in paragraphs 1, 2 and 3. The exercise of those powers shall not impair the effective operation of Chapter VII.

i) Verwaltungsvereinbarungen gemäß Artikel 46 Absatz 3 Buchstabe b zu genehmigen

j) verbindliche interne Vorschriften gemäß Artikel 47 zu genehmigen.

(4) Die Ausübung der der Aufsichtsbehörde gemäß diesem Artikel übertragenen Befugnisse erfolgt vorbehaltlich geeigneter Garantien einschließlich wirksamer gerichtlicher Rechtsbehelfe und ordnungsgemäßer Verfahren gemäß dem Unionsrecht und dem Recht des Mitgliedstaats im Einklang mit der Charta.

(5) Jeder Mitgliedstaat sieht durch Rechtsvorschriften vor, dass seine Aufsichtsbehörde befugt ist, Verstöße gegen diese Verordnung den Justizbehörden zur Kenntnis zu bringen und gegebenenfalls die Einleitung eines gerichtlichen Verfahrens zu betreiben oder sich sonst daran zu beteiligen, um die Bestimmungen dieser Verordnung durchzusetzen.

(6) Jeder Mitgliedstaat kann durch Rechtsvorschriften vorsehen, dass seine Aufsichtsbehörde neben den in den Absätzen 1, 2 und 3 aufgeführten Befugnissen über zusätzliche Befugnisse verfügt. Die Ausübung dieser Befugnisse darf nicht die effektive Durchführung des Kapitels VII beeinträchtigen.

Article 59
Activity reports

Each supervisory authority shall draw up an annual report on its activities, which may include a list of types of infringement notified and types of measures taken in accordance with Article 58(2). Those reports shall be transmitted to the national parliament, the government and other authorities as designated by Member State law. They shall be made available to the public, to the Commission and to the Board.

Artikel 59
Tätigkeitsbericht

Jede Aufsichtsbehörde erstellt einen Jahresbericht über ihre Tätigkeit, der eine Liste der Arten der gemeldeten Verstöße und der Arten der getroffenen Maßnahmen nach Artikel 58 Absatz 2 enthalten kann. Diese Berichte werden dem nationalen Parlament, der Regierung und anderen nach dem Recht der Mitgliedstaaten bestimmten Behörden übermittelt. Sie werden der Öffentlichkeit, der Kommission und dem Ausschuss zugänglich gemacht.

GDPR	DS-GVO

Chapter VII
Cooperation and consistency

Section 1
Cooperation

Kapitel VII
Zusammenarbeit und Kohärenz
[Erwägungsgründe 130 – 140]

Abschnitt 1
Zusammenarbeit

Article 60
Cooperation between the lead supervisory authority and the other supervisory authorities concerned

Artikel 60
Zusammenarbeit zwischen der federführenden Aufsichtsbehörde und den anderen betroffenen Aufsichtsbehörden
[Erwägungsgründe 130, 131]

1. The lead supervisory authority shall cooperate with the other supervisory authorities concerned in accordance with this Article in an endeavour to reach consensus. The lead supervisory authority and the supervisory authorities concerned shall exchange all relevant information with each other.

2. The lead supervisory authority may request at any time other supervisory authorities concerned to provide mutual assistance pursuant to Article 61 and may conduct joint operations pursuant to Article 62, in particular for carrying out investigations or for monitoring the implementation of a measure concerning a controller or processor established in another Member State.

3. The lead supervisory authority shall, without delay, communicate the relevant information on the matter to the other supervisory authorities concerned. It shall without delay submit a draft decision to the other supervisory authorities concerned for their opinion and take due account of their views.

4. Where any of the other supervisory authorities concerned within a period of four weeks after having been consulted in accordance with paragraph 3 of this Article, expresses a relevant and reasoned objection to the draft decision, the lead supervisory authority shall, if it does not follow the relevant and reasoned objection or is of the opinion that the objection is not relevant or reasoned, submit the matter to the consistency mechanism referred to in Article 63.

(1) Die federführende Aufsichtsbehörde arbeitet mit den anderen betroffenen Aufsichtsbehörden im Einklang mit diesem Artikel zusammen und bemüht sich dabei, einen Konsens zu erzielen. Die federführende Aufsichtsbehörde und die betroffenen Aufsichtsbehörden tauschen untereinander alle zweckdienlichen Informationen aus.

(2) Die federführende Aufsichtsbehörde kann jederzeit andere betroffene Aufsichtsbehörden um Amtshilfe gemäß Artikel 61 ersuchen und gemeinsame Maßnahmen gemäß Artikel 62 durchführen, insbesondere zur Durchführung von Untersuchungen oder zur Überwachung der Umsetzung einer Maßnahme in Bezug auf einen Verantwortlichen oder einen Auftragsverarbeiter, der in einem anderen Mitgliedstaat niedergelassen ist.

(3) Die federführende Aufsichtsbehörde übermittelt den anderen betroffenen Aufsichtsbehörden unverzüglich die zweckdienlichen Informationen zu der Angelegenheit. Sie legt den anderen betroffenen Aufsichtsbehörden unverzüglich einen Beschlussentwurf zur Stellungnahme vor und trägt deren Standpunkten gebührend Rechnung.

(4) Legt eine der anderen betroffenen Aufsichtsbehörden innerhalb von vier Wochen, nachdem sie gemäß Absatz 3 des vorliegenden Artikels konsultiert wurde, gegen diesen Beschlussentwurf einen maßgeblichen und begründeten Einspruch ein und schließt sich die federführende Aufsichtsbehörde dem maßgeblichen und begründeten Einspruch nicht an oder ist der Ansicht, dass der Einspruch nicht maßgeblich oder nicht begründet ist, so leitet die federführende Auf-

GDPR	DS-GVO

sichtsbehörde das Kohärenzverfahren gemäß
Artikel 63 für die Angelegenheit ein.

5. Where the lead supervisory authority intends to follow the relevant and reasoned objection made, it shall submit to the other supervisory authorities concerned a revised draft decision for their opinion. That revised draft decision shall be subject to the procedure referred to in paragraph 4 within a period of two weeks.

(5) Beabsichtigt die federführende Aufsichtsbehörde, sich dem maßgeblichen und begründeten Einspruch anzuschließen, so legt sie den anderen betroffenen Aufsichtsbehörden einen überarbeiteten Beschlussentwurf zur Stellungnahme vor. Der überarbeitete Beschlussentwurf wird innerhalb von zwei Wochen dem Verfahren nach Absatz 4 unterzogen.

6. Where none of the other supervisory authorities concerned has objected to the draft decision submitted by the lead supervisory authority within the period referred to in paragraphs 4 and 5, the lead supervisory authority and the supervisory authorities concerned shall be deemed to be in agreement with that draft decision and shall be bound by it.

(6) Legt keine der anderen betroffenen Aufsichtsbehörden Einspruch gegen den Beschlussentwurf ein, der von der federführenden Aufsichtsbehörde innerhalb der in den Absätzen 4 und 5 festgelegten Frist vorgelegt wurde, so gelten die federführende Aufsichtsbehörde und die betroffenen Aufsichtsbehörden als mit dem Beschlussentwurf einverstanden und sind an ihn gebunden.

7. The lead supervisory authority shall adopt and notify the decision to the main establishment or single establishment of the controller or processor, as the case may be and inform the other supervisory authorities concerned and the Board of the decision in question, including a summary of the relevant facts and grounds. The supervisory authority with which a complaint has been lodged shall inform the complainant on the decision.

(7) Die federführende Aufsichtsbehörde erlässt den Beschluss und teilt ihn der Hauptniederlassung oder der einzigen Niederlassung des Verantwortlichen oder gegebenenfalls des Auftragsverarbeiters mit und setzt die anderen betroffenen Aufsichtsbehörden und den Ausschuss von dem betreffenden Beschluss einschließlich einer Zusammenfassung der maßgeblichen Fakten und Gründe in Kenntnis. Die Aufsichtsbehörde, bei der eine Beschwerde eingereicht worden ist, unterrichtet den Beschwerdeführer über den Beschluss.

8. By derogation from paragraph 7, where a complaint is dismissed or rejected, the supervisory authority with which the complaint was lodged shall adopt the decision and notify it to the complainant and shall inform the controller thereof.

(8) Wird eine Beschwerde abgelehnt oder abgewiesen, so erlässt die Aufsichtsbehörde, bei der die Beschwerde eingereicht wurde, abweichend von Absatz 7 den Beschluss, teilt ihn dem Beschwerdeführer mit und setzt den Verantwortlichen in Kenntnis.

9. Where the lead supervisory authority and the supervisory authorities concerned agree to dismiss or reject parts of a complaint and to act on other parts of that complaint, a separate decision shall be adopted for each of those parts of the matter. The lead supervisory authority shall adopt the decision for the part concerning actions in relation to the controller, shall notify it to the main establishment or single establishment of the controller or processor on the territory of its Member State and shall inform the complainant thereof, while the

(9) Sind sich die federführende Aufsichtsbehörde und die betreffenden Aufsichtsbehörden darüber einig, Teile der Beschwerde abzulehnen oder abzuweisen und bezüglich anderer Teile dieser Beschwerde tätig zu werden, so wird in dieser Angelegenheit für jeden dieser Teile ein eigener Beschluss erlassen. Die federführende Aufsichtsbehörde erlässt den Beschluss für den Teil, der das Tätigwerden in Bezug auf den Verantwortlichen betrifft, teilt ihn der Hauptniederlassung oder einzigen Niederlassung des Verantwortlichen oder des Auftragsver-

GDPR	DS-GVO

supervisory authority of the complainant shall adopt the decision for the part concerning dismissal or rejection of that complaint, and shall notify it to that complainant and shall inform the controller or processor thereof.

10. After being notified of the decision of the lead supervisory authority pursuant to paragraphs 7 and 9, the controller or processor shall take the necessary measures to ensure compliance with the decision as regards processing activities in the context of all its establishments in the Union. The controller or processor shall notify the measures taken for complying with the decision to the lead supervisory authority, which shall inform the other supervisory authorities concerned.

11. Where, in exceptional circumstances, a supervisory authority concerned has reasons to consider that there is an urgent need to act in order to protect the interests of data subjects, the urgency procedure referred to in Article 66 shall apply.

12. The lead supervisory authority and the other supervisory authorities concerned shall supply the information required under this Article to each other by electronic means, using a standardised format.

Article 61
Mutual assistance

1. Supervisory authorities shall provide each other with relevant information and mutual assistance in order to implement and apply this Regulation in a consistent manner, and shall put in place measures for effective cooperation with one another. Mutual assistance shall cover, in particular, information requests and supervisory measures, such as requests to carry out prior authorisations and consultations, inspections and investigations.

arbeiters im Hoheitsgebiet ihres Mitgliedstaats mit und setzt den Beschwerdeführer hiervon in Kenntnis, während die für den Beschwerdeführer zuständige Aufsichtsbehörde den Beschluss für den Teil erlässt, der die Ablehnung oder Abweisung dieser Beschwerde betrifft, und ihn diesem Beschwerdeführer mitteilt und den Verantwortlichen oder den Auftragsverarbeiter hiervon in Kenntnis setzt.

(10) Nach der Unterrichtung über den Beschluss der federführenden Aufsichtsbehörde gemäß den Absätzen 7 und 9 ergreift der Verantwortliche oder der Auftragsverarbeiter die erforderlichen Maßnahmen, um die Verarbeitungstätigkeiten all seiner Niederlassungen in der Union mit dem Beschluss in Einklang zu bringen. Der Verantwortliche oder der Auftragsverarbeiter teilt der federführenden Aufsichtsbehörde die Maßnahmen mit, die zur Einhaltung des Beschlusses ergriffen wurden; diese wiederum unterrichtet die anderen betroffenen Aufsichtsbehörden.

(11) Hat – in Ausnahmefällen – eine betroffene Aufsichtsbehörde Grund zu der Annahme, dass zum Schutz der Interessen betroffener Personen dringender Handlungsbedarf besteht, so kommt das Dringlichkeitsverfahren nach Artikel 66 zur Anwendung.

(12) Die federführende Aufsichtsbehörde und die anderen betroffenen Aufsichtsbehörden übermitteln einander die nach diesem Artikel geforderten Informationen auf elektronischem Wege unter Verwendung eines standardisierten Formats.

Artikel 61
Gegenseitige Amtshilfe
[Erwägungsgrund 133]

(1) Die Aufsichtsbehörden übermitteln einander maßgebliche Informationen und gewähren einander Amtshilfe, um diese Verordnung einheitlich durchzuführen und anzuwenden, und treffen Vorkehrungen für eine wirksame Zusammenarbeit. Die Amtshilfe bezieht sich insbesondere auf Auskunftsersuchen und aufsichtsbezogene Maßnahmen, beispielsweise Ersuchen um vorherige Genehmigungen und eine vorherige Konsultation,

GDPR	DS-GVO

um Vornahme von Nachprüfungen und Untersuchungen.

2. Each supervisory authority shall take all appropriate measures required to reply to a request of another supervisory authority without undue delay and no later than one month after receiving the request. Such measures may include, in particular, the transmission of relevant information on the conduct of an investigation.

3. Requests for assistance shall contain all the necessary information, including the purpose of and reasons for the request. Information exchanged shall be used only for the purpose for which it was requested.

4. The requested supervisory authority shall not refuse to comply with the request unless:

    (a) it is not competent for the subject-matter of the request or for the measures it is requested to execute; or

    (b) compliance with the request would infringe this Regulation or Union or Member State law to which the supervisory authority receiving the request is subject.

5. The requested supervisory authority shall inform the requesting supervisory authority of the results or, as the case may be, of the progress of the measures taken in order to respond to the request. The requested supervisory authority shall provide reasons for any refusal to comply with a request pursuant to paragraph 4.

6. Requested supervisory authorities shall, as a rule, supply the information requested by other supervisory authorities by electronic means, using a standardised format.

7. Requested supervisory authorities shall not charge a fee for any action taken by them pursuant to a request for mutual assistance. Supervisory authorities may agree on rules to indemnify each other for specific expenditure arising from the provision of mutual assistance in exceptional circumstances.

8. Where a supervisory authority does not provide the information referred to in paragraph 5 of this Article within one month of receiving the request

(2) Jede Aufsichtsbehörde ergreift alle geeigneten Maßnahmen, um einem Ersuchen einer anderen Aufsichtsbehörde unverzüglich und spätestens innerhalb eines Monats nach Eingang des Ersuchens nachzukommen. Dazu kann insbesondere auch die Übermittlung maßgeblicher Informationen über die Durchführung einer Untersuchung gehören.

(3) Amtshilfeersuchen enthalten alle erforderlichen Informationen, einschließlich Zweck und Begründung des Ersuchens. Die übermittelten Informationen werden ausschließlich für den Zweck verwendet, für den sie angefordert wurden.

(4) Die ersuchte Aufsichtsbehörde lehnt das Ersuchen nur ab, wenn

    a) sie für den Gegenstand des Ersuchens oder für die Maßnahmen, die sie durchführen soll, nicht zuständig ist oder

    b) ein Eingehen auf das Ersuchen gegen diese Verordnung verstoßen würde oder gegen das Unionsrecht oder das Recht der Mitgliedstaaten, dem die Aufsichtsbehörde, bei der das Ersuchen eingeht, unterliegt.

(5) Die ersuchte Aufsichtsbehörde informiert die ersuchende Aufsichtsbehörde über die Ergebnisse oder gegebenenfalls über den Fortgang der Maßnahmen, die getroffen wurden, um dem Ersuchen nachzukommen. Die ersuchte Aufsichtsbehörde erläutert gemäß Absatz 4 die Gründe für die Ablehnung des Ersuchens.

(6) Die ersuchten Aufsichtsbehörden übermitteln die Informationen, um die von einer anderen Aufsichtsbehörde ersucht wurde, in der Regel auf elektronischem Wege unter Verwendung eines standardisierten Formats.

(7) Ersuchte Aufsichtsbehörden verlangen für Maßnahmen, die sie aufgrund eines Amtshilfeersuchens getroffen haben, keine Gebühren. Die Aufsichtsbehörden können untereinander Regeln vereinbaren, um einander in Ausnahmefällen besondere aufgrund der Amtshilfe entstandene Ausgaben zu erstatten.

(8) Erteilt eine ersuchte Aufsichtsbehörde nicht binnen eines Monats nach Eingang des Ersuchens einer anderen Aufsichtsbehörde die Informationen

of another supervisory authority, the requesting supervisory authority may adopt a provisional measure on the territory of its Member State in accordance with Article 55(1). In that case, the urgent need to act under Article 66(1) shall be presumed to be met and require an urgent binding decision from the Board pursuant to Article 66(2).

9. The Commission may, by means of implementing acts, specify the format and procedures for mutual assistance referred to in this Article and the arrangements for the exchange of information by electronic means between supervisory authorities, and between supervisory authorities and the Board, in particular the standardised format referred to in paragraph 6 of this Article. Those implementing acts shall be adopted in accordance with the examination procedure referred to in Article 93(2).

Article 62
Joint operations of supervisory authorities

1. The supervisory authorities shall, where appropriate, conduct joint operations including joint investigations and joint enforcement measures in which members or staff of the supervisory authorities of other Member States are involved.

2. Where the controller or processor has establishments in several Member States or where a significant number of data subjects in more than one Member State are likely to be substantially affected by processing operations, a supervisory authority of each of those Member States shall have the right to participate in joint operations. The supervisory authority which is competent pursuant to Article 56(1) or (4) shall invite the supervisory authority of each of those Member States to take part in the joint operations and shall respond without delay to the request of a supervisory authority to participate.

gemäß Absatz 5, so kann die ersuchende Aufsichtsbehörde eine einstweilige Maßnahme im Hoheitsgebiet ihres Mitgliedstaats gemäß Artikel 55 Absatz 1 ergreifen. In diesem Fall wird von einem dringenden Handlungsbedarf gemäß Artikel 66 Absatz 1 ausgegangen, der einen im Dringlichkeitsverfahren angenommenen verbindlichen Beschluss des Ausschuss gemäß Artikel 66 Absatz 2 erforderlich macht.

(9) Die Kommission kann im Wege von Durchführungsrechtsakten Form und Verfahren der Amtshilfe nach diesem Artikel und die Ausgestaltung des elektronischen Informationsaustauschs zwischen den Aufsichtsbehörden sowie zwischen den Aufsichtsbehörden und dem Ausschuss, insbesondere das in Absatz 6 des vorliegenden Artikels genannte standardisierte Format, festlegen. Diese Durchführungsrechtsakte werden gemäß dem in Artikel 93 Absatz 2 genannten Prüfverfahren erlassen.

Artikel 62
Gemeinsame Maßnahmen der Aufsichtsbehörden
[Erwägungsgründe 133, 134]

(1) Die Aufsichtsbehörden führen gegebenenfalls gemeinsame Maßnahmen einschließlich gemeinsamer Untersuchungen und gemeinsamer Durchsetzungsmaßnahmen durch, an denen Mitglieder oder Bedienstete der Aufsichtsbehörden anderer Mitgliedstaaten teilnehmen.

(2) Verfügt der Verantwortliche oder der Auftragsverarbeiter über Niederlassungen in mehreren Mitgliedstaaten oder werden die Verarbeitungsvorgänge voraussichtlich auf eine bedeutende Zahl betroffener Personen in mehr als einem Mitgliedstaat erhebliche Auswirkungen haben, ist die Aufsichtsbehörde jedes dieser Mitgliedstaaten berechtigt, an den gemeinsamen Maßnahmen teilzunehmen. Die gemäß Artikel 56 Absatz 1 oder Absatz 4 zuständige Aufsichtsbehörde lädt die Aufsichtsbehörde jedes dieser Mitgliedstaaten zur Teilnahme an den gemeinsamen Maßnahmen ein und antwortet unverzüglich auf das Ersuchen einer Aufsichtsbehörde um Teilnahme.

GDPR	DS-GVO

3. A supervisory authority may, in accordance with Member State law, and with the seconding supervisory authority's authorisation, confer powers, including investigative powers on the seconding supervisory authority's members or staff involved in joint operations or, in so far as the law of the Member State of the host supervisory authority permits, allow the seconding supervisory authority's members or staff to exercise their investigative powers in accordance with the law of the Member State of the seconding supervisory authority. Such investigative powers may be exercised only under the guidance and in the presence of members or staff of the host supervisory authority. The seconding supervisory authority's members or staff shall be subject to the Member State law of the host supervisory authority.

4. Where, in accordance with paragraph 1, staff of a seconding supervisory authority operate in another Member State, the Member State of the host supervisory authority shall assume responsibility for their actions, including liability, for any damage caused by them during their operations, in accordance with the law of the Member State in whose territory they are operating.

5. The Member State in whose territory the damage was caused shall make good such damage under the conditions applicable to damage caused by its own staff. The Member State of the seconding supervisory authority whose staff has caused damage to any person in the territory of another Member State shall reimburse that other Member State in full any sums it has paid to the persons entitled on their behalf.

6. Without prejudice to the exercise of its rights *vis-à-vis* third parties and with the exception of paragraph 5, each Member State shall refrain, in the case provided for in paragraph 1, from requesting reimbursement from another Member State in relation to damage referred to in paragraph 4.

---

(3) Eine Aufsichtsbehörde kann gemäß dem Recht des Mitgliedstaats und mit Genehmigung der unterstützenden Aufsichtsbehörde den an den gemeinsamen Maßnahmen beteiligten Mitgliedern oder Bediensteten der unterstützenden Aufsichtsbehörde Befugnisse einschließlich Untersuchungsbefugnisse übertragen oder, soweit dies nach dem Recht des Mitgliedstaats der einladenden Aufsichtsbehörde zulässig ist, den Mitgliedern oder Bediensteten der unterstützenden Aufsichtsbehörde gestatten, ihre Untersuchungsbefugnisse nach dem Recht des Mitgliedstaats der unterstützenden Aufsichtsbehörde auszuüben. Diese Untersuchungsbefugnisse können nur unter der Leitung und in Gegenwart der Mitglieder oder Bediensteten der einladenden Aufsichtsbehörde ausgeübt werden. Die Mitglieder oder Bediensteten der unterstützenden Aufsichtsbehörde unterliegen dem Recht des Mitgliedstaats der einladenden Aufsichtsbehörde.

(4) Sind gemäß Absatz 1 Bedienstete einer unterstützenden Aufsichtsbehörde in einem anderen Mitgliedstaat im Einsatz, so übernimmt der Mitgliedstaat der einladenden Aufsichtsbehörde nach Maßgabe des Rechts des Mitgliedstaats, in dessen Hoheitsgebiet der Einsatz erfolgt, die Verantwortung für ihr Handeln, einschließlich der Haftung für alle von ihnen bei ihrem Einsatz verursachten Schäden.

(5) Der Mitgliedstaat, in dessen Hoheitsgebiet der Schaden verursacht wurde, ersetzt diesen Schaden so, wie er ihn ersetzen müsste, wenn seine eigenen Bediensteten ihn verursacht hätten. Der Mitgliedstaat der unterstützenden Aufsichtsbehörde, deren Bedienstete im Hoheitsgebiet eines anderen Mitgliedstaats einer Person Schaden zugefügt haben, erstattet diesem anderen Mitgliedstaat den Gesamtbetrag des Schadenersatzes, den dieser an die Berechtigten geleistet hat.

(6) Unbeschadet der Ausübung seiner Rechte gegenüber Dritten und mit Ausnahme des Absatzes 5 verzichtet jeder Mitgliedstaat in dem Fall des Absatzes 1 darauf, den in Absatz 4 genannten Betrag des erlittenen Schadens anderen Mitgliedstaaten gegenüber geltend zu machen.

GDPR

7. Where a joint operation is intended and a supervisory authority does not, within one month, comply with the obligation laid down in the second sentence of paragraph 2 of this Article, the other supervisory authorities may adopt a provisional measure on the territory of its Member State in accordance with Article 55. In that case, the urgent need to act under Article 66(1) shall be presumed to be met and require an opinion or an urgent binding decision from the Board pursuant to Article 66(2).

Section 2
Consistency

Article 63
Consistency mechanism

In order to contribute to the consistent application of this Regulation throughout the Union, the supervisory authorities shall cooperate with each other and, where relevant, with the Commission, through the consistency mechanism as set out in this Section.

Article 64
Opinion of the Board

1. The Board shall issue an opinion where a competent supervisory authority intends to adopt any of the measures below. To that end, the competent supervisory authority shall communicate the draft decision to the Board, when it:

   (a) aims to adopt a list of the processing operations subject to the requirement for a data protection impact assessment pursuant to Article 35(4);

   (b) concerns a matter pursuant to Article 40(7) whether a draft code of conduct or an amendment or extension to a code of conduct complies with this Regulation;

DS-GVO

(7) Ist eine gemeinsame Maßnahme geplant und kommt eine Aufsichtsbehörde binnen eines Monats nicht der Verpflichtung nach Absatz 2 Satz 2 des vorliegenden Artikels nach, so können die anderen Aufsichtsbehörden eine einstweilige Maßnahme im Hoheitsgebiet ihres Mitgliedstaats gemäß Artikel 55 ergreifen. In diesem Fall wird von einem dringenden Handlungsbedarf gemäß Artikel 66 Absatz 1 ausgegangen, der eine im Dringlichkeitsverfahren angenommene Stellungnahme oder einen im Dringlichkeitsverfahren angenommenen verbindlichen Beschluss des Ausschusses gemäß Artikel 66 Absatz 2 erforderlich macht.

Abschnitt 2
Kohärenz

Artikel 63
Kohärenzverfahren
[Erwägungsgründe 135, 136]

Um zur einheitlichen Anwendung dieser Verordnung in der gesamten Union beizutragen, arbeiten die Aufsichtsbehörden im Rahmen des in diesem Abschnitt beschriebenen Kohärenzverfahrens untereinander und gegebenenfalls mit der Kommission zusammen.

Artikel 64
Stellungnahme Ausschusses
[Erwägungsgrund 136]

(1) Der Ausschuss gibt eine Stellungnahme ab, wenn die zuständige Aufsichtsbehörde beabsichtigt, eine der nachstehenden Maßnahmen zu erlassen. Zu diesem Zweck übermittelt die zuständige Aufsichtsbehörde dem Ausschuss den Entwurf des Beschlusses, wenn dieser

   a) der Annahme einer Liste der Verarbeitungsvorgänge dient, die der Anforderung einer Datenschutz-Folgenabschätzung gemäß Artikel 35 Absatz 4 unterliegen,

   b) eine Angelegenheit gemäß Artikel 40 Absatz 7 und damit die Frage betrifft, ob ein Entwurf von Verhaltensregeln oder eine Änderung oder Ergänzung von Verhaltensregeln mit dieser Verordnung in Einklang steht,

GDPR	DS-GVO

(c) aims to approve the criteria for accreditation of a body pursuant to Article 41(3) or a certification body pursuant to Article 43(3);

(d) aims to determine standard data protection clauses referred to in point (d) of Article 46(2) and in Article 28(8);

(e) aims to authorise contractual clauses referred to in point (a) of Article 46(3); or

(f) aims to approve binding corporate rules within the meaning of Article 47.

2. Any supervisory authority, the Chair of the Board or the Commission may request that any matter of general application or producing effects in more than one Member State be examined by the Board with a view to obtaining an opinion, in particular where a competent supervisory authority does not comply with the obligations for mutual assistance in accordance with Article 61 or for joint operations in accordance with Article 62.

3. In the cases referred to in paragraphs 1 and 2, the Board shall issue an opinion on the matter submitted to it provided that it has not already issued an opinion on the same matter. That opinion shall be adopted within eight weeks by simple majority of the members of the Board. That period may be extended by a further six weeks, taking into account the complexity of the subject matter. Regarding the draft decision referred to in paragraph 1 circulated to the members of the Board in accordance with paragraph 5, a member which has not objected within a reasonable period indicated by the Chair, shall be deemed to be in agreement with the draft decision.

4. Supervisory authorities and the Commission shall, without undue delay, communicate by electronic means to the Board, using a standardised format any relevant information, including as the case may be a summary of the facts, the draft decision, the grounds which make the enactment of such measure necessary, and the views of other supervisory authorities concerned.

c) der Billigung der Kriterien für die Akkreditierung einer Stelle nach Artikel 41 Absatz 3 oder einer Zertifizierungsstelle nach Artikel 43 Absatz 3 dient,

d) der Festlegung von Standard-Datenschutzklauseln gemäß Artikel 46 Absatz 2 Buchstabe d und Artikel 28 Absatz 8 dient,

e) der Genehmigung von Vertragsklauseln gemäß Artikels 46 Absatz 3 Buchstabe a dient, oder

f) der Annahme verbindlicher interner Vorschriften im Sinne von Artikel 47 dient.

(2) Jede Aufsichtsbehörde, der Vorsitz des Ausschuss oder die Kommission können beantragen, dass eine Angelegenheit mit allgemeiner Geltung oder mit Auswirkungen in mehr als einem Mitgliedstaat vom Ausschuss geprüft wird, um eine Stellungnahme zu erhalten, insbesondere wenn eine zuständige Aufsichtsbehörde den Verpflichtungen zur Amtshilfe gemäß Artikel 61 oder zu gemeinsamen Maßnahmen gemäß Artikel 62 nicht nachkommt.

(3) In den in den Absätzen 1 und 2 genannten Fällen gibt der Ausschuss eine Stellungnahme zu der Angelegenheit ab, die ihm vorgelegt wurde, sofern er nicht bereits eine Stellungnahme zu derselben Angelegenheit abgegeben hat. Diese Stellungnahme wird binnen acht Wochen mit der einfachen Mehrheit der Mitglieder des Ausschusses angenommen. Diese Frist kann unter Berücksichtigung der Komplexität der Angelegenheit um weitere sechs Wochen verlängert werden. Was den in Absatz 1 genannten Beschlussentwurf angeht, der gemäß Absatz 5 den Mitgliedern des Ausschusses übermittelt wird, so wird angenommen, dass ein Mitglied, das innerhalb einer vom Vorsitz angegebenen angemessenen Frist keine Einwände erhoben hat, dem Beschlussentwurf zustimmt.

(4) Die Aufsichtsbehörden und die Kommission übermitteln unverzüglich dem Ausschuss auf elektronischem Wege unter Verwendung eines standardisierten Formats alle zweckdienlichen Informationen, einschließlich – je nach Fall – einer kurzen Darstellung des Sachverhalts, des Beschlussentwurfs, der Gründe, warum eine solche Maß-

5. The Chair of the Board shall, without undue, delay inform by electronic means:

(a) the members of the Board and the Commission of any relevant information which has been communicated to it using a standardised format. The secretariat of the Board shall, where necessary, provide translations of relevant information; and

(b) the supervisory authority referred to, as the case may be, in paragraphs 1 and 2, and the Commission of the opinion and make it public.

6. The competent supervisory authority shall not adopt its draft decision referred to in paragraph 1 within the period referred to in paragraph 3.

7. The supervisory authority referred to in paragraph 1 shall take utmost account of the opinion of the Board and shall, within two weeks after receiving the opinion, communicate to the Chair of the Board by electronic means whether it will maintain or amend its draft decision and, if any, the amended draft decision, using a standardised format.

8. Where the supervisory authority concerned informs the Chair of the Board within the period referred to in paragraph 7 of this Article that it does not intend to follow the opinion of the Board, in whole or in part, providing the relevant grounds, Article 65(1) shall apply.

Article 65
Dispute resolution by the Board

1. In order to ensure the correct and consistent application of this Regulation in individual cases, the Board shall adopt a binding decision in the following cases:

(a) where, in a case referred to in Article 60(4), a supervisory authority concerned has raised a relevant and reasoned objection to a draft decision of the lead authority or the lead author-

---

nahme ergriffen werden muss, und der Standpunkte anderer betroffener Aufsichtsbehörden.

(5) Der Vorsitz des Ausschusses unterrichtet unverzüglich auf elektronischem Wege

a) unter Verwendung eines standardisierten Formats die Mitglieder des Ausschusses und die Kommission über alle zweckdienlichen Informationen, die ihm zugegangen sind. Soweit erforderlich stellt das Sekretariat des Ausschusses Übersetzungen der zweckdienlichen Informationen zur Verfügung und

b) je nach Fall die in den Absätzen 1 und 2 genannte Aufsichtsbehörde und die Kommission über die Stellungnahme und veröffentlicht sie.

(6) Die zuständige Aufsichtsbehörde nimmt den in Absatz 1 genannten Beschlussentwurf nicht vor Ablauf der in Absatz 3 genannten Frist an.

(7) Die in Absatz 1 genannte Aufsichtsbehörde trägt der Stellungnahme des Ausschusses s weitestgehend Rechnung und teilt dessen Vorsitz binnen zwei Wochen nach Eingang der Stellungnahme auf elektronischem Wege unter Verwendung eines standardisierten Formats mit, ob sie den Beschlussentwurf beibehalten oder ändern wird; gegebenenfalls übermittelt sie den geänderten Beschlussentwurf.

(8) Teilt die betroffene Aufsichtsbehörde dem Vorsitz des Ausschusses innerhalb der Frist nach Absatz 7 des vorliegenden Artikels unter Angabe der maßgeblichen Gründe mit, dass sie beabsichtigt, der Stellungnahme des Ausschusses insgesamt oder teilweise nicht zu folgen, so gilt Artikel 65 Absatz 1.

Artikel 65
Streitbeilegung durch den Ausschuss

(1) Um die ordnungsgemäße und einheitliche Anwendung dieser Verordnung in Einzelfällen sicherzustellen, erlässt der Ausschuss in den folgenden Fällen einen verbindlichen Beschluss:

a) wenn eine betroffene Aufsichtsbehörde in einem Fall nach Artikel 60 Absatz 4 einen maßgeblichen und begründeten Einspruch gegen einen Beschlussentwurf der federführenden

ity has rejected such an objection as being not relevant or reasoned. The binding decision shall concern all the matters which are the subject of the relevant and reasoned objection, in particular whether there is an infringement of this Regulation;

(b) where there are conflicting views on which of the supervisory authorities concerned is competent for the main establishment;

(c) where a competent supervisory authority does not request the opinion of the Board in the cases referred to in Article 64(1), or does not follow the opinion of the Board issued under Article 64. In that case, any supervisory authority concerned or the Commission may communicate the matter to the Board.

2. The decision referred to in paragraph 1 shall be adopted within one month from the referral of the subject-matter by a two-thirds majority of the members of the Board. That period may be extended by a further month on account of the complexity of the subject-matter. The decision referred to in paragraph 1 shall be reasoned and addressed to the lead supervisory authority and all the supervisory authorities concerned and binding on them.

3. Where the Board has been unable to adopt a decision within the periods referred to in paragraph 2, it shall adopt its decision within two weeks following the expiration of the second month referred to in paragraph 2 by a simple majority of the members of the Board. Where the members of the Board are split, the decision shall by adopted by the vote of its Chair.

4. The supervisory authorities concerned shall not adopt a decision on the subject matter submitted to the Board under paragraph 1 during the periods referred to in paragraphs 2 and 3.

5. The Chair of the Board shall notify, without undue delay, the decision referred to in paragraph 1 to the supervisory authorities concerned. It shall inform the Commission thereof. The decision shall be

Behörde eingelegt hat oder die federführende Behörde einen solchen Einspruch als nicht maßgeblich oder nicht begründet abgelehnt hat. Der verbindliche Beschluss betrifft alle Angelegenheiten, die Gegenstand des maßgeblichen und begründeten Einspruchs sind, insbesondere die Frage, ob ein Verstoß gegen diese Verordnung vorliegt;

b) wenn es widersprüchliche Standpunkte dazu gibt, welche der betroffenen Aufsichtsbehörden für die Hauptniederlassung zuständig ist,

c) wenn eine zuständige Aufsichtsbehörde in den in Artikel 64 Absatz 1 genannten Fällen keine Stellungnahme des Ausschusses einholt oder der Stellungnahme des Ausschusses gemäß Artikel 64 nicht folgt. In diesem Fall kann jede betroffene Aufsichtsbehörde oder die Kommission die Angelegenheit dem Ausschuss vorlegen.

(2) Der in Absatz 1 genannte Beschluss wird innerhalb eines Monats nach der Befassung mit der Angelegenheit mit einer Mehrheit von zwei Dritteln der Mitglieder des Ausschusses angenommen. Diese Frist kann wegen der Komplexität der Angelegenheit um einen weiteren Monat verlängert werden. Der in Absatz 1 genannte Beschluss wird begründet und an die federführende Aufsichtsbehörde und alle betroffenen Aufsichtsbehörden übermittelt und ist für diese verbindlich.

(3) War der Ausschuss nicht in der Lage, innerhalb der in Absatz 2 genannten Fristen einen Beschluss anzunehmen, so nimmt er seinen Beschluss innerhalb von zwei Wochen nach Ablauf des in Absatz 2 genannten zweiten Monats mit einfacher Mehrheit der Mitglieder des Ausschusses an. Bei Stimmengleichheit zwischen den Mitgliedern des Ausschusses gibt die Stimme des Vorsitzes den Ausschlag.

(4) Die betroffenen Aufsichtsbehörden nehmen vor Ablauf der in den Absätzen 2 und 3 genannten Fristen keinen Beschluss über die dem Ausschuss vorgelegte Angelegenheit an.

(5) Der Vorsitz des Ausschusses unterrichtet die betroffenen Aufsichtsbehörden unverzüglich über den in Absatz 1 genannten Beschluss. Er setzt die Kommission hiervon in Kenntnis. Der Beschluss

GDPR   DS-GVO

published on the website of the Board without delay after the supervisory authority has notified the final decision referred to in paragraph 6.

6. The lead supervisory authority or, as the case may be, the supervisory authority with which the complaint has been lodged shall adopt its final decision on the basis of the decision referred to in paragraph 1 of this Article, without undue delay and at the latest by one month after the Board has notified its decision. The lead supervisory authority or, as the case may be, the supervisory authority with which the complaint has been lodged, shall inform the Board of the date when its final decision is notified respectively to the controller or the processor and to the data subject. The final decision of the supervisory authorities concerned shall be adopted under the terms of Article 60(7), (8) and (9). The final decision shall refer to the decision referred to in paragraph 1 of this Article and shall specify that the decision referred to in that paragraph will be published on the website of the Board in accordance with paragraph 5 of this Article. The final decision shall attach the decision referred to in paragraph 1 of this Article.

Article 66
Urgency procedure

1. In exceptional circumstances, where a supervisory authority concerned considers that there is an urgent need to act in order to protect the rights and freedoms of data subjects, it may, by way of derogation from the consistency mechanism referred to in Articles 63, 64 and 65 or the procedure referred to in Article 60, immediately adopt provisional measures intended to produce legal effects on its own territory with a specified period of validity which shall not exceed three months. The supervisory authority shall, without delay, communicate those measures and the reasons for adopting them to the other supervisory authori-

wird unverzüglich auf der Website des Ausschusses veröffentlicht, nachdem die Aufsichtsbehörde den in Absatz 6 genannten endgültigen Beschluss mitgeteilt hat.

(6) Die federführende Aufsichtsbehörde oder gegebenenfalls die Aufsichtsbehörde, bei der die Beschwerde eingereicht wurde, trifft den endgültigen Beschluss auf der Grundlage des in Absatz 1 des vorliegenden Artikels genannten Beschlusses unverzüglich und spätestens einen Monat, nachdem der Europäische Datenschutzausschuss seinen Beschluss mitgeteilt hat. Die federführende Aufsichtsbehörde oder gegebenenfalls die Aufsichtsbehörde, bei der die Beschwerde eingereicht wurde, setzt den Ausschuss von dem Zeitpunkt, zu dem ihr endgültiger Beschluss dem Verantwortlichen oder dem Auftragsverarbeiter bzw. der betroffenen Person mitgeteilt wird, in Kenntnis. Der endgültige Beschluss der betroffenen Aufsichtsbehörden wird gemäß Artikel 60 Absätze 7, 8 und 9 angenommen. Im endgültigen Beschluss wird auf den in Absatz 1 genannten Beschluss verwiesen und festgelegt, dass der in Absatz 1 des vorliegenden Artikels genannte Beschluss gemäß Absatz 5 auf der Website des Ausschusses veröffentlicht wird. Dem endgültigen Beschluss wird der in Absatz 1 des vorliegenden Artikels genannte Beschluss beigefügt.

Artikel 66
Dringlichkeitsverfahren
[Erwägungsgründe 137, 138]

(1) Unter außergewöhnlichen Umständen kann eine betroffene Aufsichtsbehörde abweichend vom Kohärenzverfahren nach Artikel 63, 64 und 65 oder dem Verfahren nach Artikel 60 sofort einstweilige Maßnahmen mit festgelegter Geltungsdauer von höchstens drei Monaten treffen, die in ihrem Hoheitsgebiet rechtliche Wirkung entfalten sollen, wenn sie zu der Auffassung gelangt, dass dringender Handlungsbedarf besteht, um Rechte und Freiheiten von betroffenen Personen zu schützen. Die Aufsichtsbehörde setzt die anderen betroffenen Aufsichtsbehörden, den Ausschuss und die Kommission unverzüglich von diesen Maßnahmen und den Gründen für deren Erlass in Kenntnis.

GDPR	DS-GVO

ties concerned, to the Board and to the Commission.

2. Where a supervisory authority has taken a measure pursuant to paragraph 1 and considers that final measures need urgently be adopted, it may request an urgent opinion or an urgent binding decision from the Board, giving reasons for requesting such opinion or decision.

3. Any supervisory authority may request an urgent opinion or an urgent binding decision, as the case may be, from the Board where a competent supervisory authority has not taken an appropriate measure in a situation where there is an urgent need to act, in order to protect the rights and freedoms of data subjects, giving reasons for requesting such opinion or decision, including for the urgent need to act.

4. By derogation from Article 64(3) and Article 65(2), an urgent opinion or an urgent binding decision referred to in paragraphs 2 and 3 of this Article shall be adopted within two weeks by simple majority of the members of the Board.

(2) Hat eine Aufsichtsbehörde eine Maßnahme nach Absatz 1 ergriffen und ist sie der Auffassung, dass dringend endgültige Maßnahmen erlassen werden müssen, kann sie unter Angabe von Gründen im Dringlichkeitsverfahren um eine Stellungnahme oder einen verbindlichen Beschluss des Ausschusses ersuchen.

(3) Jede Aufsichtsbehörde kann unter Angabe von Gründen, auch für den dringenden Handlungsbedarf, im Dringlichkeitsverfahren um eine Stellungnahme oder gegebenenfalls einen verbindlichen Beschluss des Ausschusses ersuchen, wenn eine zuständige Aufsichtsbehörde trotz dringenden Handlungsbedarfs keine geeignete Maßnahme getroffen hat, um die Rechte und Freiheiten von betroffenen Personen zu schützen.

(4) Abweichend von Artikel 64 Absatz 3 und Artikel 65 Absatz 2 wird eine Stellungnahme oder ein verbindlicher Beschluss im Dringlichkeitsverfahren nach den Absätzen 2 und 3 binnen zwei Wochen mit einfacher Mehrheit der Mitglieder des Ausschusses angenommen.

Article 67
Exchange of information

The Commission may adopt implementing acts of general scope in order to specify the arrangements for the exchange of information by electronic means between supervisory authorities, and between supervisory authorities and the Board, in particular the standardised format referred to in Article 64.

Those implementing acts shall be adopted in accordance with the examination procedure referred to in Article 93(2).

Artikel 67
Informationsaustausch

Die Kommission kann Durchführungsrechtsakte von allgemeiner Tragweite zur Festlegung der Ausgestaltung des elektronischen Informationsaustauschs zwischen den Aufsichtsbehörden sowie zwischen den Aufsichtsbehörden und dem Ausschuss, insbesondere des standardisierten Formats nach Artikel 64, erlassen.

Diese Durchführungsrechtsakte werden gemäß dem Prüfverfahren nach Artikel 93 Absatz 2 erlassen.

Section 3
European data protection board

Abschnitt 3
Europäischer Datenschutzausschuss

Article 68
European Data Protection Board

Artikel 68
Europäischer Datenschutzausschuss
[Erwägungsgrund 139]

1. The European Data Protection Board (the 'Board') is hereby established as a body of the Union and shall have legal personality.

(1) Der Europäische Datenschutzausschuss (im Folgenden „Ausschuss") wird als Einrichtung der

Union mit eigener Rechtspersönlichkeit eingerich-
tet.

2. The Board shall be represented by its Chair.
3. The Board shall be composed of the head of one
supervisory authority of each Member State and of
the European Data Protection Supervisor, or their
respective representatives.
4. Where in a Member State more than one supervisory authority is responsible for monitoring the
application of the provisions pursuant to this Regulation, a joint representative shall be appointed in
accordance with that Member State's law.
5. The Commission shall have the right to participate
in the activities and meetings of the Board without
voting right. The Commission shall designate a
representative. The Chair of the Board shall communicate to the Commission the activities of the
Board.
6. In the cases referred to in Article 65, the European
Data Protection Supervisor shall have voting rights
only on decisions which concern principles and
rules applicable to the Union institutions, bodies,
offices and agencies which correspond in substance to those of this Regulation.

(2) Der Ausschuss wird von seinem Vorsitz vertreten.
(3) Der Ausschuss besteht aus dem Leiter einer Aufsichtsbehörde jedes Mitgliedstaats und dem Europäischen Datenschutzbeauftragten oder ihren
jeweiligen Vertretern.
(4) Ist in einem Mitgliedstaat mehr als eine Aufsichtsbehörde für die Überwachung der Anwendung der
nach Maßgabe dieser Verordnung erlassenen Vorschriften zuständig, so wird im Einklang mit den
Rechtsvorschriften dieses Mitgliedstaats ein gemeinsamer Vertreter benannt.
(5) Die Kommission ist berechtigt, ohne Stimmrecht
an den Tätigkeiten und Sitzungen des Ausschusses
teilzunehmen. Die Kommission benennt einen
Vertreter. Der Vorsitz des Ausschusses unterrichtet
die Kommission über die Tätigkeiten des Ausschusses.
(6) In den in Artikel 65 genannten Fällen ist der Europäische Datenschutzbeauftragte nur bei Beschlüssen stimmberechtigt, die Grundsätze und
Vorschriften betreffen, die für die Organe, Einrichtungen, Ämter und Agenturen der Union gelten
und inhaltlich den Grundsätzen und Vorschriften
dieser Verordnung entsprechen.

Article 69
Independence

1. The Board shall act independently when performing its tasks or exercising its powers pursuant to
Articles 70 and 71.
2. Without prejudice to requests by the Commission
referred to in point (b) of Article 70(1) and in Article 70(2), the Board shall, in the performance of its
tasks or the exercise of its powers, neither seek nor
take instructions from anybody.

Artikel 69
Unabhängigkeit

(1) Der Ausschuss handelt bei der Erfüllung seiner
Aufgaben oder in Ausübung seiner Befugnisse gemäß den Artikeln 70 und 71 unabhängig.
(2) Unbeschadet der Ersuchen der Kommission gemäß Artikel 70 Absatz 1 Buchstabe b und Absatz 2
ersucht der Ausschuss bei der Erfüllung seiner Aufgaben oder in Ausübung seiner Befugnisse weder
um Weisung noch nimmt er Weisungen entgegen.

Article 70
Tasks of the Board

1. The Board shall ensure the consistent application
of this Regulation. To that end, the Board shall, on
its own initiative or, where relevant, at the request
of the Commission, in particular:

Artikel 70
Aufgaben des Ausschusses

(1) Der Ausschuss stellt die einheitliche Anwendung
dieser Verordnung sicher. Hierzu nimmt der Ausschuss von sich aus oder gegebenenfalls auf Ersu-

GDPR	DS-GVO

chen der Kommission insbesondere folgende Tätigkeiten wahr:

(a) monitor and ensure the correct application of this Regulation in the cases provided for in Articles 64 and 65 without prejudice to the tasks of national supervisory authorities;

a) Überwachung und Sicherstellung der ordnungsgemäßen Anwendung dieser Verordnung in den in den Artikeln 64 und 65 genannten Fällen unbeschadet der Aufgaben der nationalen Aufsichtsbehörden;

(b) advise the Commission on any issue related to the protection of personal data in the Union, including on any proposed amendment of this Regulation;

b) Beratung der Kommission in allen Fragen, die im Zusammenhang mit dem Schutz personenbezogener Daten in der Union stehen, einschließlich etwaiger Vorschläge zur Änderung dieser Verordnung;

(c) advise the Commission on the format and procedures for the exchange of information between controllers, processors and supervisory authorities for binding corporate rules;

c) Beratung der Kommission über das Format und die Verfahren für den Austausch von Informationen zwischen den Verantwortlichen, den Auftragsverarbeitern und den Aufsichtsbehörden in Bezug auf verbindliche interne Datenschutzvorschriften;

(d) issue guidelines, recommendations, and best practices on procedures for erasing links, copies or replications of personal data from publicly available communication services as referred to in Article 17(2);

d) Bereitstellung von Leitlinien, Empfehlungen und bewährten Verfahren zu Verfahren für die Löschung gemäß Artikel 17 Absatz 2 von Links zu personenbezogenen Daten oder Kopien oder Replikationen dieser Daten aus öffentlich zugänglichen Kommunikationsdiensten;

(e) examine, on its own initiative, on request of one of its members or on request of the Commission, any question covering the application of this Regulation and issue guidelines, recommendations and best practices in order to encourage consistent application of this Regulation;

e) Prüfung – von sich aus, auf Antrag seiner Mitglieder oder auf Ersuchen der Kommission – von die Anwendung dieser Verordnung betreffenden Fragen und Bereitstellung von Leitlinien, Empfehlungen und bewährten Verfahren zwecks Sicherstellung einer einheitlichen Anwendung dieser Verordnung;

(f) issue guidelines, recommendations and best practices in accordance with point (e) of this paragraph for further specifying the criteria and conditions for decisions based on profiling pursuant to Article 22(2);

f) Bereitstellung von Leitlinien, Empfehlungen und bewährten Verfahren gemäß Buchstabe e des vorliegenden Absatzes zur näheren Bestimmung der Kriterien und Bedingungen für die auf Profiling beruhenden Entscheidungen gemäß Artikel 22 Absatz 2;

(g) issue guidelines, recommendations and best practices in accordance with point (e) of this paragraph for establishing the personal data breaches and determining the undue delay referred to in Article 33(1) and (2) and for the particular circumstances in which a controller or a processor is required to notify the personal data breach;

g) Bereitstellung von Leitlinien, Empfehlungen und bewährten Verfahren gemäß Buchstabe e des vorliegenden Absatzes für die Feststellung von Verletzungen des Schutzes personenbezogener Daten und die Festlegung der Unverzüglichkeit im Sinne des Artikels 33 Absätze 1 und 2, und zu den spezifischen Umständen, unter denen der Verantwortliche oder der Auftragsverarbeiter die Verletzung

GDPR	DS-GVO

des Schutzes personenbezogener Daten zu melden hat;

(h) issue guidelines, recommendations and best practices in accordance with point (e) of this paragraph as to the circumstances in which a personal data breach is likely to result in a high risk to the rights and freedoms of the natural persons referred to in Article 34(1).

h) Bereitstellung von Leitlinien, Empfehlungen und bewährten Verfahren gemäß Buchstabe e des vorliegenden Absatzes zu den Umständen, unter denen eine Verletzung des Schutzes personenbezogener Daten voraussichtlich ein hohes Risiko für die Rechte und Freiheiten natürlicher Personen im Sinne des Artikels 34 Absatz 1 zur Folge hat;

(i) issue guidelines, recommendations and best practices in accordance with point (e) of this paragraph for the purpose of further specifying the criteria and requirements for personal data transfers based on binding corporate rules adhered to by controllers and binding corporate rules adhered to by processors and on further necessary requirements to ensure the protection of personal data of the data subjects concerned referred to in Article 47;

i) Bereitstellung von Leitlinien, Empfehlungen und bewährten Verfahren gemäß Buchstabe e des vorliegenden Absatzes zur näheren Bestimmung der in Artikel 47 aufgeführten Kriterien und Anforderungen für die Übermittlungen personenbezogener Daten, die auf verbindlichen internen Datenschutzvorschriften von Verantwortlichen oder Auftragsverarbeitern beruhen, und der dort aufgeführten weiteren erforderlichen Anforderungen zum Schutz personenbezogener Daten der betroffenen Personen;

(j) issue guidelines, recommendations and best practices in accordance with point (e) of this paragraph for the purpose of further specifying the criteria and requirements for the personal data transfers on the basis of Article 49(1);

j) Bereitstellung von Leitlinien, Empfehlungen und bewährten Verfahren gemäß Buchstabe e des vorliegenden Absatzes zur näheren Bestimmung der Kriterien und Bedingungen für die Übermittlungen personenbezogener Daten gemäß Artikel 49 Absatz 1;

(k) draw up guidelines for supervisory authorities concerning the application of measures referred to in Article 58(1), (2) and (3) and the setting of administrative fines pursuant to Article 83;

k) Ausarbeitung von Leitlinien für die Aufsichtsbehörden in Bezug auf die Anwendung von Maßnahmen nach Artikel 58 Absätze 1, 2 und 3 und die Festsetzung von Geldbußen gemäß Artikel 83;

(l) review the practical application of the guidelines, recommendations and best practices referred to in points (e) and (f);

l) Überprüfung der praktischen Anwendung der unter den Buchstaben e und f genannten Leitlinien, Empfehlungen und bewährten Verfahren;

(m) issue guidelines, recommendations and best practices in accordance with point (e) of this paragraph for establishing common procedures for reporting by natural persons of infringements of this Regulation pursuant to Article 54(2);

m) Bereitstellung von Leitlinien, Empfehlungen und bewährten Verfahren gemäß Buchstabe e des vorliegenden Absatzes zur Festlegung gemeinsamer Verfahren für die von natürlichen Personen vorgenommene Meldung von Verstößen gegen diese Verordnung gemäß Artikel 54 Absatz 2;

(n) encourage the drawing-up of codes of conduct and the establishment of data protection cer-

n) Förderung der Ausarbeitung von Verhaltensregeln und der Einrichtung von datenschutz-

GDPR	DS-GVO

tification mechanisms and data protection seals and marks pursuant to Articles 40 and 42;

(o) carry out the accreditation of certification bodies and its periodic review pursuant to Article 43 and maintain a public register of accredited bodies pursuant to Article 43(6) and of the accredited controllers or processors established in third countries pursuant to Article 42(7);

(p) specify the requirements referred to in Article 43(3) with a view to the accreditation of certification bodies under Article 42;

(q) provide the Commission with an opinion on the certification requirements referred to in Article 43(8);

(r) provide the Commission with an opinion on the icons referred to in Article 12(7);

(s) provide the Commission with an opinion for the assessment of the adequacy of the level of protection in a third country or international organisation, including for the assessment whether a third country, a territory or one or more specified sectors within that third country, or an international organisation no longer ensures an adequate level of protection. To that end, the Commission shall provide the Board with all necessary documentation, including correspondence with the government of the third country, with regard to that third country, territory or specified sector, or with the international organisation.

(t) issue opinions on draft decisions of supervisory authorities pursuant to the consistency mechanism referred to in Article 64(1), on matters submitted pursuant to Article 64(2) and to issue binding decisions pursuant to Article 65, including in cases referred to in Article 66;

(u) promote the cooperation and the effective bilateral and multilateral exchange of information and best practices between the supervisory authorities;

spezifischen Zertifizierungsverfahren sowie Datenschutzsiegeln und -prüfzeichen gemäß den Artikeln 40 und 42;

o) Akkreditierung von Zertifizierungsstellen und deren regelmäßige Überprüfung gemäß Artikel 43 und Führung eines öffentlichen Registers der akkreditierten Einrichtungen gemäß Artikel 43 Absatz 6 und der in Drittländern niedergelassenen akkreditierten Verantwortlichen oder Auftragsverarbeiter gemäß Artikel 42 Absatz 7;

p) Präzisierung der in Artikel 43 Absatz 3 genannten Anforderungen im Hinblick auf die Akkreditierung von Zertifizierungsstellen gemäß Artikel 42;

q) Abgabe einer Stellungnahme für die Kommission zu den Zertifizierungsanforderungen gemäß Artikel 43 Absatz 8;

r) Abgabe einer Stellungnahme für die Kommission zu den Bildsymbolen gemäß Artikel 12 Absatz 7;

s) Abgabe einer Stellungnahme für die Kommission zur Beurteilung der Angemessenheit des in einem Drittland oder einer internationalen Organisation gebotenen Schutzniveaus einschließlich zur Beurteilung der Frage, ob das Drittland, das Gebiet, ein oder mehrere spezifische Sektoren in diesem Drittland oder eine internationale Organisation kein angemessenes Schutzniveau mehr gewährleistet. Zu diesem Zweck gibt die Kommission dem Ausschuss alle erforderlichen Unterlagen, darunter den Schriftwechsel mit der Regierung des Drittlands, dem Gebiet oder spezifischen Sektor oder der internationalen Organisation;

t) Abgabe von Stellungnahmen im Kohärenzverfahren gemäß Artikel 64 Absatz 1 zu Beschlussentwürfen von Aufsichtsbehörden, zu Angelegenheiten, die nach Artikel 64 Absatz 2 vorgelegt wurden und um Erlass verbindlicher Beschlüsse gemäß Artikel 65, einschließlich der in Artikel 66 genannten Fälle;

u) Förderung der Zusammenarbeit und eines wirksamen bilateralen und multilateralen Austauschs von Informationen und bewähr-

GDPR	DS-GVO

ten Verfahren zwischen den Aufsichtsbehörden;

(v) promote common training programmes and facilitate personnel exchanges between the supervisory authorities and, where appropriate, with the supervisory authorities of third countries or with international organisations;

(w) promote the exchange of knowledge and documentation on data protection legislation and practice with data protection supervisory authorities worldwide.

(x) issue opinions on codes of conduct drawn up at Union level pursuant to Article 40(9); and

(y) maintain a publicly accessible electronic register of decisions taken by supervisory authorities and courts on issues handled in the consistency mechanism.

2. Where the Commission requests advice from the Board, it may indicate a time limit, taking into account the urgency of the matter.

3. The Board shall forward its opinions, guidelines, recommendations, and best practices to the Commission and to the committee referred to in Article 93 and make them public.

4. The Board shall, where appropriate, consult interested parties and give them the opportunity to comment within a reasonable period. The Board shall, without prejudice to Article 76, make the results of the consultation procedure publicly available.

v) Förderung von Schulungsprogrammen und Erleichterung des Personalaustausches zwischen Aufsichtsbehörden sowie gegebenenfalls mit Aufsichtsbehörden von Drittländern oder mit internationalen Organisationen;

w) Förderung des Austausches von Fachwissen und von Dokumentationen über Datenschutzvorschriften und -praxis mit Datenschutzaufsichtsbehörden in aller Welt;

x) Abgabe von Stellungnahmen zu den auf Unionsebene erarbeiteten Verhaltensregeln gemäß Artikel 40 Absatz 9 und

y) Führung eines öffentlich zugänglichen elektronischen Registers der Beschlüsse der Aufsichtsbehörden und Gerichte in Bezug auf Fragen, die im Rahmen des Kohärenzverfahrens behandelt wurden.

(2) Die Kommission kann, wenn sie den Ausschuss um Rat ersucht, unter Berücksichtigung der Dringlichkeit des Sachverhalts eine Frist angeben.

(3) Der Ausschuss leitet seine Stellungnahmen, Leitlinien, Empfehlungen und bewährten Verfahren an die Kommission und an den in Artikel 93 genannten Ausschuss weiter und veröffentlicht sie.

(4) Der Ausschuss konsultiert gegebenenfalls interessierte Kreise und gibt ihnen Gelegenheit, innerhalb einer angemessenen Frist Stellung zu nehmen. Unbeschadet des Artikels 76 macht der Ausschuss die Ergebnisse der Konsultation der Öffentlichkeit zugänglich.

Article 71
Reports

1. The Board shall draw up an annual report regarding the protection of natural persons with regard to processing in the Union and, where relevant, in third countries and international organisations. The report shall be made public and be transmitted to the European Parliament, to the Council and to the Commission.

2. The annual report shall include a review of the practical application of the guidelines, recommendations and best practices referred to in point (l) of

Artikel 71
Berichterstattung

(1) Der Ausschuss erstellt einen Jahresbericht über den Schutz natürlicher Personen bei der Verarbeitung in der Union und gegebenenfalls in Drittländern und internationalen Organisationen. Der Bericht wird veröffentlicht und dem Europäischen Parlament, dem Rat und der Kommission übermittelt.

(2) Der Jahresbericht enthält eine Überprüfung der praktischen Anwendung der in Artikel 70 Absatz 1 Buchstabe l genannten Leitlinien, Empfehlungen

GDPR	DS-GVO

Article 70(1) as well as of the binding decisions referred to in Article 65.

und bewährten Verfahren sowie der in Artikel 65 genannten verbindlichen Beschlüsse.

Article 72
Procedure

Artikel 72
Verfahrensweise

1. The Board shall take decisions by a simple majority of its members, unless otherwise provided for in this Regulation.
2. The Board shall adopt its own rules of procedure by a two-thirds majority of its members and organise its own operational arrangements.

(1) Sofern in dieser Verordnung nichts anderes bestimmt ist, fasst der Ausschuss seine Beschlüsse mit einfacher Mehrheit seiner Mitglieder.
(2) Der Ausschuss gibt sich mit einer Mehrheit von zwei Dritteln seiner Mitglieder eine Geschäftsordnung und legt seine Arbeitsweise fest.

Article 73
Chair

Artikel 73
Vorsitz

1. The Board shall elect a chair and two deputy chairs from amongst its members by simple majority.
2. The term of office of the Chair and of the deputy chairs shall be five years and be renewable once.

(1) Der Ausschuss wählt aus dem Kreis seiner Mitglieder mit einfacher Mehrheit einen Vorsitzenden und zwei stellvertretende Vorsitzende.
(2) Die Amtszeit des Vorsitzenden und seiner beiden Stellvertreter beträgt fünf Jahre; ihre einmalige Wiederwahl ist zulässig.

Article 74
Tasks of the Chair

Artikel 74
Aufgaben des Vorsitzes

1. The Chair shall have the following tasks:
   (a) to convene the meetings of the Board and prepare its agenda;
   (b) to notify decisions adopted by the Board pursuant to Article 65 to the lead supervisory authority and the supervisory authorities concerned;
   (c) to ensure the timely performance of the tasks of the Board, in particular in relation to the consistency mechanism referred to in Article 63.
2. The Board shall lay down the allocation of tasks between the Chair and the deputy chairs in its rules of procedure.

(1) Der Vorsitz hat folgende Aufgaben:
   a) Einberufung der Sitzungen des Ausschusses und Erstellung der Tagesordnungen,
   b) Übermittlung der Beschlüsse des Ausschusses nach Artikel 65 an die federführende Aufsichtsbehörde und die betroffenen Aufsichtsbehörden,
   c) Sicherstellung einer rechtzeitigen Ausführung der Aufgaben des Ausschusses, insbesondere der Aufgaben im Zusammenhang mit dem Kohärenzverfahren nach Artikel 63.
(2) Der Ausschuss legt die Aufteilung der Aufgaben zwischen dem Vorsitzenden und dessen Stellvertretern in seiner Geschäftsordnung fest.

GDPR	DS-GVO

Article 75
Secretariat

Artikel 75
Sekretariat
[Erwägungsgrund 140]

1. The Board shall have a secretariat, which shall be provided by the European Data Protection Supervisor.

(1) Der Ausschuss wird von einem Sekretariat unterstützt, das von dem Europäischen Datenschutzbeauftragten bereitgestellt wird.

2. The secretariat shall perform its tasks exclusively under the instructions of the Chair of the Board.

(2) Das Sekretariat führt seine Aufgaben ausschließlich auf Anweisung des Vorsitzes des Ausschusses aus.

3. The staff of the European Data Protection Supervisor involved in carrying out the tasks conferred on the Board by this Regulation shall be subject to separate reporting lines from the staff involved in carrying out tasks conferred on the European Data Protection Supervisor.

(3) Das Personal des Europäischen Datenschutzbeauftragten, das an der Wahrnehmung der dem Ausschuss gemäß dieser Verordnung übertragenen Aufgaben beteiligt ist, unterliegt anderen Berichtspflichten als das Personal, das an der Wahrnehmung der dem Europäischen Datenschutzbeauftragten übertragenen Aufgaben beteiligt ist.

4. Where appropriate, the Board and the European Data Protection Supervisor shall establish and publish a Memorandum of Understanding implementing this Article, determining the terms of their cooperation, and applicable to the staff of the European Data Protection Supervisor involved in carrying out the tasks conferred on the Board by this Regulation.

(4) Soweit angebracht, erstellen und veröffentlichen der Ausschuss und der Europäische Datenschutzbeauftragte eine Vereinbarung zur Anwendung des vorliegenden Artikels, in der die Bedingungen ihrer Zusammenarbeit festgelegt sind und die für das Personal des Europäischen Datenschutzbeauftragten gilt, das an der Wahrnehmung der dem Ausschuss gemäß dieser Verordnung übertragenen Aufgaben beteiligt ist.

5. The secretariat shall provide analytical, administrative and logistical support to the Board.

(5) Das Sekretariat leistet dem Ausschuss analytische, administrative und logistische Unterstützung.

6. The secretariat shall be responsible in particular for:
   (a) the day-to-day business of the Board;
   (b) communication between the members of the Board, its Chair and the Commission;
   (c) communication with other institutions and the public;
   (d) the use of electronic means for the internal and external communication;
   (e) the translation of relevant information;
   (f) the preparation and follow-up of the meetings of the Board;
   (g) the preparation, drafting and publication of opinions, decisions on the settlement of disputes between supervisory authorities and other texts adopted by the Board.

(6) Das Sekretariat ist insbesondere verantwortlich für
   a) das Tagesgeschäft des Ausschusses,
   b) die Kommunikation zwischen den Mitgliedern des Ausschusses, seinem Vorsitz und der Kommission,
   c) die Kommunikation mit anderen Organen und mit der Öffentlichkeit,
   d) den Rückgriff auf elektronische Mittel für die interne und die externe Kommunikation,
   e) die Übersetzung sachdienlicher Informationen,
   f) die Vor- und Nachbereitung der Sitzungen des Ausschusses,
   g) die Vorbereitung, Abfassung und Veröffentlichung von Stellungnahmen, von Beschlüssen über die Beilegung von Streitigkeiten zwischen Aufsichtsbehörden und von sonstigen vom Ausschuss angenommenen Dokumenten.

GDPR	DS-GVO

Article 76
Confidentiality

1. The discussions of the Board shall be confidential where the Board deems it necessary, as provided for in its rules of procedure.
2. Access to documents submitted to members of the Board, experts and representatives of third parties shall be governed by Regulation (EC) No 1049/2001 of the European Parliament and of the Council[1].

Chapter VIII
Remedies, liability and penalties

Article 77
Right to lodge a complaint with a supervisory authority

1. Without prejudice to any other administrative or judicial remedy, every data subject shall have the right to lodge a complaint with a supervisory authority, in particular in the Member State of his or her habitual residence, place of work or place of the alleged infringement if the data subject considers that the processing of personal data relating to him or her infringes this Regulation.

2. The supervisory authority with which the complaint has been lodged shall inform the complainant on the progress and the outcome of the complaint including the possibility of a judicial remedy pursuant to Article 78.

Artikel 76
Vertraulichkeit

(1) Die Beratungen des Ausschusses sind gemäß seiner Geschäftsordnung vertraulich, wenn der Ausschuss dies für erforderlich hält.
(2) Der Zugang zu Dokumenten, die Mitgliedern des Ausschusses, Sachverständigen und Vertretern von Dritten vorgelegt werden, wird durch die Verordnung (EG) Nr. 1049/2001 des Europäischen Parlaments und des Rates[1] geregelt.

Kapitel VIII
Rechtsbehelfe, Haftung und Sanktionen
[Erwägungsgründe 141 – 152]

Artikel 77
Recht auf Beschwerde bei einer Aufsichtsbehörde
[Erwägungsgründe 141, 142]

(1) Jede betroffene Person hat unbeschadet eines anderweitigen verwaltungsrechtlichen oder gerichtlichen Rechtsbehelfs das Recht auf Beschwerde bei einer Aufsichtsbehörde, insbesondere in dem Mitgliedstaat ihres Aufenthaltsorts, ihres Arbeitsplatzes oder des Orts des mutmaßlichen Verstoßes, wenn die betroffene Person der Ansicht ist, dass die Verarbeitung der sie betreffenden personenbezogenen Daten gegen diese Verordnung verstößt.

(2) Die Aufsichtsbehörde, bei der die Beschwerde eingereicht wurde, unterrichtet den Beschwerdeführer über den Stand und die Ergebnisse der Beschwerde einschließlich der Möglichkeit eines gerichtlichen Rechtsbehelfs nach Artikel 78.

---

1. Regulation (EC) No 1049/2001 of the European Parliament and of the Council of 30 May 2001 regarding public access to European Parliament, Council and Commission documents (OJ L 145, 31.5.2001, p. 43).

1. Verordnung (EG) Nr. 1049/2001 des Europäischen Parlaments und des Rates vom 30. Mai 2001 über den Zugang der Öffentlichkeit zu Dokumenten des Europäischen Parlaments, des Rates und der Kommission (ABl. L 145 vom 31.5.2001, S. 43).

GDPR	DS-GVO

Article 78
Right to an effective judicial remedy against a supervisory authority

1. Without prejudice to any other administrative or non-judicial remedy, each natural or legal person shall have the right to an effective judicial remedy against a legally binding decision of a supervisory authority concerning them.

2. Without prejudice to any other administrative or non-judicial remedy, each data subject shall have the right to a an effective judicial remedy where the supervisory authority which is competent pursuant to Articles 55 and 56 does not handle a complaint or does not inform the data subject within three months on the progress or outcome of the complaint lodged pursuant to Article 77.

3. Proceedings against a supervisory authority shall be brought before the courts of the Member State where the supervisory authority is established.

4. Where proceedings are brought against a decision of a supervisory authority which was preceded by an opinion or a decision of the Board in the consistency mechanism, the supervisory authority shall forward that opinion or decision to the court.

Article 79
Right to an effective judicial remedy against a controller or processor

1. Without prejudice to any available administrative or non-judicial remedy, including the right to lodge a complaint with a supervisory authority pursuant to Article 77, each data subject shall have the right to an effective judicial remedy where he or she considers that his or her rights under this Regulation have been infringed as a result of the processing of his or her personal data in non-compliance with this Regulation.

Artikel 78
Recht auf wirksamen gerichtlichen Rechtsbehelf gegen eine Aufsichtsbehörde
[Erwägungsgründe 143, 144]

(1) Jede natürliche oder juristische Person hat unbeschadet eines anderweitigen verwaltungsrechtlichen oder außergerichtlichen Rechtsbehelfs das Recht auf einen wirksamen gerichtlichen Rechtsbehelf gegen einen sie betreffenden rechtsverbindlichen Beschluss einer Aufsichtsbehörde.

(2) Jede betroffene Person hat unbeschadet eines anderweitigen verwaltungsrechtlichen oder außergerichtlichen Rechtbehelfs das Recht auf einen wirksamen gerichtlichen Rechtsbehelf, wenn die nach den Artikeln 55 und 56 zuständige Aufsichtsbehörde sich nicht mit einer Beschwerde befasst oder die betroffene Person nicht innerhalb von drei Monaten über den Stand oder das Ergebnis der gemäß Artikel 77 erhobenen Beschwerde in Kenntnis gesetzt hat.

(3) Für Verfahren gegen eine Aufsichtsbehörde sind die Gerichte des Mitgliedstaats zuständig, in dem die Aufsichtsbehörde ihren Sitz hat.

(4) Kommt es zu einem Verfahren gegen den Beschluss einer Aufsichtsbehörde, dem eine Stellungnahme oder ein Beschluss des Ausschusses im Rahmen des Kohärenzverfahrens vorangegangen ist, so leitet die Aufsichtsbehörde diese Stellungnahme oder diesen Beschluss dem Gericht zu.

Artikel 79
Recht auf wirksamen gerichtlichen Rechtsbehelf gegen Verantwortliche oder Auftragsverarbeiter
[Erwägungsgrund 145]

(1) Jede betroffene Person hat unbeschadet eines verfügbaren verwaltungsrechtlichen oder außergerichtlichen Rechtsbehelfs einschließlich des Rechts auf Beschwerde bei einer Aufsichtsbehörde gemäß Artikel 77 das Recht auf einen wirksamen gerichtlichen Rechtsbehelf, wenn sie der Ansicht ist, dass die ihr aufgrund dieser Verordnung zustehenden Rechte infolge einer nicht im Einklang mit dieser Verordnung stehenden Verarbeitung ihrer personenbezogenen Daten verletzt wurden.

GDPR	DS-GVO

2. Proceedings against a controller or a processor shall be brought before the courts of the Member State where the controller or processor has an establishment. Alternatively, such proceedings may be brought before the courts of the Member State where the data subject has his or her habitual residence, unless the controller or processor is a public authority of a Member State acting in the exercise of its public powers.

(2) Für Klagen gegen einen Verantwortlichen oder gegen einen Auftragsverarbeiter sind die Gerichte des Mitgliedstaats zuständig, in dem der Verantwortliche oder der Auftragsverarbeiter eine Niederlassung hat. Wahlweise können solche Klagen auch bei den Gerichten des Mitgliedstaats erhoben werden, in dem die betroffene Person ihren Aufenthaltsort hat, es sei denn, es handelt sich bei dem Verantwortlichen oder dem Auftragsverarbeiter um eine Behörde eines Mitgliedstaats, die in Ausübung ihrer hoheitlichen Befugnisse tätig geworden ist.

Article 80
Representation of data subjects

Artikel 80
Vertretung von betroffenen Personen
[Erwägungsgrund 142]

1. The data subject shall have the right to mandate a not-for-profit body, organisation or association which has been properly constituted in accordance with the law of a Member State, has statutory objectives which are in the public interest, and is active in the field of the protection of data subjects' rights and freedoms with regard to the protection of their personal data to lodge the complaint on his or her behalf, to exercise the rights referred to in Articles 77, 78 and 79 on his or her behalf, and to exercise the right to receive compensation referred to in Article 82 on his or her behalf where provided for by Member State law.

(1) Die betroffene Person hat das Recht, eine Einrichtung, Organisationen oder Vereinigung ohne Gewinnerzielungsabsicht, die ordnungsgemäß nach dem Recht eines Mitgliedstaats gegründet ist, deren satzungsmäßige Ziele im öffentlichem Interesse liegen und die im Bereich des Schutzes der Rechte und Freiheiten von betroffenen Personen in Bezug auf den Schutz ihrer personenbezogenen Daten tätig ist, zu beauftragen, in ihrem Namen eine Beschwerde einzureichen, in ihrem Namen die in den Artikeln 77, 78 und 79 genannten Rechte wahrzunehmen und das Recht auf Schadensersatz gemäß Artikel 82 in Anspruch zu nehmen, sofern dieses im Recht der Mitgliedstaaten vorgesehen ist.

2. Member States may provide that any body, organisation or association referred to in paragraph 1 of this Article, independently of a data subject's mandate, has the right to lodge, in that Member State, a complaint with the supervisory authority which is competent pursuant to Article 77 and to exercise the rights referred to in Articles 78 and 79 if it considers that the rights of a data subject under this Regulation have been infringed as a result of the processing.

(2) Die Mitgliedstaaten können vorsehen, dass jede der in Absatz 1 des vorliegenden Artikels genannten Einrichtungen, Organisationen oder Vereinigungen unabhängig von einem Auftrag der betroffenen Person in diesem Mitgliedstaat das Recht hat, bei der gemäß Artikel 77 zuständigen Aufsichtsbehörde eine Beschwerde einzulegen und die in den Artikeln 78 und 79 aufgeführten Rechte in Anspruch zu nehmen, wenn ihres Erachtens die Rechte einer betroffenen Person gemäß dieser Verordnung infolge einer Verarbeitung verletzt worden sind.

Article 81
Suspension of proceedings

1. Where a competent court of a Member State has information on proceedings, concerning the same subject matter as regards processing by the same controller or processor, that are pending in a court in another Member State, it shall contact that court in the other Member State to confirm the existence of such proceedings.

2. Where proceedings concerning the same subject matter as regards processing of the same controller or processor are pending in a court in another Member State, any competent court other than the court first seized may suspend its proceedings.

3. Where those proceedings are pending at first instance, any court other than the court first seized may also, on the application of one of the parties, decline jurisdiction if the court first seized has jurisdiction over the actions in question and its law permits the consolidation thereof.

Article 82
Right to compensation and liability

1. Any person who has suffered material or non-material damage as a result of an infringement of this Regulation shall have the right to receive compensation from the controller or processor for the damage suffered.

2. Any controller involved in processing shall be liable for the damage caused by processing which infringes this Regulation. A processor shall be liable for the damage caused by processing only where it has not complied with obligations of this Regulation specifically directed to processors or where it has acted outside or contrary to lawful instructions of the controller.

3. A controller or processor shall be exempt from liability under paragraph 2 if it proves that it is not in

Artikel 81
Aussetzung des Verfahrens
[Erwägungsgründe 144, 145]

(1) Erhält ein zuständiges Gericht in einem Mitgliedstaat Kenntnis von einem Verfahren zu demselben Gegenstand in Bezug auf die Verarbeitung durch denselben Verantwortlichen oder Auftragsverarbeiter, das vor einem Gericht in einem anderen Mitgliedstaat anhängig ist, so nimmt es mit diesem Gericht Kontakt auf, um sich zu vergewissern, dass ein solches Verfahren existiert.

(2) Ist ein Verfahren zu demselben Gegenstand in Bezug auf die Verarbeitung durch denselben Verantwortlichen oder Auftragsverarbeiter vor einem Gericht in einem anderen Mitgliedstaat anhängig, so kann jedes später angerufene zuständige Gericht das bei ihm anhängige Verfahren aussetzen.

(3) Sind diese Verfahren in erster Instanz anhängig, so kann sich jedes später angerufene Gericht auf Antrag einer Partei auch für unzuständig erklären, wenn das zuerst angerufene Gericht für die betreffenden Klagen zuständig ist und die Verbindung der Klagen nach seinem Recht zulässig ist.

Artikel 82
Haftung und Recht auf Schadenersatz
[Erwägungsgründe 146, 147]

(1) Jede Person, der wegen eines Verstoßes gegen diese Verordnung ein materieller oder immaterieller Schaden entstanden ist, hat Anspruch auf Schadenersatz gegen den Verantwortlichen oder gegen den Auftragsverarbeiter.

(2) Jeder an einer Verarbeitung beteiligte Verantwortliche haftet für den Schaden, der durch eine nicht dieser Verordnung entsprechende Verarbeitung verursacht wurde. Ein Auftragsverarbeiter haftet für den durch eine Verarbeitung verursachten Schaden nur dann, wenn er seinen speziell den Auftragsverarbeitern auferlegten Pflichten aus dieser Verordnung nicht nachgekommen ist oder unter Nichtbeachtung der rechtmäßig erteilten Anweisungen des für die Datenverarbeitung Verantwortlichen oder gegen diese Anweisungen gehandelt hat.

(3) Der Verantwortliche oder der Auftragsverarbeiter wird von der Haftung gemäß Absatz 2 befreit,

|

any way responsible for the event giving rise to the damage.

4. Where more than one controller or processor, or both a controller and a processor, are involved in the same processing and where they are, under paragraphs 2 and 3, responsible for any damage caused by processing, each controller or processor shall be held liable for the entire damage in order to ensure effective compensation of the data subject.

5. Where a controller or processor has, in accordance with paragraph 4, paid full compensation for the damage suffered, that controller or processor shall be entitled to claim back from the other controllers or processors involved in the same processing that part of the compensation corresponding to their part of responsibility for the damage, in accordance with the conditions set out in paragraph 2.

6. Court proceedings for exercising the right to receive compensation shall be brought before the courts competent under the law of the Member State referred to in Article 79(2).

Article 83
General conditions for imposing administrative fines

1. Each supervisory authority shall ensure that the imposition of administrative fines pursuant to this Article in respect of infringements of this Regulation referred to in paragraphs 4, 5 and 6 shall in each individual case be effective, proportionate and dissuasive.

2. Administrative fines shall, depending on the circumstances of each individual case, be imposed in addition to, or instead of, measures referred to in points (a) to (h) and (j) of Article 58(2). When deciding whether to impose an administrative fine and deciding on the amount of the administrative

wenn er nachweist, dass er in keinerlei Hinsicht für den Umstand, durch den der Schaden eingetreten ist, verantwortlich ist.

(4) Ist mehr als ein Verantwortlicher oder mehr als ein Auftragsverarbeiter bzw. sowohl ein Verantwortlicher als auch ein Auftragsverarbeiter an derselben Verarbeitung beteiligt und sind sie gemäß den Absätzen 2 und 3 für einen durch die Verarbeitung verursachten Schaden verantwortlich, so haftet jeder Verantwortliche oder jeder Auftragsverarbeiter für den gesamten Schaden, damit ein wirksamer Schadensersatz für die betroffene Person sichergestellt ist.

(5) Hat ein Verantwortlicher oder Auftragsverarbeiter gemäß Absatz 4 vollständigen Schadenersatz für den erlittenen Schaden gezahlt, so ist dieser Verantwortliche oder Auftragsverarbeiter berechtigt, von den übrigen an derselben Verarbeitung beteiligten für die Datenverarbeitung Verantwortlichen oder Auftragsverarbeitern den Teil des Schadenersatzes zurückzufordern, der unter den in Absatz 2 festgelegten Bedingungen ihrem Anteil an der Verantwortung für den Schaden entspricht.

(6) Mit Gerichtsverfahren zur Inanspruchnahme des Rechts auf Schadenersatz sind die Gerichte zu befassen, die nach den in Artikel 79 Absatz 2 genannten Rechtsvorschriften des Mitgliedstaats zuständig sind.

Artikel 83
Allgemeine Bedingungen für die Verhängung von Geldbußen
[Erwägungsgründe 148, 150, 151]

(1) Jede Aufsichtsbehörde stellt sicher, dass die Verhängung von Geldbußen gemäß diesem Artikel für Verstöße gegen diese Verordnung gemäß den Absätzen 5 und 6 in jedem Einzelfall wirksam, verhältnismäßig und abschreckend ist.

(2) Geldbußen werden je nach den Umständen des Einzelfalls zusätzlich zu oder anstelle von Maßnahmen nach Artikel 58 Absatz 2 Buchstaben a bis h und i verhängt. Bei der Entscheidung über die Verhängung einer Geldbuße und über deren Betrag

fine in each individual case due regard shall be given to the following:

(a) the nature, gravity and duration of the infringement taking into account the nature scope or purpose of the processing concerned as well as the number of data subjects affected and the level of damage suffered by them;

(b) the intentional or negligent character of the infringement;

(c) any action taken by the controller or processor to mitigate the damage suffered by data subjects;

(d) the degree of responsibility of the controller or processor taking into account technical and organisational measures implemented by them pursuant to Articles 25 and 32;

(e) any relevant previous infringements by the controller or processor;

(f) the degree of cooperation with the supervisory authority, in order to remedy the infringement and mitigate the possible adverse effects of the infringement;

(g) the categories of personal data affected by the infringement;

(h) the manner in which the infringement became known to the supervisory authority, in particular whether, and if so to what extent, the controller or processor notified the infringement;

(i) where measures referred to in Article 58(2) have previously been ordered against the controller or processor concerned with regard to the same subject-matter, compliance with those measures;

(j) adherence to approved codes of conduct pursuant to Article 40 or approved certification mechanisms pursuant to Article 42; and

(k) any other aggravating or mitigating factor applicable to the circumstances of the case, such as financial benefits gained, or losses avoided, directly or indirectly, from the infringement.

wird in jedem Einzelfall Folgendes gebührend berücksichtigt:

a) Art, Schwere und Dauer des Verstoßes unter Berücksichtigung der Art, des Umfangs oder des Zwecks der betreffenden Verarbeitung sowie der Zahl der von der Verarbeitung betroffenen Personen und des Ausmaßes des von ihnen erlittenen Schadens;

b) Vorsätzlichkeit oder Fahrlässigkeit des Verstoßes;

c) jegliche von dem Verantwortlichen oder dem Auftragsverarbeiter getroffenen Maßnahmen zur Minderung des den betroffenen Personen entstandenen Schadens;

d) Grad der Verantwortung des Verantwortlichen oder des Auftragsverarbeiters unter Berücksichtigung der von ihnen gemäß den Artikeln 25 und 32 getroffenen technischen und organisatorischen Maßnahmen;

e) etwaige einschlägige frühere Verstöße des Verantwortlichen oder des Auftragsverarbeiters;

f) Umfang der Zusammenarbeit mit der Aufsichtsbehörde, um dem Verstoß abzuhelfen und seine möglichen nachteiligen Auswirkungen zu mindern;

g) Kategorien personenbezogener Daten, die von dem Verstoß betroffen sind;

h) Art und Weise, wie der Verstoß der Aufsichtsbehörde bekannt wurde, insbesondere ob und gegebenenfalls in welchem Umfang der Verantwortliche oder der Auftragsverarbeiter den Verstoß mitgeteilt hat;

i) Einhaltung der nach Artikel 58 Absatz 2 früher gegen den für den betreffenden Verantwortlichen oder Auftragsverarbeiter in Bezug auf denselben Gegenstand angeordneten Maßnahmen, wenn solche Maßnahmen angeordnet wurden;

j) Einhaltung von genehmigten Verhaltensregeln nach Artikel 40 oder genehmigten Zertifizierungsverfahren nach Artikel 42 und

k) jegliche anderen erschwerenden oder mildernden Umstände im jeweiligen Fall, wie unmittelbar oder mittelbar durch den Verstoß

erlangte finanzielle Vorteile oder vermiedene Verluste.

3. If a controller or processor intentionally or negligently, for the same or linked processing operations, infringes several provisions of this Regulation, the total amount of the administrative fine shall not exceed the amount specified for the gravest infringement.

(3) Verstößt ein Verantwortlicher oder ein Auftragsverarbeiter bei gleichen oder miteinander verbundenen Verarbeitungsvorgängen vorsätzlich oder fahrlässig gegen mehrere Bestimmungen dieser Verordnung, so übersteigt der Gesamtbetrag der Geldbuße nicht den Betrag für den schwerwiegendsten Verstoß.

4. Infringements of the following provisions shall, in accordance with paragraph 2, be subject to administrative fines up to 10 000 000 EUR, or in the case of an undertaking, up to 2 % of the total worldwide annual turnover of the preceding financial year, whichever is higher:

(a) the obligations of the controller and the processor pursuant to Articles 8, 11, 25 to 39 and 42 and 43;

(b) the obligations of the certification body pursuant to Articles 42 and 43;

(c) the obligations of the monitoring body pursuant to Article 41(4).

5. Infringements of the following provisions shall, in accordance with paragraph 2, be subject to administrative fines up to 20 000 000 EUR, or in the case of an undertaking, up to 4 % of the total worldwide annual turnover of the preceding financial year, whichever is higher:

(a) the basic principles for processing, including conditions for consent, pursuant to Articles 5, 6, 7 and 9;

(b) the data subjects' rights pursuant to Articles 12 to 22;

(c) the transfers of personal data to a recipient in a third country or an international organisation pursuant to Articles 44 to 49;

(d) any obligations pursuant to Member State law adopted under Chapter IX;

(e) non-compliance with an order or a temporary or definitive limitation on processing or the suspension of data flows by the supervisory

(4) Bei Verstößen gegen die folgenden Bestimmungen werden im Einklang mit Absatz 2 Geldbußen von bis zu 10 000 000 EUR oder im Fall eines Unternehmens von bis zu 2 % seines gesamten weltweit erzielten Jahresumsatzes des vorangegangenen Geschäftsjahrs verhängt, je nachdem, welcher der Beträge höher ist:

a) die Pflichten der Verantwortlichen und der Auftragsverarbeiter gemäß den Artikeln 8, 11, 25 bis 39, 42 und 43;

b) die Pflichten der Zertifizierungsstelle gemäß den Artikeln 42 und 43;

c) die Pflichten der Überwachungsstelle gemäß Artikel 41 Absatz 4.

(5) Bei Verstößen gegen die folgenden Bestimmungen werden im Einklang mit Absatz 2 Geldbußen von bis zu 20 000 000 EUR oder im Fall eines Unternehmens von bis zu 4 % seines gesamten weltweit erzielten Jahresumsatzes des vorangegangenen Geschäftsjahrs verhängt, je nachdem, welcher der Beträge höher ist:

a) die Grundsätze für die Verarbeitung, einschließlich der Bedingungen für die Einwilligung, gemäß den Artikeln 5, 6, 7 und 9;

b) die Rechte der betroffenen Person gemäß den Artikeln 12 bis 22;

c) die Übermittlung personenbezogener Daten an einen Empfänger in einem Drittland oder an eine internationale Organisation gemäß den Artikeln 44 bis 49;

d) alle Pflichten gemäß den Rechtsvorschriften der Mitgliedstaaten, die im Rahmen des Kapitels IX erlassen wurden;

e) Nichtbefolgung einer Anweisung oder einer vorübergehenden oder endgültigen Beschränkung oder Aussetzung der Datenübermittlung durch die Aufsichtsbehörde gemäß

GDPR	DS-GVO
authority pursuant to Article 58(2) or failure to provide access in violation of Article 58(1).	Artikel 58 Absatz 2 oder Nichtgewährung des Zugangs unter Verstoß gegen Artikel 58 Absatz 1.

6. Non-compliance with an order by the supervisory authority as referred to in Article 58(2) shall, in accordance with paragraph 2 of this Article, be subject to administrative fines up to 20 000 000 EUR, or in the case of an undertaking, up to 4 % of the total worldwide annual turnover of the preceding financial year, whichever is higher.

7. Without prejudice to the corrective powers of supervisory authorities pursuant to Article 58(2), each Member State may lay down the rules on whether and to what extent administrative fines may be imposed on public authorities and bodies established in that Member State.

8. The exercise by the supervisory authority of its powers under this Article shall be subject to appropriate procedural safeguards in accordance with Union and Member State law, including effective judicial remedy and due process.

9. Where the legal system of the Member State does not provide for administrative fines, this Article may be applied in such a manner that the fine is initiated by the competent supervisory authority and imposed by competent national courts, while ensuring that those legal remedies are effective and have an equivalent effect to the administrative fines imposed by supervisory authorities. In any event, the fines imposed shall be effective, proportionate and dissuasive. Those Member States shall notify to the Commission the provisions of their laws which they adopt pursuant to this paragraph by 25 May 2018 and, without delay, any subsequent amendment law or amendment affecting them.

(6) Bei Nichtbefolgung einer Anweisung der Aufsichtsbehörde gemäß Artikel 58 Absatz 2 werden im Einklang mit Absatz 2 des vorliegenden Artikels Geldbußen von bis zu 20 000 000 EUR oder im Fall eines Unternehmens von bis zu 4 % seines gesamten weltweit erzielten Jahresumsatzes des vorangegangenen Geschäftsjahrs verhängt, je nachdem, welcher der Beträge höher ist.

(7) Unbeschadet der Abhilfebefugnisse der Aufsichtsbehörden gemäß Artikel 58 Absatz 2 kann jeder Mitgliedstaat Vorschriften dafür festlegen, ob und in welchem Umfang gegen Behörden und öffentliche Stellen, die in dem betreffenden Mitgliedstaat niedergelassen sind, Geldbußen verhängt werden können.

(8) Die Ausübung der eigenen Befugnisse durch eine Aufsichtsbehörde gemäß diesem Artikel muss angemessenen Verfahrensgarantien gemäß dem Unionsrecht und dem Recht der Mitgliedstaaten, einschließlich wirksamer gerichtlicher Rechtsbehelfe und ordnungsgemäßer Verfahren, unterliegen.

(9) Sieht die Rechtsordnung eines Mitgliedstaats keine Geldbußen vor, kann dieser Artikel so angewandt werden, dass die Geldbuße von der zuständigen Aufsichtsbehörde in die Wege geleitet und von den zuständigen nationalen Gerichten verhängt wird, wobei sicherzustellen ist, dass diese Rechtsbehelfe wirksam sind und die gleiche Wirkung wie die von Aufsichtsbehörden verhängten Geldbußen haben. In jeden Fall müssen die verhängten Geldbußen wirksam, verhältnismäßig und abschreckend sein. Die betreffenden Mitgliedstaaten teilen der Kommission bis zum 25. Mai 2018 die Rechtsvorschriften mit, die sie aufgrund dieses Absatzes erlassen, sowie unverzüglich alle späteren Änderungsgesetze oder Änderungen dieser Vorschriften.

GDPR	DS-GVO

Article 84
Penalties

1. Member States shall lay down the rules on other penalties applicable to infringements of this Regulation in particular for infringements which are not subject to administrative fines pursuant to Article 83, and shall take all measures necessary to ensure that they are implemented. Such penalties shall be effective, proportionate and dissuasive.

2. Each Member State shall notify to the Commission the provisions of its law which it adopts pursuant to paragraph 1, by 25 May 2018 and, without delay, any subsequent amendment affecting them.

Artikel 84
Sanktionen
[Erwägungsgründe 149, 152]

(1) Die Mitgliedstaaten legen die Vorschriften über andere Sanktionen für Verstöße gegen diese Verordnung – insbesondere für Verstöße, die keiner Geldbuße gemäß Artikel 83 unterliegen – fest und treffen alle zu deren Anwendung erforderlichen Maßnahmen. Diese Sanktionen müssen wirksam, verhältnismäßig und abschreckend sein.

(2) Jeder Mitgliedstaat teilt der Kommission bis zum 25. Mai 2018 die Rechtsvorschriften, die er aufgrund von Absatz 1 erlässt, sowie unverzüglich alle späteren Änderungen dieser Vorschriften mit.

Chapter IX
Provisions relating to specific processing situations

Kapitel IX
Vorschriften für besondere Verarbeitungssituationen
[Erwägungsgründe 153 – 165]

Article 85
Processing and freedom of expression and information

1. Member States shall by law reconcile the right to the protection of personal data pursuant to this Regulation with the right to freedom of expression and information, including processing for journalistic purposes and the purposes of academic, artistic or literary expression.

2. For processing carried out for journalistic purposes or the purpose of academic artistic or literary expression, Member States shall provide for exemptions or derogations from Chapter II (principles), Chapter III (rights of the data subject), Chapter IV (controller and processor), Chapter V (transfer of personal data to third countries or international organisations), Chapter VI (independent supervisory authorities), Chapter VII (cooperation and consistency) and Chapter IX (specific data processing situations) if they are necessary to reconcile the right to the protection of personal data with the freedom of expression and information.

Artikel 85
Verarbeitung und Freiheit der Meinungsäußerung und Informationsfreiheit
[Erwägungsgrund 153]

(1) Die Mitgliedstaaten bringen durch Rechtsvorschriften das Recht auf den Schutz personenbezogener Daten gemäß dieser Verordnung mit dem Recht auf freie Meinungsäußerung und Informationsfreiheit, einschließlich der Verarbeitung zu journalistischen Zwecken und zu wissenschaftlichen, künstlerischen oder literarischen Zwecken, in Einklang.

(2) Für die Verarbeitung, die zu journalistischen Zwecken oder zu wissenschaftlichen, künstlerischen oder literarischen Zwecken erfolgt, sehen die Mitgliedstaaten Abweichungen oder Ausnahmen von Kapitel II (Grundsätz e), Kapitel III (Rechte der betroffenen Person), Kapitel IV (Verantwortlicher und Auftragsverarbeiter), Kapitel V (Übermittlung personenbezogener Daten an Drittländer oder an internationale Organisationen), Kapitel VI (Unabhängige Aufsichtsbehörden), Kapitel VII (Zusammenarbeit und Kohärenz) und Kapitel IX (Vorschriften für besondere Verarbeitungssituationen) vor, wenn dies erforderlich ist, um das Recht auf Schutz der personenbezogenen Daten mit der

GDPR	DS-GVO
	Freiheit der Meinungsäußerung und der Informationsfreiheit in Einklang zu bringen.
3. Each Member State shall notify to the Commission the provisions of its law which it has adopted pursuant to paragraph 2 and, without delay, any subsequent amendment law or amendment affecting them.	(3) Jeder Mitgliedstaat teilt der Kommission die Rechtsvorschriften, die er aufgrund von Absatz 2 erlassen hat, sowie unverzüglich alle späteren Änderungsgesetze oder Änderungen dieser Vorschriften mit.

Article 86
Processing and public access to official documents

Personal data in official documents held by a public authority or a public body or a private body for the performance of a task carried out in the public interest may be disclosed by the authority or body in accordance with Union or Member State law to which the public authority or body is subject in order to reconcile public access to official documents with the right to the protection of personal data pursuant to this Regulation.

Artikel 86
Verarbeitung und Zugang der Öffentlichkeit zu amtlichen Dokumenten
[Erwägungsgrund 154]

Personenbezogene Daten in amtlichen Dokumenten, die sich im Besitz einer Behörde oder einer öffentlichen Einrichtung oder einer privaten Einrichtung zur Erfüllung einer im öffentlichen Interesse liegenden Aufgabe befinden, können von der Behörde oder der Einrichtung gemäß dem Unionsrecht oder dem Recht des Mitgliedstaats, dem die Behörde oder Einrichtung unterliegt, offengelegt werden, um den Zugang der Öffentlichkeit zu amtlichen Dokumenten mit dem Recht auf Schutz personenbezogener Daten gemäß dieser Verordnung in Einklang zu bringen.

Article 87
Processing of the national identification number

Member States may further determine the specific conditions for the processing of a national identification number or any other identifier of general application. In that case the national identification number or any other identifier of general application shall be used only under appropriate safeguards for the rights and freedoms of the data subject pursuant to this Regulation.

Artikel 87
Verarbeitung der nationalen Kennziffer

Die Mitgliedstaaten können näher bestimmen, unter welchen spezifischen Bedingungen eine nationale Kennziffer oder andere Kennzeichen von allgemeiner Bedeutung Gegenstand einer Verarbeitung sein dürfen. In diesem Fall darf die nationale Kennziffer oder das andere Kennzeichen von allgemeiner Bedeutung nur unter Wahrung geeigneter Garantien für die Rechte und Freiheiten der betroffenen Person gemäß dieser Verordnung verwendet werden.

Article 88
Processing in the context of employment

1. Member States may, by law or by collective agreements, provide for more specific rules to ensure the protection of the rights and freedoms in respect of the processing of employees' personal data in the employment context, in particular for the purposes of the recruitment, the performance

Artikel 88
Datenverarbeitung im Beschäftigungskontext
[Erwägungsgrund 155]

(1) Die Mitgliedstaaten können durch Rechtsvorschriften oder durch Kollektivvereinbarungen spezifischere Vorschriften zur Gewährleistung des Schutzes der Rechte und Freiheiten hinsichtlich der Verarbeitung personenbezogener Beschäftigtendaten im Beschäftigungskontext, insbesondere

|

of the contract of employment, including discharge of obligations laid down by law or by collective agreements, management, planning and organisation of work, equality and diversity in the workplace, health and safety at work, protection of employer's or customer's property and for the purposes of the exercise and enjoyment, on an individual or collective basis, of rights and benefits related to employment, and for the purpose of the termination of the employment relationship.

2. Those rules shall include suitable and specific measures to safeguard the data subject's human dignity, legitimate interests and fundamental rights, with particular regard to the transparency of processing, the transfer of personal data within a group of undertakings, or a group of enterprises engaged in a joint economic activity and monitoring systems at the work place.

3. Each Member State shall notify to the Commission those provisions of its law which it adopts pursuant to paragraph 1, by 25 May 2018 and, without delay, any subsequent amendment affecting them.

Article 89
Safeguards and derogations relating to processing for archiving purposes in the public interest, scientific or historical research purposes or statistical purposes

1. Processing for archiving purposes in the public interest, scientific or historical research purposes or statistical purposes, shall be subject to appropriate safeguards, in accordance with this Regulation, for the rights and freedoms of the data subject. Those safeguards shall ensure that technical and organisational measures are in place in particular in order to ensure respect for the principle of data minimisation. Those measures may include pseudonymisation provided that those purposes can be fulfilled in that manner. Where those purposes can

für Zwecke der Einstellung, der Erfüllung des Arbeitsvertrags einschließlich der Erfüllung von durch Rechtsvorschriften oder durch Kollektivvereinbarung en festgelegten Pflichten, des Managements, der Planung und der Organisation der Arbeit, der Gleichheit und Diversität am Arbeitsplatz, der Gesundheit und Sicherheit am Arbeitsplatz, des Schutzes des Eigentums der Arbeitgeber oder der Kunden sowie für Zwecke der Inanspruchnahme der mit der Beschäftigung zusammenhängenden individuellen oder kollektiven Rechte und Leistungen und für Zwecke der Beendigung des Beschäftigungsverhältnisses vorsehen.

(2) Diese Vorschriften umfassen angemessene und besondere Maßnahmen zur Wahrung der menschlichen Würde, der berechtigten Interessen und der Grundrechte der betroffenen Person, insbesondere im Hinblick auf die Transparenz der Verarbeitung, die Übermittlung personenbezogener Daten innerhalb einer Unternehmensgruppe oder einer Gruppe von Unternehmen, die eine gemeinsame Wirtschaftstätigkeit ausüben, und die Überwachungssysteme am Arbeitsplatz.

(3) Jeder Mitgliedstaat teilt der Kommission bis zum 25. Mai 2018 die Rechtsvorschriften, die er aufgrund von Absatz 1 erlässt, sowie unverzüglich alle späteren Änderungen dieser Vorschriften mit.

Artikel 89
Garantien und Ausnahmen in Bezug auf die Verarbeitung zu im öffentlichen Interesse liegenden Archivzwecken, zu wissenschaftlichen oder historischen Forschungszwecken und zu statistischen Zwecken
[Erwägungsgründe 156 – 163]

(1) Die Verarbeitung zu im öffentlichen Interesse liegenden Archivzwecken, zu wissenschaftlichen oder historischen Forschungszwecken oder zu statistischen Zwecken unterliegt geeigneten Garantien für die Rechte und Freiheiten der betroffenen Person gemäß dieser Verordnung. Mit diesen Garantien wird sichergestellt, dass technische und organisatorische Maßnahmen bestehen, mit denen insbesondere die Achtung des Grundsatzes der Datenminimierung gewährleistet wird. Zu diesen Maßnahmen kann die Pseudonymisierung ge-

be fulfilled by further processing which does not permit or no longer permits the identification of data subjects, those purposes shall be fulfilled in that manner.

2. Where personal data are processed for scientific or historical research purposes or statistical purposes, Union or Member State law may provide for derogations from the rights referred to in Articles 15, 16, 18 and 21 subject to the conditions and safeguards referred to in paragraph 1 of this Article in so far as such rights are likely to render impossible or seriously impair the achievement of the specific purposes, and such derogations are necessary for the fulfilment of those purposes.

3. Where personal data are processed for archiving purposes in the public interest, Union or Member State law may provide for derogations from the rights referred to in Articles 15, 16, 18, 19, 20 and 21 subject to the conditions and safeguards referred to in paragraph 1 of this Article in so far as such rights are likely to render impossible or seriously impair the achievement of the specific purposes, and such derogations are necessary for the fulfilment of those purposes.

4. Where processing referred to in paragraphs 2 and 3 serves at the same time another purpose, the derogations shall apply only to processing for the purposes referred to in those paragraphs.

Article 90
Obligations of secrecy

1. Member States may adopt specific rules to set out the powers of the supervisory authorities laid down in points (e) and (f) of Article 58(1) in relation to controllers or processors that are subject, under Union or Member State law or rules established by national competent bodies, to an obligation of professional secrecy or other equivalent

hören, sofern es möglich ist, diese Zwecke auf diese Weise zu erfüllen. In allen Fällen, in denen diese Zwecke durch die Weiterverarbeitung, bei der die Identifizierung von betroffenen Personen nicht oder nicht mehr möglich ist, erfüllt werden können, werden diese Zwecke auf diese Weise erfüllt.

(2) Werden personenbezogene Daten zu wissenschaftlichen oder historischen Forschungszwecken oder zu statistischen Zwecken verarbeitet, können vorbehaltlich der Bedingungen und Garantien gemäß Absatz 1 des vorliegenden Artikels im Unionsrecht oder im Recht der Mitgliedstaaten insoweit Ausnahmen von den Rechten gemäß der Artikel 15, 16, 18 und 21 vorgesehen werden, als diese Rechte voraussichtlich die Verwirklichung der spezifischen Zwecke unmöglich machen oder ernsthaft beeinträchtigen und solche Ausnahmen für die Erfüllung dieser Zwecke notwendig sind.

(3) Werden personenbezogene Daten für im öffentlichen Interesse liegende Archivzwecke verarbeitet, können vorbehaltlich der Bedingungen und Garantien gemäß Absatz 1 des vorliegenden Artikels im Unionsrecht oder im Recht der Mitgliedstaaten insoweit Ausnahmen von den Rechten gemäß der Artikel 15, 16, 18, 19, 20 und 21 vorgesehen werden, als diese Rechte voraussichtlich die Verwirklichung der spezifischen Zwecke unmöglich machen oder ernsthaft beeinträchtigen und solche Ausnahmen für die Erfüllung dieser Zwecke notwendig sind.

(4) Dient die in den Absätzen 2 und 3 genannte Verarbeitung gleichzeitig einem anderen Zweck, gelten die Ausnahmen nur für die Verarbeitung zu den in diesen Absätzen genannten Zwecken.

Artikel 90
Geheimhaltungspflichten
[Erwägungsgrund 164]

(1) Die Mitgliedstaaten können die Befugnisse der Aufsichtsbehörden im Sinne des Artikels 58 Absatz 1 Buchstaben e und f gegenüber den Verantwortlichen oder den Auftragsverarbeitern, die nach Unionsrecht oder dem Recht der Mitgliedstaaten oder nach einer von den zuständigen nationalen Stellen erlassenen Verpflichtung dem Berufsge-

GDPR	DS-GVO

obligations of secrecy where this is necessary and proportionate to reconcile the right of the protection of personal data with the obligation of secrecy. Those rules shall apply only with regard to personal data which the controller or processor has received as a result of or has obtained in an activity covered by that obligation of secrecy.

heimnis oder einer gleichwertigen Geheimhaltungspflicht unterliegen, regeln, soweit dies notwendig und verhältnismäßig ist, um das Recht auf Schutz der personenbezogenen Daten mit der Pflicht zur Geheimhaltung in Einklang zu bringen. Diese Vorschriften gelten nur in Bezug auf personenbezogene Daten, die der Verantwortliche oder der Auftragsverarbeiter bei einer Tätigkeit erlangt oder erhoben hat, die einer solchen Geheimhaltungspflicht unterliegt.

2. Each Member State shall notify to the Commission the rules adopted pursuant to paragraph 1, by 25 May 2018 and, without delay, any subsequent amendment affecting them.

(2) Jeder Mitgliedstaat teilt der Kommission bis zum 25. Mai 2018 die Vorschriften mit, die er aufgrund von Absatz 1 erlässt, und setzt sie unverzüglich von allen weiteren Änderungen dieser Vorschriften in Kenntnis.

Article 91
Existing data protection rules of churches and religious associations

Artikel 91
Bestehende Datenschutzvorschriften von Kirchen und religiösen Vereinigungen oder Gemeinschaften
[Erwägungsgrund 165]

1. Where in a Member State, churches and religious associations or communities apply, at the time of entry into force of this Regulation, comprehensive rules relating to the protection of natural persons with regard to processing, such rules may continue to apply, provided that they are brought into line with this Regulation.

(1) Wendet eine Kirche oder eine religiöse Vereinigung oder Gemeinschaft in einem Mitgliedstaat zum Zeitpunkt des Inkrafttretens dieser Verordnung umfassende Regeln zum Schutz natürlicher Personen bei der Verarbeitung an, so dürfen diese Regeln weiter angewandt werden, sofern sie mit dieser Verordnung in Einklang gebracht werden.

2. Churches and religious associations which apply comprehensive rules in accordance with paragraph 1 of this Article shall be subject to the supervision of an independent supervisory authority, which may be specific, provided that it fulfils the conditions laid down in Chapter VI of this Regulation.

(2) Kirchen und religiöse Vereinigungen oder Gemeinschaften, die gemäß Absatz 1 umfassende Datenschutzregeln anwenden, unterliegen der Aufsicht durch eine unabhängige Aufsichtsbehörde, die spezifischer Art sein kann, sofern sie die in Kapitel VI niedergelegten Bedingungen erfüllt.

Chapter X
Delegated acts and implementing acts

Kapitel X
Delegierte Rechtsakte und Durchführungsrechtsakte
[Erwägungsgründe 166 – 170]

Article 92
Exercise of the delegation

Artikel 92
Ausübung der Befugnisübertragung
[Erwägungsgründe 166 – 169]

1. The power to adopt delegated acts is conferred on the Commission subject to the conditions laid down in this Article.

(1) Die Befugnis zum Erlass delegierter Rechtsakte wird der Kommission unter den in diesem Artikel festgelegten Bedingungen übertragen.

GDPR	DS-GVO

2. The delegation of power referred to in Article 12(8) and Article 43(8) shall be conferred on the Commission for an indeterminate period of time from 24 May 2016.

3. The delegation of power referred to in Article 12(8) and Article 43(8) may be revoked at any time by the European Parliament or by the Council. A decision of revocation shall put an end to the delegation of power specified in that decision. It shall take effect the day following that of its publication in the *Official Journal of the European Union* or at a later date specified therein. It shall not affect the validity of any delegated acts already in force.

4. As soon as it adopts a delegated act, the Commission shall notify it simultaneously to the European Parliament and to the Council.

5. A delegated act adopted pursuant to Article 12(8) and Article 43(8) shall enter into force only if no objection has been expressed by either the European Parliament or the Council within a period of three months of notification of that act to the European Parliament and the Council or if, before the expiry of that period, the European Parliament and the Council have both informed the Commission that they will not object. That period shall be extended by three months at the initiative of the European Parliament or of the Council.

(2) Die Befugnis zum Erlass delegierter Rechtsakte gemäß Artikel 12 Absatz 8 und Artikel 43 Absatz 8 wird der Kommission auf unbestimmte Zeit ab dem 24. Mai 2016 übertragen.

(3) Die Befugnisübertragung gemäß Artikel 12 Absatz 8 und Artikel 43 Absatz 8 kann vom Europäischen Parlament oder vom Rat jederzeit widerrufen werden. Der Beschluss über den Widerruf beendet die Übertragung der in diesem Beschluss angegebenen Befugnis. Er wird am Tag nach seiner Veröffentlichung im Amtsblatt der Europäischen Union oder zu einem im Beschluss über den Widerruf angegebenen späteren Zeitpunkt wirksam. Die Gültigkeit von delegierten Rechtsakten, die bereits in Kraft sind, wird von dem Beschluss über den Widerruf nicht berührt.

(4) Sobald die Kommission einen delegierten Rechtsakt erlässt, übermittelt sie ihn gleichzeitig dem Europäischen Parlament und dem Rat.

(5) Ein delegierter Rechtsakt, der gemäß Artikel 12 Absatz 8 und Artikel 43 Absatz 8 erlassen wurde, tritt nur in Kraft, wenn weder das Europäische Parlament noch der Rat innerhalb einer Frist von drei Monaten nach Übermittlung dieses Rechtsakts an das Europäische Parlament und den Rat Einwände erhoben haben oder wenn vor Ablauf dieser Frist das Europäische Parlament und der Rat beide der Kommission mitgeteilt haben, dass sie keine Einwände erheben werden. Auf Veranlassung des Europäischen Parlaments oder des Rates wird diese Frist um drei Monate verlängert.

Article 93
Committee procedure

Artikel 93
Ausschussverfahren
[Erwägungsgrund 170]

1. The Commission shall be assisted by a committee. That committee shall be a committee within the meaning of Regulation (EU) No 182/2011.

2. Where reference is made to this paragraph, Article 5 of Regulation (EU) No 182/2011 shall apply.

3. Where reference is made to this paragraph, Article 8 of Regulation (EU) No 182/2011, in conjunction with Article 5 thereof, shall apply.

(1) Die Kommission wird von einem Ausschuss unterstützt. Dieser Ausschuss ist ein Ausschuss im Sinne der Verordnung (EU) Nr. 182/2011.

(2) Wird auf diesen Absatz Bezug genommen, so gilt Artikel 5 der Verordnung (EU) Nr. 182/2011.

(3) Wird auf diesen Absatz Bezug genommen, so gilt Artikel 8 der Verordnung (EU) Nr. 182/2011 in Verbindung mit deren Artikel 5.

GDPR	DS-GVO

Chapter XI
Final provisions

Kapitel XI
Schlussbestimmungen
[Erwägungsgründe 171 – 173]

Article 94
Repeal of Directive 95/46/EC

Artikel 94
Aufhebung der Richtlinie 95/46/EG
[Erwägungsgrund 171]

1. Directive 95/46/EC is repealed with effect from 25 May 2018.

2. References to the repealed Directive shall be construed as references to this Regulation. References to the Working Party on the Protection of Individuals with regard to the Processing of Personal Data established by Article 29 of Directive 95/46/EC shall be construed as references to the European Data Protection Board established by this Regulation.

(1) Die Richtlinie 95/46/EG wird mit Wirkung vom 25. Mai 2018 aufgehoben.

(2) Verweise auf die aufgehobene Richtlinie gelten als Verweise auf die vorliegende Verordnung. Verweise auf die durch Artikel 29 der Richtlinie 95/46/EG eingesetzte Gruppe für den Schutz von Personen bei der Verarbeitung personenbezogener Daten gelten als Verweise auf den kraft dieser Verordnung errichteten Europäischen Datenschutzausschuss.

Article 95
Relationship with Directive 2002/58/EC

Artikel 95
Verhältnis zur Richtlinie 2002/58/EG
[Erwägungsgrund 173]

This Regulation shall not impose additional obligations on natural or legal persons in relation to processing in connection with the provision of publicly available electronic communications services in public communication networks in the Union in relation to matters for which they are subject to specific obligations with the same objective set out in Directive 2002/58/EC.

Diese Verordnung erlegt natürlichen oder juristischen Personen in Bezug auf die Verarbeitung in Verbindung mit der Bereitstellung öffentlich zugänglicher elektronischer Kommunikationsdienste in öffentlichen Kommunikationsnetzen in der Union keine zusätzlichen Pflichten auf, soweit sie besonderen in der Richtlinie 2002/58/EG festgelegten Pflichten unterliegen, die dasselbe Ziel verfolgen.

Article 96
Relationship with previously concluded Agreements

Artikel 96
Verhältnis zu bereits geschlossenen Übereinkünften

International agreements involving the transfer of personal data to third countries or international organisations which were concluded by Member States prior to 24 May 2016, and which comply with Union law as applicable prior to that date, shall remain in force until amended, replaced or revoked.

Internationale Übereinkünfte, die die Übermittlung personenbezogener Daten an Drittländer oder internationale Organisationen mit sich bringen, die von den Mitgliedstaaten vor dem 24. Mai 2016 abgeschlossen wurden und die im Einklang mit dem vor diesem Tag geltenden Unionsrecht stehen, bleiben in Kraft, bis sie geändert, ersetzt oder gekündigt werden.

GDPR	DS-GVO

Article 97
Commission reports

1. By 25 May 2020 and every four years thereafter, the Commission shall submit a report on the evaluation and review of this Regulation to the European Parliament and to the Council. The reports shall be made public.
2. In the context of the evaluations and reviews referred to in paragraph 1, the Commission shall examine, in particular, the application and functioning of:
   (a) Chapter V on the transfer of personal data to third countries or international organisations with particular regard to decisions adopted pursuant to Article 45(3) of this Regulation and decisions adopted on the basis of Article 25(6) of Directive 95/46/EC;

   (b) Chapter VII on cooperation and consistency.
3. For the purpose of paragraph 1, the Commission may request information from Member States and supervisory authorities.
4. In carrying out the evaluations and reviews referred to in paragraphs 1 and 2, the Commission shall take into account the positions and findings of the European Parliament, of the Council, and of other relevant bodies or sources.
5. The Commission shall, if necessary, submit appropriate proposals to amend this Regulation, in particular taking into account of developments in information technology and in the light of the state of progress in the information society.

Artikel 97
Berichte der Kommission

(1) Bis zum 25. Mai 2020 und danach alle vier Jahre legt die Kommission dem Europäischen Parlament und dem Rat einen Bericht über die Bewertung und Überprüfung dieser Verordnung vor. Die Berichte werden öffentlich gemacht.
(2) Im Rahmen der Bewertungen und Überprüfungen nach Absatz 1 prüft die Kommission insbesondere die Anwendung und die Wirkungsweise

a) des Kapitels V über die Übermittlung personenbezogener Daten an Drittländer oder an internationale Organisationen insbesondere im Hinblick auf die gemäß Artikel 45 Absatz 3 der vorliegenden Verordnung erlassenen Beschlüsse sowie die gemäß Artikel 25 Absatz 6 der Richtlinie 95/46/EG erlassenen Feststellungen,

b) des Kapitels VII über Zusammenarbeit und Kohärenz.
(3) Für den in Absatz 1 genannten Zweck kann die Kommission Informationen von den Mitgliedstaaten und den Aufsichtsbehörden anfordern.
(4) Bei den in den Absätzen 1 und 2 genannten Bewertungen und Überprüfungen berücksichtigt die Kommission die Standpunkte und Feststellungen des Europäischen Parlaments, des Rates und anderer einschlägiger Stellen oder Quellen.
(5) Die Kommission legt erforderlichenfalls geeignete Vorschläge zur Änderung dieser Verordnung vor und berücksichtigt dabei insbesondere die Entwicklungen in der Informationstechnologie und die Fortschritte in der Informationsgesellschaft.

Article 98
Review of other Union legal acts on data protection

The Commission shall, if appropriate, submit legislative proposals with a view to amending other Union legal acts on the protection of personal data, in order to ensure uniform and consistent protection of natural persons with regard to processing. This shall in particular concern the rules relating to the protection of natural

Artikel 98
Überprüfung anderer Rechtsakte der Union zum Datenschutz

Die Kommission legt gegebenenfalls Gesetzgebungsvorschläge zur Änderung anderer Rechtsakte der Union zum Schutz personenbezogener Daten vor, damit ein einheitlicher und kohärenter Schutz natürlicher Personen bei der Verarbeitung sichergestellt wird. Dies betrifft insbesondere die Vorschriften zum Schutz na-

GDPR	DS-GVO

persons with regard to processing by Union institutions, bodies, offices and agencies and on the free movement of such data.

türlicher Personen bei der Verarbeitung solcher Daten durch die Organe, Einrichtungen, Ämter und Agenturen der Union und zum freien Verkehr solcher Daten.

Article 99
Entry into force and application

1. This Regulation shall enter into force on the twentieth day following that of its publication in the *Official Journal of the European Union*.
2. It shall apply from 25 May 2018.

This Regulation shall be binding in its entirety and directly applicable in all Member States.

Done at Brussels, 27 April 2016.

Artikel 99
Inkrafttreten und Anwendung
[Erwägungsgrund 171]

(1) Diese Verordnung tritt am zwanzigsten Tag nach ihrer Veröffentlichung im Amtsblatt der Europäischen Union in Kraft.
(2) Sie gilt ab dem 25. Mai 2018.

Diese Verordnung ist in allen ihren Teilen verbindlich und gilt unmittelbar in jedem Mitgliedstaat.[1]

Geschehen zu Brüssel am 27. April 2016.

---

1. Erwägungsgrund 173

Erwägungsgründe zur DS-GVO

Englisch – Deutsch

Recitals of the GDPR	Erwägungsgründe zur DS-GVO
Recitals of the GDPR	**Erwägungsgründe zur DS-GVO**
REGULATION (EU) 2016/679 OF THE EUROPEAN PARLIAMENT AND OF THE COUNCIL	**VERORDNUNG (EU) 2016/679 DES EUROPÄISCHEN PARLAMENTS UND DES RATES**
of 27 April 2016	vom 27. April 2016
on the protection of natural persons with regard to the processing of personal data and on the free movement of such data, and repealing Directive 95/46/EC	zum Schutz natürlicher Personen bei der Verarbeitung personenbezogener Daten, zum freien Datenverkehr und zur Aufhebung der Richtlinie 95/46/EG
(General Data Protection Regulation)	(Datenschutz-Grundverordnung)
(Text with EEA relevance)	(Text von Bedeutung für den EWR)
THE EUROPEAN PARLIAMENT AND THE COUNCIL OF THE EUROPEAN UNION,	DAS EUROPÄISCHE PARLAMENT UND DER RAT DER EUROPÄISCHEN UNION –
Having regard to the Treaty on the Functioning of the European Union, and in particular Article 16 thereof,	gestützt auf den Vertrag über die Arbeitsweise der Europäischen Union, insbesondere auf Artikel 16,
Having regard to the proposal from the European Commission,	auf Vorschlag der Europäischen Kommission,
After transmission of the draft legislative act to the national parliaments,	nach Zuleitung des Entwurfs des Gesetzgebungsakts an die nationalen Parlamente,
Having regard to the opinion of the European Economic and Social Committee[1],	nach Stellungnahme des Europäischen Wirtschafts- und Sozialausschusses[1],
Having regard to the opinion of the Committee of the Regions[2],	nach Stellungnahme des Ausschusses der Regionen[2],
Acting in accordance with the ordinary legislative procedure[3],	gemäß dem ordentlichen Gesetzgebungsverfahren[3],
Whereas:	in Erwägung nachstehender Gründe:

Chapter I: General provisions	zu Kapitel I: Allgemeine Bestimmungen
(1) The protection of natural persons in relation to the processing of personal data is a fundamental right. Article 8(1) of the Charter of Fundamental Rights of the European Union (the 'Charter') and Article 16(1) of the Treaty on the Functioning of the European Union (TFEU) provide that everyone has the right to the protection of personal data concerning him or her.	(1) Der Schutz natürlicher Personen bei der Verarbeitung personenbezogener Daten ist ein Grundrecht. Gemäß Artikel 8 Absatz 1 der Charta der Grundrechte der Europäischen Union (im Folgenden „Charta") sowie Artikel 16 Absatz 1 des Vertrags über die Arbeitsweise der Europäischen Union (AEUV) hat jede Person das Recht auf Schutz der sie betreffenden personenbezogenen Daten.
(2) The principles of, and rules on the protection of natural persons with regard to the processing of their personal data should, whatever their nation-	(2) Die Grundsätze und Vorschriften zum Schutz natürlicher Personen bei der Verarbeitung ihrer personenbezogenen Daten sollten gewährleisten, dass

---

1. OJ C 229, 31.7.2012, p. 90.
2. OJ C 391, 18.12.2012, p. 127.
3. Position of the European Parliament of 12 March 2014 (not yet published in the Official Journal) and position of the Council at first reading of 8 April 2016 (not yet published in the Official Journal). Position of the European Parliament of 14 April 2016.

---

1. ABl. C 229 vom 31.7.2012, S. 90.
2. ABl. C 391 vom 18.12.2012, S. 127.
3. Standpunkt des Europäischen Parlaments vom 12. März 2014 (noch nicht im Amtsblatt veröffentlicht) und Standpunkt des Rates in erster Lesung vom 8. April 2016 (noch nicht im Amtsblatt veröffentlicht). Standpunkt des Europäischen Parlaments vom 14. April 2016.

ality or residence, respect their fundamental rights and freedoms, in particular their right to the protection of personal data. This Regulation is intended to contribute to the accomplishment of an area of freedom, security and justice and of an economic union, to economic and social progress, to the strengthening and the convergence of the economies within the internal market, and to the well-being of natural persons.

(3) Directive 95/46/EC of the European Parliament and of the Council[1] seeks to harmonise the protection of fundamental rights and freedoms of natural persons in respect of processing activities and to ensure the free flow of personal data between Member States.

(4) The processing of personal data should be designed to serve mankind. The right to the protection of personal data is not an absolute right; it must be considered in relation to its function in society and be balanced against other fundamental rights, in accordance with the principle of proportionality. This Regulation respects all fundamental rights and observes the freedoms and principles recognised in the Charter as enshrined in the Treaties, in particular the respect for private and family life, home and communications, the protection of personal data, freedom of thought, conscience and religion, freedom of expression and information, freedom to conduct a business, the right to an effective remedy and to a fair trial, and cultural, religious and linguistic diversity.

(5) The economic and social integration resulting from the functioning of the internal market has led to a substantial increase in cross-border flows of per-

ihre Grundrechte und Grundfreiheiten und insbesondere ihr Recht auf Schutz personenbezogener Daten ungeachtet ihrer Staatsangehörigkeit oder ihres Aufenthaltsorts gewahrt bleiben. Diese Verordnung soll zur Vollendung eines Raums der Freiheit, der Sicherheit und des Rechts und einer Wirtschaftsunion, zum wirtschaftlichen und sozialen Fortschritt, zur Stärkung und zum Zusammenwachsen der Volkswirtschaften innerhalb des Binnenmarkts sowie zum Wohlergehen natürlicher Personen beitragen.

(3) Zweck der Richtlinie 95/46/EG des Europäischen Parlaments und des Rates[1] ist die Harmonisierung der Vorschriften zum Schutz der Grundrechte und Grundfreiheiten natürlicher Personen bei der Datenverarbeitung sowie die Gewährleistung des freien Verkehrs personenbezogener Daten zwischen den Mitgliedstaaten.

(4) Die Verarbeitung personenbezogener Daten sollte im Dienste der Menschheit stehen. Das Recht auf Schutz der personenbezogenen Daten ist kein uneingeschränktes Recht; es muss im Hinblick auf seine gesellschaftliche Funktion gesehen und unter Wahrung des Verhältnismäßigkeitsprinzips gegen andere Grundrechte abgewogen werden. Diese Verordnung steht im Einklang mit allen Grundrechten und achtet alle Freiheiten und Grundsätze, die mit der Charta anerkannt wurden und in den Europäischen Verträgen verankert sind, insbesondere Achtung des Privat- und Familienlebens, der Wohnung und der Kommunikation, Schutz personenbezogener Daten, Gedanken-, Gewissens- und Religionsfreiheit, Freiheit der Meinungsäußerung und Informationsfreiheit, unternehmerische Freiheit, Recht auf einen wirksamen Rechtsbehelf und ein faires Verfahren und Vielfalt der Kulturen, Religionen und Sprachen.

(5) Die wirtschaftliche und soziale Integration als Folge eines funktionierenden Binnenmarkts hat zu einem deutlichen Anstieg des grenzüberschreiten-

---

1. Directive 95/46/EC of the European Parliament and of the Council of 24 October 1995 on the protection of individuals with regard to the processing of personal data and on the free movement of such data (OJ L 281, 23.11.1995, p. 31).

1. Richtlinie 95/46/EG des Europäischen Parlaments und des Rates vom 24. Oktober 1995 zum Schutz natürlicher Personen bei der Verarbeitung personenbezogener Daten und zum freien Datenverkehr (ABl. L 281 vom 23.11.1995, S. 31).

sonal data. The exchange of personal data between public and private actors, including natural persons, associations and undertakings across the Union has increased. National authorities in the Member States are being called upon by Union law to cooperate and exchange personal data so as to be able to perform their duties or carry out tasks on behalf of an authority in another Member State.	den Verkehrs personenbezogener Daten geführt. Der unionsweite Austausch personenbezogener Daten zwischen öffentlichen und privaten Akteuren einschließlich natürlichen Personen, Vereinigungen und Unternehmen hat zugenommen. Das Unionsrecht verpflichtet die Verwaltungen der Mitgliedstaaten, zusammenzuarbeiten und personenbezogene Daten auszutauschen, damit sie ihren Pflichten nachkommen oder für eine Behörde eines anderen Mitgliedstaats Aufgaben durchführen können.
(6) Rapid technological developments and globalisation have brought new challenges for the protection of personal data. The scale of the collection and sharing of personal data has increased significantly. Technology allows both private companies and public authorities to make use of personal data on an unprecedented scale in order to pursue their activities. Natural persons increasingly make personal information available publicly and globally. Technology has transformed both the economy and social life, and should further facilitate the free flow of personal data within the Union and the transfer to third countries and international organisations, while ensuring a high level of the protection of personal data.	(6) Rasche technologische Entwicklungen und die Globalisierung haben den Datenschutz vor neue Herausforderungen gestellt. Das Ausmaß der Erhebung und des Austauschs personenbezogener Daten hat eindrucksvoll zugenommen. Die Technik macht es möglich, dass private Unternehmen und Behörden im Rahmen ihrer Tätigkeiten in einem noch nie dagewesenen Umfang auf personenbezogene Daten zurückgreifen. Zunehmend machen auch natürliche Personen Informationen öffentlich weltweit zugänglich. Die Technik hat das wirtschaftliche und gesellschaftliche Leben verändert und dürfte den Verkehr personenbezogener Daten innerhalb der Union sowie die Datenübermittlung an Drittländer und internationale Organisationen noch weiter erleichtern, wobei ein hohes Datenschutzniveau zu gewährleisten ist.
(7) Those developments require a strong and more coherent data protection framework in the Union, backed by strong enforcement, given the importance of creating the trust that will allow the digital economy to develop across the internal market. Natural persons should have control of their own personal data. Legal and practical certainty for natural persons, economic operators and public authorities should be enhanced.	(7) Diese Entwicklungen erfordern einen soliden, kohärenteren und klar durchsetzbaren Rechtsrahmen im Bereich des Datenschutzes in der Union, da es von großer Wichtigkeit ist, eine Vertrauensbasis zu schaffen, die die digitale Wirtschaft dringend benötigt, um im Binnenmarkt weiter wachsen zu können. Natürliche Personen sollten die Kontrolle über ihre eigenen Daten besitzen. Natürliche Personen, Wirtschaft und Staat sollten in rechtlicher und praktischer Hinsicht über mehr Sicherheit verfügen.
(8) Where this Regulation provides for specifications or restrictions of its rules by Member State law, Member States may, as far as necessary for coherence and for making the national provisions comprehensible to the persons to whom they apply, incorporate elements of this Regulation into their national law.	(8) Wenn in dieser Verordnung Präzisierungen oder Einschränkungen ihrer Vorschriften durch das Recht der Mitgliedstaaten vorgesehen sind, können die Mitgliedstaaten Teile dieser Verordnung in ihr nationales Recht aufnehmen, soweit dies erforderlich ist, um die Kohärenz zu wahren und um die nationalen Rechtsvorschriften für die Personen, für die sie gelten, verständlicher zu machen.

Recitals of the GDPR	Erwägungsgründe zur DS-GVO

(9) The objectives and principles of Directive 95/46/EC remain sound, but it has not prevented fragmentation in the implementation of data protection across the Union, legal uncertainty or a widespread public perception that there are significant risks to the protection of natural persons, in particular with regard to online activity. Differences in the level of protection of the rights and freedoms of natural persons, in particular the right to the protection of personal data, with regard to the processing of personal data in the Member States may prevent the free flow of personal data throughout the Union. Those differences may therefore constitute an obstacle to the pursuit of economic activities at the level of the Union, distort competition and impede authorities in the discharge of their responsibilities under Union law. Such a difference in levels of protection is due to the existence of differences in the implementation and application of Directive 95/46/EC.

(10) In order to ensure a consistent and high level of protection of natural persons and to remove the obstacles to flows of personal data within the Union, the level of protection of the rights and freedoms of natural persons with regard to processing of such data should be equivalent in all Member States. Consistent and homogenous application of the rules for the protection of the fundamental rights and freedoms of natural persons with regard to the processing of personal data should be ensured throughout the Union. Regarding the processing of personal data for compliance with a legal obligation, for the performance of a task carried out in the public interest or in the exercise of official authority vested in the controller, Member States should be allowed to maintain or introduce national provisions to further specify the application of the rules of this Regulation. In conjunction with the general and horizontal law on data protection implementing Directive 95/46/EC, Member States have several sector-specific laws in areas that need more specific provisions. This Regulation also provides a margin of manoeuvre for Member States to specify its rules, including for the processing of special categories of personal

(9) Die Ziele und Grundsätze der Richtlinie 95/46/EG besitzen nach wie vor Gültigkeit, doch hat die Richtlinie nicht verhindern können, dass der Datenschutz in der Union unterschiedlich gehandhabt wird, Rechtsunsicherheit besteht oder in der Öffentlichkeit die Meinung weit verbreitet ist, dass erhebliche Risiken für den Schutz natürlicher Personen bestehen, insbesondere im Zusammenhang mit der Benutzung des Internets. Unterschiede beim Schutzniveau für die Rechte und Freiheiten von natürlichen Personen im Zusammenhang mit der Verarbeitung personenbezogener Daten in den Mitgliedstaaten, vor allem beim Recht auf Schutz dieser Daten, können den unionsweiten freien Verkehr solcher Daten behindern. Diese Unterschiede im Schutzniveau können daher ein Hemmnis für die unionsweite Ausübung von Wirtschaftstätigkeiten darstellen, den Wettbewerb verzerren und die Behörden an der Erfüllung der ihnen nach dem Unionsrecht obliegenden Pflichten hindern. Sie erklären sich aus den Unterschieden bei der Umsetzung und Anwendung der Richtlinie 95/46/EG.

(10) Um ein gleichmäßiges und hohes Datenschutzniveau für natürliche Personen zu gewährleisten und die Hemmnisse für den Verkehr personenbezogener Daten in der Union zu beseitigen, sollte das Schutzniveau für die Rechte und Freiheiten von natürlichen Personen bei der Verarbeitung dieser Daten in allen Mitgliedstaaten gleichwertig sein. Die Vorschriften zum Schutz der Grundrechte und Grundfreiheiten von natürlichen Personen bei der Verarbeitung personenbezogener Daten sollten unionsweit gleichmäßig und einheitlich angewandt werden. Hinsichtlich der Verarbeitung personenbezogener Daten zur Erfüllung einer rechtlichen Verpflichtung oder zur Wahrnehmung einer Aufgabe, die im öffentlichen Interesse liegt oder in Ausübung öffentlicher Gewalt erfolgt, die dem Verantwortlichen übertragen wurde, sollten die Mitgliedstaaten die Möglichkeit haben, nationale Bestimmungen, mit denen die Anwendung der Vorschriften dieser Verordnung genauer festgelegt wird, beizubehalten oder einzuführen. In Verbindung mit den allgemeinen und horizontalen Rechtsvorschriften über den Datenschutz zur Umsetzung der Richtlinie 95/46/EG gibt es in den

Recitals of the GDPR	Erwägungsgründe zur DS-GVO
data ('sensitive data'). To that extent, this Regulation does not exclude Member State law that sets out the circumstances for specific processing situations, including determining more precisely the conditions under which the processing of personal data is lawful.	Mitgliedstaaten mehrere sektorspezifische Rechtsvorschriften in Bereichen, die spezifischere Bestimmungen erfordern. Diese Verordnung bietet den Mitgliedstaaten zudem einen Spielraum für die Spezifizierung ihrer Vorschriften, auch für die Verarbeitung besonderer Kategorien von personenbezogenen Daten (im Folgenden „sensible Daten"). Diesbezüglich schließt diese Verordnung nicht Rechtsvorschriften der Mitgliedstaaten aus, in denen die Umstände besonderer Verarbeitungssituationen festgelegt werden, einschließlich einer genaueren Bestimmung der Voraussetzungen, unter denen die Verarbeitung personenbezogener Daten rechtmäßig ist.
(11) Effective protection of personal data throughout the Union requires the strengthening and setting out in detail of the rights of data subjects and the obligations of those who process and determine the processing of personal data, as well as equivalent powers for monitoring and ensuring compliance with the rules for the protection of personal data and equivalent sanctions for infringements in the Member States.	(11) Ein unionsweiter wirksamer Schutz personenbezogener Daten erfordert die Stärkung und präzise Festlegung der Rechte der betroffenen Personen sowie eine Verschärfung der Verpflichtungen für diejenigen, die personenbezogene Daten verarbeiten und darüber entscheiden, ebenso wie – in den Mitgliedstaaten – gleiche Befugnisse bei der Überwachung und Gewährleistung der Einhaltung der Vorschriften zum Schutz personenbezogener Daten sowie gleiche Sanktionen im Falle ihrer Verletzung.
(12) Article 16(2) TFEU mandates the European Parliament and the Council to lay down the rules relating to the protection of natural persons with regard to the processing of personal data and the rules relating to the free movement of personal data.	(12) Artikel 16 Absatz 2 AEUV ermächtigt das Europäische Parlament und den Rat, Vorschriften über den Schutz natürlicher Personen bei der Verarbeitung personenbezogener Daten und zum freien Verkehr solcher Daten zu erlassen.
(13) In order to ensure a consistent level of protection for natural persons throughout the Union and to prevent divergences hampering the free movement of personal data within the internal market, a Regulation is necessary to provide legal certainty and transparency for economic operators, including micro, small and medium-sized enterprises, and to provide natural persons in all Member States with the same level of legally enforceable rights and obligations and responsibilities for controllers and processors, to ensure consistent monitoring of the processing of personal data, and equivalent sanctions in all Member States as well as effective cooperation between the supervisory authorities of different Member States. The proper functioning of the internal market requires that	(13) Damit in der Union ein gleichmäßiges Datenschutzniveau für natürliche Personen gewährleistet ist und Unterschiede, die den freien Verkehr personenbezogener Daten im Binnenmarkt behindern könnten, beseitigt werden, ist eine Verordnung erforderlich, die für die Wirtschaftsteilnehmer einschließlich Kleinstunternehmen sowie kleiner und mittlerer Unternehmen Rechtssicherheit und Transparenz schafft, natürliche Personen in allen Mitgliedstaaten mit demselben Niveau an durchsetzbaren Rechten ausstattet, dieselben Pflichten und Zuständigkeiten für die Verantwortlichen und Auftragsverarbeiter vorsieht und eine gleichmäßige Kontrolle der Verarbeitung personenbezogener Daten und gleichwertige Sanktionen in allen Mitgliedstaaten sowie eine wirksame Zusammenar-

Recitals of the GDPR

Erwägungsgründe zur DS-GVO

the free movement of personal data within the Union is not restricted or prohibited for reasons connected with the protection of natural persons with regard to the processing of personal data. To take account of the specific situation of micro, small and medium-sized enterprises, this Regulation includes a derogation for organisations with fewer than 250 employees with regard to record-keeping. In addition, the Union institutions and bodies, and Member States and their supervisory authorities, are encouraged to take account of the specific needs of micro, small and medium-sized enterprises in the application of this Regulation. The notion of micro, small and medium-sized enterprises should draw from Article 2 of the Annex to Commission Recommendation 2003/361/EC[1].

(14) The protection afforded by this Regulation should apply to natural persons, whatever their nationality or place of residence, in relation to the processing of their personal data. This Regulation does not cover the processing of personal data which concerns legal persons and in particular undertakings established as legal persons, including the name and the form of the legal person and the contact details of the legal person.

(15) In order to prevent creating a serious risk of circumvention, the protection of natural persons should be technologically neutral and should not depend on the techniques used. The protection of natural persons should apply to the processing of personal data by automated means, as well as to manual processing, if the personal data are contained or are intended to be contained in a filing system. Files or sets of files, as well as their cover pages,

beit zwischen den Aufsichtsbehörden der einzelnen Mitgliedstaaten gewährleistet. Das reibungslose Funktionieren des Binnenmarkts erfordert, dass der freie Verkehr personenbezogener Daten in der Union nicht aus Gründen des Schutzes natürlicher Personen bei der Verarbeitung personenbezogener Daten eingeschränkt oder verboten wird. Um der besonderen Situation der Kleinstunternehmen sowie der kleinen und mittleren Unternehmen Rechnung zu tragen, enthält diese Verordnung eine abweichende Regelung hinsichtlich des Führens eines Verzeichnisses für Einrichtungen, die weniger als 250 Mitarbeiter beschäftigen. Außerdem werden die Organe und Einrichtungen der Union sowie die Mitgliedstaaten und deren Aufsichtsbehörden dazu angehalten, bei der Anwendung dieser Verordnung die besonderen Bedürfnisse von Kleinstunternehmen sowie von kleinen und mittleren Unternehmen zu berücksichtigen. Für die Definition des Begriffs „Kleinstunternehmen sowie kleine und mittlere Unternehmen" sollte Artikel 2 des Anhangs zur Empfehlung 2003/361/EG der Kommission[1] maßgebend sein.

(14) Der durch diese Verordnung gewährte Schutz sollte für die Verarbeitung der personenbezogenen Daten natürlicher Personen ungeachtet ihrer Staatsangehörigkeit oder ihres Aufenthaltsorts gelten. Diese Verordnung gilt nicht für die Verarbeitung personenbezogener Daten juristischer Personen und insbesondere als juristische Person gegründeter Unternehmen, einschließlich Name, Rechtsform oder Kontaktdaten der juristischen Person.

(15) Um ein ernsthaftes Risiko einer Umgehung der Vorschriften zu vermeiden, sollte der Schutz natürlicher Personen technologieneutral sein und nicht von den verwendeten Techniken abhängen. Der Schutz natürlicher Personen sollte für die automatisierte Verarbeitung personenbezogener Daten ebenso gelten wie für die manuelle Verarbeitung von personenbezogenen Daten,

---

1. Commission Recommendation of 6 May 2003 concerning the definition of micro, small and medium-sized enterprises (C(2003) 1422) (OJ L 124, 20.5.2003, p. 36).

1. Empfehlung der Kommission vom 6. Mai 2003 betreffend die Definition der Kleinstunternehmen sowie der kleinen und mittleren Unternehmen (C (2003) 1422) (ABl. L 124 vom 20.5.2003, S. 36).

which are not structured according to specific criteria should not fall within the scope of this Regulation.

(16) This Regulation does not apply to issues of protection of fundamental rights and freedoms or the free flow of personal data related to activities which fall outside the scope of Union law, such as activities concerning national security. This Regulation does not apply to the processing of personal data by the Member States when carrying out activities in relation to the common foreign and security policy of the Union.

(17) Regulation (EC) No 45/2001 of the European Parliament and of the Council[1] applies to the processing of personal data by the Union institutions, bodies, offices and agencies. Regulation (EC) No 45/2001 and other Union legal acts applicable to such processing of personal data should be adapted to the principles and rules established in this Regulation and applied in the light of this Regulation. In order to provide a strong and coherent data protection framework in the Union, the necessary adaptations of Regulation (EC) No 45/2001 should follow after the adoption of this Regulation, in order to allow application at the same time as this Regulation.

(18) This Regulation does not apply to the processing of personal data by a natural person in the course of a purely personal or household activity and thus with no connection to a professional or commercial activity. Personal household activities could include correspondence and the holding of ad-

wenn die personenbezogenen Daten in einem Dateisystem gespeichert sind oder gespeichert werden sollen. Akten oder Aktensammlungen sowie ihre Deckblätter, die nicht nach bestimmten Kriterien geordnet sind, sollten nicht in den Anwendungsbereich dieser Verordnung fallen.

(16) Diese Verordnung gilt nicht für Fragen des Schutzes von Grundrechten und Grundfreiheiten und des freien Verkehrs personenbezogener Daten im Zusammenhang mit Tätigkeiten, die nicht in den Anwendungsbereich des Unionsrechts fallen, wie etwa die nationale Sicherheit betreffende Tätigkeiten. Diese Verordnung gilt nicht für die von den Mitgliedstaaten im Rahmen der Gemeinsamen Außen- und Sicherheitspolitik der Union durchgeführte Verarbeitung personenbezogener Daten.

(17) Die Verordnung (EG) Nr. 45/2001 des Europäischen Parlaments und des Rates[1] gilt für die Verarbeitung personenbezogener Daten durch die Organe, Einrichtungen, Ämter und Agenturen der Union. Die Verordnung (EG) Nr. 45/2001 und sonstige Rechtsakte der Union, die diese Verarbeitung personenbezogener Daten regeln, sollten an die Grundsätze und Vorschriften der vorliegenden Verordnung angepasst und im Lichte der vorliegenden Verordnung angewandt werden. Um einen soliden und kohärenten Rechtsrahmen im Bereich des Datenschutzes in der Union zu gewährleisten, sollten die erforderlichen Anpassungen der Verordnung (EG) Nr. 45/2001 im Anschluss an den Erlass der vorliegenden Verordnung vorgenommen werden, damit sie gleichzeitig mit der vorliegenden Verordnung angewandt werden können.

(18) Diese Verordnung gilt nicht für die Verarbeitung von personenbezogenen Daten, die von einer natürlichen Person zur Ausübung ausschließlich persönlicher oder familiärer Tätigkeiten und somit ohne Bezug zu einer beruflichen oder wirtschaftlichen Tätigkeit vorgenommen wird. Als persönliche

---

1. Regulation (EC) No 45/2001 of the European Parliament and of the Council of 18 December 2000 on the protection of individuals with regard to the processing of personal data by the Community institutions and bodies and on the free movement of such data (OJ L 8, 12.1.2001, p. 1).

1. Verordnung (EG) Nr. 45/2001 des Europäischen Parlaments und des Rates vom 18. Dezember 2000 zum Schutz natürlicher Personen bei der Verarbeitung personenbezogener Daten durch die Organe und Einrichtungen der Gemeinschaft und zum freien Datenverkehr (ABl. L 8 vom 12.1.2001, S. 1).

Recitals of the GDPR | Erwägungsgründe zur DS-GVO

dresses, or social networking and online activity undertaken within the context of such activities. However, this Regulation applies to controllers or processors which provide the means for processing personal data for such personal or household activities.

oder familiäre Tätigkeiten könnte auch das Führen eines Schriftverkehrs oder von Anschriftenverzeichnissen oder die Nutzung sozialer Netze und Online-Tätigkeiten im Rahmen solcher Tätigkeiten gelten. Diese Verordnung gilt jedoch für die Verantwortlichen oder Auftragsverarbeiter, die die Instrumente für die Verarbeitung personenbezogener Daten für solche persönlichen oder familiären Tätigkeiten bereitstellen.

(19) The protection of natural persons with regard to the processing of personal data by competent authorities for the purposes of the prevention, investigation, detection or prosecution of criminal offences or the execution of criminal penalties, including the safeguarding against and the prevention of threats to public security and the free movement of such data, is the subject of a specific Union legal act. This Regulation should not, therefore, apply to processing activities for those purposes. However, personal data processed by public authorities under this Regulation should, when used for those purposes, be governed by a more specific Union legal act, namely Directive (EU) 2016/680 of the European Parliament and of the Council[1]. Member States may entrust competent authorities within the meaning of Directive (EU) 2016/680 with tasks which are not necessarily carried out for the purposes of the prevention, investigation, detection or prosecution of criminal offences or the execution of criminal penalties, including the safeguarding against and prevention of threats to public security, so that the processing of personal data for those other purposes, in so far as it is within the scope of Union law, falls within the scope of this Regulation.

(19) Der Schutz natürlicher Personen bei der Verarbeitung personenbezogener Daten durch die zuständigen Behörden zum Zwecke der Verhütung, Ermittlung, Aufdeckung oder Verfolgung von Straftaten oder der Strafvollstreckung, einschließlich des Schutzes vor und der Abwehr von Gefahren für die öffentliche Sicherheit, sowie der freie Verkehr dieser Daten sind in einem eigenen Unionsrechtsakt geregelt. Deshalb sollte diese Verordnung auf Verarbeitungstätigkeiten dieser Art keine Anwendung finden. Personenbezogene Daten, die von Behörden nach dieser Verordnung verarbeitet werden, sollten jedoch, wenn sie zu den vorstehenden Zwecken verwendet werden, einem spezifischeren Unionsrechtsakt, nämlich der Richtlinie (EU) 2016/680 des Europäischen Parlaments und des Rates[1] unterliegen. Die Mitgliedstaaten können die zuständigen Behörden im Sinne der Richtlinie (EU) 2016/680 mit Aufgaben betrauen, die nicht zwangsläufig für die Zwecke der Verhütung, Ermittlung, Aufdeckung oder Verfolgung von Straftaten oder der Strafvollstreckung, einschließlich des Schutzes vor und der Abwehr von Gefahren für die öffentliche Sicherheit, ausgeführt werden, so dass die Verarbeitung von personenbezogenen Daten für diese anderen Zwecke insoweit in den Anwendungsbereich dieser Verordnung

1. Directive (EU) 2016/680 of the European Parliament and of the Council of 27 April 2016 on the protection of natural persons with regard to the processing of personal data by competent authorities for the purposes of prevention, investigation, detection or prosecution of criminal offences or the execution of criminal penalties, and the free movement of such data and repealing Council Framework Decision 2008/977/JHA (see page 89 of this Official Journal [OJ C 119, 04.05.2016, p. 89]).

1. Richtlinie (EU) 2016/680 des Europäischen Parlaments und des Rates vom 27. April 2016 zum Schutz natürlicher Personen bei der Verarbeitung personenbezogener Daten durch die zuständigen Behörden zum Zwecke der Verhütung, Aufdeckung, Untersuchung oder Verfolgung von Straftaten oder der Strafvollstreckung sowie zum freien Datenverkehr und zur Aufhebung des Rahmenbeschlusses 2000/383/JI des Rates (siehe Seite 89 dieses Amtsblatts [= ABl. L 119 vom 04.05.2016, S. 89]).

Recitals of the GDPR | Erwägungsgründe zur DS-GVO

fällt, als sie in den Anwendungsbereich des Unionsrechts fällt.

With regard to the processing of personal data by those competent authorities for purposes falling within scope of this Regulation, Member States should be able to maintain or introduce more specific provisions to adapt the application of the rules of this Regulation. Such provisions may determine more precisely specific requirements for the processing of personal data by those competent authorities for those other purposes, taking into account the constitutional, organisational and administrative structure of the respective Member State. When the processing of personal data by private bodies falls within the scope of this Regulation, this Regulation should provide for the possibility for Member States under specific conditions to restrict by law certain obligations and rights when such a restriction constitutes a necessary and proportionate measure in a democratic society to safeguard specific important interests including public security and the prevention, investigation, detection or prosecution of criminal offences or the execution of criminal penalties, including the safeguarding against and the prevention of threats to public security. This is relevant for instance in the framework of anti-money laundering or the activities of forensic laboratories.

In Bezug auf die Verarbeitung personenbezogener Daten durch diese Behörden für Zwecke, die in den Anwendungsbereich dieser Verordnung fallen, sollten die Mitgliedstaaten spezifischere Bestimmungen beibehalten oder einführen können, um die Anwendung der Vorschriften dieser Verordnung anzupassen. In den betreffenden Bestimmungen können die Auflagen für die Verarbeitung personenbezogener Daten durch diese zuständigen Behörden für jene anderen Zwecke präziser festgelegt werden, wobei der verfassungsmäßigen, organisatorischen und administrativen Struktur des betreffenden Mitgliedstaats Rechnung zu tragen ist. Soweit diese Verordnung für die Verarbeitung personenbezogener Daten durch private Stellen gilt, sollte sie vorsehen, dass die Mitgliedstaaten einige Pflichten und Rechte unter bestimmten Voraussetzungen mittels Rechtsvorschriften beschränken können, wenn diese Beschränkung in einer demokratischen Gesellschaft eine notwendige und verhältnismäßige Maßnahme zum Schutz bestimmter wichtiger Interessen darstellt, wozu auch die öffentliche Sicherheit und die Verhütung, Ermittlung, Aufdeckung und Verfolgung von Straftaten oder die Strafvollstreckung zählen, einschließlich des Schutzes vor und der Abwehr von Gefahren für die öffentliche Sicherheit. Dies ist beispielsweise im Rahmen der Bekämpfung der Geldwäsche oder der Arbeit kriminaltechnischer Labors von Bedeutung.

(20) While this Regulation applies, inter alia, to the activities of courts and other judicial authorities, Union or Member State law could specify the processing operations and processing procedures in relation to the processing of personal data by courts and other judicial authorities. The competence of the supervisory authorities should not cover the processing of personal data when courts are acting in their judicial capacity, in order to safeguard the independence of the judiciary in the performance of its judicial tasks, including decision-making. It should be possible to entrust supervision of such data processing operations to specific bodies within the judicial system of the

(20) Diese Verordnung gilt zwar unter anderem für die Tätigkeiten der Gerichte und anderer Justizbehörden, doch könnte im Unionsrecht oder im Recht der Mitgliedstaaten festgelegt werden, wie die Verarbeitungsvorgänge und Verarbeitungsverfahren bei der Verarbeitung personenbezogener Daten durch Gerichte und andere Justizbehörden im Einzelnen auszusehen haben. Damit die Unabhängigkeit der Justiz bei der Ausübung ihrer gerichtlichen Aufgaben einschließlich ihrer Beschlussfassung unangetastet bleibt, sollten die Aufsichtsbehörden nicht für die Verarbeitung personenbezogener Daten durch Gerichte im Rahmen ihrer justiziellen Tätigkeiten zuständig sein. Mit der

Recitals of the GDPR   **Erwägungsgründe zur DS-GVO**

Member State, which should, in particular ensure compliance with the rules of this Regulation, enhance awareness among members of the judiciary of their obligations under this Regulation and handle complaints in relation to such data processing operations.

(21) This Regulation is without prejudice to the application of Directive 2000/31/EC of the European Parliament and of the Council[1], in particular of the liability rules of intermediary service providers in Articles 12 to 15 of that Directive. That Directive seeks to contribute to the proper functioning of the internal market by ensuring the free movement of information society services between Member States.

(22) Any processing of personal data in the context of the activities of an establishment of a controller or a processor in the Union should be carried out in accordance with this Regulation, regardless of whether the processing itself takes place within the Union. Establishment implies the effective and real exercise of activity through stable arrangements. The legal form of such arrangements, whether through a branch or a subsidiary with a legal personality, is not the determining factor in that respect.

(23) In order to ensure that natural persons are not deprived of the protection to which they are entitled under this Regulation, the processing of personal data of data subjects who are in the Union by a controller or a processor not established in the Union should be subject to this Regulation where the processing activities are related to offering goods or services to such data subjects irrespective of

Aufsicht über diese Datenverarbeitungsvorgänge sollten besondere Stellen im Justizsystem des Mitgliedstaats betraut werden können, die insbesondere die Einhaltung der Vorschriften dieser Verordnung sicherstellen, Richter und Staatsanwälte besser für ihre Pflichten aus dieser Verordnung sensibilisieren und Beschwerden in Bezug auf derartige Datenverarbeitungsvorgänge bearbeiten sollten.

(21) Die vorliegende Verordnung berührt nicht die Anwendung der Richtlinie 2000/31/EG des Europäischen Parlaments und des Rates[1] und insbesondere die der Vorschriften der Artikel 12 bis 15 jener Richtlinie zur Verantwortlichkeit von Anbietern reiner Vermittlungsdienste. Die genannte Richtlinie soll dazu beitragen, dass der Binnenmarkt einwandfrei funktioniert, indem sie den freien Verkehr von Diensten der Informationsgesellschaft zwischen den Mitgliedstaaten sicherstellt.

(22) Jede Verarbeitung personenbezogener Daten im Rahmen der Tätigkeiten einer Niederlassung eines Verantwortlichen oder eines Auftragsverarbeiters in der Union sollte gemäß dieser Verordnung erfolgen, gleich, ob die Verarbeitung in oder außerhalb der Union stattfindet. Eine Niederlassung setzt die effektive und tatsächliche Ausübung einer Tätigkeit durch eine feste Einrichtung voraus. Die Rechtsform einer solchen Einrichtung, gleich, ob es sich um eine Zweigstelle oder eine Tochtergesellschaft mit eigener Rechtspersönlichkeit handelt, ist dabei nicht ausschlaggebend.

(23) Damit einer natürlichen Person der gemäß dieser Verordnung gewährleistete Schutz nicht vorenthalten wird, sollte die Verarbeitung personenbezogener Daten von betroffenen Personen, die sich in der Union befinden, durch einen nicht in der Union niedergelassenen Verantwortlichen oder Auftragsverarbeiter dieser Verordnung un-

1. Directive 2000/31/EC of the European Parliament and of the Council of 8 June 2000 on certain legal aspects of information society services, in particular electronic commerce, in the Internal Market ('Directive on electronic commerce') (OJ L 178, 17.7.2000, p. 1).

1. Richtlinie 2000/31/EG des Europäischen Parlaments und des Rates vom 8. Juni 2000 über bestimmte rechtliche Aspekte der Dienste der Informationsgesellschaft, insbesondere des elektronischen Geschäftsverkehrs, im Binnenmarkt („Richtlinie über den elektronischen Geschäftsverkehr") (ABl. L 178 vom 17.7.2000, S. 1).

|

whether connected to a payment. In order to determine whether such a controller or processor is offering goods or services to data subjects who are in the Union, it should be ascertained whether it is apparent that the controller or processor envisages offering services to data subjects in one or more Member States in the Union. Whereas the mere accessibility of the controller's, processor's or an intermediary's website in the Union, of an email address or of other contact details, or the use of a language generally used in the third country where the controller is established, is insufficient to ascertain such intention, factors such as the use of a language or a currency generally used in one or more Member States with the possibility of ordering goods and services in that other language, or the mentioning of customers or users who are in the Union, may make it apparent that the controller envisages offering goods or services to data subjects in the Union.

terliegen, wenn die Verarbeitung dazu dient, diesen betroffenen Personen gegen Entgelt oder unentgeltlich Waren oder Dienstleistungen anzubieten. Um festzustellen, ob dieser Verantwortliche oder Auftragsverarbeiter betroffenen Personen, die sich in der Union befinden, Waren oder Dienstleistungen anbietet, sollte festgestellt werden, ob der Verantwortliche oder Auftragsverarbeiter offensichtlich beabsichtigt, betroffenen Personen in einem oder mehreren Mitgliedstaaten der Union Dienstleistungen anzubieten. Während die bloße Zugänglichkeit der Website des Verantwortlichen, des Auftragsverarbeiters oder eines Vermittlers in der Union, einer E-Mail- Adresse oder anderer Kontaktdaten oder die Verwendung einer Sprache, die in dem Drittland, in dem der Verantwortliche niedergelassen ist, allgemein gebräuchlich ist, hierfür kein ausreichender Anhaltspunkt ist, können andere Faktoren wie die Verwendung einer Sprache oder Währung, die in einem oder mehreren Mitgliedstaaten gebräuchlich ist, in Verbindung mit der Möglichkeit, Waren und Dienstleistungen in dieser anderen Sprache zu bestellen, oder die Erwähnung von Kunden oder Nutzern, die sich in der Union befinden, darauf hindeuten, dass der Verantwortliche beabsichtigt, den Personen in der Union Waren oder Dienstleistungen anzubieten.

(24) The processing of personal data of data subjects who are in the Union by a controller or processor not established in the Union should also be subject to this Regulation when it is related to the monitoring of the behaviour of such data subjects in so far as their behaviour takes place within the Union. In order to determine whether a processing activity can be considered to monitor the behaviour of data subjects, it should be ascertained whether natural persons are tracked on the internet including potential subsequent use of personal data processing techniques which consist of profiling a natural person, particularly in order to take decisions concerning her or him or for analysing or predicting her or his personal preferences, behaviours and attitudes.

(24) Die Verarbeitung personenbezogener Daten von betroffenen Personen, die sich in der Union befinden, durch einen nicht in der Union niedergelassenen Verantwortlichen oder Auftragsverarbeiter sollte auch dann dieser Verordnung unterliegen, wenn sie dazu dient, das Verhalten dieser betroffenen Personen zu beobachten, soweit ihr Verhalten in der Union erfolgt. Ob eine Verarbeitungstätigkeit der Beobachtung des Verhaltens von betroffenen Personen gilt, sollte daran festgemacht werden, ob ihre Internetaktivitäten nachvollzogen werden, einschließlich der möglichen nachfolgenden Verwendung von Techniken zur Verarbeitung personenbezogener Daten, durch die von einer natürlichen Person ein Profil erstellt wird, das insbesondere die Grundlage für sie betreffende Entscheidungen bildet oder anhand dessen ihre persönlichen Vorlieben, Verhaltensweisen

Recitals of the GDPR

(25) Where Member State law applies by virtue of public international law, this Regulation should also apply to a controller not established in the Union, such as in a Member State's diplomatic mission or consular post.

(26) The principles of data protection should apply to any information concerning an identified or identifiable natural person. Personal data which have undergone pseudonymisation, which could be attributed to a natural person by the use of additional information should be considered to be information on an identifiable natural person. To determine whether a natural person is identifiable, account should be taken of all the means reasonably likely to be used, such as singling out, either by the controller or by another person to identify the natural person directly or indirectly. To ascertain whether means are reasonably likely to be used to identify the natural person, account should be taken of all objective factors, such as the costs of and the amount of time required for identification, taking into consideration the available technology at the time of the processing and technological developments. The principles of data protection should therefore not apply to anonymous information, namely information which does not relate to an identified or identifiable natural person or to personal data rendered anonymous in such a manner that the data subject is not or no longer identifiable. This Regulation does not therefore concern the processing of such anonymous information, including for statistical or research purposes.

(27) This Regulation does not apply to the personal data of deceased persons. Member States may provide for rules regarding the processing of personal data of deceased persons.

Erwägungsgründe zur DS-GVO

oder Gepflogenheiten analysiert oder vorausgesagt werden sollen.

(25) Ist nach Völkerrecht das Recht eines Mitgliedstaats anwendbar, z. B. in einer diplomatischen oder konsularischen Vertretung eines Mitgliedstaats, so sollte die Verordnung auch auf einen nicht in der Union niedergelassenen Verantwortlichen Anwendung finden.

(26) Die Grundsätze des Datenschutzes sollten für alle Informationen gelten, die sich auf eine identifizierte oder identifizierbare natürliche Person beziehen. Einer Pseudonymisierung unterzogene personenbezogene Daten, die durch Heranziehung zusätzlicher Informationen einer natürlichen Person zugeordnet werden könnten, sollten als Informationen über eine identifizierbare natürliche Person betrachtet werden. Um festzustellen, ob eine natürliche Person identifizierbar ist, sollten alle Mittel berücksichtigt werden, die von dem Verantwortlichen oder einer anderen Person nach allgemeinem Ermessen wahrscheinlich genutzt werden, um die natürliche Person direkt oder indirekt zu identifizieren, wie beispielsweise das Aussondern. Bei der Feststellung, ob Mittel nach allgemeinem Ermessen wahrscheinlich zur Identifizierung der natürlichen Person genutzt werden, sollten alle objektiven Faktoren, wie die Kosten der Identifizierung und der dafür erforderliche Zeitaufwand, herangezogen werden, wobei die zum Zeitpunkt der Verarbeitung verfügbare Technologie und technologische Entwicklungen zu berücksichtigen sind. Die Grundsätze des Datenschutzes sollten daher nicht für anonyme Informationen gelten, d. h. für Informationen, die sich nicht auf eine identifizierte oder identifizierbare natürliche Person beziehen, oder personenbezogene Daten, die in einer Weise anonymisiert worden sind, dass die betroffene Person nicht oder nicht mehr identifiziert werden kann. Diese Verordnung betrifft somit nicht die Verarbeitung solcher anonymer Daten, auch für statistische oder für Forschungszwecke.

(27) Diese Verordnung gilt nicht für die personenbezogenen Daten Verstorbener. Die Mitgliedstaaten können Vorschriften für die Verarbeitung der personenbezogenen Daten Verstorbener vorsehen.

Recitals of the GDPR	Erwägungsgründe zur DS-GVO

(28) The application of pseudonymisation to personal data can reduce the risks to the data subjects concerned and help controllers and processors to meet their data-protection obligations. The explicit introduction of 'pseudonymisation' in this Regulation is not intended to preclude any other measures of data protection.

(29) In order to create incentives to apply pseudonymisation when processing personal data, measures of pseudonymisation should, whilst allowing general analysis, be possible within the same controller when that controller has taken technical and organisational measures necessary to ensure, for the processing concerned, that this Regulation is implemented, and that additional information for attributing the personal data to a specific data subject is kept separately. The controller processing the personal data should indicate the authorised persons within the same controller.

(30) Natural persons may be associated with online identifiers provided by their devices, applications, tools and protocols, such as internet protocol addresses, cookie identifiers or other identifiers such as radio frequency identification tags. This may leave traces which, in particular when combined with unique identifiers and other information received by the servers, may be used to create profiles of the natural persons and identify them.

(31) Public authorities to which personal data are disclosed in accordance with a legal obligation for the exercise of their official mission, such as tax and customs authorities, financial investigation units, independent administrative authorities, or financial market authorities responsible for the regulation and supervision of securities markets should not be regarded as recipients if they receive personal data which are necessary to carry out a particular inquiry in the general interest, in accordance with Union or Member State law. The

(28) Die Anwendung der Pseudonymisierung auf personenbezogene Daten kann die Risiken für die betroffenen Personen senken und die Verantwortlichen und die Auftragsverarbeiter bei der Einhaltung ihrer Datenschutzpflichten unterstützen. Durch die ausdrückliche Einführung der „Pseudonymisierung" in dieser Verordnung ist nicht beabsichtigt, andere Datenschutzmaßnahmen auszuschließen.

(29) Um Anreize für die Anwendung der Pseudonymisierung bei der Verarbeitung personenbezogener Daten zu schaffen, sollten Pseudonymisierungsmaßnahmen, die jedoch eine allgemeine Analyse zulassen, bei demselben Verantwortlichen möglich sein, wenn dieser die erforderlichen technischen und organisatorischen Maßnahmen getroffen hat, um – für die jeweilige Verarbeitung – die Umsetzung dieser Verordnung zu gewährleisten, wobei sicherzustellen ist, dass zusätzliche Informationen, mit denen die personenbezogenen Daten einer speziellen betroffenen Person zugeordnet werden können, gesondert aufbewahrt werden. Der für die Verarbeitung der personenbezogenen Daten Verantwortliche, sollte die befugten Personen bei diesem Verantwortlichen angeben.

(30) Natürlichen Personen werden unter Umständen Online-Kennungen wie IP-Adressen und Cookie-Kennungen, die sein Gerät oder Software-Anwendungen und -Tools oder Protokolle liefern, oder sonstige Kennungen wie Funkfrequenzkennzeichnungen zugeordnet. Dies kann Spuren hinterlassen, die insbesondere in Kombination mit eindeutigen Kennungen und anderen beim Server eingehenden Informationen dazu benutzt werden können, um Profile der natürlichen Personen zu erstellen und sie zu identifizieren.

(31) Behörden, gegenüber denen personenbezogene Daten aufgrund einer rechtlichen Verpflichtung für die Ausübung ihres offiziellen Auftrags offengelegt werden, wie Steuer- und Zollbehörden, Finanzermittlungsstellen, unabhängige Verwaltungsbehörden oder Finanzmarktbehörden, die für die Regulierung und Aufsicht von Wertpapiermärkten zuständig sind, sollten nicht als Empfänger gelten, wenn sie personenbezogene Daten erhalten, die für die Durchführung – gemäß dem Unionsrecht oder dem Recht der Mitgliedstaaten –

requests for disclosure sent by the public authorities should always be in writing, reasoned and occasional and should not concern the entirety of a filing system or lead to the interconnection of filing systems. The processing of personal data by those public authorities should comply with the applicable data-protection rules according to the purposes of the processing.

(32) Consent should be given by a clear affirmative act establishing a freely given, specific, informed and unambiguous indication of the data subject's agreement to the processing of personal data relating to him or her, such as by a written statement, including by electronic means, or an oral statement. This could include ticking a box when visiting an internet website, choosing technical settings for information society services or another statement or conduct which clearly indicates in this context the data subject's acceptance of the proposed processing of his or her personal data. Silence, pre-ticked boxes or inactivity should not therefore constitute consent. Consent should cover all processing activities carried out for the same purpose or purposes. When the processing has multiple purposes, consent should be given for all of them. If the data subject's consent is to be given following a request by electronic means, the request must be clear, concise and not unnecessarily disruptive to the use of the service for which it is provided.

(33) It is often not possible to fully identify the purpose of personal data processing for scientific research purposes at the time of data collection. Therefore, data subjects should be allowed to give their consent to certain areas of scientific research when in keeping with recognised ethical standards for sci-

eines einzelnen Untersuchungsauftrags im Interesse der Allgemeinheit erforderlich sind. Anträge auf Offenlegung, die von Behörden ausgehen, sollten immer schriftlich erfolgen, mit Gründen versehen sein und gelegentlichen Charakter haben, und sie sollten nicht vollständige Dateisysteme betreffen oder zur Verknüpfung von Dateisystemen führen. Die Verarbeitung personenbezogener Daten durch die genannten Behörden sollte den für die Zwecke der Verarbeitung geltenden Datenschutzvorschriften entsprechen.

(32) Die Einwilligung sollte durch eine eindeutige bestätigende Handlung erfolgen, mit der freiwillig, für den konkreten Fall, in informierter Weise und unmissverständlich bekundet wird, dass die betroffene Person mit der Verarbeitung der sie betreffenden personenbezogenen Daten einverstanden ist, etwa in Form einer schriftlichen Erklärung, die auch elektronisch erfolgen kann, oder einer mündlichen Erklärung. Dies könnte etwa durch Anklicken eines Kästchens beim Besuch einer Internetseite, durch die Auswahl technischer Einstellungen für Dienste der Informationsgesellschaft oder durch eine andere Erklärung oder Verhaltensweise geschehen, mit der die betroffene Person in dem jeweiligen Kontext eindeutig ihr Einverständnis mit der beabsichtigten Verarbeitung ihrer personenbezogenen Daten signalisiert. Stillschweigen, bereits angekreuzte Kästchen oder Untätigkeit der betroffenen Person sollten daher keine Einwilligung darstellen. Die Einwilligung sollte sich auf alle zu demselben Zweck oder denselben Zwecken vorgenommenen Verarbeitungsvorgänge beziehen. Wenn die Verarbeitung mehreren Zwecken dient, sollte für alle diese Verarbeitungszwecke eine Einwilligung gegeben werden. Wird die betroffene Person auf elektronischem Weg zur Einwilligung aufgefordert, so muss die Aufforderung in klarer und knapper Form und ohne unnötige Unterbrechung des Dienstes, für den die Einwilligung gegeben wird, erfolgen.

(33) Oftmals kann der Zweck der Verarbeitung personenbezogener Daten für Zwecke der wissenschaftlichen Forschung zum Zeitpunkt der Erhebung der personenbezogenen Daten nicht vollständig angegeben werden. Daher sollte es betroffenen Personen erlaubt sein, ihre Einwilligung für bestimmte

entific research. Data subjects should have the opportunity to give their consent only to certain areas of research or parts of research projects to the extent allowed by the intended purpose.

(34) Genetic data should be defined as personal data relating to the inherited or acquired genetic characteristics of a natural person which result from the analysis of a biological sample from the natural person in question, in particular chromosomal, deoxyribonucleic acid (DNA) or ribonucleic acid (RNA) analysis, or from the analysis of another element enabling equivalent information to be obtained.

(35) Personal data concerning health should include all data pertaining to the health status of a data subject which reveal information relating to the past, current or future physical or mental health status of the data subject. This includes information about the natural person collected in the course of the registration for, or the provision of, health care services as referred to in Directive 2011/24/EU of the European Parliament and of the Council[1] to that natural person; a number, symbol or particular assigned to a natural person to uniquely identify the natural person for health purposes; information derived from the testing or examination of a body part or bodily substance, including from genetic data and biological samples; and any information on, for example, a disease, disability, disease risk, medical history, clinical treatment or the physiological or biomedical state of the data subject independent of its source, for example from a physician or other health professional, a hospital, a medical device or an in vitro diagnostic test.

Bereiche wissenschaftlicher Forschung zu geben, wenn dies unter Einhaltung der anerkannten ethischen Standards der wissenschaftlichen Forschung geschieht. Die betroffenen Personen sollten Gelegenheit erhalten, ihre Einwilligung nur für bestimme Forschungsbereiche oder Teile von Forschungsprojekten in dem vom verfolgten Zweck zugelassenen Maße zu erteilen.

(34) Genetische Daten sollten als personenbezogene Daten über die ererbten oder erworbenen genetischen Eigenschaften einer natürlichen Person definiert werden, die aus der Analyse einer biologischen Probe der betreffenden natürlichen Person, insbesondere durch eine Chromosomen, Desoxyribonukleinsäure (DNS) – oder Ribonukleinsäure (RNS) -Analyse oder der Analyse eines anderen Elements, durch die gleichwertige Informationen erlangt werden können, gewonnen werden.

(35) Zu den personenbezogenen Gesundheitsdaten sollten alle Daten zählen, die sich auf den Gesundheitszustand einer betroffenen Person beziehen und aus denen Informationen über den früheren, gegenwärtigen und künftigen körperlichen oder geistigen Gesundheitszustand der betroffenen Person hervorgehen. Dazu gehören auch Informationen über die natürliche Person, die im Zuge der Anmeldung für sowie der Erbringung von Gesundheitsdienstleistungen im Sinne der Richtlinie 2011/24/EU des Europäischen Parlaments und des Rates[1] für die natürliche Person erhoben werden, Nummern, Symbole oder Kennzeichen, die einer natürlichen Person zugeteilt wurden, um diese natürliche Person für gesundheitliche Zwecke eindeutig zu identifizieren, Informationen, die von der Prüfung oder Untersuchung eines Körperteils oder einer körpereigenen Substanz, auch aus genetischen Daten und biologischen Proben, abgeleitet wurden, und Informationen etwa über Krankheiten, Behinderungen, Krankheitsrisiken, Vorerkrankungen, klinische Behandlungen oder den physiologischen oder biomedizinischen Zu-

---

1. Directive 2011/24/EU of the European Parliament and of the Council of 9 March 2011 on the application of patients' rights in cross-border healthcare (OJ L 88, 4. 4.2011, p. 45).

1. Richtlinie 2011/24/EU des Europäischen Parlaments und des Rates vom 9. März 2011 über die Ausübung der Patientenrechte in der grenzüberschreitenden Gesundheitsversorgung (ABl. L 88 vom 4.4.2011, S. 45).

|

stand der betroffenen Person unabhängig von der Herkunft der Daten, ob sie nun von einem Arzt oder sonstigem Angehörigen eines Gesundheitsberufes, einem Krankenhaus, einem Medizinprodukt oder einem In-Vitro-Diagnostikum stammen.

(36) The main establishment of a controller in the Union should be the place of its central administration in the Union, unless the decisions on the purposes and means of the processing of personal data are taken in another establishment of the controller in the Union, in which case that other establishment should be considered to be the main establishment. The main establishment of a controller in the Union should be determined according to objective criteria and should imply effective and real exercise of management activities determining the main decisions as to the purposes and means of processing through stable arrangements. That criterion should not depend on whether the processing of personal data is carried out at that location. The presence and use of technical means and technologies for processing personal data or processing activities do not, in themselves, constitute a main establishment and are therefore not determining criteria for a main establishment. The main establishment of the processor should be the place of its central administration in the Union or, if it has no central administration in the Union, the place where the main processing activities take place in the Union. In cases involving both the controller and the processor, the competent lead supervisory authority should remain the supervisory authority of the Member State where the controller has its main establishment, but the supervisory authority of the processor should be considered to be a supervisory authority concerned and that supervisory authority should participate in the cooperation procedure provided for by this Regulation. In any case, the supervisory authorities of the Member State or Member States where the processor has one or more establishments should not be considered to be supervisory authorities concerned where the draft decision concerns only the controller. Where the processing is carried out by a group of undertakings, the main establishment of the controlling undertaking should be considered to

(36) Die Hauptniederlassung des Verantwortlichen in der Union sollte der Ort seiner Hauptverwaltung in der Union sein, es sei denn, dass Entscheidungen über die Zwecke und Mittel der Verarbeitung personenbezogener Daten in einer anderen Niederlassung des Verantwortlichen in der Union getroffen werden; in diesem Fall sollte die letztgenannte als Hauptniederlassung gelten. Zur Bestimmung der Hauptniederlassung eines Verantwortlichen in der Union sollten objektive Kriterien herangezogen werden; ein Kriterium sollte dabei die effektive und tatsächliche Ausübung von Managementtätigkeiten durch eine feste Einrichtung sein, in deren Rahmen die Grundsatzentscheidungen zur Festlegung der Zwecke und Mittel der Verarbeitung getroffen werden. Dabei sollte nicht ausschlaggebend sein, ob die Verarbeitung der personenbezogenen Daten tatsächlich an diesem Ort ausgeführt wird. Das Vorhandensein und die Verwendung technischer Mittel und Verfahren zur Verarbeitung personenbezogener Daten oder Verarbeitungstätigkeiten begründen an sich noch keine Hauptniederlassung und sind daher kein ausschlaggebender Faktor für das Bestehen einer Hauptniederlassung. Die Hauptniederlassung des Auftragsverarbeiters sollte der Ort sein, an dem der Auftragsverarbeiter seine Hauptverwaltung in der Union hat, oder – wenn er keine Hauptverwaltung in der Union hat – der Ort, an dem die wesentlichen Verarbeitungstätigkeiten in der Union stattfinden. Sind sowohl der Verantwortliche als auch der Auftragsverarbeiter betroffen, so sollte die Aufsichtsbehörde des Mitgliedstaats, in dem der Verantwortliche seine Hauptniederlassung hat, die zuständige federführende Aufsichtsbehörde bleiben, doch sollte die Aufsichtsbehörde des Auftragsverarbeiters als betroffene Aufsichtsbehörde betrachtet werden und diese Aufsichtsbehörde sollte sich an dem in dieser Verordnung vorgesehenen Verfahren der Zusammenarbeit beteiligen. Auf jeden Fall sollten die Aufsichtsbehörden des

|

be the main establishment of the group of undertakings, except where the purposes and means of processing are determined by another undertaking.

Mitgliedstaats oder der Mitgliedstaaten, in dem bzw. denen der Auftragsverarbeiter eine oder mehrere Niederlassungen hat, nicht als betroffene Aufsichtsbehörden betrachtet werden, wenn sich der Beschlussentwurf nur auf den Verantwortlichen bezieht. Wird die Verarbeitung durch eine Unternehmensgruppe vorgenommen, so sollte die Hauptniederlassung des herrschenden Unternehmens als Hauptniederlassung der Unternehmensgruppe gelten, es sei denn, die Zwecke und Mittel der Verarbeitung werden von einem anderen Unternehmen festgelegt.

(37) A group of undertakings should cover a controlling undertaking and its controlled undertakings, whereby the controlling undertaking should be the undertaking which can exert a dominant influence over the other undertakings by virtue, for example, of ownership, financial participation or the rules which govern it or the power to have personal data protection rules implemented. An undertaking which controls the processing of personal data in undertakings affiliated to it should be regarded, together with those undertakings, as a group of undertakings.

(37) Eine Unternehmensgruppe sollte aus einem herrschenden Unternehmen und den von diesem abhängigen Unternehmen bestehen, wobei das herrschende Unternehmen dasjenige sein sollte, das zum Beispiel aufgrund der Eigentumsverhältnisse, der finanziellen Beteiligung oder der für das Unternehmen geltenden Vorschriften oder der Befugnis, Datenschutzvorschriften umsetzen zu lassen, einen beherrschenden Einfluss auf die übrigen Unternehmen ausüben kann. Ein Unternehmen, das die Verarbeitung personenbezogener Daten in ihm angeschlossenen Unternehmen kontrolliert, sollte zusammen mit diesen als eine „Unternehmensgruppe" betrachtet werden.

(38) Children merit specific protection with regard to their personal data, as they may be less aware of the risks, consequences and safeguards concerned and their rights in relation to the processing of personal data. Such specific protection should, in particular, apply to the use of personal data of children for the purposes of marketing or creating personality or user profiles and the collection of personal data with regard to children when using services offered directly to a child. The consent of the holder of parental responsibility should not be necessary in the context of preventive or counselling services offered directly to a child.

(38) Kinder verdienen bei ihren personenbezogenen Daten besonderen Schutz, da Kinder sich der betreffenden Risiken, Folgen und Garantien und ihrer Rechte bei der Verarbeitung personenbezogener Daten möglicherweise weniger bewusst sind. Ein solcher besonderer Schutz sollte insbesondere die Verwendung personenbezogener Daten von Kindern für Werbezwecke oder für die Erstellung von Persönlichkeits- oder Nutzerprofilen und die Erhebung von personenbezogenen Daten von Kindern bei der Nutzung von Diensten, die Kindern direkt angeboten werden, betreffen. Die Einwilligung des Trägers der elterlichen Verantwortung sollte im Zusammenhang mit Präventions- oder Beratungsdiensten, die unmittelbar einem Kind angeboten werden, nicht erforderlich sein.

Chapter II: Principles

zu Kapitel II: Grundsätze

(39) Any processing of personal data should be lawful and fair. It should be transparent to natural per-

(39) Jede Verarbeitung personenbezogener Daten sollte rechtmäßig und nach Treu und Glauben er-

Recitals of the GDPR	Erwägungsgründe zur DS-GVO

sons that personal data concerning them are collected, used, consulted or otherwise processed and to what extent the personal data are or will be processed. The principle of transparency requires that any information and communication relating to the processing of those personal data be easily accessible and easy to understand, and that clear and plain language be used. That principle concerns, in particular, information to the data subjects on the identity of the controller and the purposes of the processing and further information to ensure fair and transparent processing in respect of the natural persons concerned and their right to obtain confirmation and communication of personal data concerning them which are being processed. Natural persons should be made aware of risks, rules, safeguards and rights in relation to the processing of personal data and how to exercise their rights in relation to such processing. In particular, the specific purposes for which personal data are processed should be explicit and legitimate and determined at the time of the collection of the personal data. The personal data should be adequate, relevant and limited to what is necessary for the purposes for which they are processed. This requires, in particular, ensuring that the period for which the personal data are stored is limited to a strict minimum. Personal data should be processed only if the purpose of the processing could not reasonably be fulfilled by other means. In order to ensure that the personal data are not kept longer than necessary, time limits should be established by the controller for erasure or for a periodic review. Every reasonable step should be taken to ensure that personal data which are inaccurate are rectified or deleted. Personal data should be processed in a manner that ensures appropriate security and confidentiality of the personal data, including for preventing unauthorised access to or use of personal data and the equipment used for the processing.

folgen. Für natürliche Personen sollte Transparenz dahingehend bestehen, dass sie betreffende personenbezogene Daten erhoben, verwendet, eingesehen oder anderweitig verarbeitet werden und in welchem Umfang die personenbezogenen Daten verarbeitet werden und künftig noch verarbeitet werden. Der Grundsatz der Transparenz setzt voraus, dass alle Informationen und Mitteilungen zur Verarbeitung dieser personenbezogenen Daten leicht zugänglich und verständlich und in klarer und einfacher Sprache abgefasst sind. Dieser Grundsatz betrifft insbesondere die Informationen über die Identität des Verantwortlichen und die Zwecke der Verarbeitung und sonstige Informationen, die eine faire und transparente Verarbeitung im Hinblick auf die betroffenen natürlichen Personen gewährleisten, sowie deren Recht, eine Bestätigung und Auskunft darüber zu erhalten, welche sie betreffende personenbezogene Daten verarbeitet werden. Natürliche Personen sollten über die Risiken, Vorschriften, Garantien und Rechte im Zusammenhang mit der Verarbeitung personenbezogener Daten informiert und darüber aufgeklärt werden, wie sie ihre diesbezüglichen Rechte geltend machen können. Insbesondere sollten die bestimmten Zwecke, zu denen die personenbezogenen Daten verarbeitet werden, eindeutig und rechtmäßig sein und zum Zeitpunkt der Erhebung der personenbezogenen Daten feststehen. Die personenbezogenen Daten sollten für die Zwecke, zu denen sie verarbeitet werden, angemessen und erheblich sowie auf das für die Zwecke ihrer Verarbeitung notwendige Maß beschränkt sein. Dies erfordert insbesondere, dass die Speicherfrist für personenbezogene Daten auf das unbedingt erforderliche Mindestmaß beschränkt bleibt. Personenbezogene Daten sollten nur verarbeitet werden dürfen, wenn der Zweck der Verarbeitung nicht in zumutbarer Weise durch andere Mittel erreicht werden kann. Um sicherzustellen, dass die personenbezogenen Daten nicht länger als nötig gespeichert werden, sollte der Verantwortliche Fristen für ihre Löschung oder regelmäßige Überprüfung vorsehen. Es sollten alle vertretbaren Schritte unternommen werden, damit unrichtige personenbezogene Daten gelöscht oder berichtigt werden. Personenbezogene Daten sollten so ver-

arbeitet werden, dass ihre Sicherheit und Vertraulichkeit hinreichend gewährleistet ist, wozu auch gehört, dass Unbefugte keinen Zugang zu den Daten haben und weder die Daten noch die Geräte, mit denen diese verarbeitet werden, benutzen können.

(40) In order for processing to be lawful, personal data should be processed on the basis of the consent of the data subject concerned or some other legitimate basis, laid down by law, either in this Regulation or in other Union or Member State law as referred to in this Regulation, including the necessity for compliance with the legal obligation to which the controller is subject or the necessity for the performance of a contract to which the data subject is party or in order to take steps at the request of the data subject prior to entering into a contract.

(40) Damit die Verarbeitung rechtmäßig ist, müssen personenbezogene Daten mit Einwilligung der betroffenen Person oder auf einer sonstigen zulässigen Rechtsgrundlage verarbeitet werden, die sich aus dieser Verordnung oder – wann immer in dieser Verordnung darauf Bezug genommen wird – aus dem sonstigen Unionsrecht oder dem Recht der Mitgliedstaaten ergibt, so unter anderem auf der Grundlage, dass sie zur Erfüllung der rechtlichen Verpflichtung, der der Verantwortliche unterliegt, oder zur Erfüllung eines Vertrags, dessen Vertragspartei die betroffene Person ist, oder für die Durchführung vorvertraglicher Maßnahmen, die auf Anfrage der betroffenen Person erfolgen, erforderlich ist.

(41) Where this Regulation refers to a legal basis or a legislative measure, this does not necessarily require a legislative act adopted by a parliament, without prejudice to requirements pursuant to the constitutional order of the Member State concerned. However, such a legal basis or legislative measure should be clear and precise and its application should be foreseeable to persons subject to it, in accordance with the case-law of the Court of Justice of the European Union (the 'Court of Justice') and the European Court of Human Rights.

(41) Wenn in dieser Verordnung auf eine Rechtsgrundlage oder eine Gesetzgebungsmaßnahme Bezug genommen wird, erfordert dies nicht notwendigerweise einen von einem Parlament angenommenen Gesetzgebungsakt; davon unberührt bleiben Anforderungen gemäß der Verfassungsordnung des betreffenden Mitgliedstaats. Die entsprechende Rechtsgrundlage oder Gesetzgebungsmaßnahme sollte jedoch klar und präzise sein und ihre Anwendung sollte für die Rechtsunterworfenen gemäß der Rechtsprechung des Gerichtshofs der Europäischen Union (im Folgenden „Gerichtshof") und des Europäischen Gerichtshofs für Menschenrechte vorhersehbar sein.

(42) Where processing is based on the data subject's consent, the controller should be able to demonstrate that the data subject has given consent to the processing operation. In particular in the context of a written declaration on another matter, safeguards should ensure that the data subject is aware of the fact that and the extent to which consent is given. In accordance with Council Directive

(42) Erfolgt die Verarbeitung mit Einwilligung der betroffenen Person, sollte der Verantwortliche nachweisen können, dass die betroffene Person ihre Einwilligung zu dem Verarbeitungsvorgang gegeben hat. Insbesondere bei Abgabe einer schriftlichen Erklärung in anderer Sache sollten Garantien sicherstellen, dass die betroffene Person weiß, dass und in welchem Umfang sie ihre Einwilligung erteilt. Gemäß der Richtlinie 93/13/EWG des Ra-

93/13/EEC[1] a declaration of consent pre-formulated by the controller should be provided in an intelligible and easily accessible form, using clear and plain language and it should not contain unfair terms. For consent to be informed, the data subject should be aware at least of the identity of the controller and the purposes of the processing for which the personal data are intended. Consent should not be regarded as freely given if the data subject has no genuine or free choice or is unable to refuse or withdraw consent without detriment.

(43) In order to ensure that consent is freely given, consent should not provide a valid legal ground for the processing of personal data in a specific case where there is a clear imbalance between the data subject and the controller, in particular where the controller is a public authority and it is therefore unlikely that consent was freely given in all the circumstances of that specific situation. Consent is presumed not to be freely given if it does not allow separate consent to be given to different personal data processing operations despite it being appropriate in the individual case, or if the performance of a contract, including the provision of a service, is dependent on the consent despite such consent not being necessary for such performance.

(44) Processing should be lawful where it is necessary in the context of a contract or the intention to enter into a contract.

(45) Where processing is carried out in accordance with a legal obligation to which the controller is subject or where processing is necessary for the performance of a task carried out in the public interest or in the exercise of official authority, the processing should have a basis in Union or Member State law. This Regulation does not require a specific law for

tes[1] sollte eine vom Verantwortlichen vorformulierte Einwilligungserklärung in verständlicher und leicht zugänglicher Form in einer klaren und einfachen Sprache zur Verfügung gestellt werden, und sie sollte keine missbräuchlichen Klauseln beinhalten. Damit sie in Kenntnis der Sachlage ihre Einwilligung geben kann, sollte die betroffene Person mindestens wissen, wer der Verantwortliche ist und für welche Zwecke ihre personenbezogenen Daten verarbeitet werden sollen. Es sollte nur dann davon ausgegangen werden, dass sie ihre Einwilligung freiwillig gegeben hat, wenn sie eine echte oder freie Wahl hat und somit in der Lage ist, die Einwilligung zu verweigern oder zurückzuziehen, ohne Nachteile zu erleiden.

(43) Um sicherzustellen, dass die Einwilligung freiwillig erfolgt ist, sollte diese in besonderen Fällen, wenn zwischen der betroffenen Person und dem Verantwortlichen ein klares Ungleichgewicht besteht, insbesondere wenn es sich bei dem Verantwortlichen um eine Behörde handelt, und es deshalb in Anbetracht aller Umstände in dem speziellen Fall unwahrscheinlich ist, dass die Einwilligung freiwillig gegeben wurde, keine gültige Rechtsgrundlage liefern. Die Einwilligung gilt nicht als freiwillig erteilt, wenn zu verschiedenen Verarbeitungsvorgängen von personenbezogenen Daten nicht gesondert eine Einwilligung erteilt werden kann, obwohl dies im Einzelfall angebracht ist, oder wenn die Erfüllung eines Vertrags, einschließlich der Erbringung einer Dienstleistung, von der Einwilligung abhängig ist, obwohl diese Einwilligung für die Erfüllung nicht erforderlich ist.

(44) Die Verarbeitung von Daten sollte als rechtmäßig gelten, wenn sie für die Erfüllung oder den geplanten Abschluss eines Vertrags erforderlich ist.

(45) Erfolgt die Verarbeitung durch den Verantwortlichen aufgrund einer ihm obliegenden rechtlichen Verpflichtung oder ist die Verarbeitung zur Wahrnehmung einer Aufgabe im öffentlichen Interesse oder in Ausübung öffentlicher Gewalt erforderlich, muss hierfür eine Grundlage im Unionsrecht oder

---

1. Council Directive 93/13/EEC of 5 April 1993 on unfair terms in consumer contracts (OJ L 95, 21.4.1993, p. 29).

1. Richtlinie 93/13/EWG des Rates vom 5. April 1993 über missbräuchliche Klauseln in Verbraucherverträgen (ABl. L 95 vom 21.4.1993, S. 29)

each individual processing. A law as a basis for several processing operations based on a legal obligation to which the controller is subject or where processing is necessary for the performance of a task carried out in the public interest or in the exercise of an official authority may be sufficient. It should also be for Union or Member State law to determine the purpose of processing. Furthermore, that law could specify the general conditions of this Regulation governing the lawfulness of personal data processing, establish specifications for determining the controller, the type of personal data which are subject to the processing, the data subjects concerned, the entities to which the personal data may be disclosed, the purpose limitations, the storage period and other measures to ensure lawful and fair processing. It should also be for Union or Member State law to determine whether the controller performing a task carried out in the public interest or in the exercise of official authority should be a public authority or another natural or legal person governed by public law, or, where it is in the public interest to do so, including for health purposes such as public health and social protection and the management of health care services, by private law, such as a professional association.

im Recht eines Mitgliedstaats bestehen. Mit dieser Verordnung wird nicht für jede einzelne Verarbeitung ein spezifisches Gesetz verlangt. Ein Gesetz als Grundlage für mehrere Verarbeitungsvorgänge kann ausreichend sein, wenn die Verarbeitung aufgrund einer dem Verantwortlichen obliegenden rechtlichen Verpflichtung erfolgt oder wenn die Verarbeitung zur Wahrnehmung einer Aufgabe im öffentlichen Interesse oder in Ausübung öffentlicher Gewalt erforderlich ist. Desgleichen sollte im Unionsrecht oder im Recht der Mitgliedstaaten geregelt werden, für welche Zwecke die Daten verarbeitet werden dürfen. Ferner könnten in diesem Recht die allgemeinen Bedingungen dieser Verordnung zur Regelung der Rechtmäßigkeit der Verarbeitung personenbezogener Daten präzisiert und es könnte darin festgelegt werden, wie der Verantwortliche zu bestimmen ist, welche Art von personenbezogenen Daten verarbeitet werden, welche Personen betroffen sind, welchen Einrichtungen die personenbezogenen Daten offengelegt, für welche Zwecke und wie lange sie gespeichert werden dürfen und welche anderen Maßnahmen ergriffen werden, um zu gewährleisten, dass die Verarbeitung rechtmäßig und nach Treu und Glauben erfolgt. Desgleichen sollte im Unionsrecht oder im Recht der Mitgliedstaaten geregelt werden, ob es sich bei dem Verantwortlichen, der eine Aufgabe wahrnimmt, die im öffentlichen Interesse liegt oder in Ausübung öffentlicher Gewalt erfolgt, um eine Behörde oder um eine andere unter das öffentliche Recht fallende natürliche oder juristische Person oder, sofern dies durch das öffentliche Interesse einschließlich gesundheitlicher Zwecke, wie die öffentliche Gesundheit oder die soziale Sicherheit oder die Verwaltung von Leistungen der Gesundheitsfürsorge, gerechtfertigt ist, eine natürliche oder juristische Person des Privatrechts, wie beispielsweise eine Berufsvereinigung, handeln sollte.

(46) The processing of personal data should also be regarded to be lawful where it is necessary to protect an interest which is essential for the life of the data subject or that of another natural person. Processing of personal data based on the vital interest of another natural person should in principle take place only where the processing cannot be mani-

(46) Die Verarbeitung personenbezogener Daten sollte ebenfalls als rechtmäßig angesehen werden, wenn sie erforderlich ist, um ein lebenswichtiges Interesse der betroffenen Person oder einer anderen natürlichen Person zu schützen. Personenbezogene Daten sollten grundsätzlich nur dann aufgrund eines lebenswichtigen Interesses einer

festly based on another legal basis. Some types of processing may serve both important grounds of public interest and the vital interests of the data subject as for instance when processing is necessary for humanitarian purposes, including for monitoring epidemics and their spread or in situations of humanitarian emergencies, in particular in situations of natural and man-made disasters.

(47) The legitimate interests of a controller, including those of a controller to which the personal data may be disclosed, or of a third party, may provide a legal basis for processing, provided that the interests or the fundamental rights and freedoms of the data subject are not overriding, taking into consideration the reasonable expectations of data subjects based on their relationship with the controller. Such legitimate interest could exist for example where there is a relevant and appropriate relationship between the data subject and the controller in situations such as where the data subject is a client or in the service of the controller. At any rate the existence of a legitimate interest would need careful assessment including whether a data subject can reasonably expect at the time and in the context of the collection of the personal data that processing for that purpose may take place. The interests and fundamental rights of the data subject could in particular override the interest of the data controller where personal data are processed in circumstances where data subjects do not reasonably expect further processing. Given that it is for the legislator to provide by law for the legal basis for public authorities to process personal data, that legal basis should not apply to the processing by public authorities in the performance of their tasks. The processing of personal data strictly necessary for the purposes of preventing fraud also constitutes a legitimate interest of the data controller concerned. The processing of personal data for direct marketing purposes may be regarded as carried out for a legitimate interest.

anderen natürlichen Person verarbeitet werden, wenn die Verarbeitung offensichtlich nicht auf eine andere Rechtsgrundlage gestützt werden kann. Einige Arten der Verarbeitung können sowohl wichtigen Gründen des öffentlichen Interesses als auch lebenswichtigen Interessen der betroffenen Person dienen; so kann beispielsweise die Verarbeitung für humanitäre Zwecke einschließlich der Überwachung von Epidemien und deren Ausbreitung oder in humanitären Notfällen insbesondere bei Naturkatastrophen oder vom Menschen verursachten Katastrophen erforderlich sein.

(47) Die Rechtmäßigkeit der Verarbeitung kann durch die berechtigten Interessen eines Verantwortlichen, auch eines Verantwortlichen, dem die personenbezogenen Daten offengelegt werden dürfen, oder eines Dritten begründet sein, sofern die Interessen oder die Grundrechte und Grundfreiheiten der betroffenen Person nicht überwiegen; dabei sind die vernünftigen Erwartungen der betroffenen Person, die auf ihrer Beziehung zu dem Verantwortlichen beruhen, zu berücksichtigen. Ein berechtigtes Interesse könnte beispielsweise vorliegen, wenn eine maßgebliche und angemessene Beziehung zwischen der betroffenen Person und dem Verantwortlichen besteht, z. B. wenn die betroffene Person ein Kunde des Verantwortlichen ist oder in seinen Diensten steht. Auf jeden Fall wäre das Bestehen eines berechtigten Interesses besonders sorgfältig abzuwägen, wobei auch zu prüfen ist, ob eine betroffene Person zum Zeitpunkt der Erhebung der personenbezogenen Daten und angesichts der Umstände, unter denen sie erfolgt, vernünftigerweise absehen kann, dass möglicherweise eine Verarbeitung für diesen Zweck erfolgen wird. Insbesondere dann, wenn personenbezogene Daten in Situationen verarbeitet werden, in denen eine betroffene Person vernünftigerweise nicht mit einer weiteren Verarbeitung rechnen muss, könnten die Interessen und Grundrechte der betroffenen Person das Interesse des Verantwortlichen überwiegen. Da es dem Gesetzgeber obliegt, per Rechtsvorschrift die Rechtsgrundlage für die Verarbeitung personenbezogener Daten durch die Behörden zu schaffen, sollte diese Rechtsgrundlage nicht für Verarbeitungen durch Behör-

|

den gelten, die diese in Erfüllung ihrer Aufgaben vornehmen. Die Verarbeitung personenbezogener Daten im für die Verhinderung von Betrug unbedingt erforderlichen Umfang stellt ebenfalls ein berechtigtes Interesse des jeweiligen Verantwortlichen dar. Die Verarbeitung personenbezogener Daten zum Zwecke der Direktwerbung kann als eine einem berechtigten Interesse dienende Verarbeitung betrachtet werden.

(48) Controllers that are part of a group of undertakings or institutions affiliated to a central body may have a legitimate interest in transmitting personal data within the group of undertakings for internal administrative purposes, including the processing of clients' or employees' personal data. The general principles for the transfer of personal data, within a group of undertakings, to an undertaking located in a third country remain unaffected.

(48) Verantwortliche, die Teil einer Unternehmensgruppe oder einer Gruppe von Einrichtungen sind, die einer zentralen Stelle zugeordnet sind können ein berechtigtes Interesse haben, personenbezogene Daten innerhalb der Unternehmensgruppe für interne Verwaltungszwecke, einschließlich der Verarbeitung personenbezogener Daten von Kunden und Beschäftigten, zu übermitteln. Die Grundprinzipien für die Übermittlung personenbezogener Daten innerhalb von Unternehmensgruppen an ein Unternehmen in einem Drittland bleiben unberührt.

(49) The processing of personal data to the extent strictly necessary and proportionate for the purposes of ensuring network and information security, i.e. the ability of a network or an information system to resist, at a given level of confidence, accidental events or unlawful or malicious actions that compromise the availability, authenticity, integrity and confidentiality of stored or transmitted personal data, and the security of the related services offered by, or accessible via, those networks and systems, by public authorities, by computer emergency response teams (CERTs), computer security incident response teams (CSIRTs), by providers of electronic communications networks and services and by providers of security technologies and services, constitutes a legitimate interest of the data controller concerned. This could, for example, include preventing unauthorised access to electronic communications networks and malicious code distribution and stopping 'denial of service' attacks and damage to computer and electronic communication systems.

(49) Die Verarbeitung von personenbezogenen Daten durch Behörden, Computer-Notdienste (Computer Emergency Response Teams – CERT, beziehungsweise Computer Security Incident Response Teams – CSIRT), Betreiber von elektronischen Kommunikationsnetzen und -diensten sowie durch Anbieter von Sicherheitstechnologien und -diensten stellt in dem Maße ein berechtigtes Interesse des jeweiligen Verantwortlichen dar, wie dies für die Gewährleistung der Netz- und Informationssicherheit unbedingt notwendig und verhältnismäßig ist, d.h. soweit dadurch die Fähigkeit eines Netzes oder Informationssystems gewährleistet wird, mit einem vorgegebenen Grad der Zuverlässigkeit Störungen oder widerrechtliche oder mutwillige Eingriffe abzuwehren, die die Verfügbarkeit, Authentizität, Vollständigkeit und Vertraulichkeit von gespeicherten oder übermittelten personenbezogenen Daten sowie die Sicherheit damit zusammenhängender Dienste, die über diese Netze oder Informationssysteme angeboten werden bzw. zugänglich sind, beeinträchtigen. Ein solches berechtigtes Interesse könnte beispielsweise darin bestehen, den Zugang Unbefugter zu elektronischen Kommunikationsnetzen und die Verbreitung schädlicher Programmcodes zu verhindern

sowie Angriffe in Form der gezielten Überlastung von Servern („Denial of service"-Angriffe) und Schädigungen von Computer- und elektronischen Kommunikationssystemen abzuwehren.

(50) The processing of personal data for purposes other than those for which the personal data were initially collected should be allowed only where the processing is compatible with the purposes for which the personal data were initially collected. In such a case, no legal basis separate from that which allowed the collection of the personal data is required. If the processing is necessary for the performance of a task carried out in the public interest or in the exercise of official authority vested in the controller, Union or Member State law may determine and specify the tasks and purposes for which the further processing should be regarded as compatible and lawful. Further processing for archiving purposes in the public interest, scientific or historical research purposes or statistical purposes should be considered to be compatible lawful processing operations. The legal basis provided by Union or Member State law for the processing of personal data may also provide a legal basis for further processing. In order to ascertain whether a purpose of further processing is compatible with the purpose for which the personal data are initially collected, the controller, after having met all the requirements for the lawfulness of the original processing, should take into account, inter alia: any link between those purposes and the purposes of the intended further processing; the context in which the personal data have been collected, in particular the reasonable expectations of data subjects based on their relationship with the controller as to their further use; the nature of the personal data; the consequences of the intended further processing for data subjects; and the existence of appropriate safeguards in both the original and intended further processing operations.

(50) Die Verarbeitung personenbezogener Daten für andere Zwecke als die, für die die personenbezogenen Daten ursprünglich erhoben wurden, sollte nur zulässig sein, wenn die Verarbeitung mit den Zwecken, für die die personenbezogenen Daten ursprünglich erhoben wurden, vereinbar ist. In diesem Fall ist keine andere gesonderte Rechtsgrundlage erforderlich als diejenige für die Erhebung der personenbezogenen Daten. Ist die Verarbeitung für die Wahrnehmung einer Aufgabe erforderlich, die im öffentlichen Interesse liegt oder in Ausübung öffentlicher Gewalt erfolgt, die dem Verantwortlichen übertragen wurde, so können im Unionsrecht oder im Recht der Mitgliedstaaten die Aufgaben und Zwecke bestimmt und konkretisiert werden, für die eine Weiterverarbeitung als vereinbar und rechtmäßig erachtet wird. Die Weiterverarbeitung für im öffentlichen Interesse liegende Archivzwecke, für wissenschaftliche oder historische Forschungszwecke oder für statistische Zwecke sollte als vereinbarer und rechtmäßiger Verarbeitungsvorgang gelten. Die im Unionsrecht oder im Recht der Mitgliedstaaten vorgesehene Rechtsgrundlage für die Verarbeitung personenbezogener Daten kann auch als Rechtsgrundlage für eine Weiterverarbeitung dienen. Um festzustellen, ob ein Zweck der Weiterverarbeitung mit dem Zweck, für den die personenbezogenen Daten ursprünglich erhoben wurden, vereinbar ist, sollte der Verantwortliche nach Einhaltung aller Anforderungen für die Rechtmäßigkeit der ursprünglichen Verarbeitung unter anderem prüfen, ob ein Zusammenhang zwischen den Zwecken, für die die personenbezogenen Daten erhoben wurden, und den Zwecken der beabsichtigten Weiterverarbeitung besteht, in welchem Kontext die Daten erhoben wurden, insbesondere die vernünftigen Erwartungen der betroffenen Person, die auf ihrer Beziehung zu dem Verantwortlichen beruhen, in Bezug auf die weitere Verwendung dieser Daten, um welche Art von personenbezogenen Daten es sich handelt, welche Folgen die beabsichtigte Weiterverarbeitung für

die betroffenen Personen hat und ob sowohl beim ursprünglichen als auch beim beabsichtigten Weiterverarbeitungsvorgang geeignete Garantien bestehen.

Where the data subject has given consent or the processing is based on Union or Member State law which constitutes a necessary and proportionate measure in a democratic society to safeguard, in particular, important objectives of general public interest, the controller should be allowed to further process the personal data irrespective of the compatibility of the purposes. In any case, the application of the principles set out in this Regulation and in particular the information of the data subject on those other purposes and on his or her rights including the right to object, should be ensured. Indicating possible criminal acts or threats to public security by the controller and transmitting the relevant personal data in individual cases or in several cases relating to the same criminal act or threats to public security to a competent authority should be regarded as being in the legitimate interest pursued by the controller. However, such transmission in the legitimate interest of the controller or further processing of personal data should be prohibited if the processing is not compatible with a legal, professional or other binding obligation of secrecy.

Hat die betroffene Person ihre Einwilligung erteilt oder beruht die Verarbeitung auf Unionsrecht oder dem Recht der Mitgliedstaaten, was in einer demokratischen Gesellschaft eine notwendige und verhältnismäßige Maßnahme zum Schutz insbesondere wichtiger Ziele des allgemeinen öffentlichen Interesses darstellt, so sollte der Verantwortliche die personenbezogenen Daten ungeachtet der Vereinbarkeit der Zwecke weiterverarbeiten dürfen. In jedem Fall sollte gewährleistet sein, dass die in dieser Verordnung niedergelegten Grundsätze angewandt werden und insbesondere die betroffene Person über diese anderen Zwecke und über ihre Rechte einschließlich des Widerspruchsrechts unterrichtet wird. Der Hinweis des Verantwortlichen auf mögliche Straftaten oder Bedrohungen der öffentlichen Sicherheit und die Übermittlung der maßgeblichen personenbezogenen Daten in Einzelfällen oder in mehreren Fällen, die im Zusammenhang mit derselben Straftat oder derselben Bedrohung der öffentlichen Sicherheit stehen, an eine zuständige Behörde sollten als berechtigtes Interesse des Verantwortlichen gelten. Eine derartige Übermittlung personenbezogener Daten im berechtigten Interesse des Verantwortlichen oder deren Weiterverarbeitung sollte jedoch unzulässig sein, wenn die Verarbeitung mit einer rechtlichen, beruflichen oder sonstigen verbindlichen Pflicht zur Geheimhaltung unvereinbar ist.

(51) Personal data which are, by their nature, particularly sensitive in relation to fundamental rights and freedoms merit specific protection as the context of their processing could create significant risks to the fundamental rights and freedoms. Those personal data should include personal data revealing racial or ethnic origin, whereby the use of the term 'racial origin' in this Regulation does not imply an acceptance by the Union of theories which attempt to determine the existence of separate human races. The processing of photographs should not systematically be considered to be processing of special categories of personal data as

(51) Personenbezogene Daten, die ihrem Wesen nach hinsichtlich der Grundrechte und Grundfreiheiten besonders sensibel sind, verdienen einen besonderen Schutz, da im Zusammenhang mit ihrer Verarbeitung erhebliche Risiken für die Grundrechte und Grundfreiheiten auftreten können. Diese personenbezogenen Daten sollten personenbezogene Daten umfassen, aus denen die rassische oder ethnische Herkunft hervorgeht, wobei die Verwendung des Begriffs „rassische Herkunft" in dieser Verordnung nicht bedeutet, dass die Union Theorien, mit denen versucht wird, die Existenz verschiedener menschlicher Rassen zu belegen,

Recitals of the GDPR

Erwägungsgründe zur DS-GVO

they are covered by the definition of biometric data only when processed through a specific technical means allowing the unique identification or authentication of a natural person. Such personal data should not be processed, unless processing is allowed in specific cases set out in this Regulation, taking into account that Member States law may lay down specific provisions on data protection in order to adapt the application of the rules of this Regulation for compliance with a legal obligation or for the performance of a task carried out in the public interest or in the exercise of official authority vested in the controller. In addition to the specific requirements for such processing, the general principles and other rules of this Regulation should apply, in particular as regards the conditions for lawful processing. Derogations from the general prohibition for processing such special categories of personal data should be explicitly provided, inter alia, where the data subject gives his or her explicit consent or in respect of specific needs in particular where the processing is carried out in the course of legitimate activities by certain associations or foundations the purpose of which is to permit the exercise of fundamental freedoms.

(52) Derogating from the prohibition on processing special categories of personal data should also be allowed when provided for in Union or Member State law and subject to suitable safeguards, so as to protect personal data and other fundamental rights, where it is in the public interest to do so, in particular processing personal data in the field of employment law, social protection law including pensions and for health security, monitoring and alert purposes, the prevention or control of communicable diseases and other serious threats to

gutheißt. Die Verarbeitung von Lichtbildern sollte nicht grundsätzlich als Verarbeitung besonderer Kategorien von personenbezogenen Daten angesehen werden, da Lichtbilder nur dann von der Definition des Begriffs „biometrische Daten" erfasst werden, wenn sie mit speziellen technischen Mitteln verarbeitet werden, die die eindeutige Identifizierung oder Authentifizierung einer natürlichen Person ermöglichen. Derartige personenbezogene Daten sollten nicht verarbeitet werden, es sei denn, die Verarbeitung ist in den in dieser Verordnung dargelegten besonderen Fällen zulässig, wobei zu berücksichtigen ist, dass im Recht der Mitgliedstaaten besondere Datenschutzbestimmungen festgelegt sein können, um die Anwendung der Bestimmungen dieser Verordnung anzupassen, damit die Einhaltung einer rechtlichen Verpflichtung oder die Wahrnehmung einer Aufgabe im öffentlichen Interesse oder die Ausübung öffentlicher Gewalt, die dem Verantwortlichen übertragen wurde, möglich ist. Zusätzlich zu den speziellen Anforderungen an eine derartige Verarbeitung sollten die allgemeinen Grundsätze und andere Bestimmungen dieser Verordnung, insbesondere hinsichtlich der Bedingungen für eine rechtmäßige Verarbeitung, gelten. Ausnahmen von dem allgemeinen Verbot der Verarbeitung dieser besonderen Kategorien personenbezogener Daten sollten ausdrücklich vorgesehen werden, unter anderem bei ausdrücklicher Einwilligung der betroffenen Person oder bei bestimmten Notwendigkeiten, insbesondere wenn die Verarbeitung im Rahmen rechtmäßiger Tätigkeiten bestimmter Vereinigungen oder Stiftungen vorgenommen wird, die sich für die Ausübung von Grundfreiheiten einsetzen.

(52) Ausnahmen vom Verbot der Verarbeitung besonderer Kategorien von personenbezogenen Daten sollten auch erlaubt sein, wenn sie im Unionsrecht oder dem Recht der Mitgliedstaaten vorgesehen sind, und – vorbehaltlich angemessener Garantien zum Schutz der personenbezogenen Daten und anderer Grundrechte – wenn dies durch das öffentliche Interesse gerechtfertigt ist, insbesondere für die Verarbeitung von personenbezogenen Daten auf dem Gebiet des Arbeitsrechts und des Rechts der sozialen Sicherheit einschließlich Ren-

health. Such a derogation may be made for health purposes, including public health and the management of health-care services, especially in order to ensure the quality and cost-effectiveness of the procedures used for settling claims for benefits and services in the health insurance system, or for archiving purposes in the public interest, scientific or historical research purposes or statistical purposes. A derogation should also allow the processing of such personal data where necessary for the establishment, exercise or defence of legal claims, whether in court proceedings or in an administrative or out-of-court procedure.

(53) Special categories of personal data which merit higher protection should be processed for health-related purposes only where necessary to achieve those purposes for the benefit of natural persons and society as a whole, in particular in the context of the management of health or social care services and systems, including processing by the management and central national health authorities of such data for the purpose of quality control, management information and the general national and local supervision of the health or social care system, and ensuring continuity of health or social care and cross-border healthcare or health security, monitoring and alert purposes, or for archiving purposes in the public interest, scientific or historical research purposes or statistical purposes, based on Union or Member State law which has to meet an objective of public interest, as well as for studies conducted in the public interest in the area of public health. Therefore, this Regulation should provide for harmonised conditions for the processing of special categories of personal data concerning health, in respect of specific needs, in particular where the processing of such data is carried out for certain health-related purposes by

ten und zwecks Sicherstellung und Überwachung der Gesundheit und Gesundheitswarnungen, Prävention oder Kontrolle ansteckender Krankheiten und anderer schwerwiegender Gesundheitsgefahren. Eine solche Ausnahme kann zu gesundheitlichen Zwecken gemacht werden, wie der Gewährleistung der öffentlichen Gesundheit und der Verwaltung von Leistungen der Gesundheitsversorgung, insbesondere wenn dadurch die Qualität und Wirtschaftlichkeit der Verfahren zur Abrechnung von Leistungen in den sozialen Krankenversicherungssystemen sichergestellt werden soll, oder wenn die Verarbeitung im öffentlichen Interesse liegenden Archivzwecken, wissenschaftlichen oder historischen Forschungszwecken oder statistischen Zwecken dient. Die Verarbeitung solcher personenbezogener Daten sollte zudem ausnahmsweise erlaubt sein, wenn sie erforderlich ist, um rechtliche Ansprüche, sei es in einem Gerichtsverfahren oder in einem Verwaltungsverfahren oder einem außergerichtlichen Verfahren, geltend zu machen, auszuüben oder zu verteidigen.

(53) Besondere Kategorien personenbezogener Daten, die eines höheren Schutzes verdienen, sollten nur dann für gesundheitsbezogene Zwecke verarbeitet werden, wenn dies für das Erreichen dieser Zwecke im Interesse einzelner natürlicher Personen und der Gesellschaft insgesamt erforderlich ist, insbesondere im Zusammenhang mit der Verwaltung der Dienste und Systeme des Gesundheits- oder Sozialbereichs, einschließlich der Verarbeitung dieser Daten durch die Verwaltung und die zentralen nationalen Gesundheitsbehörden zwecks Qualitätskontrolle, Verwaltungsinformationen und der allgemeinen nationalen und lokalen Überwachung des Gesundheitssystems oder des Sozialsystems und zwecks Gewährleistung der Kontinuität der Gesundheits- und Sozialfürsorge und der grenzüberschreitenden Gesundheitsversorgung oder Sicherstellung und Überwachung der Gesundheit und Gesundheitswarnungen oder für im öffentlichen Interesse liegende Archivzwecke, zu wissenschaftlichen oder historischen Forschungszwecken oder statistischen Zwecken, die auf Rechtsvorschriften der Union oder der Mitgliedstaaten beruhen, die einem im öffentlichen Interesse liegenden Ziel dienen müssen, sowie für Studien, die

persons subject to a legal obligation of professional secrecy. Union or Member State law should provide for specific and suitable measures so as to protect the fundamental rights and the personal data of natural persons. Member States should be allowed to maintain or introduce further conditions, including limitations, with regard to the processing of genetic data, biometric data or data concerning health. However, this should not hamper the free flow of personal data within the Union when those conditions apply to cross-border processing of such data.	im öffentlichen Interesse im Bereich der öffentlichen Gesundheit durchgeführt werden. Diese Verordnung sollte daher harmonisierte Bedingungen für die Verarbeitung besonderer Kategorien personenbezogener Gesundheitsdaten im Hinblick auf bestimmte Erfordernisse harmonisieren, insbesondere wenn die Verarbeitung dieser Daten für gesundheitsbezogene Zwecke von Personen durchgeführt wird, die gemäß einer rechtlichen Verpflichtung dem Berufsgeheimnis unterliegen. Im Recht der Union oder der Mitgliedstaaten sollten besondere und angemessene Maßnahmen zum Schutz der Grundrechte und der personenbezogenen Daten natürlicher Personen vorgesehen werden. Den Mitgliedstaaten sollte gestattet werden, weitere Bedingungen – einschließlich Beschränkungen – in Bezug auf die Verarbeitung von genetischen Daten, biometrischen Daten oder Gesundheitsdaten beizubehalten oder einzuführen. Dies sollte jedoch den freien Verkehr personenbezogener Daten innerhalb der Union nicht beeinträchtigen, falls die betreffenden Bedingungen für die grenzüberschreitende Verarbeitung solcher Daten gelten.
(54) The processing of special categories of personal data may be necessary for reasons of public interest in the areas of public health without consent of the data subject. Such processing should be subject to suitable and specific measures so as to protect the rights and freedoms of natural persons. In that context, 'public health' should be interpreted as defined in Regulation (EC) No 1338/2008 of the European Parliament and of the Council[1], namely all elements related to health, namely health status, including morbidity and disability, the determinants having an effect on that health status, health care needs, resources allocated to health care, the provision of, and universal access to, health care as well as health care expenditure and	(54) Aus Gründen des öffentlichen Interesses in Bereichen der öffentlichen Gesundheit kann es notwendig sein, besondere Kategorien personenbezogener Daten auch ohne Einwilligung der betroffenen Person zu verarbeiten. Diese Verarbeitung sollte angemessenen und besonderen Maßnahmen zum Schutz der Rechte und Freiheiten natürlicher Personen unterliegen. In diesem Zusammenhang sollte der Begriff „öffentliche Gesundheit" im Sinne der Verordnung (EG) Nr. 1338/2008 des Europäischen Parlaments und des Rates[1] ausgelegt werden und alle Elemente im Zusammenhang mit der Gesundheit wie den Gesundheitszustand einschließlich Morbidität und Behinderung, die sich auf diesen Gesundheitszustand

---

1. Regulation (EC) No 1338/2008 of the European Parliament and of the Council of 16 December 2008 on Community statistics on public health and health and safety at work (OJ L 354, 31.12.2008, p. 70).

1. Verordnung (EG) Nr. 1338/2008 des Europäischen Parlaments und des Rates vom 16. Dezember 2008 zu Gemeinschaftsstatistiken über öffentliche Gesundheit und über Gesundheitsschutz und Sicherheit am Arbeitsplatz (ABl. L 354 vom 31.12.2008, S. 70).

financing, and the causes of mortality. Such processing of data concerning health for reasons of public interest should not result in personal data being processed for other purposes by third parties such as employers or insurance and banking companies.

(55) Moreover, the processing of personal data by official authorities for the purpose of achieving the aims, laid down by constitutional law or by international public law, of officially recognised religious associations, is carried out on grounds of public interest.

(56) Where in the course of electoral activities, the operation of the democratic system in a Member State requires that political parties compile personal data on people's political opinions, the processing of such data may be permitted for reasons of public interest, provided that appropriate safeguards are established.

(57) If the personal data processed by a controller do not permit the controller to identify a natural person, the data controller should not be obliged to acquire additional information in order to identify the data subject for the sole purpose of complying with any provision of this Regulation. However, the controller should not refuse to take additional information provided by the data subject in order to support the exercise of his or her rights. Identification should include the digital identification of a data subject, for example through authentication mechanism such as the same credentials, used by the data subject to log-in to the on-line service offered by the data controller.

auswirkenden Determinanten, den Bedarf an Gesundheitsversorgung, die der Gesundheitsversorgung zugewiesenen Mittel, die Bereitstellung von Gesundheitsversorgungsleistungen und den allgemeinen Zugang zu diesen Leistungen sowie die entsprechenden Ausgaben und die Finanzierung und schließlich die Ursachen der Mortalität einschließen. Eine solche Verarbeitung von Gesundheitsdaten aus Gründen des öffentlichen Interesses darf nicht dazu führen, dass Dritte, unter anderem Arbeitgeber oder Versicherungs- und Finanzunternehmen, solche personenbezogene Daten zu anderen Zwecken verarbeiten.

(55) Auch die Verarbeitung personenbezogener Daten durch staatliche Stellen zu verfassungsrechtlich oder völkerrechtlich verankerten Zielen von staatlich anerkannten Religionsgemeinschaften erfolgt aus Gründen des öffentlichen Interesses.

(56) Wenn es in einem Mitgliedstaat das Funktionieren des demokratischen Systems erfordert, dass die politischen Parteien im Zusammenhang mit Wahlen personenbezogene Daten über die politische Einstellung von Personen sammeln, kann die Verarbeitung derartiger Daten aus Gründen des öffentlichen Interesses zugelassen werden, sofern geeignete Garantien vorgesehen werden.

(57) Kann der Verantwortliche anhand der von ihm verarbeiteten personenbezogenen Daten eine natürliche Person nicht identifizieren, so sollte er nicht verpflichtet sein, zur bloßen Einhaltung einer Vorschrift dieser Verordnung zusätzliche Daten einzuholen, um die betroffene Person zu identifizieren. Allerdings sollte er sich nicht weigern, zusätzliche Informationen entgegenzunehmen, die von der betroffenen Person beigebracht werden, um ihre Rechte geltend zu machen. Die Identifizierung sollte die digitale Identifizierung einer betroffenen Person – beispielsweise durch Authentifizierungsverfahren etwa mit denselben Berechtigungsnachweisen, wie sie die betroffene Person verwendet, um sich bei dem von dem Verantwortlichen bereitgestellten Online-Dienst anzumelden – einschließen.

|

Chapter III: Rights of the data subject

zu Kapitel III: Rechte der betroffenen Person

(58) The principle of transparency requires that any information addressed to the public or to the data subject be concise, easily accessible and easy to understand, and that clear and plain language and, additionally, where appropriate, visualisation be used. Such information could be provided in electronic form, for example, when addressed to the public, through a website. This is of particular relevance in situations where the proliferation of actors and the technological complexity of practice make it difficult for the data subject to know and understand whether, by whom and for what purpose personal data relating to him or her are being collected, such as in the case of online advertising. Given that children merit specific protection, any information and communication, where processing is addressed to a child, should be in such a clear and plain language that the child can easily understand.

(59) Modalities should be provided for facilitating the exercise of the data subject's rights under this Regulation, including mechanisms to request and, if applicable, obtain, free of charge, in particular, access to and rectification or erasure of personal data and the exercise of the right to object. The controller should also provide means for requests to be made electronically, especially where personal data are processed by electronic means. The controller should be obliged to respond to requests from the data subject without undue delay and at the latest within one month and to give reasons where the controller does not intend to comply with any such requests.

(60) The principles of fair and transparent processing require that the data subject be informed of the existence of the processing operation and its purposes. The controller should provide the data subject with any further information necessary to ensure fair and transparent processing taking into account the specific circumstances and context in

(58) Der Grundsatz der Transparenz setzt voraus, dass eine für die Öffentlichkeit oder die betroffene Person bestimmte Information präzise, leicht zugänglich und verständlich sowie in klarer und einfacher Sprache abgefasst ist und gegebenenfalls zusätzlich visuelle Elemente verwendet werden. Diese Information könnte in elektronischer Form bereitgestellt werden, beispielsweise auf einer Website, wenn sie für die Öffentlichkeit bestimmt ist. Dies gilt insbesondere für Situationen, wo die große Zahl der Beteiligten und die Komplexität der dazu benötigten Technik es der betroffenen Person schwer machen, zu erkennen und nachzuvollziehen, ob, von wem und zu welchem Zweck sie betreffende personenbezogene Daten erfasst werden, wie etwa bei der Werbung im Internet. Wenn sich die Verarbeitung an Kinder richtet, sollten aufgrund der besonderen Schutzwürdigkeit von Kindern Informationen und Hinweise in einer dergestalt klaren und einfachen Sprache erfolgen, dass ein Kind sie verstehen kann.

(59) Es sollten Modalitäten festgelegt werden, die einer betroffenen Person die Ausübung der Rechte, die ihr nach dieser Verordnung zustehen, erleichtern, darunter auch Mechanismen, die dafür sorgen, dass sie unentgeltlich insbesondere Zugang zu personenbezogenen Daten und deren Berichtigung oder Löschung beantragen und gegebenenfalls erhalten oder von ihrem Widerspruchsrecht Gebrauch machen kann. So sollte der Verantwortliche auch dafür sorgen, dass Anträge elektronisch gestellt werden können, insbesondere wenn die personenbezogenen Daten elektronisch verarbeitet werden. Der Verantwortliche sollte verpflichtet werden, den Antrag der betroffenen Person unverzüglich, spätestens aber innerhalb eines Monats zu beantworten und gegebenenfalls zu begründen, warum er den Antrag ablehnt.

(60) Die Grundsätze einer fairen und transparenten Verarbeitung machen es erforderlich, dass die betroffene Person über die Existenz des Verarbeitungsvorgangs und seine Zwecke unterrichtet wird. Der Verantwortliche sollte der betroffenen Person alle weiteren Informationen zur Verfügung stellen, die unter Berücksichtigung der besonde-

Recitals of the GDPR

which the personal data are processed. Furthermore, the data subject should be informed of the existence of profiling and the consequences of such profiling. Where the personal data are collected from the data subject, the data subject should also be informed whether he or she is obliged to provide the personal data and of the consequences, where he or she does not provide such data. That information may be provided in combination with standardised icons in order to give in an easily visible, intelligible and clearly legible manner, a meaningful overview of the intended processing. Where the icons are presented electronically, they should be machine-readable.

(61) The information in relation to the processing of personal data relating to the data subject should be given to him or her at the time of collection from the data subject, or, where the personal data are obtained from another source, within a reasonable period, depending on the circumstances of the case. Where personal data can be legitimately disclosed to another recipient, the data subject should be informed when the personal data are first disclosed to the recipient. Where the controller intends to process the personal data for a purpose other than that for which they were collected, the controller should provide the data subject prior to that further processing with information on that other purpose and other necessary information. Where the origin of the personal data cannot be provided to the data subject because various sources have been used, general information should be provided.

(62) However, it is not necessary to impose the obligation to provide information where the data subject already possesses the information, where the recording or disclosure of the personal data is ex-

Erwägungsgründe zur DS-GVO

ren Umstände und Rahmenbedingungen, unter denen die personenbezogenen Daten verarbeitet werden, notwendig sind, um eine faire und transparente Verarbeitung zu gewährleisten. Darüber hinaus sollte er die betroffene Person darauf hinweisen, dass Profiling stattfindet und welche Folgen dies hat. Werden die personenbezogenen Daten bei der betroffenen Person erhoben, so sollte dieser darüber hinaus mitgeteilt werden, ob sie verpflichtet ist, die personenbezogenen Daten bereitzustellen, und welche Folgen eine Zurückhaltung der Daten nach sich ziehen würde. Die betreffenden Informationen können in Kombination mit standardisierten Bildsymbolen bereitgestellt werden, um in leicht wahrnehmbarer, verständlicher und klar nachvollziehbarer Form einen aussagekräftigen Überblick über die beabsichtigte Verarbeitung zu vermitteln. Werden die Bildsymbole in elektronischer Form dargestellt, so sollten sie maschinenlesbar sein.

(61) Dass sie betreffende personenbezogene Daten verarbeitet werden, sollte der betroffenen Person zum Zeitpunkt der Erhebung mitgeteilt werden oder, falls die Daten nicht von ihr, sondern aus einer anderen Quelle erlangt werden, innerhalb einer angemessenen Frist, die sich nach dem konkreten Einzelfall richtet. Wenn die personenbezogenen Daten rechtmäßig einem anderen Empfänger offengelegt werden dürfen, sollte die betroffene Person bei der erstmaligen Offenlegung der personenbezogenen Daten für diesen Empfänger darüber aufgeklärt werden. Beabsichtigt der Verantwortliche, die personenbezogenen Daten für einen anderen Zweck zu verarbeiten als den, für den die Daten erhoben wurden, so sollte er der betroffenen Person vor dieser Weiterverarbeitung Informationen über diesen anderen Zweck und andere erforderliche Informationen zur Verfügung stellen. Konnte der betroffenen Person nicht mitgeteilt werden, woher die personenbezogenen Daten stammen, weil verschiedene Quellen benutzt wurden, so sollte die Unterrichtung allgemein gehalten werden.

(62) Die Pflicht, Informationen zur Verfügung zu stellen, erübrigt sich jedoch, wenn die betroffene Person die Information bereits hat, wenn die Speicherung oder Offenlegung der personenbezo-

pressly laid down by law or where the provision of information to the data subject proves to be impossible or would involve a disproportionate effort. The latter could in particular be the case where processing is carried out for archiving purposes in the public interest, scientific or historical research purposes or statistical purposes. In that regard, the number of data subjects, the age of the data and any appropriate safeguards adopted should be taken into consideration.

(63) A data subject should have the right of access to personal data which have been collected concerning him or her, and to exercise that right easily and at reasonable intervals, in order to be aware of, and verify, the lawfulness of the processing. This includes the right for data subjects to have access to data concerning their health, for example the data in their medical records containing information such as diagnoses, examination results, assessments by treating physicians and any treatment or interventions provided. Every data subject should therefore have the right to know and obtain communication in particular with regard to the purposes for which the personal data are processed, where possible the period for which the personal data are processed, the recipients of the personal data, the logic involved in any automatic personal data processing and, at least when based on profiling, the consequences of such processing. Where possible, the controller should be able to provide remote access to a secure system which would provide the data subject with direct access to his or her personal data. That right should not adversely affect the rights or freedoms of others, including trade secrets or intellectual property and in particular the copyright protecting the software. However, the result of those considerations should not be a refusal to provide all information to the data subject. Where the controller processes a large quantity of information concerning the data subject, the controller should be able to request that, before the information is delivered, the data subject specify the information or processing activities to which the request relates.

genen Daten ausdrücklich durch Rechtsvorschriften geregelt ist oder wenn sich die Unterrichtung der betroffenen Person als unmöglich erweist oder mit unverhältnismäßig hohem Aufwand verbunden ist. Letzteres könnte insbesondere bei Verarbeitungen für im öffentlichen Interesse liegende Archivzwecke, zu wissenschaftlichen oder historischen Forschungszwecken oder zu statistischen Zwecken der Fall sein. Als Anhaltspunkte sollten dabei die Zahl der betroffenen Personen, das Alter der Daten oder etwaige geeignete Garantien in Betracht gezogen werden.

(63) Eine betroffene Person sollte ein Auskunftsrecht hinsichtlich der sie betreffenden personenbezogenen Daten, die erhoben worden sind, besitzen und dieses Recht problemlos und in angemessenen Abständen wahrnehmen können, um sich der Verarbeitung bewusst zu sein und deren Rechtmäßigkeit überprüfen zu können. Dies schließt das Recht betroffene Personen auf Auskunft über ihre eigenen gesundheitsbezogenen Daten ein, etwa Daten in ihren Patientenakten, die Informationen wie beispielsweise Diagnosen, Untersuchungsergebnisse, Befunde der behandelnden Ärzte und Angaben zu Behandlungen oder Eingriffen enthalten. Jede betroffene Person sollte daher ein Anrecht darauf haben zu wissen und zu erfahren, insbesondere zu welchen Zwecken die personenbezogenen Daten verarbeitet werden und, wenn möglich, wie lange sie gespeichert werden, wer die Empfänger der personenbezogenen Daten sind, nach welcher Logik die automatische Verarbeitung personenbezogener Daten erfolgt und welche Folgen eine solche Verarbeitung haben kann, zumindest in Fällen, in denen die Verarbeitung auf Profiling beruht. Nach Möglichkeit sollte der Verantwortliche den Fernzugang zu einem sicheren System bereitstellen können, der der betroffenen Person direkten Zugang zu ihren personenbezogenen Daten ermöglichen würde. Dieses Recht sollte die Rechte und Freiheiten anderer Personen, etwa Geschäftsgeheimnisse oder Rechte des geistigen Eigentums und insbesondere das Urheberrecht an Software, nicht beeinträchtigen. Dies darf jedoch nicht dazu führen, dass der betroffenen Person jegliche Auskunft verweigert wird. Verarbeitet der Verantwortliche eine große Menge von Infor-

|

mationen über die betroffene Person, so sollte er verlangen können, dass die betroffene Person präzisiert, auf welche Information oder welche Verarbeitungsvorgänge sich ihr Auskunftsersuchen bezieht, bevor er ihr Auskunft erteilt.

(64) The controller should use all reasonable measures to verify the identity of a data subject who requests access, in particular in the context of online services and online identifiers. A controller should not retain personal data for the sole purpose of being able to react to potential requests.

(64) Der Verantwortliche sollte alle vertretbaren Mittel nutzen, um die Identität einer Auskunft suchenden betroffenen Person zu überprüfen, insbesondere im Rahmen von Online-Diensten und im Fall von Online-Kennungen. Ein Verantwortlicher sollte personenbezogene Daten nicht allein zu dem Zweck speichern, auf mögliche Auskunftsersuchen reagieren zu können.

(65) A data subject should have the right to have personal data concerning him or her rectified and a 'right to be forgotten' where the retention of such data infringes this Regulation or Union or Member State law to which the controller is subject. In particular, a data subject should have the right to have his or her personal data erased and no longer processed where the personal data are no longer necessary in relation to the purposes for which they are collected or otherwise processed, where a data subject has withdrawn his or her consent or objects to the processing of personal data concerning him or her, or where the processing of his or her personal data does not otherwise comply with this Regulation. That right is relevant in particular where the data subject has given his or her consent as a child and is not fully aware of the risks involved by the processing, and later wants to remove such personal data, especially on the internet. The data subject should be able to exercise that right notwithstanding the fact that he or she is no longer a child. However, the further retention of the personal data should be lawful where it is necessary, for exercising the right of freedom of expression and information, for compliance with a legal obligation, for the performance of a task carried out in the public interest or in the exercise of official authority vested in the controller, on the grounds of public interest in the area of public health, for archiving purposes in the public interest, scientific or historical research purposes or statistical purposes, or for the establishment, exercise or defence of legal claims.

(65) Eine betroffene Person sollte ein Recht auf Berichtigung der sie betreffenden personenbezogenen Daten besitzen sowie ein „Recht auf Vergessenwerden", wenn die Speicherung ihrer Daten gegen diese Verordnung oder gegen das Unionsrecht oder das Recht der Mitgliedstaaten, dem der Verantwortliche unterliegt, verstößt. Insbesondere sollten betroffene Personen Anspruch darauf haben, dass ihre personenbezogenen Daten gelöscht und nicht mehr verarbeitet werden, wenn die personenbezogenen Daten hinsichtlich der Zwecke, für die sie erhoben bzw. anderweitig verarbeitet wurden, nicht mehr benötigt werden, wenn die betroffenen Personen ihre Einwilligung in die Verarbeitung widerrufen oder Widerspruch gegen die Verarbeitung der sie betreffenden personenbezogenen Daten eingelegt haben oder wenn die Verarbeitung ihrer personenbezogenen Daten aus anderen Gründen gegen diese Verordnung verstößt. Dieses Recht ist insbesondere wichtig in Fällen, in denen die betroffene Person ihre Einwilligung noch im Kindesalter gegeben hat und insofern die mit der Verarbeitung verbundenen Gefahren nicht in vollem Umfang absehen konnte und die personenbezogenen Daten – insbesondere die im Internet gespeicherten – später löschen möchte. Die betroffene Person sollte dieses Recht auch dann ausüben können, wenn sie kein Kind mehr ist. Die weitere Speicherung der personenbezogenen Daten sollte jedoch rechtmäßig sein, wenn dies für die Ausübung des Rechts auf freie Meinungsäußerung und Information, zur Erfüllung einer rechtlichen Verpflichtung, für die Wahrnehmung einer Aufgabe, die im öffentlichen

Interesse liegt oder in Ausübung öffentlicher Gewalt erfolgt, die dem Verantwortlichen übertragen wurde, aus Gründen des öffentlichen Interesses im Bereich der öffentlichen Gesundheit, für im öffentlichen Interesse liegende Archivzwecke, zu wissenschaftlichen oder historischen Forschungszwecken oder zu statistischen Zwecken oder zur Geltendmachung, Ausübung oder Verteidigung von Rechtsansprüchen erforderlich ist.

(66) To strengthen the right to be forgotten in the online environment, the right to erasure should also be extended in such a way that a controller who has made the personal data public should be obliged to inform the controllers which are processing such personal data to erase any links to, or copies or replications of those personal data. In doing so, that controller should take reasonable steps, taking into account available technology and the means available to the controller, including technical measures, to inform the controllers which are processing the personal data of the data subject's request.

(66) Um dem „Recht auf Vergessenwerden" im Netz mehr Geltung zu verschaffen, sollte das Recht auf Löschung ausgeweitet werden, indem ein Verantwortlicher, der die personenbezogenen Daten öffentlich gemacht hat, verpflichtet wird, den Verantwortlichen, die diese personenbezogenen Daten verarbeiten, mitzuteilen, alle Links zu diesen personenbezogenen Daten oder Kopien oder Replikationen der personenbezogenen Daten zu löschen. Dabei sollte der Verantwortliche, unter Berücksichtigung der verfügbaren Technologien und der ihm zur Verfügung stehenden Mittel, angemessene Maßnahmen – auch technischer Art – treffen, um die Verantwortlichen, die diese personenbezogenen Daten verarbeiten, über den Antrag der betroffenen Person zu informieren.

(67) Methods by which to restrict the processing of personal data could include, inter alia, temporarily moving the selected data to another processing system, making the selected personal data unavailable to users, or temporarily removing published data from a website. In automated filing systems, the restriction of processing should in principle be ensured by technical means in such a manner that the personal data are not subject to further processing operations and cannot be changed. The fact that the processing of personal data is restricted should be clearly indicated in the system.

(67) Methoden zur Beschränkung der Verarbeitung personenbezogener Daten könnten unter anderem darin bestehen, dass ausgewählte personenbezogenen Daten vorübergehend auf ein anderes Verarbeitungssystem übertragen werden, dass sie für Nutzer gesperrt werden oder dass veröffentliche Daten vorübergehend von einer Website entfernt werden. In automatisierten Dateisystemen sollte die Einschränkung der Verarbeitung grundsätzlich durch technische Mittel so erfolgen, dass die personenbezogenen Daten in keiner Weise weiterverarbeitet werden und nicht verändert werden können. Auf die Tatsache, dass die Verarbeitung der personenbezogenen Daten beschränkt wurde, sollte in dem System unmissverständlich hingewiesen werden.

(68) To further strengthen the control over his or her own data, where the processing of personal data is carried out by automated means, the data subject should also be allowed to receive personal data concerning him or her which he or she has provided to a controller in a structured, commonly

(68) Um im Fall der Verarbeitung personenbezogener Daten mit automatischen Mitteln eine bessere Kontrolle über die eigenen Daten zu haben, sollte die betroffene Person außerdem berechtigt sein, die sie betreffenden personenbezogenen Daten, die sie einem Verantwortlichen bereitgestellt hat,

used, machine-readable and interoperable format, and to transmit it to another controller. Data controllers should be encouraged to develop interoperable formats that enable data portability. That right should apply where the data subject provided the personal data on the basis of his or her consent or the processing is necessary for the performance of a contract. It should not apply where processing is based on a legal ground other than consent or contract. By its very nature, that right should not be exercised against controllers processing personal data in the exercise of their public duties. It should therefore not apply where the processing of the personal data is necessary for compliance with a legal obligation to which the controller is subject or for the performance of a task carried out in the public interest or in the exercise of an official authority vested in the controller. The data subject's right to transmit or receive personal data concerning him or her should not create an obligation for the controllers to adopt or maintain processing systems which are technically compatible. Where, in a certain set of personal data, more than one data subject is concerned, the right to receive the personal data should be without prejudice to the rights and freedoms of other data subjects in accordance with this Regulation. Furthermore, that right should not prejudice the right of the data subject to obtain the erasure of personal data and the limitations of that right as set out in this Regulation and should, in particular, not imply the erasure of personal data concerning the data subject which have been provided by him or her for the performance of a contract to the extent that and for as long as the personal data are necessary for the performance of that contract. Where technically feasible, the data subject should have the right to have the personal data transmitted directly from one controller to another.

in einem strukturierten, gängigen, maschinenlesbaren und interoperablen Format zu erhalten und sie einem anderen Verantwortlichen zu übermitteln. Die Verantwortlichen sollten dazu aufgefordert werden, interoperable Formate zu entwickeln, die die Datenübertragbarkeit ermöglichen. Dieses Recht sollte dann gelten, wenn die betroffene Person die personenbezogenen Daten mit ihrer Einwilligung zur Verfügung gestellt hat oder die Verarbeitung zur Erfüllung eines Vertrags erforderlich ist. Es sollte nicht gelten, wenn die Verarbeitung auf einer anderen Rechtsgrundlage als ihrer Einwilligung oder eines Vertrags erfolgt. Dieses Recht sollte naturgemäß nicht gegen Verantwortliche ausgeübt werden, die personenbezogene Daten in Erfüllung ihrer öffentlichen Aufgaben verarbeiten. Es sollte daher nicht gelten, wenn die Verarbeitung der personenbezogenen Daten zur Erfüllung einer rechtlichen Verpflichtung, der der Verantwortliche unterliegt, oder für die Wahrnehmung einer ihm übertragenen Aufgabe, die im öffentlichen Interesse liegt oder in Ausübung einer ihm übertragenen öffentlichen Gewalt erfolgt, erforderlich ist. Das Recht der betroffenen Person, sie betreffende personenbezogene Daten zu übermitteln oder zu empfangen, sollte für den Verantwortlichen nicht die Pflicht begründen, technisch kompatible Datenverarbeitungssysteme zu übernehmen oder beizubehalten. Ist im Fall eines bestimmten Satzes personenbezogener Daten mehr als eine betroffene Person tangiert, so sollte das Recht auf Empfang der Daten die Grundrechte und Grundfreiheiten anderer betroffener Personen nach dieser Verordnung unberührt lassen. Dieses Recht sollte zudem das Recht der betroffenen Person auf Löschung ihrer personenbezogenen Daten und die Beschränkungen dieses Rechts gemäß dieser Verordnung nicht berühren und insbesondere nicht bedeuten, dass die Daten, die sich auf die betroffene Person beziehen und von ihr zur Erfüllung eines Vertrags zur Verfügung gestellt worden sind, gelöscht werden, soweit und solange diese personenbezogenen Daten für die Erfüllung des Vertrags notwendig sind. Soweit technisch machbar, sollte die betroffene Person das Recht haben, zu erwirken, dass die personenbezogenen Daten di-

rekt von einem Verantwortlichen einem anderen Verantwortlichen übermittelt werden.

(69) Where personal data might lawfully be processed because processing is necessary for the performance of a task carried out in the public interest or in the exercise of official authority vested in the controller, or on grounds of the legitimate interests of a controller or a third party, a data subject should, nevertheless, be entitled to object to the processing of any personal data relating to his or her particular situation. It should be for the controller to demonstrate that its compelling legitimate interest overrides the interests or the fundamental rights and freedoms of the data subject.

(70) Where personal data are processed for the purposes of direct marketing, the data subject should have the right to object to such processing, including profiling to the extent that it is related to such direct marketing, whether with regard to initial or further processing, at any time and free of charge. That right should be explicitly brought to the attention of the data subject and presented clearly and separately from any other information.

(71) The data subject should have the right not to be subject to a decision, which may include a measure, evaluating personal aspects relating to him or her which is based solely on automated processing and which produces legal effects concerning him or her or similarly significantly affects him or her, such as automatic refusal of an online credit application or e-recruiting practices without any human intervention. Such processing includes 'profiling' that consists of any form of automated processing of personal data evaluating the personal aspects relating to a natural person, in particular to analyse or predict aspects concerning the data subject's performance at work, economic situation, health, personal preferences or interests, reliability or behaviour, location or movements, where it produces legal effects concerning him or her or similarly significantly affects him or her.

(69) Dürfen die personenbezogenen Daten möglicherweise rechtmäßig verarbeitet werden, weil die Verarbeitung für die Wahrnehmung einer Aufgabe, die im öffentlichen Interesse liegt oder in Ausübung öffentlicher Gewalt – die dem Verantwortlichen übertragen wurde, – oder aufgrund des berechtigten Interesses des Verantwortlichen oder eines Dritten erforderlich ist, sollte jede betroffene Person trotzdem das Recht haben, Widerspruch gegen die Verarbeitung der sich aus ihrer besonderen Situation ergebenden personenbezogenen Daten einzulegen. Der für die Verarbeitung Verantwortliche sollte darlegen müssen, dass seine zwingenden berechtigten Interessen Vorrang vor den Interessen oder Grundrechten und Grundfreiheiten der betroffenen Person haben.

(70) Werden personenbezogene Daten verarbeitet, um Direktwerbung zu betreiben, so sollte die betroffene Person jederzeit unentgeltlich insoweit Widerspruch gegen eine solche – ursprüngliche oder spätere – Verarbeitung einschließlich des Profilings einlegen können, als sie mit dieser Direktwerbung zusammenhängt. Die betroffene Person sollte ausdrücklich auf dieses Recht hingewiesen werden; dieser Hinweis sollte in einer verständlichen und von anderen Informationen getrennten Form erfolgen.

(71) Die betroffene Person sollte das Recht haben, keiner Entscheidung – was eine Maßnahme einschließen kann – zur Bewertung von sie betreffenden persönlichen Aspekten unterworfen zu werden, die ausschließlich auf einer automatisierten Verarbeitung beruht und die rechtliche Wirkung für die betroffene Person entfaltet oder sie in ähnlicher Weise erheblich beeinträchtigt, wie die automatische Ablehnung eines Online-Kreditantrags oder Online-Einstellungsverfahren ohne jegliches menschliche Eingreifen. Zu einer derartigen Verarbeitung zählt auch das „Profiling", das in jeglicher Form automatisierter Verarbeitung personenbezogener Daten unter Bewertung der persönlichen Aspekte in Bezug auf eine natürliche Person besteht, insbesondere zur Analyse oder Prognose von Aspekten bezüglich Arbeitsleistung, wirtschaftliche Lage, Gesundheit, persönliche Vor-

However, decision-making based on such processing, including profiling, should be allowed where expressly authorised by Union or Member State law to which the controller is subject, including for fraud and tax-evasion monitoring and prevention purposes conducted in accordance with the regulations, standards and recommendations of Union institutions or national oversight bodies and to ensure the security and reliability of a service provided by the controller, or necessary for the entering or performance of a contract between the data subject and a controller, or when the data subject has given his or her explicit consent. In any case, such processing should be subject to suitable safeguards, which should include specific information to the data subject and the right to obtain human intervention, to express his or her point of view, to obtain an explanation of the decision reached after such assessment and to challenge the decision. Such measure should not concern a child.

In order to ensure fair and transparent processing in respect of the data subject, taking into account the specific circumstances and context in which the personal data are processed, the controller should use appropriate mathematical or statistical procedures for the profiling, implement technical and organisational measures appropriate to ensure, in particular, that factors which result in inaccuracies in personal data are corrected and the risk of errors is minimised, secure personal data in a manner that takes account of the potential risks involved for the interests and rights of the data subject and that prevents, inter alia, discriminatory effects on natural persons on the basis of racial or ethnic origin, political opinion, religion or

lieben oder Interessen, Zuverlässigkeit oder Verhalten, Aufenthaltsort oder Ortswechsel der betroffenen Person, soweit dies rechtliche Wirkung für die betroffene Person entfaltet oder sie in ähnlicher Weise erheblich beeinträchtigt. Eine auf einer derartigen Verarbeitung, einschließlich des Profilings, beruhende Entscheidungsfindung sollte allerdings erlaubt sein, wenn dies nach dem Unionsrecht oder dem Recht der Mitgliedstaaten, dem der für die Verarbeitung Verantwortliche unterliegt, ausdrücklich zulässig ist, auch um im Einklang mit den Vorschriften, Standards und Empfehlungen der Institutionen der Union oder der nationalen Aufsichtsgremien Betrug und Steuerhinterziehung zu überwachen und zu verhindern und die Sicherheit und Zuverlässigkeit eines von dem Verantwortlichen bereitgestellten Dienstes zu gewährleisten, oder wenn dies für den Abschluss oder die Erfüllung eines Vertrags zwischen der betroffenen Person und einem Verantwortlichen erforderlich ist oder wenn die betroffene Person ihre ausdrückliche Einwilligung hierzu erteilt hat. In jedem Fall sollte eine solche Verarbeitung mit angemessenen Garantien verbunden sein, einschließlich der spezifischen Unterrichtung der betroffenen Person und des Anspruchs auf direktes Eingreifen einer Person, auf Darlegung des eigenen Standpunkts, auf Erläuterung der nach einer entsprechenden Bewertung getroffenen Entscheidung sowie des Rechts auf Anfechtung der Entscheidung. Diese Maßnahme sollte kein Kind betreffen.

Um unter Berücksichtigung der besonderen Umstände und Rahmenbedingungen, unter denen die personenbezogenen Daten verarbeitet werden, der betroffenen Person gegenüber eine faire und transparente Verarbeitung zu gewährleisten, sollte der für die Verarbeitung Verantwortliche geeignete mathematische oder statistische Verfahren für das Profiling verwenden, technische und organisatorische Maßnahmen treffen, mit denen in geeigneter Weise insbesondere sichergestellt wird, dass Faktoren, die zu unrichtigen personenbezogenen Daten führen, korrigiert werden und das Risiko von Fehlern minimiert wird, und personenbezogene Daten in einer Weise sichern, dass den potenziellen Bedrohungen für die Interessen

beliefs, trade union membership, genetic or health status or sexual orientation, or that result in measures having such an effect. Automated decision-making and profiling based on special categories of personal data should be allowed only under specific conditions.

(72) Profiling is subject to the rules of this Regulation governing the processing of personal data, such as the legal grounds for processing or data protection principles. The European Data Protection Board established by this Regulation (the 'Board') should be able to issue guidance in that context.

(73) Restrictions concerning specific principles and the rights of information, access to and rectification or erasure of personal data, the right to data portability, the right to object, decisions based on profiling, as well as the communication of a personal data breach to a data subject and certain related obligations of the controllers may be imposed by Union or Member State law, as far as necessary and proportionate in a democratic society to safeguard public security, including the protection of human life especially in response to natural or manmade disasters, the prevention, investigation and prosecution of criminal offences or the execution of criminal penalties, including the safeguarding against and the prevention of threats to public security, or of breaches of ethics for regulated professions, other important objectives of general public interest of the Union or of a Member State, in particular an important economic or financial interest of the Union or of a Member State, the keeping of public registers kept for reasons of general public interest, further processing of archived personal data to provide specific information related to the political behaviour under former totalitarian state regimes or the protection of the data subject or the rights and freedoms of others, including social protection, public health and hu-

und Rechte der betroffenen Person Rechnung getragen wird und mit denen verhindert wird, dass es gegenüber natürlichen Personen aufgrund von Rasse, ethnischer Herkunft, politischer Meinung, Religion oder Weltanschauung, Gewerkschaftszugehörigkeit, genetischer Anlagen oder Gesundheitszustand sowie sexueller Orientierung zu diskriminierenden Wirkungen oder zu Maßnahmen kommt, die eine solche Wirkung haben. Automatisierte Entscheidungsfindung und Profiling auf der Grundlage besonderer Kategorien von personenbezogenen Daten sollten nur unter bestimmten Bedingungen erlaubt sein

(72) Das Profiling unterliegt den Vorschriften dieser Verordnung für die Verarbeitung personenbezogener Daten, wie etwa die Rechtsgrundlage für die Verarbeitung oder die Datenschutzgrundsätze. Der durch diese Verordnung eingerichtete Europäische Datenschutzausschuss (im Folgenden „Ausschuss") sollte diesbezüglich Leitlinien herausgeben können.

(73) Im Recht der Union oder der Mitgliedstaaten können Beschränkungen hinsichtlich bestimmter Grundsätze und hinsichtlich des Rechts auf Unterrichtung, Auskunft zu und Berichtigung oder Löschung personenbezogener Daten, des Rechts auf Datenübertragbarkeit und Widerspruch, Entscheidungen, die auf der Erstellung von Profilen beruhen, sowie Mitteilungen über eine Verletzung des Schutzes personenbezogener Daten an eine betroffene Person und bestimmten damit zusammenhängenden Pflichten der Verantwortlichen vorgesehen werden, soweit dies in einer demokratischen Gesellschaft notwendig und verhältnismäßig ist, um die öffentliche Sicherheit aufrechtzuerhalten, wozu unter anderem der Schutz von Menschenleben insbesondere bei Naturkatastrophen oder vom Menschen verursachten Katastrophen, die Verhütung, Aufdeckung und Verfolgung von Straftaten oder die Strafvollstreckung – was auch den Schutz vor und die Abwehr von Gefahren für die öffentliche Sicherheit einschließt – oder die Verhütung, Aufdeckung und Verfolgung von Verstößen gegen Berufsstandsregeln bei reglementierten Berufen, das Führen öffentlicher Register aus Gründen des allgemeinen öffentlichen Interesses sowie die Weiterverarbeitung von archivierten personenbezogenen Daten

|

manitarian purposes. Those restrictions should be in accordance with the requirements set out in the Charter and in the European Convention for the Protection of Human Rights and Fundamental Freedoms.

zur Bereitstellung spezifischer Informationen im Zusammenhang mit dem politischen Verhalten unter ehemaligen totalitären Regimen gehört, und zum Schutz sonstiger wichtiger Ziele des allgemeinen öffentlichen Interesses der Union oder eines Mitgliedstaats, etwa wichtige wirtschaftliche oder finanzielle Interessen, oder die betroffene Person und die Rechte und Freiheiten anderer Personen, einschließlich in den Bereichen soziale Sicherheit, öffentliche Gesundheit und humanitäre Hilfe, zu schützen. Diese Beschränkungen sollten mit der Charta und mit der Europäischen Konvention zum Schutz der Menschenrechte und Grundfreiheiten im Einklang stehen.

Chapter IV: Controller and processor

zu Kapitel IV: Verantwortlicher und Auftragsverarbeiter

(74) The responsibility and liability of the controller for any processing of personal data carried out by the controller or on the controller's behalf should be established. In particular, the controller should be obliged to implement appropriate and effective measures and be able to demonstrate the compliance of processing activities with this Regulation, including the effectiveness of the measures. Those measures should take into account the nature, scope, context and purposes of the processing and the risk to the rights and freedoms of natural persons.

(74) Die Verantwortung und Haftung des Verantwortlichen für jedwede Verarbeitung personenbezogener Daten, die durch ihn oder in seinem Namen erfolgt, sollte geregelt werden. Insbesondere sollte der Verantwortliche geeignete und wirksame Maßnahmen treffen müssen und nachweisen können, dass die Verarbeitungstätigkeiten im Einklang mit dieser Verordnung stehen und die Maßnahmen auch wirksam sind. Dabei sollte er die Art, den Umfang, die Umstände und die Zwecke der Verarbeitung und das Risiko für die Rechte und Freiheiten natürlicher Personen berücksichtigen.

(75) The risk to the rights and freedoms of natural persons, of varying likelihood and severity, may result from personal data processing which could lead to physical, material or non-material damage, in particular: where the processing may give rise to discrimination, identity theft or fraud, financial loss, damage to the reputation, loss of confidentiality of personal data protected by professional secrecy, unauthorised reversal of pseudonymisation, or any other significant economic or social disadvantage; where data subjects might be deprived of their rights and freedoms or prevented from exercising control over their personal data; where personal data are processed which reveal racial or ethnic origin, political opinions, religion or philosophical beliefs, trade union membership, and the process-

(75) Die Risiken für die Rechte und Freiheiten natürlicher Personen – mit unterschiedlicher Eintrittswahrscheinlichkeit und Schwere – können aus einer Verarbeitung personenbezogener Daten hervorgehen, die zu einem physischen, materiellen oder immateriellen Schaden führen könnte, insbesondere wenn die Verarbeitung zu einer Diskriminierung, einem Identitätsdiebstahl oder -betrug, einem finanziellen Verlust, einer Rufschädigung, einem Verlust der Vertraulichkeit von dem Berufsgeheimnis unterliegenden personenbezogenen Daten, der unbefugten Aufhebung der Pseudonymisierung oder anderen erheblichen wirtschaftlichen oder gesellschaftlichen Nachteilen führen kann, wenn die betroffenen Personen um ihre Rechte und Freiheiten gebracht oder daran gehindert werden, die sie

ing of genetic data, data concerning health or data concerning sex life or criminal convictions and offences or related security measures; where personal aspects are evaluated, in particular analysing or predicting aspects concerning performance at work, economic situation, health, personal preferences or interests, reliability or behaviour, location or movements, in order to create or use personal profiles; where personal data of vulnerable natural persons, in particular of children, are processed; or where processing involves a large amount of personal data and affects a large number of data subjects.

(76) The likelihood and severity of the risk to the rights and freedoms of the data subject should be determined by reference to the nature, scope, context and purposes of the processing. Risk should be evaluated on the basis of an objective assessment, by which it is established whether data processing operations involve a risk or a high risk.

(77) Guidance on the implementation of appropriate measures and on the demonstration of compliance by the controller or the processor, especially as regards the identification of the risk related to the processing, their assessment in terms of origin, nature, likelihood and severity, and the identification of best practices to mitigate the risk, could be provided in particular by means of approved codes of conduct, approved certifications, guidelines provided by the Board or indications provided by a data protection officer. The Board may also issue guidelines on processing operations that are considered to be unlikely to result in a high risk to the rights and freedoms of natural persons and indicate what measures may be sufficient in such cases to address such risk.

betreffenden personenbezogenen Daten zu kontrollieren, wenn personenbezogene Daten, aus denen die rassische oder ethnische Herkunft, politische Meinungen, religiöse oder weltanschauliche Überzeugungen oder die Zugehörigkeit zu einer Gewerkschaft hervorgehen, und genetische Daten, Gesundheitsdaten oder das Sexualleben oder strafrechtliche Verurteilungen und Straftaten oder damit zusammenhängende Sicherungsmaßregeln betreffende Daten verarbeitet werden, wenn persönliche Aspekte bewertet werden, insbesondere wenn Aspekte, die die Arbeitsleistung, wirtschaftliche Lage, Gesundheit, persönliche Vorlieben oder Interessen, die Zuverlässigkeit oder das Verhalten, den Aufenthaltsort oder Ortswechsel betreffen, analysiert oder prognostiziert werden, um persönliche Profile zu erstellen oder zu nutzen, wenn personenbezogene Daten schutzbedürftiger natürlicher Personen, insbesondere Daten von Kindern, verarbeitet werden oder wenn die Verarbeitung eine große Menge personenbezogener Daten und eine große Anzahl von betroffenen Personen betrifft.

(76) Eintrittswahrscheinlichkeit und Schwere des Risikos für die Rechte und Freiheiten der betroffenen Person sollten in Bezug auf die Art, den Umfang, die Umstände und die Zwecke der Verarbeitung bestimmt werden. Das Risiko sollte anhand einer objektiven Bewertung beurteilt werden, bei der festgestellt wird, ob die Datenverarbeitung ein Risiko oder ein hohes Risiko birgt.

(77) Anleitungen, wie der Verantwortliche oder Auftragsverarbeiter geeignete Maßnahmen durchzuführen hat und wie die Einhaltung der Anforderungen nachzuweisen ist, insbesondere was die Ermittlung des mit der Verarbeitung verbundenen Risikos, dessen Abschätzung in Bezug auf Ursache, Art, Eintrittswahrscheinlichkeit und Schwere und die Festlegung bewährter Verfahren für dessen Eindämmung betrifft, könnten insbesondere in Form von genehmigten Verhaltensregeln, genehmigten Zertifizierungsverfahren, Leitlinien des Ausschusses oder Hinweisen eines Datenschutzbeauftragten gegeben werden. Der Ausschuss kann ferner Leitlinien für Verarbeitungsvorgänge ausgeben, bei denen davon auszugehen ist, dass sie kein hohes Risiko für die Rechte und Freiheiten natürlicher Personen mit sich bringen, und angeben,

(78) The protection of the rights and freedoms of natural persons with regard to the processing of personal data require that appropriate technical and organisational measures be taken to ensure that the requirements of this Regulation are met. In order to be able to demonstrate compliance with this Regulation, the controller should adopt internal policies and implement measures which meet in particular the principles of data protection by design and data protection by default. Such measures could consist, inter alia, of minimising the processing of personal data, pseudonymising personal data as soon as possible, transparency with regard to the functions and processing of personal data, enabling the data subject to monitor the data processing, enabling the controller to create and improve security features. When developing, designing, selecting and using applications, services and products that are based on the processing of personal data or process personal data to fulfil their task, producers of the products, services and applications should be encouraged to take into account the right to data protection when developing and designing such products, services and applications and, with due regard to the state of the art, to make sure that controllers and processors are able to fulfil their data protection obligations. The principles of data protection by design and by default should also be taken into consideration in the context of public tenders.

(79) The protection of the rights and freedoms of data subjects as well as the responsibility and liability of controllers and processors, also in relation to the monitoring by and measures of supervisory au-

welche Abhilfemaßnahmen in diesen Fällen ausreichend sein können.

(78) Zum Schutz der in Bezug auf die Verarbeitung personenbezogener Daten bestehenden Rechte und Freiheiten natürlicher Personen ist es erforderlich, dass geeignete technische und organisatorische Maßnahmen getroffen werden, damit die Anforderungen dieser Verordnung erfüllt werden. Um die Einhaltung dieser Verordnung nachweisen zu können, sollte der Verantwortliche interne Strategien festlegen und Maßnahmen ergreifen, die insbesondere den Grundsätzen des Datenschutzes durch Technik (data protection by design) und durch datenschutzfreundliche Voreinstellungen (data protection by default) Genüge tun. Solche Maßnahmen könnten unter anderem darin bestehen, dass die Verarbeitung personenbezogener Daten minimiert wird, personenbezogene Daten so schnell wie möglich pseudonymisiert werden, Transparenz in Bezug auf die Funktionen und die Verarbeitung personenbezogener Daten hergestellt wird, der betroffenen Person ermöglicht wird, die Verarbeitung personenbezogener Daten zu überwachen, und der Verantwortliche in die Lage versetzt wird, Sicherheitsfunktionen zu schaffen und zu verbessern. In Bezug auf Entwicklung, Gestaltung, Auswahl und Nutzung von Anwendungen, Diensten und Produkten, die entweder auf der Verarbeitung von personenbezogenen Daten beruhen oder zur Erfüllung ihrer Aufgaben personenbezogene Daten verarbeiten, sollten die Hersteller der Produkte, Dienste und Anwendungen ermutigt werden, das Recht auf Datenschutz bei der Entwicklung und Gestaltung der Produkte, Dienste und Anwendungen zu berücksichtigen und unter gebührender Berücksichtigung des Stands der Technik sicherzustellen, dass die Verantwortlichen und die Verarbeiter in der Lage sind, ihren Datenschutzpflichten nachzukommen. Den Grundsätzen des Datenschutzes durch Technik und durch datenschutzfreundliche Voreinstellungen sollte auch bei öffentlichen Ausschreibungen Rechnung getragen werden.

(79) Zum Schutz der Rechte und Freiheiten der betroffenen Personen sowie bezüglich der Verantwortung und Haftung der Verantwortlichen und der Auftragsverarbeiter bedarf es – auch mit Blick auf

thorities, requires a clear allocation of the responsibilities under this Regulation, including where a controller determines the purposes and means of the processing jointly with other controllers or where a processing operation is carried out on behalf of a controller.

(80) Where a controller or a processor not established in the Union is processing personal data of data subjects who are in the Union whose processing activities are related to the offering of goods or services, irrespective of whether a payment of the data subject is required, to such data subjects in the Union, or to the monitoring of their behaviour as far as their behaviour takes place within the Union, the controller or the processor should designate a representative, unless the processing is occasional, does not include processing, on a large scale, of special categories of personal data or the processing of personal data relating to criminal convictions and offences, and is unlikely to result in a risk to the rights and freedoms of natural persons, taking into account the nature, context, scope and purposes of the processing or if the controller is a public authority or body. The representative should act on behalf of the controller or the processor and may be addressed by any supervisory authority. The representative should be explicitly designated by a written mandate of the controller or of the processor to act on its behalf with regard to its obligations under this Regulation. The designation of such a representative does not affect the responsibility or liability of the controller or of the processor under this Regulation. Such a representative should perform its tasks according to the mandate received from the controller or processor, including cooperating with the competent supervisory authorities with regard to any action taken to ensure compliance with this Regulation. The designated representative should be subject to enforcement proceedings in the event of non-compliance by the controller or processor.

die Überwachungs- und sonstigen Maßnahmen von Aufsichtsbehörden – einer klaren Zuteilung der Verantwortlichkeiten durch diese Verordnung, einschließlich der Fälle, in denen ein Verantwortlicher die Verarbeitungszwecke und -mittel gemeinsam mit anderen Verantwortlichen festlegt oder ein Verarbeitungsvorgang im Auftrag eines Verantwortlichen durchgeführt wird.

(80) Jeder Verantwortliche oder Auftragsverarbeiter ohne Niederlassung in der Union, dessen Verarbeitungstätigkeiten sich auf betroffene Personen beziehen, die sich in der Union aufhalten, und dazu dienen, diesen Personen in der Union Waren oder Dienstleistungen anzubieten – unabhängig davon, ob von der betroffenen Person eine Zahlung verlangt wird – oder deren Verhalten, soweit dieses innerhalb der Union erfolgt, zu beobachten, sollte einen Vertreter benennen müssen, es sei denn, die Verarbeitung erfolgt gelegentlich, schließt nicht die umfangreiche Verarbeitung besonderer Kategorien personenbezogener Daten oder die Verarbeitung von personenbezogenen Daten über strafrechtliche Verurteilungen und Straftaten ein und bringt unter Berücksichtigung ihrer Art, ihrer Umstände, ihres Umfangs und ihrer Zwecke wahrscheinlich kein Risiko für die Rechte und Freiheiten natürlicher Personen mit sich oder bei dem Verantwortlichen handelt es sich um eine Behörde oder öffentliche Stelle. Der Vertreter sollte im Namen des Verantwortlichen oder des Auftragsverarbeiters tätig werden und den Aufsichtsbehörden als Anlaufstelle dienen. Der Verantwortliche oder der Auftragsverarbeiter sollte den Vertreter ausdrücklich bestellen und schriftlich beauftragen, in Bezug auf die ihm nach dieser Verordnung obliegenden Verpflichtungen an seiner Stelle zu handeln. Die Benennung eines solchen Vertreters berührt nicht die Verantwortung oder Haftung des Verantwortlichen oder des Auftragsverarbeiters nach Maßgabe dieser Verordnung. Ein solcher Vertreter sollte seine Aufgaben entsprechend dem Mandat des Verantwortlichen oder Auftragsverarbeiters ausführen und insbesondere mit den zuständigen Aufsichtsbehörden in Bezug auf Maßnahmen, die die Einhaltung dieser Verordnung sicherstellen sollen, zusammenarbeiten. Bei Verstößen des Verantwortlichen oder

(81) To ensure compliance with the requirements of this Regulation in respect of the processing to be carried out by the processor on behalf of the controller, when entrusting a processor with processing activities, the controller should use only processors providing sufficient guarantees, in particular in terms of expert knowledge, reliability and resources, to implement technical and organisational measures which will meet the requirements of this Regulation, including for the security of processing. The adherence of the processor to an approved code of conduct or an approved certification mechanism may be used as an element to demonstrate compliance with the obligations of the controller. The carrying-out of processing by a processor should be governed by a contract or other legal act under Union or Member State law, binding the processor to the controller, setting out the subject-matter and duration of the processing, the nature and purposes of the processing, the type of personal data and categories of data subjects, taking into account the specific tasks and responsibilities of the processor in the context of the processing to be carried out and the risk to the rights and freedoms of the data subject. The controller and processor may choose to use an individual contract or standard contractual clauses which are adopted either directly by the Commission or by a supervisory authority in accordance with the consistency mechanism and then adopted by the Commission. After the completion of the processing on behalf of the controller, the processor should, at the choice of the controller, return or delete the personal data, unless there is a requirement to store the personal data under Union or Member State law to which the processor is subject.

Auftragsverarbeiters sollte der bestellte Vertreter Durchsetzungsverfahren unterworfen werden.

(81) Damit die Anforderungen dieser Verordnung in Bezug auf die vom Auftragsverarbeiter im Namen des Verantwortlichen vorzunehmende Verarbeitung eingehalten werden, sollte ein Verantwortlicher, der einen Auftragsverarbeiter mit Verarbeitungstätigkeiten betrauen will, nur Auftragsverarbeiter heranziehen, die – insbesondere im Hinblick auf Fachwissen, Zuverlässigkeit und Ressourcen – hinreichende Garantien dafür bieten, dass technische und organisatorische Maßnahmen – auch für die Sicherheit der Verarbeitung – getroffen werden, die den Anforderungen dieser Verordnung genügen. Die Einhaltung genehmigter Verhaltensregeln oder eines genehmigten Zertifizierungsverfahrens durch einen Auftragsverarbeiter kann als Faktor herangezogen werden, um die Erfüllung der Pflichten des Verantwortlichen nachzuweisen. Die Durchführung einer Verarbeitung durch einen Auftragsverarbeiter sollte auf Grundlage eines Vertrags oder eines anderen Rechtsinstruments nach dem Recht der Union oder der Mitgliedstaaten erfolgen, der bzw. das den Auftragsverarbeiter an den Verantwortlichen bindet und in dem Gegenstand und Dauer der Verarbeitung, Art und Zwecke der Verarbeitung, die Art der personenbezogenen Daten und die Kategorien von betroffenen Personen festgelegt sind, wobei die besonderen Aufgaben und Pflichten des Auftragsverarbeiters bei der geplanten Verarbeitung und das Risiko für die Rechte und Freiheiten der betroffenen Person zu berücksichtigen sind. Der Verantwortliche und der Auftragsverarbeiter können entscheiden, ob sie einen individuellen Vertrag oder Standardvertragsklauseln verwenden, die entweder unmittelbar von der Kommission erlassen oder aber nach dem Kohärenzverfahren von einer Aufsichtsbehörde angenommen und dann von der Kommission erlassen wurden. Nach Beendigung der Verarbeitung im Namen des Verantwortlichen sollte der Auftragsverarbeiter die personenbezogenen Daten nach Wahl des Verantwortlichen entweder zurückgeben oder löschen, sofern nicht nach dem Recht der Union oder der Mitgliedstaaten, dem der Auftragsverarbeiter unterliegt, eine Verpflichtung

zur Speicherung der personenbezogenen Daten besteht.

(82) In order to demonstrate compliance with this Regulation, the controller or processor should maintain records of processing activities under its responsibility. Each controller and processor should be obliged to cooperate with the supervisory authority and make those records, on request, available to it, so that it might serve for monitoring those processing operations.

(82) Zum Nachweis der Einhaltung dieser Verordnung sollte der Verantwortliche oder der Auftragsverarbeiter ein Verzeichnis der Verarbeitungstätigkeiten, die seiner Zuständigkeit unterliegen, führen. Jeder Verantwortliche und jeder Auftragsverarbeiter sollte verpflichtet sein, mit der Aufsichtsbehörde zusammenzuarbeiten und dieser auf Anfrage das entsprechende Verzeichnis vorzulegen, damit die betreffenden Verarbeitungsvorgänge anhand dieser Verzeichnisse kontrolliert werden können.

(83) In order to maintain security and to prevent processing in infringement of this Regulation, the controller or processor should evaluate the risks inherent in the processing and implement measures to mitigate those risks, such as encryption. Those measures should ensure an appropriate level of security, including confidentiality, taking into account the state of the art and the costs of implementation in relation to the risks and the nature of the personal data to be protected. In assessing data security risk, consideration should be given to the risks that are presented by personal data processing, such as accidental or unlawful destruction, loss, alteration, unauthorised disclosure of, or access to, personal data transmitted, stored or otherwise processed which may in particular lead to physical, material or non-material damage.

(83) Zur Aufrechterhaltung der Sicherheit und zur Vorbeugung gegen eine gegen diese Verordnung verstoßende Verarbeitung sollte der Verantwortliche oder der Auftragsverarbeiter die mit der Verarbeitung verbundenen Risiken ermitteln und Maßnahmen zu ihrer Eindämmung, wie etwa eine Verschlüsselung, treffen. Diese Maßnahmen sollten unter Berücksichtigung des Stands der Technik und der Implementierungskosten ein Schutzniveau – auch hinsichtlich der Vertraulichkeit – gewährleisten, das den von der Verarbeitung ausgehenden Risiken und der Art der zu schützenden personenbezogenen Daten angemessen ist. Bei der Bewertung der Datensicherheitsrisiken sollten die mit der Verarbeitung personenbezogener Daten verbundenen Risiken berücksichtigt werden, wie etwa – ob unbeabsichtigt oder unrechtmäßig – Vernichtung, Verlust, Veränderung oder unbefugte Offenlegung von oder unbefugter Zugang zu personenbezogenen Daten, die übermittelt, gespeichert oder auf sonstige Weise verarbeitet wurden, insbesondere wenn dies zu einem physischen, materiellen oder immateriellen Schaden führen könnte.

(84) In order to enhance compliance with this Regulation where processing operations are likely to result in a high risk to the rights and freedoms of natural persons, the controller should be responsible for the carrying-out of a data protection impact assessment to evaluate, in particular, the origin, nature, particularity and severity of that risk. The outcome of the assessment should be taken into account when determining the appropriate measures to be taken in order to demon-

(84) Damit diese Verordnung in Fällen, in denen die Verarbeitungsvorgänge wahrscheinlich ein hohes Risiko für die Rechte und Freiheiten natürlicher Personen mit sich bringen, besser eingehalten wird, sollte der Verantwortliche für die Durchführung einer Datenschutz-Folgenabschätzung, mit der insbesondere die Ursache, Art, Besonderheit und Schwere dieses Risikos evaluiert werden, verantwortlich sein. Die Ergebnisse der Abschätzung sollten berücksichtigt werden, wenn darüber ent-

strate that the processing of personal data complies with this Regulation. Where a data-protection impact assessment indicates that processing operations involve a high risk which the controller cannot mitigate by appropriate measures in terms of available technology and costs of implementation, a consultation of the supervisory authority should take place prior to the processing.

(85) A personal data breach may, if not addressed in an appropriate and timely manner, result in physical, material or non-material damage to natural persons such as loss of control over their personal data or limitation of their rights, discrimination, identity theft or fraud, financial loss, unauthorised reversal of pseudonymisation, damage to reputation, loss of confidentiality of personal data protected by professional secrecy or any other significant economic or social disadvantage to the natural person concerned. Therefore, as soon as the controller becomes aware that a personal data breach has occurred, the controller should notify the personal data breach to the supervisory authority without undue delay and, where feasible, not later than 72 hours after having become aware of it, unless the controller is able to demonstrate, in accordance with the accountability principle, that the personal data breach is unlikely to result in a risk to the rights and freedoms of natural persons. Where such notification cannot be achieved within 72 hours, the reasons for the delay should accompany the notification and information may be provided in phases without undue further delay.

(86) The controller should communicate to the data subject a personal data breach, without undue delay, where that personal data breach is likely to result in a high risk to the rights and freedoms of the natural person in order to allow him or her to take

schieden wird, welche geeigneten Maßnahmen ergriffen werden müssen, um nachzuweisen, dass die Verarbeitung der personenbezogenen Daten mit dieser Verordnung in Einklang steht. Geht aus einer Datenschutz-Folgenabschätzung hervor, dass Verarbeitungsvorgänge ein hohes Risiko bergen, das der Verantwortliche nicht durch geeignete Maßnahmen in Bezug auf verfügbare Technik und Implementierungskosten eindämmen kann, so sollte die Aufsichtsbehörde vor der Verarbeitung konsultiert werden.

(85) Eine Verletzung des Schutzes personenbezogener Daten kann – wenn nicht rechtzeitig und angemessen reagiert wird – einen physischen, materiellen oder immateriellen Schaden für natürliche Personen nach sich ziehen, wie etwa Verlust der Kontrolle über ihre personenbezogenen Daten oder Einschränkung ihrer Rechte, Diskriminierung, Identitätsdiebstahl oder -betrug, finanzielle Verluste, unbefugte Aufhebung der Pseudonymisierung, Rufschädigung, Verlust der Vertraulichkeit von dem Berufsgeheimnis unterliegenden Daten oder andere erhebliche wirtschaftliche oder gesellschaftliche Nachteile für die betroffene natürliche Person. Deshalb sollte der Verantwortliche, sobald ihm eine Verletzung des Schutzes personenbezogener Daten bekannt wird, die Aufsichtsbehörde von der Verletzung des Schutzes personenbezogener Daten unverzüglich und, falls möglich, binnen höchstens 72 Stunden, nachdem ihm die Verletzung bekannt wurde, unterrichten, es sei denn, der Verantwortliche kann im Einklang mit dem Grundsatz der Rechenschaftspflicht nachweisen, dass die Verletzung des Schutzes personenbezogener Daten voraussichtlich nicht zu einem Risiko für die persönlichen Rechte und Freiheiten natürlicher Personen führt. Falls diese Benachrichtigung nicht binnen 72 Stunden erfolgen kann, sollten in ihr die Gründe für die Verzögerung angegeben werden müssen, und die Informationen können schrittweise ohne unangemessene weitere Verzögerung bereitgestellt werden.

(86) Der für die Verarbeitung Verantwortliche sollte die betroffene Person unverzüglich von der Verletzung des Schutzes personenbezogener Daten benachrichtigen, wenn diese Verletzung des Schutzes personenbezogener Daten voraussichtlich zu ei-

the necessary precautions. The communication should describe the nature of the personal data breach as well as recommendations for the natural person concerned to mitigate potential adverse effects. Such communications to data subjects should be made as soon as reasonably feasible and in close cooperation with the supervisory authority, respecting guidance provided by it or by other relevant authorities such as law-enforcement authorities. For example, the need to mitigate an immediate risk of damage would call for prompt communication with data subjects whereas the need to implement appropriate measures against continuing or similar personal data breaches may justify more time for communication.

nem hohen Risiko für die persönlichen Rechte und Freiheiten natürlicher Personen führt, damit diese die erforderlichen Vorkehrungen treffen können. Die Benachrichtigung sollte eine Beschreibung der Art der Verletzung des Schutzes personenbezogener Daten sowie an die betroffene natürliche Person gerichtete Empfehlungen zur Minderung etwaiger nachteiliger Auswirkungen dieser Verletzung enthalten. Solche Benachrichtigungen der betroffenen Person sollten stets so rasch wie nach allgemeinem Ermessen möglich, in enger Absprache mit der Aufsichtsbehörde und nach Maßgabe der von dieser oder von anderen zuständigen Behörden wie beispielsweise Strafverfolgungsbehörden erteilten Weisungen erfolgen. Um beispielsweise das Risiko eines unmittelbaren Schadens mindern zu können, müssten betroffene Personen sofort benachrichtigt werden, wohingegen eine längere Benachrichtigungsfrist gerechtfertigt sein kann, wenn es darum geht, geeignete Maßnahmen gegen fortlaufende oder vergleichbare Verletzungen des Schutzes personenbezogener Daten zu treffen.

(87) It should be ascertained whether all appropriate technological protection and organisational measures have been implemented to establish immediately whether a personal data breach has taken place and to inform promptly the supervisory authority and the data subject. The fact that the notification was made without undue delay should be established taking into account in particular the nature and gravity of the personal data breach and its consequences and adverse effects for the data subject. Such notification may result in an intervention of the supervisory authority in accordance with its tasks and powers laid down in this Regulation.

(87) Es sollte festgestellt werden, ob alle geeigneten technischen Schutz- sowie organisatorischen Maßnahmen getroffen wurden, um sofort feststellen zu können, ob eine Verletzung des Schutzes personenbezogener Daten aufgetreten ist, und um die Aufsichtsbehörde und die betroffene Person umgehend unterrichten zu können. Bei der Feststellung, ob die Meldung unverzüglich erfolgt ist, sollten die Art und Schwere der Verletzung des Schutzes personenbezogener Daten sowie deren Folgen und nachteilige Auswirkungen für die betroffene Person berücksichtigt werden. Die entsprechende Meldung kann zu einem Tätigwerden der Aufsichtsbehörde im Einklang mit ihren in dieser Verordnung festgelegten Aufgaben und Befugnissen führen.

(88) In setting detailed rules concerning the format and procedures applicable to the notification of personal data breaches, due consideration should be given to the circumstances of that breach, including whether or not personal data had been protected by appropriate technical protection measures, effectively limiting the likelihood of identity fraud or other forms of misuse. Moreover,

(88) Bei der detaillierten Regelung des Formats und der Verfahren für die Meldung von Verletzungen des Schutzes personenbezogener Daten sollten die Umstände der Verletzung hinreichend berücksichtigt werden, beispielsweise ob personenbezogene Daten durch geeignete technische Sicherheitsvorkehrungen geschützt waren, die die Wahrscheinlichkeit eines Identitätsbetrugs oder anderer

Recitals of the GDPR	Erwägungsgründe zur DS-GVO

such rules and procedures should take into account the legitimate interests of law-enforcement authorities where early disclosure could unnecessarily hamper the investigation of the circumstances of a personal data breach.

Formen des Datenmissbrauchs wirksam verringern. Überdies sollten solche Regeln und Verfahren den berechtigten Interessen der Strafverfolgungsbehörden in Fällen Rechnung tragen, in denen die Untersuchung der Umstände einer Verletzung des Schutzes personenbezogener Daten durch eine frühzeitige Offenlegung in unnötiger Weise behindert würde.

(89) Directive 95/46/EC provided for a general obligation to notify the processing of personal data to the supervisory authorities. While that obligation produces administrative and financial burdens, it did not in all cases contribute to improving the protection of personal data. Such indiscriminate general notification obligations should therefore be abolished, and replaced by effective procedures and mechanisms which focus instead on those types of processing operations which are likely to result in a high risk to the rights and freedoms of natural persons by virtue of their nature, scope, context and purposes. Such types of processing operations may be those which in, particular, involve using new technologies, or are of a new kind and where no data protection impact assessment has been carried out before by the controller, or where they become necessary in the light of the time that has elapsed since the initial processing.

(89) Gemäß der Richtlinie 95/46/EG waren Verarbeitungen personenbezogener Daten bei den Aufsichtsbehörden generell meldepflichtig. Diese Meldepflicht ist mit einem bürokratischen und finanziellen Aufwand verbunden und hat dennoch nicht in allen Fällen zu einem besseren Schutz personenbezogener Daten geführt. Diese unterschiedslosen allgemeinen Meldepflichten sollten daher abgeschafft und durch wirksame Verfahren und Mechanismen ersetzt werden, die sich stattdessen vorrangig mit denjenigen Arten von Verarbeitungsvorgängen befassen, die aufgrund ihrer Art, ihres Umfangs, ihrer Umstände und ihrer Zwecke wahrscheinlich ein hohes Risiko für die Rechte und Freiheiten natürlicher Personen mit sich bringen. Zu solchen Arten von Verarbeitungsvorgängen gehören insbesondere solche, bei denen neue Technologien eingesetzt werden oder die neuartig sind und bei denen der Verantwortliche noch keine Datenschutz-Folgenabschätzung durchgeführt hat bzw. bei denen aufgrund der seit der ursprünglichen Verarbeitung vergangenen Zeit eine Datenschutz-Folgenabschätzung notwendig geworden ist.

(90) In such cases, a data protection impact assessment should be carried out by the controller prior to the processing in order to assess the particular likelihood and severity of the high risk, taking into account the nature, scope, context and purposes of the processing and the sources of the risk. That impact assessment should include, in particular, the measures, safeguards and mechanisms envisaged for mitigating that risk, ensuring the protection of personal data and demonstrating compliance with this Regulation.

(90) In derartigen Fällen sollte der Verantwortliche vor der Verarbeitung eine Datenschutz-Folgenabschätzung durchführen, mit der die spezifische Eintrittswahrscheinlichkeit und die Schwere dieses hohen Risikos unter Berücksichtigung der Art, des Umfangs, der Umstände und der Zwecke der Verarbeitung und der Ursachen des Risikos bewertet werden. Diese Folgenabschätzung sollte sich insbesondere mit den Maßnahmen, Garantien und Verfahren befassen, durch die dieses Risiko eingedämmt, der Schutz personenbezogener Daten sichergestellt und die Einhaltung der Bestimmungen dieser Verordnung nachgewiesen werden soll.

(91) This should in particular apply to large-scale processing operations which aim to process a considerable amount of personal data at regional, national or supranational level and which could affect a large number of data subjects and which are likely to result in a high risk, for example, on account of their sensitivity, where in accordance with the achieved state of technological knowledge a new technology is used on a large scale as well as to other processing operations which result in a high risk to the rights and freedoms of data subjects, in particular where those operations render it more difficult for data subjects to exercise their rights. A data protection impact assessment should also be made where personal data are processed for taking decisions regarding specific natural persons following any systematic and extensive evaluation of personal aspects relating to natural persons based on profiling those data or following the processing of special categories of personal data, biometric data, or data on criminal convictions and offences or related security measures. A data protection impact assessment is equally required for monitoring publicly accessible areas on a large scale, especially when using optic-electronic devices or for any other operations where the competent supervisory authority considers that the processing is likely to result in a high risk to the rights and freedoms of data subjects, in particular because they prevent data subjects from exercising a right or using a service or a contract, or because they are carried out systematically on a large scale. The processing of personal data should not be considered to be on a large scale if the processing concerns personal data from patients or clients by an individual physician, other health care professional or lawyer. In such cases, a data protection impact assessment should not be mandatory.

(91) Dies sollte insbesondere für umfangreiche Verarbeitungsvorgänge gelten, die dazu dienen, große Mengen personenbezogener Daten auf regionaler, nationaler oder supranationaler Ebene zu verarbeiten, eine große Zahl von Personen betreffen könnten und – beispielsweise aufgrund ihrer Sensibilität – wahrscheinlich ein hohes Risiko mit sich bringen und bei denen entsprechend dem jeweils aktuellen Stand der Technik in großem Umfang eine neue Technologie eingesetzt wird, sowie für andere Verarbeitungsvorgänge, die ein hohes Risiko für die Rechte und Freiheiten der betroffenen Personen mit sich bringen, insbesondere dann, wenn diese Verarbeitungsvorgänge den betroffenen Personen die Ausübung ihrer Rechte erschweren. Eine Datenschutz-Folgenabschätzung sollte auch durchgeführt werden, wenn die personenbezogenen Daten für das Treffen von Entscheidungen in Bezug auf bestimmte natürliche Personen im Anschluss an eine systematische und eingehende Bewertung persönlicher Aspekte natürlicher Personen auf der Grundlage eines Profilings dieser Daten oder im Anschluss an die Verarbeitung besonderer Kategorien von personenbezogenen Daten, biometrischen Daten oder von Daten über strafrechtliche Verurteilungen und Straftaten sowie damit zusammenhängende Sicherungsmaßregeln verarbeitet werden. Gleichermaßen erforderlich ist eine Datenschutz-Folgenabschätzung für die weiträumige Überwachung öffentlich zugänglicher Bereiche, insbesondere mittels opto-elektronischer Vorrichtungen, oder für alle anderen Vorgänge, bei denen nach Auffassung der zuständigen Aufsichtsbehörde die Verarbeitung wahrscheinlich ein hohes Risiko für die Rechte und Freiheiten der betroffenen Personen mit sich bringt, insbesondere weil sie die betroffenen Personen an der Ausübung eines Rechts oder der Nutzung einer Dienstleistung bzw. Durchführung eines Vertrags hindern oder weil sie systematisch in großem Umfang erfolgen. Die Verarbeitung personenbezogener Daten sollte nicht als umfangreich gelten, wenn die Verarbeitung personenbezogene Daten von Patienten oder von Mandanten betrifft und durch einen einzelnen Arzt, sonstigen Angehörigen eines Gesundheitsberufes oder Rechtsanwalt erfolgt. In diesen Fällen sollte eine

Datenschutz- Folgenabschätzung nicht zwingend vorgeschrieben sein.

(92) There are circumstances under which it may be reasonable and economical for the subject of a data protection impact assessment to be broader than a single project, for example where public authorities or bodies intend to establish a common application or processing platform or where several controllers plan to introduce a common application or processing environment across an industry sector or segment or for a widely used horizontal activity.

(92) Unter bestimmten Umständen kann es vernünftig und unter ökonomischen Gesichtspunkten zweckmäßig sein, eine Datenschutz-Folgenabschätzung nicht lediglich auf ein bestimmtes Projekt zu beziehen, sondern sie thematisch breiter anzulegen – beispielsweise wenn Behörden oder öffentliche Stellen eine gemeinsame Anwendung oder Verarbeitungsplattform schaffen möchten oder wenn mehrere Verantwortliche eine gemeinsame Anwendung oder Verarbeitungsumgebung für einen gesamten Wirtschaftssektor, für ein bestimmtes Marktsegment oder für eine weit verbreitete horizontale Tätigkeit einführen möchten.

(93) In the context of the adoption of the Member State law on which the performance of the tasks of the public authority or public body is based and which regulates the specific processing operation or set of operations in question, Member States may deem it necessary to carry out such assessment prior to the processing activities.

(93) Anlässlich des Erlasses des Gesetzes des Mitgliedstaats, auf dessen Grundlage die Behörde oder öffentliche Stelle ihre Aufgaben wahrnimmt und das den fraglichen Verarbeitungsvorgang oder die fraglichen Arten von Verarbeitungsvorgängen regelt, können die Mitgliedstaaten es für erforderlich erachten, solche Folgeabschätzungen vor den Verarbeitungsvorgängen durchzuführen.

(94) Where a data protection impact assessment indicates that the processing would, in the absence of safeguards, security measures and mechanisms to mitigate the risk, result in a high risk to the rights and freedoms of natural persons and the controller is of the opinion that the risk cannot be mitigated by reasonable means in terms of available technologies and costs of implementation, the supervisory authority should be consulted prior to the start of processing activities. Such high risk is likely to result from certain types of processing and the extent and frequency of processing, which may result also in a realisation of damage or interference with the rights and freedoms of the natural person. The supervisory authority should respond to the request for consultation within a specified period. However, the absence of a reaction of the supervisory authority within that period should be without prejudice to any intervention of the supervisory authority in accordance with its tasks and powers laid down in this Regulation, including the power to prohibit processing operations. As part of that consultation process, the outcome of a data protection impact assessment carried out with re-

(94) Geht aus einer Datenschutz-Folgenabschätzung hervor, dass die Verarbeitung bei Fehlen von Garantien, Sicherheitsvorkehrungen und Mechanismen zur Minderung des Risikos ein hohes Risiko für die Rechte und Freiheiten natürlicher Personen mit sich bringen würde, und ist der Verantwortliche der Auffassung, dass das Risiko nicht durch in Bezug auf verfügbare Technologien und Implementierungskosten vertretbare Mittel eingedämmt werden kann, so sollte die Aufsichtsbehörde vor Beginn der Verarbeitungstätigkeiten konsultiert werden. Ein solches hohes Risiko ist wahrscheinlich mit bestimmten Arten der Verarbeitung und dem Umfang und der Häufigkeit der Verarbeitung verbunden, die für natürliche Personen auch eine Schädigung oder eine Beeinträchtigung der persönlichen Rechte und Freiheiten mit sich bringen können. Die Aufsichtsbehörde sollte das Beratungsersuchen innerhalb einer bestimmten Frist beantworten. Allerdings kann sie, auch wenn sie nicht innerhalb dieser Frist reagiert hat, entsprechend ihren in dieser Verordnung festgelegten Aufgaben und Befugnissen eingreifen, was die Befugnis einschließt, Verarbeitungsvorgänge zu

gard to the processing at issue may be submitted to the supervisory authority, in particular the measures envisaged to mitigate the risk to the rights and freedoms of natural persons.

(95) The processor should assist the controller, where necessary and upon request, in ensuring compliance with the obligations deriving from the carrying out of data protection impact assessments and from prior consultation of the supervisory authority.

(96) A consultation of the supervisory authority should also take place in the course of the preparation of a legislative or regulatory measure which provides for the processing of personal data, in order to ensure compliance of the intended processing with this Regulation and in particular to mitigate the risk involved for the data subject.

(97) Where the processing is carried out by a public authority, except for courts or independent judicial authorities when acting in their judicial capacity, where, in the private sector, processing is carried out by a controller whose core activities consist of processing operations that require regular and systematic monitoring of the data subjects on a large scale, or where the core activities of the controller or the processor consist of processing on a large scale of special categories of personal data and data relating to criminal convictions and offences, a person with expert knowledge of data protection law and practices should assist the controller or processor to monitor internal compliance with this Regulation. In the private sector, the core activities of a controller relate to its primary activities and do not relate to the processing of personal data as ancillary activities. The necessary level of expert knowledge should be determined in particular according to the data processing operations carried out and the protection required for the personal data processed by the controller or the processor. Such data protection officers, whether or not they are an employee of the controller, should be in a

untersagen. Im Rahmen dieses Konsultationsprozesses kann das Ergebnis einer im Hinblick auf die betreffende Verarbeitung personenbezogener Daten durchgeführten Datenschutz-Folgenabschätzung der Aufsichtsbehörde unterbreitet werden; dies gilt insbesondere für die zur Eindämmung des Risikos für die Rechte und Freiheiten natürlicher Personen geplanten Maßnahmen.

(95) Der Auftragsverarbeiter sollte erforderlichenfalls den Verantwortlichen auf Anfrage bei der Gewährleistung der Einhaltung der sich aus der Durchführung der Datenschutz-Folgenabschätzung und der vorherigen Konsultation der Aufsichtsbehörde ergebenden Auflagen unterstützen.

(96) Eine Konsultation der Aufsichtsbehörde sollte auch während der Ausarbeitung von Gesetzes- oder Regelungsvorschriften, in denen eine Verarbeitung personenbezogener Daten vorgesehen ist, erfolgen, um die Vereinbarkeit der geplanten Verarbeitung mit dieser Verordnung sicherzustellen und insbesondere das mit ihr für die betroffene Person verbundene Risiko einzudämmen.

(97) In Fällen, in denen die Verarbeitung durch eine Behörde – mit Ausnahmen von Gerichten oder unabhängigen Justizbehörden, die im Rahmen ihrer justiziellen Tätigkeit handeln –, im privaten Sektor durch einen Verantwortlichen erfolgt, dessen Kerntätigkeit in Verarbeitungsvorgängen besteht, die eine regelmäßige und systematische Überwachung der betroffenen Personen in großem Umfang erfordern, oder wenn die Kerntätigkeit des Verantwortlichen oder des Auftragsverarbeiters in der umfangreichen Verarbeitung besonderer Kategorien von personenbezogenen Daten oder von Daten über strafrechtliche Verurteilungen und Straftaten besteht, sollte der Verantwortliche oder der Auftragsverarbeiter bei der Überwachung der internen Einhaltung der Bestimmungen dieser Verordnung von einer weiteren Person, die über Fachwissen auf dem Gebiet des Datenschutzrechts und der Datenschutzverfahren verfügt, unterstützt werden Im privaten Sektor bezieht sich die Kerntätigkeit eines Verantwortlichen auf seine Haupttätigkeiten und nicht auf die Verarbeitung personenbezogener Daten als Nebentätigkeit. Das erforderliche Niveau des Fachwissens sollte sich insbesondere nach den durchgeführten Datenver-

position to perform their duties and tasks in an independent manner.

(98) Associations or other bodies representing categories of controllers or processors should be encouraged to draw up codes of conduct, within the limits of this Regulation, so as to facilitate the effective application of this Regulation, taking account of the specific characteristics of the processing carried out in certain sectors and the specific needs of micro, small and medium enterprises. In particular, such codes of conduct could calibrate the obligations of controllers and processors, taking into account the risk likely to result from the processing for the rights and freedoms of natural persons.

(99) When drawing up a code of conduct, or when amending or extending such a code, associations and other bodies representing categories of controllers or processors should consult relevant stakeholders, including data subjects where feasible, and have regard to submissions received and views expressed in response to such consultations.

Chapter V: Transfers of personal data to third countries or international organisations

(100) In order to enhance transparency and compliance with this Regulation, the establishment of certification mechanisms and data protection seals and marks should be encouraged, allowing data subjects to quickly assess the level of data protection of relevant products and services.

---

arbeitungsvorgängen und dem erforderlichen Schutz für die von dem Verantwortlichen oder dem Auftragsverarbeiter verarbeiteten personenbezogenen Daten richten. Derartige Datenschutzbeauftragte sollten unabhängig davon, ob es sich bei ihnen um Beschäftigte des Verantwortlichen handelt oder nicht, ihre Pflichten und Aufgaben in vollständiger Unabhängigkeit ausüben können.

(98) Verbände oder andere Vereinigungen, die bestimmte Kategorien von Verantwortlichen oder Auftragsverarbeitern vertreten, sollten ermutigt werden, in den Grenzen dieser Verordnung Verhaltensregeln auszuarbeiten, um eine wirksame Anwendung dieser Verordnung zu erleichtern, wobei den Besonderheiten der in bestimmten Sektoren erfolgenden Verarbeitungen und den besonderen Bedürfnissen der Kleinstunternehmen sowie der kleinen und mittleren Unternehmen Rechnung zu tragen ist. Insbesondere könnten in diesen Verhaltensregeln – unter Berücksichtigung des mit der Verarbeitung wahrscheinlich einhergehenden Risikos für die Rechte und Freiheiten natürlicher Personen – die Pflichten der Verantwortlichen und der Auftragsverarbeiter bestimmt werden.

(99) Bei der Ausarbeitung oder bei der Änderung oder Erweiterung solcher Verhaltensregeln sollten Verbände und oder andere Vereinigungen, die bestimmte Kategorien von Verantwortlichen oder Auftragsverarbeitern vertreten, die maßgeblichen Interessenträger, möglichst auch die betroffenen Personen, konsultieren und die Eingaben und Stellungnahmen, die sie dabei erhalten, berücksichtigen.

zu Kapitel V: Übermittlungen personenbezogener Daten an Drittländer oder an internationale Organisationen

(100) Um die Transparenz zu erhöhen und die Einhaltung dieser Verordnung zu verbessern, sollte angeregt werden, dass Zertifizierungsverfahren sowie Datenschutzsiegel und -prüfzeichen eingeführt werden, die den betroffenen Personen einen raschen Überblick über das Datenschutzniveau einschlägiger Produkte und Dienstleistungen ermöglichen.

(101) Flows of personal data to and from countries outside the Union and international organisations are necessary for the expansion of international trade and international cooperation. The increase in such flows has raised new challenges and concerns with regard to the protection of personal data. However, when personal data are transferred from the Union to controllers, processors or other recipients in third countries or to international organisations, the level of protection of natural persons ensured in the Union by this Regulation should not be undermined, including in cases of onward transfers of personal data from the third country or international organisation to controllers, processors in the same or another third country or international organisation. In any event, transfers to third countries and international organisations may only be carried out in full compliance with this Regulation. A transfer could take place only if, subject to the other provisions of this Regulation, the conditions laid down in the provisions of this Regulation relating to the transfer of personal data to third countries or international organisations are complied with by the controller or processor.

(102) This Regulation is without prejudice to international agreements concluded between the Union and third countries regulating the transfer of personal data including appropriate safeguards for the data subjects. Member States may conclude international agreements which involve the transfer of personal data to third countries or international organisations, as far as such agreements do not affect this Regulation or any other provisions of Union law and include an appropriate level of protection for the fundamental rights of the data subjects.

(103) The Commission may decide with effect for the entire Union that a third country, a territory or

(101) Der Fluss personenbezogener Daten aus Drittländern und internationalen Organisationen und in Drittländer und internationale Organisationen ist für die Ausweitung des internationalen Handels und der internationalen Zusammenarbeit notwendig. Durch die Zunahme dieser Datenströme sind neue Herausforderungen und Anforderungen in Bezug auf den Schutz personenbezogener Daten entstanden. Das durch diese Verordnung unionsweit gewährleistete Schutzniveau für natürliche Personen sollte jedoch bei der Übermittlung personenbezogener Daten aus der Union an Verantwortliche, Auftragsverarbeiter oder andere Empfänger in Drittländern oder an internationale Organisationen nicht untergraben werden, und zwar auch dann nicht, wenn aus einem Drittland oder von einer internationalen Organisation personenbezogene Daten an Verantwortliche oder Auftragsverarbeiter in demselben oder einem anderen Drittland oder an dieselbe oder eine andere internationale Organisation weiterübermittelt werden. In jedem Fall sind derartige Datenübermittlungen an Drittländer und internationale Organisationen nur unter strikter Einhaltung dieser Verordnung zulässig. Eine Datenübermittlung könnte nur stattfinden, wenn die in dieser Verordnung festgelegten Bedingungen zur Übermittlung personenbezogener Daten an Drittländer oder internationale Organisationen vorbehaltlich der übrigen Bestimmungen dieser Verordnung von dem Verantwortlichen oder dem Auftragsverarbeiter erfüllt werden.

(102) Internationale Abkommen zwischen der Union und Drittländern über die Übermittlung von personenbezogenen Daten einschließlich geeigneter Garantien für die betroffenen Personen werden von dieser Verordnung nicht berührt. Die Mitgliedstaaten können völkerrechtliche Übereinkünfte schließen, die die Übermittlung personenbezogener Daten an Drittländer oder internationale Organisationen beinhalten, sofern sich diese Übereinkünfte weder auf diese Verordnung noch auf andere Bestimmungen des Unionsrechts auswirken und ein angemessenes Schutzniveau für die Grundrechte der betroffenen Personen umfassen.

(103) Die Kommission darf mit Wirkung für die gesamte Union beschließen, dass ein bestimmtes

Recitals of the GDPR	Erwägungsgründe zur DS-GVO

specified sector within a third country, or an international organisation, offers an adequate level of data protection, thus providing legal certainty and uniformity throughout the Union as regards the third country or international organisation which is considered to provide such level of protection. In such cases, transfers of personal data to that third country or international organisation may take place without the need to obtain any further authorisation. The Commission may also decide, having given notice and a full statement setting out the reasons to the third country or international organisation, to revoke such a decision.

(104) In line with the fundamental values on which the Union is founded, in particular the protection of human rights, the Commission should, in its assessment of the third country, or of a territory or specified sector within a third country, take into account how a particular third country respects the rule of law, access to justice as well as international human rights norms and standards and its general and sectoral law, including legislation concerning public security, defence and national security as well as public order and criminal law. The adoption of an adequacy decision with regard to a territory or a specified sector in a third country should take into account clear and objective criteria, such as specific processing activities and the scope of applicable legal standards and legislation in force in the third country. The third country should offer guarantees ensuring an adequate level of protection essentially equivalent to that ensured within the Union, in particular where personal data are processed in one or several specific sectors. In particular, the third country should ensure effective independent data protection supervision and should provide for cooperation mechanisms with the Member States' data protection authorities, and the data subjects should be provided with effective and enforceable rights and effective administrative and judicial redress.

Drittland, ein Gebiet oder ein bestimmter Sektor eines Drittlands oder eine internationale Organisation ein angemessenes Datenschutzniveau bietet, und auf diese Weise in Bezug auf das Drittland oder die internationale Organisation, das bzw. die für fähig gehalten wird, ein solches Schutzniveau zu bieten, in der gesamten Union Rechtssicherheit schaffen und eine einheitliche Rechtsanwendung sicherstellen. In derartigen Fällen dürfen personenbezogene Daten ohne weitere Genehmigung an dieses Land oder diese internationale Organisation übermittelt werden. Die Kommission kann, nach Abgabe einer ausführlichen Erklärung, in der dem Drittland oder der internationalen Organisation eine Begründung gegeben wird, auch entscheiden, eine solche Feststellung zu widerrufen.

(104) In Übereinstimmung mit den Grundwerten der Union, zu denen insbesondere der Schutz der Menschenrechte zählt, sollte die Kommission bei der Bewertung des Drittlands oder eines Gebiets oder eines bestimmten Sektors eines Drittlands berücksichtigen, inwieweit dort die Rechtsstaatlichkeit gewahrt ist, der Rechtsweg gewährleistet ist und die internationalen Menschenrechtsnormen und -standards eingehalten werden und welche allgemeinen und sektorspezifischen Vorschriften, wozu auch die Vorschriften über die öffentliche Sicherheit, die Landesverteidigung und die nationale Sicherheit sowie die öffentliche Ordnung und das Strafrecht zählen, dort gelten. Die Annahme eines Angemessenheitsbeschlusses in Bezug auf ein Gebiet oder einen bestimmten Sektor eines Drittlands sollte unter Berücksichtigung eindeutiger und objektiver Kriterien wie bestimmter Verarbeitungsvorgänge und des Anwendungsbereichs anwendbarer Rechtsnormen und geltender Rechtsvorschriften in dem Drittland erfolgen. Das Drittland sollte Garantien für ein angemessenes Schutzniveau bieten, das dem innerhalb der Union gewährleisteten Schutzniveau der Sache nach gleichwertig ist, insbesondere in Fällen, in denen personenbezogene Daten in einem oder mehreren spezifischen Sektoren verarbeitet werden. Das Drittland sollte insbesondere eine wirksame unabhängige Überwachung des Da-

tenschutzes gewährleisten und Mechanismen für eine Zusammenarbeit mit den Datenschutzbehörden der Mitgliedstaaten vorsehen, und den betroffenen Personen sollten wirksame und durchsetzbare Rechte sowie wirksame verwaltungsrechtliche und gerichtliche Rechtsbehelfe eingeräumt werden.

(105) Apart from the international commitments the third country or international organisation has entered into, the Commission should take account of obligations arising from the third country's or international organisation's participation in multilateral or regional systems in particular in relation to the protection of personal data, as well as the implementation of such obligations. In particular, the third country's accession to the Council of Europe Convention of 28 January 1981 for the Protection of Individuals with regard to the Automatic Processing of Personal Data and its Additional Protocol should be taken into account. The Commission should consult the Board when assessing the level of protection in third countries or international organisations.

(105) Die Kommission sollte neben den internationalen Verpflichtungen, die das Drittland oder die internationale Organisation eingegangen ist, die Verpflichtungen, die sich aus der Teilnahme des Drittlands oder der internationalen Organisation an multilateralen oder regionalen Systemen insbesondere im Hinblick auf den Schutz personenbezogener Daten ergeben, sowie die Umsetzung dieser Verpflichtungen berücksichtigen. Insbesondere sollte der Beitritt des Drittlands zum Übereinkommen des Europarates vom 28. Januar 1981 zum Schutz des Menschen bei der automatischen Verarbeitung personenbezogener Daten und dem dazugehörigen Zusatzprotokoll berücksichtigt werden. Die Kommission sollte den Ausschuss konsultieren, wenn sie das Schutzniveau in Drittländern oder internationalen Organisationen bewertet.

(106) The Commission should monitor the functioning of decisions on the level of protection in a third country, a territory or specified sector within a third country, or an international organisation, and monitor the functioning of decisions adopted on the basis of Article 25(6) or Article 26(4) of Directive 95/46/EC. In its adequacy decisions, the Commission should provide for a periodic review mechanism of their functioning. That periodic review should be conducted in consultation with the third country or international organisation in question and take into account all relevant developments in the third country or international organisation. For the purposes of monitoring and of carrying out the periodic reviews, the Commission should take into consideration the views and findings of the European Parliament and of the Council as well as of other relevant bodies and sources. The Commission should evaluate, within a reasonable time, the functioning of the latter decisions and report any relevant findings to the Committee within the

(106) Die Kommission sollte die Wirkungsweise von Feststellungen zum Schutzniveau in einem Drittland, einem Gebiet oder einem bestimmten Sektor eines Drittlands oder einer internationalen Organisation überwachen; sie sollte auch die Wirkungsweise der Feststellungen, die auf der Grundlage des Artikels 25 Absatz 6 oder des Artikels 26 Absatz 4 der Richtlinie 95/46/EG erlassen werden, überwachen. In ihren Angemessenheitsbeschlüssen sollte die Kommission einen Mechanismus für die regelmäßige Überprüfung von deren Wirkungsweise vorsehen. Diese regelmäßige Überprüfung sollte in Konsultation mit dem betreffenden Drittland oder der betreffenden internationalen Organisation erfolgen und allen maßgeblichen Entwicklungen in dem Drittland oder der internationalen Organisation Rechnung tragen. Für die Zwecke der Überwachung und der Durchführung der regelmäßigen Überprüfungen sollte die Kommission die Standpunkte und Feststellungen des Europäischen Parlaments und des Rates sowie der

|

meaning of Regulation (EU) No 182/2011 of the European Parliament and of the Council[1] as established under this Regulation, to the European Parliament and to the Council.

anderen einschlägigen Stellen und Quellen berücksichtigen. Die Kommission sollte innerhalb einer angemessenen Frist die Wirkungsweise der letztgenannten Beschlüsse bewerten und dem durch diese Verordnung eingesetzten Ausschuss im Sinne der Verordnung (EU) Nr. 182/2011 des Europäischen Parlaments und des Rates[1] sowie dem Europäischen Parlament und dem Rat über alle maßgeblichen Feststellungen Bericht erstatten.

(107) The Commission may recognise that a third country, a territory or a specified sector within a third country, or an international organisation no longer ensures an adequate level of data protection. Consequently the transfer of personal data to that third country or international organisation should be prohibited, unless the requirements in this Regulation relating to transfers subject to appropriate safeguards, including binding corporate rules, and derogations for specific situations are fulfilled. In that case, provision should be made for consultations between the Commission and such third countries or international organisations. The Commission should, in a timely manner, inform the third country or international organisation of the reasons and enter into consultations with it in order to remedy the situation.

(107) Die Kommission kann feststellen, dass ein Drittland, ein Gebiet oder ein bestimmter Sektor eines Drittlands oder eine internationale Organisation kein angemessenes Datenschutzniveau mehr bietet. Die Übermittlung personenbezogener Daten an dieses Drittland oder an diese internationale Organisation sollte daraufhin verboten werden, es sei denn, die Anforderungen dieser Verordnung in Bezug auf die Datenübermittlung vorbehaltlich geeigneter Garantien, einschließlich verbindlicher interner Datenschutzvorschriften und auf Ausnahmen für bestimmte Fälle werden erfüllt. In diesem Falle sollten Konsultationen zwischen der Kommission und den betreffenden Drittländern oder internationalen Organisationen vorgesehen werden. Die Kommission sollte dem Drittland oder der internationalen Organisation frühzeitig die Gründe mitteilen und Konsultationen aufnehmen, um Abhilfe für die Situation zu schaffen.

(108) In the absence of an adequacy decision, the controller or processor should take measures to compensate for the lack of data protection in a third country by way of appropriate safeguards for the data subject. Such appropriate safeguards may consist of making use of binding corporate rules, standard data protection clauses adopted by the Commission, standard data protection clauses adopted by a supervisory authority or contractual clauses authorised by a supervisory author-

(108) Bei Fehlen eines Angemessenheitsbeschlusses sollte der Verantwortliche oder der Auftragsverarbeiter als Ausgleich für den in einem Drittland bestehenden Mangel an Datenschutz geeignete Garantien für den Schutz der betroffenen Person vorsehen. Diese geeigneten Garantien können darin bestehen, dass auf verbindliche interne Datenschutzvorschriften, von der Kommission oder von einer Aufsichtsbehörde angenommene

---

1. Regulation (EU) No 182/2011 of the European Parliament and of the Council of 16 February 2011 laying down the rules and general principles concerning mechanisms for control by Member States of the Commission's exercise of implementing powers (OJ L 55, 28.2.2011, p. 13).

1. Verordnung (EU) Nr. 182/2011 des Europäischen Parlaments und des Rates vom 16. Februar 2011 zur Festlegung der allgemeinen Regeln und Grundsätze, nach denen die Mitgliedstaaten die Wahrnehmung der Durchführungsbefugnisse durch die Kommission kontrollieren (ABl. L 55 vom 28.2.2011, S. 13).

ity. Those safeguards should ensure compliance with data protection requirements and the rights of the data subjects appropriate to processing within the Union, including the availability of enforceable data subject rights and of effective legal remedies, including to obtain effective administrative or judicial redress and to claim compensation, in the Union or in a third country. They should relate in particular to compliance with the general principles relating to personal data processing, the principles of data protection by design and by default. Transfers may also be carried out by public authorities or bodies with public authorities or bodies in third countries or with international organisations with corresponding duties or functions, including on the basis of provisions to be inserted into administrative arrangements, such as a memorandum of understanding, providing for enforceable and effective rights for data subjects. Authorisation by the competent supervisory authority should be obtained when the safeguards are provided for in administrative arrangements that are not legally binding.

(109) The possibility for the controller or processor to use standard data-protection clauses adopted by the Commission or by a supervisory authority should prevent controllers or processors neither from including the standard data-protection clauses in a wider contract, such as a contract between the processor and another processor, nor from adding other clauses or additional safeguards provided that they do not contradict, directly or indirectly, the standard contractual clauses adopted by the Commission or by a supervisory authority or prejudice the fundamental rights or freedoms of the data subjects.

Standarddatenschutzklauseln oder von einer Aufsichtsbehörde genehmigte Vertragsklauseln zurückgegriffen wird. Diese Garantien sollten sicherstellen, dass die Datenschutzvorschriften und die Rechte der betroffenen Personen auf eine der Verarbeitung innerhalb der Union angemessene Art und Weise beachtet werden; dies gilt auch hinsichtlich der Verfügbarkeit von durchsetzbaren Rechten der betroffenen Person und von wirksamen Rechtsbehelfen einschließlich des Rechts auf wirksame verwaltungsrechtliche oder gerichtliche Rechtsbehelfe sowie des Rechts auf Geltendmachung von Schadenersatzansprüchen in der Union oder in einem Drittland. Sie sollten sich insbesondere auf die Einhaltung der allgemeinen Grundsätze für die Verarbeitung personenbezogener Daten, die Grundsätze des Datenschutzes durch Technik und durch datenschutzfreundliche Voreinstellungen beziehen. Datenübermittlungen dürfen auch von Behörden oder öffentlichen Stellen an Behörden oder öffentliche Stellen in Drittländern oder an internationale Organisationen mit entsprechenden Pflichten oder Aufgaben vorgenommen werden, auch auf der Grundlage von Bestimmungen, die in Verwaltungsvereinbarungen – wie beispielsweise einer gemeinsamen Absichtserklärung –, mit denen den betroffenen Personen durchsetzbare und wirksame Rechte eingeräumt werden, aufzunehmen sind. Die Genehmigung der zuständigen Aufsichtsbehörde sollte erlangt werden, wenn die Garantien in nicht rechtsverbindlichen Verwaltungsvereinbarungen vorgesehen sind.

(109) Die dem Verantwortlichen oder dem Auftragsverarbeiter offenstehende Möglichkeit, auf die von der Kommission oder einer Aufsichtsbehörde festgelegten Standard-Datenschutzklauseln zurückzugreifen, sollte den Verantwortlichen oder den Auftragsverarbeiter weder daran hindern, die Standard-Datenschutzklauseln auch in umfangreicheren Verträgen, wie zum Beispiel Verträgen zwischen dem Auftragsverarbeiter und einem anderen Auftragsverarbeiter, zu verwenden, noch ihn daran hindern, ihnen weitere Klauseln oder zusätzliche Garantien hinzuzufügen, solange diese weder mittelbar noch

Controllers and processors should be encouraged to provide additional safeguards via contractual commitments that supplement standard protection clauses.

(110) A group of undertakings, or a group of enterprises engaged in a joint economic activity, should be able to make use of approved binding corporate rules for its international transfers from the Union to organisations within the same group of undertakings, or group of enterprises engaged in a joint economic activity, provided that such corporate rules include all essential principles and enforceable rights to ensure appropriate safeguards for transfers or categories of transfers of personal data.

(111) Provisions should be made for the possibility for transfers in certain circumstances where the data subject has given his or her explicit consent, where the transfer is occasional and necessary in relation to a contract or a legal claim, regardless of whether in a judicial procedure or whether in an administrative or any out-of-court procedure, including procedures before regulatory bodies. Provision should also be made for the possibility for transfers where important grounds of public interest laid down by Union or Member State law so require or where the transfer is made from a register established by law and intended for consultation by the public or persons having a legitimate interest. In the latter case, such a transfer should not involve the entirety of the personal data or entire categories of the data contained in the register and, when the register is intended for consultation by persons having a legitimate interest, the transfer should be made only at the request of those persons or, if they are to be the recipients, taking into full account the interests and fundamental rights of the data subject.

unmittelbar im Widerspruch zu den von der Kommission oder einer Aufsichtsbehörde erlassenen Standard-Datenschutzklauseln stehen oder die Grundrechte und Grundfreiheiten der betroffenen Personen beschneiden. Die Verantwortlichen und die Auftragsverarbeiter sollten ermutigt werden, mit vertraglichen Verpflichtungen, die die Standard-Schutzklauseln ergänzen, zusätzliche Garantien zu bieten.

(110) Jede Unternehmensgruppe oder jede Gruppe von Unternehmen, die eine gemeinsame Wirtschaftstätigkeit ausüben, sollte für ihre internationalen Datenübermittlungen aus der Union an Organisationen derselben Unternehmensgruppe oder derselben Gruppe von Unternehmen, die eine gemeinsame Wirtschaftstätigkeit ausüben, genehmigte verbindliche interne Datenschutzvorschriften anwenden dürfen, sofern diese sämtliche Grundprinzipien und durchsetzbaren Rechte enthalten, die geeignete Garantien für die Übermittlungen beziehungsweise Kategorien von Übermittlungen personenbezogener Daten bieten.

(111) Datenübermittlungen sollten unter bestimmten Voraussetzungen zulässig sein, nämlich wenn die betroffene Person ihre ausdrückliche Einwilligung erteilt hat, wenn die Übermittlung gelegentlich erfolgt und im Rahmen eines Vertrags oder zur Geltendmachung von Rechtsansprüchen, sei es vor Gericht oder auf dem Verwaltungswege oder in außergerichtlichen Verfahren, wozu auch Verfahren vor Regulierungsbehörden zählen, erforderlich ist. Die Übermittlung sollte zudem möglich sein, wenn sie zur Wahrung eines im Unionsrecht oder im Recht eines Mitgliedstaats festgelegten wichtigen öffentlichen Interesses erforderlich ist oder wenn sie aus einem durch Rechtsvorschriften vorgesehenen Register erfolgt, das von der Öffentlichkeit oder Personen mit berechtigtem Interesse eingesehen werden kann. In letzterem Fall sollte sich eine solche Übermittlung nicht auf die Gesamtheit oder ganze Kategorien der im Register enthaltenen personenbezogenen Daten erstrecken dürfen. Ist das betreffende Register zur Einsichtnahme durch Personen mit berechtigtem Interesse bestimmt, sollte die Übermittlung nur auf Anfrage

dieser Personen oder nur dann erfolgen, wenn diese Personen die Adressaten der Übermittlung sind, wobei den Interessen und Grundrechten der betroffenen Person in vollem Umfang Rechnung zu tragen ist.

(112) Those derogations should in particular apply to data transfers required and necessary for important reasons of public interest, for example in cases of international data exchange between competition authorities, tax or customs administrations, between financial supervisory authorities, between services competent for social security matters, or for public health, for example in the case of contact tracing for contagious diseases or in order to reduce and/or eliminate doping in sport. A transfer of personal data should also be regarded as lawful where it is necessary to protect an interest which is essential for the data subject's or another person's vital interests, including physical integrity or life, if the data subject is incapable of giving consent. In the absence of an adequacy decision, Union or Member State law may, for important reasons of public interest, expressly set limits to the transfer of specific categories of data to a third country or an international organisation. Member States should notify such provisions to the Commission. Any transfer to an international humanitarian organisation of personal data of a data subject who is physically or legally incapable of giving consent, with a view to accomplishing a task incumbent under the Geneva Conventions or to complying with international humanitarian law applicable in armed conflicts, could be considered to be necessary for an important reason of public interest or because it is in the vital interest of the data subject.

(112) Diese Ausnahmen sollten insbesondere für Datenübermittlungen gelten, die aus wichtigen Gründen des öffentlichen Interesses erforderlich sind, beispielsweise für den internationalen Datenaustausch zwischen Wettbewerbs-, Steuer- oder Zollbehörden, zwischen Finanzaufsichtsbehörden oder zwischen für Angelegenheiten der sozialen Sicherheit oder für die öffentliche Gesundheit zuständigen Diensten, beispielsweise im Falle der Umgebungsuntersuchung bei ansteckenden Krankheiten oder zur Verringerung und/oder Beseitigung des Dopings im Sport. Die Übermittlung personenbezogener Daten sollte ebenfalls als rechtmäßig angesehen werden, wenn sie erforderlich ist, um ein Interesse, das für die lebenswichtigen Interessen – einschließlich der körperlichen Unversehrtheit oder des Lebens – der betroffenen Person oder einer anderen Person wesentlich ist, zu schützen und die betroffene Person außerstande ist, ihre Einwilligung zu geben. Liegt kein Angemessenheitsbeschluss vor, so können im Unionsrecht oder im Recht der Mitgliedstaaten aus wichtigen Gründen des öffentlichen Interesses ausdrücklich Beschränkungen der Übermittlung bestimmter Kategorien von Daten an Drittländer oder internationale Organisationen vorgesehen werden. Die Mitgliedstaaten sollten solche Bestimmungen der Kommission mitteilen. Jede Übermittlung personenbezogener Daten einer betroffenen Person, die aus physischen oder rechtlichen Gründen außerstande ist, ihre Einwilligung zu erteilen, an eine internationale humanitäre Organisation, die erfolgt, um eine nach den Genfer Konventionen obliegende Aufgabe auszuführen oder um dem in bewaffneten Konflikten anwendbaren humanitären Völkerrecht nachzukommen, könnte als aus einem wichtigen Grund im öffentlichen Interesse notwendig oder als im lebenswichtigen Interesse der betroffenen Person liegend erachtet werden.

(113) Transfers which can be qualified as not repetitive and that only concern a limited number of data subjects, could also be possible for the purposes of the compelling legitimate interests pursued by the controller, when those interests are not overridden by the interests or rights and freedoms of the data subject and when the controller has assessed all the circumstances surrounding the data transfer. The controller should give particular consideration to the nature of the personal data, the purpose and duration of the proposed processing operation or operations, as well as the situation in the country of origin, the third country and the country of final destination, and should provide suitable safeguards to protect fundamental rights and freedoms of natural persons with regard to the processing of their personal data. Such transfers should be possible only in residual cases where none of the other grounds for transfer are applicable. For scientific or historical research purposes or statistical purposes, the legitimate expectations of society for an increase of knowledge should be taken into consideration. The controller should inform the supervisory authority and the data subject about the transfer.

(114) In any case, where the Commission has taken no decision on the adequate level of data protection in a third country, the controller or processor should make use of solutions that provide data subjects with enforceable and effective rights as regards the processing of their data in the Union once those data have been transferred so that that they will continue to benefit from fundamental rights and safeguards.

(115) Some third countries adopt laws, regulations and other legal acts which purport to directly regulate the processing activities of natural and legal persons under the jurisdiction of the Member States. This may include judgments of courts or tribunals or decisions of administrative authorities in third countries requiring a controller or processor to transfer or disclose personal data,

(113) Übermittlungen, die als nicht wiederholt erfolgend gelten können und nur eine begrenzte Zahl von betroffenen Personen betreffen, könnten auch zur Wahrung der zwingenden berechtigten Interessen des Verantwortlichen möglich sein, sofern die Interessen oder Rechte und Freiheiten der betroffenen Person nicht überwiegen und der Verantwortliche sämtliche Umstände der Datenübermittlung geprüft hat. Der Verantwortliche sollte insbesondere die Art der personenbezogenen Daten, den Zweck und die Dauer der vorgesehenen Verarbeitung, die Situation im Herkunftsland, in dem betreffenden Drittland und im Endbestimmungsland berücksichtigen und angemessene Garantien zum Schutz der Grundrechte und Grundfreiheiten natürlicher Personen in Bezug auf die Verarbeitung ihrer personenbezogener Daten vorsehen. Diese Übermittlungen sollten nur in den verbleibenden Fällen möglich sein, in denen keiner der anderen Gründe für die Übermittlung anwendbar ist. Bei wissenschaftlichen oder historischen Forschungszwecken oder bei statistischen Zwecken sollten die legitimen gesellschaftlichen Erwartungen in Bezug auf einen Wissenszuwachs berücksichtigt werden. Der Verantwortliche sollte die Aufsichtsbehörde und die betroffene Person von der Übermittlung in Kenntnis setzen.

(114) In allen Fällen, in denen kein Kommissionsbeschluss zur Angemessenheit des in einem Drittland bestehenden Datenschutzniveaus vorliegt, sollte der Verantwortliche oder der Auftragsverarbeiter auf Lösungen zurückgreifen, mit denen den betroffenen Personen durchsetzbare und wirksame Rechte in Bezug auf die Verarbeitung ihrer personenbezogenen Daten in der Union nach der Übermittlung dieser Daten eingeräumt werden, damit sie weiterhin die Grundrechte und Garantien genießen können.

(115) Manche Drittländer erlassen Gesetze, Vorschriften und sonstige Rechtsakte, die vorgeben, die Verarbeitungstätigkeiten natürlicher und juristischer Personen, die der Rechtsprechung der Mitgliedstaaten unterliegen, unmittelbar zu regeln. Dies kann Urteile von Gerichten und Entscheidungen von Verwaltungsbehörden in Drittländern umfassen, mit denen von einem

Recitals of the GDPR	Erwägungsgründe zur DS-GVO

and which are not based on an international agreement, such as a mutual legal assistance treaty, in force between the requesting third country and the Union or a Member State. The extraterritorial application of those laws, regulations and other legal acts may be in breach of international law and may impede the attainment of the protection of natural persons ensured in the Union by this Regulation. Transfers should only be allowed where the conditions of this Regulation for a transfer to third countries are met. This may be the case, inter alia, where disclosure is necessary for an important ground of public interest recognised in Union or Member State law to which the controller is subject.

Verantwortlichen oder einem Auftragsverarbeiter die Übermittlung oder Offenlegung personenbezogener Daten verlangt wird und die nicht auf eine in Kraft befindliche internationale Übereinkunft wie etwa ein Rechtshilfeabkommen zwischen dem ersuchenden Drittland und der Union oder einem Mitgliedstaat gestützt sind. Die Anwendung dieser Gesetze, Verordnungen und sonstigen Rechtsakte außerhalb des Hoheitsgebiets der betreffenden Drittländer kann gegen internationales Recht verstoßen und dem durch diese Verordnung in der Union gewährleisteten Schutz natürlicher Personen zuwiderlaufen. Datenübermittlungen sollten daher nur zulässig sein, wenn die Bedingungen dieser Verordnung für Datenübermittlungen an Drittländer eingehalten werden. Dies kann unter anderem der Fall sein, wenn die Offenlegung aus einem wichtigen öffentlichen Interesse erforderlich ist, das im Unionsrecht oder im Recht des Mitgliedstaats, dem der Verantwortliche unterliegt, anerkannt ist.

(116) When personal data moves across borders outside the Union it may put at increased risk the ability of natural persons to exercise data protection rights in particular to protect themselves from the unlawful use or disclosure of that information. At the same time, supervisory authorities may find that they are unable to pursue complaints or conduct investigations relating to the activities outside their borders. Their efforts to work together in the cross-border context may also be hampered by insufficient preventative or remedial powers, inconsistent legal regimes, and practical obstacles like resource constraints. Therefore, there is a need to promote closer cooperation among data protection supervisory authorities to help them exchange information and carry out investigations with their international counterparts. For the purposes of developing international cooperation mechanisms to facilitate and provide international mutual assistance for the enforcement of legislation for the protection of personal data, the Commission and the supervisory authorities should exchange information and cooperate in activities related to the exercise of their powers with competent au-

(116) Wenn personenbezogene Daten in ein anderes Land außerhalb der Union übermittelt werden, besteht eine erhöhte Gefahr, dass natürliche Personen ihre Datenschutzrechte nicht wahrnehmen können und sich insbesondere gegen die unrechtmäßige Nutzung oder Offenlegung dieser Informationen zu schützen. Ebenso kann es vorkommen, dass Aufsichtsbehörden Beschwerden nicht nachgehen oder Untersuchungen nicht durchführen können, die einen Bezug zu Tätigkeiten außerhalb der Grenzen ihres Mitgliedstaats haben. Ihre Bemühungen um grenzüberschreitende Zusammenarbeit können auch durch unzureichende Präventiv- und Abhilfebefugnisse, widersprüchliche Rechtsordnungen und praktische Hindernisse wie Ressourcenknappheit behindert werden. Die Zusammenarbeit zwischen den Datenschutzaufsichtsbehörden muss daher gefördert werden, damit sie Informationen austauschen und mit den Aufsichtsbehörden in anderen Ländern Untersuchungen durchführen können. Um Mechanismen der internationalen Zusammenarbeit zu entwickeln, die die internationale Amtshilfe bei der Durchsetzung von Rechtsvorschriften zum Schutz personenbezogener Daten

Recitals of the GDPR	Erwägungsgründe zur DS-GVO

thorities in third countries, based on reciprocity and in accordance with this Regulation.

erleichtern und sicherstellen, sollten die Kommission und die Aufsichtsbehörden Informationen austauschen und bei Tätigkeiten, die mit der Ausübung ihrer Befugnisse in Zusammenhang stehen, mit den zuständigen Behörden der Drittländer nach dem Grundsatz der Gegenseitigkeit und gemäß dieser Verordnung zusammenarbeiten.

Chapter VI: Independent supervisory authorities

zu Kapitel VI: Unabhängige Aufsichtsbehörden

(117) The establishment of supervisory authorities in Member States, empowered to perform their tasks and exercise their powers with complete independence, is an essential component of the protection of natural persons with regard to the processing of their personal data. Member States should be able to establish more than one supervisory authority, to reflect their constitutional, organisational and administrative structure.

(117) Die Errichtung von Aufsichtsbehörden in den Mitgliedstaaten, die befugt sind, ihre Aufgaben und Befugnisse völlig unabhängig wahrzunehmen, ist ein wesentlicher Bestandteil des Schutzes natürlicher Personen bei der Verarbeitung personenbezogener Daten. Die Mitgliedstaaten sollten mehr als eine Aufsichtsbehörde errichten können, wenn dies ihrer verfassungsmäßigen, organisatorischen und administrativen Struktur entspricht.

(118) The independence of supervisory authorities should not mean that the supervisory authorities cannot be subject to control or monitoring mechanisms regarding their financial expenditure or to judicial review.

(118) Die Tatsache, dass die Aufsichtsbehörden unabhängig sind, sollte nicht bedeuten, dass sie hinsichtlich ihrer Ausgaben keinem Kontroll- oder Überwachungsmechanismus unterworfen werden bzw. sie keiner gerichtlichen Überprüfung unterzogen werden können.

(119) Where a Member State establishes several supervisory authorities, it should establish by law mechanisms for ensuring the effective participation of those supervisory authorities in the consistency mechanism. That Member State should in particular designate the supervisory authority which functions as a single contact point for the effective participation of those authorities in the mechanism, to ensure swift and smooth cooperation with other supervisory authorities, the Board and the Commission.

(119) Errichtet ein Mitgliedstaat mehrere Aufsichtsbehörden, so sollte er mittels Rechtsvorschriften sicherstellen, dass diese Aufsichtsbehörden am Kohärenzverfahren wirksam beteiligt werden. Insbesondere sollte dieser Mitgliedstaat eine Aufsichtsbehörde bestimmen, die als zentrale Anlaufstelle für eine wirksame Beteiligung dieser Behörden an dem Verfahren fungiert und eine rasche und reibungslose Zusammenarbeit mit anderen Aufsichtsbehörden, dem Ausschuss und der Kommission gewährleistet.

(120) Each supervisory authority should be provided with the financial and human resources, premises and infrastructure necessary for the effective performance of their tasks, including those related to mutual assistance and cooperation with other supervisory authorities throughout the Union. Each supervisory authority should have a separate, public annual budget, which may be part of the overall state or national budget.

(120) Jede Aufsichtsbehörde sollte mit Finanzmitteln, Personal, Räumlichkeiten und einer Infrastruktur ausgestattet werden, wie sie für die wirksame Wahrnehmung ihrer Aufgaben, einschließlich derer im Zusammenhang mit der Amtshilfe und Zusammenarbeit mit anderen Aufsichtsbehörden in der gesamten Union, notwendig sind. Jede Aufsichtsbehörde sollte über einen eigenen, öffentlichen, jährlichen Haushaltsplan ver-

|

fügen, der Teil des gesamten Staatshaushalts oder nationalen Haushalts sein kann.

(121) The general conditions for the member or members of the supervisory authority should be laid down by law in each Member State and should in particular provide that those members are to be appointed, by means of a transparent procedure, either by the parliament, government or the head of State of the Member State on the basis of a proposal from the government, a member of the government, the parliament or a chamber of the parliament, or by an independent body entrusted under Member State law. In order to ensure the independence of the supervisory authority, the member or members should act with integrity, refrain from any action that is incompatible with their duties and should not, during their term of office, engage in any incompatible occupation, whether gainful or not. The supervisory authority should have its own staff, chosen by the supervisory authority or an independent body established by Member State law, which should be subject to the exclusive direction of the member or members of the supervisory authority.

(121) Die allgemeinen Anforderungen an das Mitglied oder die Mitglieder der Aufsichtsbehörde sollten durch Rechtsvorschriften von jedem Mitgliedstaat geregelt werden und insbesondere vorsehen, dass diese Mitglieder im Wege eines transparenten Verfahrens entweder – auf Vorschlag der Regierung, eines Mitglieds der Regierung, des Parlaments oder einer Parlamentskammer – vom Parlament, der Regierung oder dem Staatsoberhaupt des Mitgliedstaats oder von einer unabhängigen Stelle ernannt werden, die nach dem Recht des Mitgliedstaats mit der Ernennung betraut wird. Um die Unabhängigkeit der Aufsichtsbehörde zu gewährleisten, sollten ihre Mitglieder ihr Amt integer ausüben, von allen mit den Aufgaben ihres Amts nicht zu vereinbarenden Handlungen absehen und während ihrer Amtszeit keine andere mit ihrem Amt nicht zu vereinbarende entgeltliche oder unentgeltliche Tätigkeit ausüben. Die Aufsichtsbehörde sollte über eigenes Personal verfügen, das sie selbst oder eine nach dem Recht des Mitgliedstaats eingerichtete unabhängige Stelle auswählt und das ausschließlich der Leitung des Mitglieds oder der Mitglieder der Aufsichtsbehörde unterstehen sollte.

(122) Each supervisory authority should be competent on the territory of its own Member State to exercise the powers and to perform the tasks conferred on it in accordance with this Regulation. This should cover in particular the processing in the context of the activities of an establishment of the controller or processor on the territory of its own Member State, the processing of personal data carried out by public authorities or private bodies acting in the public interest, processing affecting data subjects on its territory or processing carried out by a controller or processor not established in the Union when targeting data subjects residing on its territory. This should include handling complaints lodged by a data subject, conducting investigations on the application of this Regulation and promoting public awareness of the risks, rules, safeguards and

(122) Jede Aufsichtsbehörde sollte dafür zuständig sein, im Hoheitsgebiet ihres Mitgliedstaats die Befugnisse auszuüben und die Aufgaben zu erfüllen, die ihr mit dieser Verordnung übertragen wurden. Dies sollte insbesondere für Folgendes gelten: die Verarbeitung im Rahmen der Tätigkeiten einer Niederlassung des Verantwortlichen oder Auftragsverarbeiters im Hoheitsgebiet ihres Mitgliedstaats, die Verarbeitung personenbezogener Daten durch Behörden oder private Stellen, die im öffentlichen Interesse handeln, Verarbeitungstätigkeiten, die Auswirkungen auf betroffene Personen in ihrem Hoheitsgebiet haben, oder Verarbeitungstätigkeiten eines Verantwortlichen oder Auftragsverarbeiters ohne Niederlassung in der Union, sofern sie auf betroffene Personen mit Wohnsitz in ihrem Hoheitsgebiet ausgerichtet sind. Dies sollte auch die Bearbeitung von Beschwerden einer betroffenen

|

rights in relation to the processing of personal data.

(123) The supervisory authorities should monitor the application of the provisions pursuant to this Regulation and contribute to its consistent application throughout the Union, in order to protect natural persons in relation to the processing of their personal data and to facilitate the free flow of personal data within the internal market. For that purpose, the supervisory authorities should cooperate with each other and with the Commission, without the need for any agreement between Member States on the provision of mutual assistance or on such cooperation.

(124) Where the processing of personal data takes place in the context of the activities of an establishment of a controller or a processor in the Union and the controller or processor is established in more than one Member State, or where processing taking place in the context of the activities of a single establishment of a controller or processor in the Union substantially affects or is likely to substantially affect data subjects in more than one Member State, the supervisory authority for the main establishment of the controller or processor or for the single establishment of the controller or processor should act as lead authority. It should cooperate with the other authorities concerned, because the controller or processor has an establishment on the territory of their Member State, because data subjects residing on their territory are substantially affected, or because a complaint has been lodged with them. Also where a data subject not residing in that Member State has lodged a complaint, the supervisory authority with which such complaint has been lodged should also be a supervisory authority concerned. Within its tasks to issue guidelines on any question covering the application of this Regulation, the Board should be able to issue guidelines in particular on the criteria to be taken into account in order to ascer-

Person, die Durchführung von Untersuchungen über die Anwendung dieser Verordnung sowie die Förderung der Information der Öffentlichkeit über Risiken, Vorschriften, Garantien und Rechte im Zusammenhang mit der Verarbeitung personenbezogener Daten einschließen.

(123) Die Aufsichtsbehörden sollten die Anwendung der Bestimmungen dieser Verordnung überwachen und zu ihrer einheitlichen Anwendung in der gesamten Union beitragen, um natürliche Personen im Hinblick auf die Verarbeitung ihrer Daten zu schützen und den freien Verkehr personenbezogener Daten im Binnenmarkt zu erleichtern. Zu diesem Zweck sollten die Aufsichtsbehörden untereinander und mit der Kommission zusammenarbeiten, ohne dass eine Vereinbarung zwischen den Mitgliedstaaten über die Leistung von Amtshilfe oder über eine derartige Zusammenarbeit erforderlich wäre.

(124) Findet die Verarbeitung personenbezogener Daten im Zusammenhang mit der Tätigkeit einer Niederlassung eines Verantwortlichen oder eines Auftragsverarbeiters in der Union statt und hat der Verantwortliche oder der Auftragsverarbeiter Niederlassungen in mehr als einem Mitgliedstaat oder hat die Verarbeitungstätigkeit im Zusammenhang mit der Tätigkeit einer einzigen Niederlassung eines Verantwortlichen oder Auftragsverarbeiters in der Union erhebliche Auswirkungen auf betroffene Personen in mehr als einem Mitgliedstaat bzw. wird sie voraussichtlich solche Auswirkungen haben, so sollte die Aufsichtsbehörde für die Hauptniederlassung des Verantwortlichen oder Auftragsverarbeiters oder für die einzige Niederlassung des Verantwortlichen oder Auftragsverarbeiters als federführende Behörde fungieren. Sie sollte mit den anderen Behörden zusammenarbeiten, die betroffen sind, weil der Verantwortliche oder Auftragsverarbeiter eine Niederlassung im Hoheitsgebiet ihres Mitgliedstaats hat, weil die Verarbeitung erhebliche Auswirkungen auf betroffene Personen mit Wohnsitz in ihrem Hoheitsgebiet hat oder weil bei ihnen eine Beschwerde eingelegt wurde. Auch wenn eine betroffene Person ohne Wohnsitz in dem betreffenden Mitgliedstaat eine Beschwerde eingelegt

|

tain whether the processing in question substantially affects data subjects in more than one Member State and on what constitutes a relevant and reasoned objection.

hat, sollte die Aufsichtsbehörde, bei der Beschwerde eingelegt wurde, auch eine betroffene Aufsichtsbehörde sein. Der Ausschuss sollte – im Rahmen seiner Aufgaben in Bezug auf die Herausgabe von Leitlinien zu allen Fragen im Zusammenhang mit der Anwendung dieser Verordnung – insbesondere Leitlinien zu den Kriterien ausgeben können, die bei der Feststellung zu berücksichtigen sind, ob die fragliche Verarbeitung erhebliche Auswirkungen auf betroffene Personen in mehr als einem Mitgliedstaat hat und was einen maßgeblichen und begründeten Einspruch darstellt.

(125) The lead authority should be competent to adopt binding decisions regarding measures applying the powers conferred on it in accordance with this Regulation. In its capacity as lead authority, the supervisory authority should closely involve and coordinate the supervisory authorities concerned in the decision-making process. Where the decision is to reject the complaint by the data subject in whole or in part, that decision should be adopted by the supervisory authority with which the complaint has been lodged.

(125) Die federführende Behörde sollte berechtigt sein, verbindliche Beschlüsse über Maßnahmen zu erlassen, mit denen die ihr gemäß dieser Verordnung übertragenen Befugnisse ausgeübt werden. In ihrer Eigenschaft als federführende Behörde sollte diese Aufsichtsbehörde für die enge Einbindung und Koordinierung der betroffenen Aufsichtsbehörden im Entscheidungsprozess sorgen. Wird beschlossen, die Beschwerde der betroffenen Person vollständig oder teilweise abzuweisen, so sollte dieser Beschluss von der Aufsichtsbehörde angenommen werden, bei der die Beschwerde eingelegt wurde.

(126) The decision should be agreed jointly by the lead supervisory authority and the supervisory authorities concerned and should be directed towards the main or single establishment of the controller or processor and be binding on the controller and processor. The controller or processor should take the necessary measures to ensure compliance with this Regulation and the implementation of the decision notified by the lead supervisory authority to the main establishment of the controller or processor as regards the processing activities in the Union.

(126) Der Beschluss sollte von der federführenden Aufsichtsbehörde und den betroffenen Aufsichtsbehörden gemeinsam vereinbart werden und an die Hauptniederlassung oder die einzige Niederlassung des Verantwortlichen oder Auftragsverarbeiters gerichtet sein und für den Verantwortlichen und den Auftragsverarbeiter verbindlich sein. Der Verantwortliche oder Auftragsverarbeiter sollte die erforderlichen Maßnahmen treffen, um die Einhaltung dieser Verordnung und die Umsetzung des Beschlusses zu gewährleisten, der der Hauptniederlassung des Verantwortlichen oder Auftragsverarbeiters im Hinblick auf die Verarbeitungstätigkeiten in der Union von der federführenden Aufsichtsbehörde mitgeteilt wurde.

(127) Each supervisory authority not acting as the lead supervisory authority should be competent to handle local cases where the controller or processor is established in more than one Member State, but the subject matter of the specific pro-

(127) Jede Aufsichtsbehörde, die nicht als federführende Aufsichtsbehörde fungiert, sollte in örtlichen Fällen zuständig sein, wenn der Verantwortliche oder Auftragsverarbeiter Niederlassungen in mehr als einem Mitgliedstaat

Recitals of the GDPR	Erwägungsgründe zur DS-GVO

cessing concerns only processing carried out in a single Member State and involves only data subjects in that single Member State, for example, where the subject matter concerns the processing of employees' personal data in the specific employment context of a Member State. In such cases, the supervisory authority should inform the lead supervisory authority without delay about the matter. After being informed, the lead supervisory authority should decide, whether it will handle the case pursuant to the provision on cooperation between the lead supervisory authority and other supervisory authorities concerned ('one-stop-shop mechanism'), or whether the supervisory authority which informed it should handle the case at local level. When deciding whether it will handle the case, the lead supervisory authority should take into account whether there is an establishment of the controller or processor in the Member State of the supervisory authority which informed it in order to ensure effective enforcement of a decision *vis-à-vis* the controller or processor. Where the lead supervisory authority decides to handle the case, the supervisory authority which informed it should have the possibility to submit a draft for a decision, of which the lead supervisory authority should take utmost account when preparing its draft decision in that one-stop-shop mechanism.

hat, der Gegenstand der spezifischen Verarbeitung aber nur die Verarbeitungstätigkeiten in einem einzigen Mitgliedstaat und nur betroffene Personen in diesem einen Mitgliedstaat betrifft, beispielsweise wenn es um die Verarbeitung von personenbezogenen Daten von Arbeitnehmern im spezifischen Beschäftigungskontext eines Mitgliedstaats geht. In solchen Fällen sollte die Aufsichtsbehörde unverzüglich die federführende Aufsichtsbehörde über diese Angelegenheit unterrichten. Nach ihrer Unterrichtung sollte die federführende Aufsichtsbehörde entscheiden, ob sie den Fall nach den Bestimmungen zur Zusammenarbeit zwischen der federführenden Aufsichtsbehörde und anderen betroffenen Aufsichtsbehörden gemäß der Vorschrift zur Zusammenarbeit zwischen der federführenden Aufsichtsbehörde und anderen betroffenen Aufsichtsbehörden (im Folgenden „Verfahren der Zusammenarbeit und Kohärenz") regelt oder ob die Aufsichtsbehörde, die sie unterrichtet hat, den Fall auf örtlicher Ebene regeln sollte. Dabei sollte die federführende Aufsichtsbehörde berücksichtigen, ob der Verantwortliche oder der Auftragsverarbeiter in dem Mitgliedstaat, dessen Aufsichtsbehörde sie unterrichtet hat, eine Niederlassung hat, damit Beschlüsse gegenüber dem Verantwortlichen oder dem Auftragsverarbeiter wirksam durchgesetzt werden. Entscheidet die federführende Aufsichtsbehörde, den Fall selbst zu regeln, sollte die Aufsichtsbehörde, die sie unterrichtet hat, die Möglichkeit haben, einen Beschlussentwurf vorzulegen, dem die federführende Aufsichtsbehörde bei der Ausarbeitung ihres Beschlussentwurfs im Rahmen dieses Verfahrens der Zusammenarbeit und Kohärenz weitestgehend Rechnung tragen sollte.

(128) The rules on the lead supervisory authority and the one-stop-shop mechanism should not apply where the processing is carried out by public authorities or private bodies in the public interest. In such cases the only supervisory authority competent to exercise the powers conferred to it in accordance with this Regulation should be the supervisory authority of the Member State

(128) Die Vorschriften über die federführende Behörde und das Verfahren der Zusammenarbeit und Kohärenz sollten keine Anwendung finden, wenn die Verarbeitung durch Behörden oder private Stellen im öffentlichen Interesse erfolgt. In diesen Fällen sollte die Aufsichtsbehörde des Mitgliedstaats, in dem die Behörde oder private Einrichtung ihren Sitz hat, die einzige Aufsichtsbehörde sein, die dafür zuständig ist, die Befug-

where the public authority or private body is established.	nisse auszuüben, die ihr mit dieser Verordnung übertragen wurden.
(129) In order to ensure consistent monitoring and enforcement of this Regulation throughout the Union, the supervisory authorities should have in each Member State the same tasks and effective powers, including powers of investigation, corrective powers and sanctions, and authorisation and advisory powers, in particular in cases of complaints from natural persons, and without prejudice to the powers of prosecutorial authorities under Member State law, to bring infringements of this Regulation to the attention of the judicial authorities and engage in legal proceedings. Such powers should also include the power to impose a temporary or definitive limitation, including a ban, on processing. Member States may specify other tasks related to the protection of personal data under this Regulation. The powers of supervisory authorities should be exercised in accordance with appropriate procedural safeguards set out in Union and Member State law, impartially, fairly and within a reasonable time. In particular each measure should be appropriate, necessary and proportionate in view of ensuring compliance with this Regulation, taking into account the circumstances of each individual case, respect the right of every person to be heard before any individual measure which would affect him or her adversely is taken and avoid superfluous costs and excessive inconveniences for the persons concerned. Investigatory powers as regards access to premises should be exercised in accordance with specific requirements in Member State procedural law, such as the requirement to obtain a prior judicial authorisation. Each legally binding measure of the supervisory authority should be in writing, be clear and unambiguous, indicate the supervisory authority which has issued the measure, the date of issue of the measure, bear the signature of the head, or a member of the supervisory authority authorised by him or her, give the reasons for the measure, and refer to the right of an effective remedy. This should not preclude additional requirements pursuant to Member State procedural law. The adoption of a legally binding	(129) Um die einheitliche Überwachung und Durchsetzung dieser Verordnung in der gesamten Union sicherzustellen, sollten die Aufsichtsbehörden in jedem Mitgliedstaat dieselben Aufgaben und wirksamen Befugnisse haben, darunter, insbesondere im Fall von Beschwerden natürlicher Personen, Untersuchungsbefugnisse, Abhilfebefugnisse und Sanktionsbefugnisse und Genehmigungsbefugnisse und beratende Befugnisse, sowie – unbeschadet der Befugnisse der Strafverfolgungsbehörden nach dem Recht der Mitgliedstaaten – die Befugnis, Verstöße gegen diese Verordnung den Justizbehörden zur Kenntnis zu bringen und Gerichtsverfahren anzustrengen. Dazu sollte auch die Befugnis zählen, eine vorübergehende oder endgültige Beschränkung der Verarbeitung, einschließlich eines Verbots, zu verhängen. Die Mitgliedstaaten können andere Aufgaben im Zusammenhang mit dem Schutz personenbezogener Daten im Rahmen dieser Verordnung festlegen. Die Befugnisse der Aufsichtsbehörden sollten in Übereinstimmung mit den geeigneten Verfahrensgarantien nach dem Unionsrecht und dem Recht der Mitgliedstaaten unparteiisch, gerecht und innerhalb einer angemessenen Frist ausgeübt werden. Insbesondere sollte jede Maßnahme im Hinblick auf die Gewährleistung der Einhaltung dieser Verordnung geeignet, erforderlich und verhältnismäßig sein, wobei die Umstände des jeweiligen Einzelfalls zu berücksichtigen sind, das Recht einer jeden Person, gehört zu werden, bevor eine individuelle Maßnahme getroffen wird, die nachteilige Auswirkungen auf diese Person hätte, zu achten ist und überflüssige Kosten und übermäßige Unannehmlichkeiten für die Betroffenen zu vermeiden sind. Untersuchungsbefugnisse im Hinblick auf den Zugang zu Räumlichkeiten sollten im Einklang mit besonderen Anforderungen im Verfahrensrecht der Mitgliedstaaten ausgeübt werden, wie etwa dem Erfordernis einer vorherigen richterlichen Genehmigung. Jede rechtsverbindliche Maßnahme der Aufsichtsbehörde sollte schriftlich erlassen werden und sie sollte klar und eindeutig sein; die Auf-

decision implies that it may give rise to judicial review in the Member State of the supervisory authority that adopted the decision.

sichtsbehörde, die die Maßnahme erlassen hat, und das Datum, an dem die Maßnahme erlassen wurde, sollten angegeben werden und die Maßnahme sollte vom Leiter oder von einem von ihm bevollmächtigen Mitglied der Aufsichtsbehörde unterschrieben sein und eine Begründung für die Maßnahme sowie einen Hinweis auf das Recht auf einen wirksamen Rechtsbehelf enthalten. Dies sollte zusätzliche Anforderungen nach dem Verfahrensrecht der Mitgliedstaaten nicht ausschließen. Der Erlass eines rechtsverbindlichen Beschlusses setzt voraus, dass er in dem Mitgliedstaat der Aufsichtsbehörde, die den Beschluss erlassen hat, gerichtlich überprüft werden kann.

Chapter VII: Cooperation and consistency

zu Kapitel VII: Zusammenarbeit und Kohärenz

(130) Where the supervisory authority with which the complaint has been lodged is not the lead supervisory authority, the lead supervisory authority should closely cooperate with the supervisory authority with which the complaint has been lodged in accordance with the provisions on co-operation and consistency laid down in this Regulation. In such cases, the lead supervisory authority should, when taking measures intended to produce legal effects, including the imposition of administrative fines, take utmost account of the view of the supervisory authority with which the complaint has been lodged and which should remain competent to carry out any investigation on the territory of its own Member State in liaison with the competent supervisory authority.

(131) Where another supervisory authority should act as a lead supervisory authority for the processing activities of the controller or processor but the concrete subject matter of a complaint or the possible infringement concerns only processing activities of the controller or processor in the Member State where the complaint has been lodged or the possible infringement detected and the matter does not substantially affect or is not likely to substantially affect data subjects in other Member States, the supervisory authority receiving a complaint or detecting or being in-

(130) Ist die Aufsichtsbehörde, bei der die Beschwerde eingereicht wurde, nicht die federführende Aufsichtsbehörde, so sollte die federführende Aufsichtsbehörde gemäß den Bestimmungen dieser Verordnung über Zusammenarbeit und Kohärenz eng mit der Aufsichtsbehörde zusammenarbeiten, bei der die Beschwerde eingereicht wurde. In solchen Fällen sollte die federführende Aufsichtsbehörde bei Maßnahmen, die rechtliche Wirkungen entfalten sollen, unter anderem bei der Verhängung von Geldbußen, den Standpunkt der Aufsichtsbehörde, bei der die Beschwerde eingereicht wurde und die weiterhin befugt sein sollte, in Abstimmung mit der zuständigen Aufsichtsbehörde Untersuchungen im Hoheitsgebiet ihres eigenen Mitgliedstaats durchzuführen, weitestgehend berücksichtigen.

(131) Wenn eine andere Aufsichtsbehörde als federführende Aufsichtsbehörde für die Verarbeitungstätigkeiten des Verantwortlichen oder des Auftragsverarbeiters fungieren sollte, der konkrete Gegenstand einer Beschwerde oder der mögliche Verstoß jedoch nur die Verarbeitungstätigkeiten des Verantwortlichen oder des Auftragsverarbeiters in dem Mitgliedstaat betrifft, in dem die Beschwerde eingereicht wurde oder der mögliche Verstoß aufgedeckt wurde, und die Angelegenheit keine erheblichen Auswirkungen auf betroffene Personen in ande-

formed otherwise of situations that entail possible infringements of this Regulation should seek an amicable settlement with the controller and, if this proves unsuccessful, exercise its full range of powers. This should include: specific processing carried out in the territory of the Member State of the supervisory authority or with regard to data subjects on the territory of that Member State; processing that is carried out in the context of an offer of goods or services specifically aimed at data subjects in the territory of the Member State of the supervisory authority; or processing that has to be assessed taking into account relevant legal obligations under Member State law.

(132) Awareness-raising activities by supervisory authorities addressed to the public should include specific measures directed at controllers and processors, including micro, small and medium-sized enterprises, as well as natural persons in particular in the educational context.

(133) The supervisory authorities should assist each other in performing their tasks and provide mutual assistance, so as to ensure the consistent application and enforcement of this Regulation in the internal market. A supervisory authority requesting mutual assistance may adopt a provisional measure if it receives no response to a request for mutual assistance within one month of the receipt of that request by the other supervisory authority.

(134) Each supervisory authority should, where appropriate, participate in joint operations with other supervisory authorities. The requested supervisory authority should be obliged to respond to the request within a specified time period.

ren Mitgliedstaaten hat oder haben dürfte, sollte die Aufsichtsbehörde, bei der eine Beschwerde eingereicht wurde oder die Situationen, die mögliche Verstöße gegen diese Verordnung darstellen, aufgedeckt hat bzw. auf andere Weise darüber informiert wurde, versuchen, eine gütliche Einigung mit dem Verantwortlichen zu erzielen; falls sich dies als nicht erfolgreich erweist, sollte sie die gesamte Bandbreite ihrer Befugnisse wahrnehmen. Dies sollte auch Folgendes umfassen: die spezifische Verarbeitung im Hoheitsgebiet des Mitgliedstaats der Aufsichtsbehörde oder im Hinblick auf betroffene Personen im Hoheitsgebiet dieses Mitgliedstaats; die Verarbeitung im Rahmen eines Angebots von Waren oder Dienstleistungen, das speziell auf betroffene Personen im Hoheitsgebiet des Mitgliedstaats der Aufsichtsbehörde ausgerichtet ist; oder eine Verarbeitung, die unter Berücksichtigung der einschlägigen rechtlichen Verpflichtungen nach dem Recht der Mitgliedstaaten bewertet werden muss.

(132) Auf die Öffentlichkeit ausgerichtete Sensibilisierungsmaßnahmen der Aufsichtsbehörden sollten spezifische Maßnahmen einschließen, die sich an die Verantwortlichen und die Auftragsverarbeiter, einschließlich Kleinstunternehmen sowie kleiner und mittlerer Unternehmen, und an natürliche Personen, insbesondere im Bildungsbereich, richten.

(133) Die Aufsichtsbehörden sollten sich gegenseitig bei der Erfüllung ihrer Aufgaben unterstützen und Amtshilfe leisten, damit eine einheitliche Anwendung und Durchsetzung dieser Verordnung im Binnenmarkt gewährleistet ist. Eine Aufsichtsbehörde, die um Amtshilfe ersucht hat, kann eine einstweilige Maßnahme erlassen, wenn sie nicht binnen eines Monats nach Eingang des Amtshilfeersuchens bei der ersuchten Aufsichtsbehörde eine Antwort von dieser erhalten hat.

(134) Jede Aufsichtsbehörde sollte gegebenenfalls an gemeinsamen Maßnahmen von anderen Aufsichtsbehörden teilnehmen. Die ersuchte Aufsichtsbehörde sollte auf das Ersuchen binnen einer bestimmten Frist antworten müssen.

Recitals of the GDPR	Erwägungsgründe zur DS-GVO

(135) In order to ensure the consistent application of this Regulation throughout the Union, a consistency mechanism for cooperation between the supervisory authorities should be established. That mechanism should in particular apply where a supervisory authority intends to adopt a measure intended to produce legal effects as regards processing operations which substantially affect a significant number of data subjects in several Member States. It should also apply where any supervisory authority concerned or the Commission requests that such matter should be handled in the consistency mechanism. That mechanism should be without prejudice to any measures that the Commission may take in the exercise of its powers under the Treaties.

(136) In applying the consistency mechanism, the Board should, within a determined period of time, issue an opinion, if a majority of its members so decides or if so requested by any supervisory authority concerned or the Commission. The Board should also be empowered to adopt legally binding decisions where there are disputes between supervisory authorities. For that purpose, it should issue, in principle by a two-thirds majority of its members, legally binding decisions in clearly specified cases where there are conflicting views among supervisory authorities, in particular in the cooperation mechanism between the lead supervisory authority and supervisory authorities concerned on the merits of the case, in particular whether there is an infringement of this Regulation.

(137) There may be an urgent need to act in order to protect the rights and freedoms of data subjects, in particular when the danger exists that the enforcement of a right of a data subject could be considerably impeded. A supervisory authority should therefore be able to adopt duly justified

(135) Um die einheitliche Anwendung dieser Verordnung in der gesamten Union sicherzustellen, sollte ein Verfahren zur Gewährleistung einer einheitlichen Rechtsanwendung (Kohärenzverfahren) für die Zusammenarbeit zwischen den Aufsichtsbehörden eingeführt werden. Dieses Verfahren sollte insbesondere dann angewendet werden, wenn eine Aufsichtsbehörde beabsichtigt, eine Maßnahme zu erlassen, die rechtliche Wirkungen in Bezug auf Verarbeitungsvorgänge entfalten soll, die für eine bedeutende Zahl betroffener Personen in mehreren Mitgliedstaaten erhebliche Auswirkungen haben. Ferner sollte es zur Anwendung kommen, wenn eine betroffene Aufsichtsbehörde oder die Kommission beantragt, dass die Angelegenheit im Rahmen des Kohärenzverfahrens behandelt wird. Dieses Verfahren sollte andere Maßnahmen, die die Kommission möglicherweise in Ausübung ihrer Befugnisse nach den Verträgen trifft, unberührt lassen.

(136) Bei Anwendung des Kohärenzverfahrens sollte der Ausschuss, falls von der Mehrheit seiner Mitglieder so entschieden wird oder falls eine andere betroffene Aufsichtsbehörde oder die Kommission darum ersuchen, binnen einer festgelegten Frist eine Stellungnahme abgeben. Dem Ausschuss sollte auch die Befugnis übertragen werden, bei Streitigkeiten zwischen Aufsichtsbehörden rechtsverbindliche Beschlüsse zu erlassen. Zu diesem Zweck sollte er in klar bestimmten Fällen, in denen die Aufsichtsbehörden insbesondere im Rahmen des Verfahrens der Zusammenarbeit zwischen der federführenden Aufsichtsbehörde und den betroffenen Aufsichtsbehörden widersprüchliche Standpunkte zu dem Sachverhalt, vor allem in der Frage, ob ein Verstoß gegen diese Verordnung vorliegt, vertreten, grundsätzlich mit einer Mehrheit von zwei Dritteln seiner Mitglieder rechtsverbindliche Beschlüsse erlassen.

(137) Es kann dringender Handlungsbedarf zum Schutz der Rechte und Freiheiten von betroffenen Personen bestehen, insbesondere wenn eine erhebliche Behinderung der Durchsetzung des Rechts einer betroffenen Person droht. Eine Aufsichtsbehörde sollte daher hinreichend be-

provisional measures on its territory with a specified period of validity which should not exceed three months.

(138) The application of such mechanism should be a condition for the lawfulness of a measure intended to produce legal effects by a supervisory authority in those cases where its application is mandatory. In other cases of cross- border relevance, the cooperation mechanism between the lead supervisory authority and supervisory authorities concerned should be applied and mutual assistance and joint operations might be carried out between the supervisory authorities concerned on a bilateral or multilateral basis without triggering the consistency mechanism.

(139) In order to promote the consistent application of this Regulation, the Board should be set up as an independent body of the Union. To fulfil its objectives, the Board should have legal personality. The Board should be represented by its Chair. It should replace the Working Party on the Protection of Individuals with Regard to the Processing of Personal Data established by Directive 95/46/ EC. It should consist of the head of a supervisory authority of each Member State and the European Data Protection Supervisor or their respective representatives. The Commission should participate in the Board's activities without voting rights and the European Data Protection Supervisor should have specific voting rights. The Board should contribute to the consistent application of this Regulation throughout the Union, including by advising the Commission, in particular on the level of protection in third countries or international organisations, and promoting cooperation of the supervisory authorities throughout the Union. The Board should act independently when performing its tasks.

(140) The Board should be assisted by a secretariat provided by the European Data Protection Supervisor. The staff of the European Data Protection

gründete einstweilige Maßnahmen in ihrem Hoheitsgebiet mit einer festgelegten Geltungsdauer von höchstens drei Monaten erlassen können.

(138) Die Anwendung dieses Verfahrens sollte in den Fällen, in denen sie verbindlich vorgeschrieben ist, eine Bedingung für die Rechtmäßigkeit einer Maßnahme einer Aufsichtsbehörde sein, die rechtliche Wirkungen entfalten soll. In anderen Fällen von grenzüberschreitender Relevanz sollte das Verfahren der Zusammenarbeit zwischen der federführenden Aufsichtsbehörde und den betroffenen Aufsichtsbehörden zur Anwendung gelangen, und die betroffenen Aufsichtsbehörden können auf bilateraler oder multilateraler Ebene Amtshilfe leisten und gemeinsame Maßnahmen durchführen, ohne auf das Kohärenzverfahren zurückzugreifen.

(139) Zur Förderung der einheitlichen Anwendung dieser Verordnung sollte der Ausschuss als unabhängige Einrichtung der Union eingesetzt werden. Damit der Ausschuss seine Ziele erreichen kann, sollte er Rechtspersönlichkeit besitzen. Der Ausschuss sollte von seinem Vorsitz vertreten werden. Er sollte die mit der Richtlinie 95/46/EG eingesetzte Arbeitsgruppe für den Schutz der Rechte von Personen bei der Verarbeitung personenbezogener Daten ersetzen. Er sollte aus dem Leiter einer Aufsichtsbehörde jedes Mitgliedstaats und dem Europäischen Datenschutzbeauftragten oder deren jeweiligen Vertretern gebildet werden. An den Beratungen des Ausschusses sollte die Kommission ohne Stimmrecht teilnehmen und der Europäische Datenschutzbeauftragte sollte spezifische Stimmrechte haben. Der Ausschuss sollte zur einheitlichen Anwendung der Verordnung in der gesamten Union beitragen, die Kommission insbesondere im Hinblick auf das Schutzniveau in Drittländern oder internationalen Organisationen beraten und die Zusammenarbeit der Aufsichtsbehörden in der Union fördern. Der Ausschuss sollte bei der Erfüllung seiner Aufgaben unabhängig handeln.

(140) Der Ausschuss sollte von einem Sekretariat unterstützt werden, das von dem Europäischen Datenschutzbeauftragten bereitgestellt wird. Das

Supervisor involved in carrying out the tasks conferred on the Board by this Regulation should perform its tasks exclusively under the instructions of, and report to, the Chair of the Board.

Personal des Europäischen Datenschutzbeauftragten, das an der Wahrnehmung der dem Ausschuss gemäß dieser Verordnung übertragenen Aufgaben beteiligt ist, sollte diese Aufgaben ausschließlich gemäß den Anweisungen des Vorsitzes des Ausschusses durchführen und diesem Bericht erstatten.

Chapter VIII: Remedies, liability and penalties

zu Kapitel VIII: Rechtsbehelfe, Haftung und Sanktionen

(141) Every data subject should have the right to lodge a complaint with a single supervisory authority, in particular in the Member State of his or her habitual residence, and the right to an effective judicial remedy in accordance with Article 47 of the Charter if the data subject considers that his or her rights under this Regulation are infringed or where the supervisory authority does not act on a complaint, partially or wholly rejects or dismisses a complaint or does not act where such action is necessary to protect the rights of the data subject. The investigation following a complaint should be carried out, subject to judicial review, to the extent that is appropriate in the specific case. The supervisory authority should inform the data subject of the progress and the outcome of the complaint within a reasonable period. If the case requires further investigation or coordination with another supervisory authority, intermediate information should be given to the data subject. In order to facilitate the submission of complaints, each supervisory authority should take measures such as providing a complaint submission form which can also be completed electronically, without excluding other means of communication.

(142) Where a data subject considers that his or her rights under this Regulation are infringed, he or she should have the right to mandate a not-for-profit body, organisation or association which is constituted in accordance with the law of a Member State, has statutory objectives which are in the public interest and is active in the field of the protection of personal data to lodge a

(141) Jede betroffene Person sollte das Recht haben, bei einer einzigen Aufsichtsbehörde insbesondere in dem Mitgliedstaat ihres gewöhnlichen Aufenthalts eine Beschwerde einzureichen und gemäß Artikel 47 der Charta einen wirksamen gerichtlichen Rechtsbehelf einzulegen, wenn sie sich in ihren Rechten gemäß dieser Verordnung verletzt sieht oder wenn die Aufsichtsbehörde auf eine Beschwerde hin nicht tätig wird, eine Beschwerde teilweise oder ganz abweist oder ablehnt oder nicht tätig wird, obwohl dies zum Schutz der Rechte der betroffenen Person notwendig ist. Die auf eine Beschwerde folgende Untersuchung sollte vorbehaltlich gerichtlicher Überprüfung so weit gehen, wie dies im Einzelfall angemessen ist. Die Aufsichtsbehörde sollte die betroffene Person innerhalb eines angemessenen Zeitraums über den Fortgang und die Ergebnisse der Beschwerde unterrichten. Sollten weitere Untersuchungen oder die Abstimmung mit einer anderen Aufsichtsbehörde erforderlich sein, sollte die betroffene Person über den Zwischenstand informiert werden. Jede Aufsichtsbehörde sollte Maßnahmen zur Erleichterung der Einreichung von Beschwerden treffen, wie etwa die Bereitstellung eines Beschwerdeformulars, das auch elektronisch ausgefüllt werden kann, ohne dass andere Kommunikationsmittel ausgeschlossen werden.

(142) Betroffene Personen, die sich in ihren Rechten gemäß dieser Verordnung verletzt sehen, sollten das Recht haben, nach dem Recht eines Mitgliedstaats gegründete Einrichtungen, Organisationen oder Verbände ohne Gewinnerzielungsabsicht, deren satzungsmäßige Ziele im öffentlichem Interesse liegen und die im Bereich des Schutzes personenbezogener Daten tätig

complaint on his or her behalf with a supervisory authority, exercise the right to a judicial remedy on behalf of data subjects or, if provided for in Member State law, exercise the right to receive compensation on behalf of data subjects. A Member State may provide for such a body, organisation or association to have the right to lodge a complaint in that Member State, independently of a data subject's mandate, and the right to an effective judicial remedy where it has reasons to consider that the rights of a data subject have been infringed as a result of the processing of personal data which infringes this Regulation. That body, organisation or association may not be allowed to claim compensation on a data subject's behalf independently of the data subject's mandate.

sind, zu beauftragen, in ihrem Namen Beschwerde bei einer Aufsichtsbehörde oder einen gerichtlichen Rechtsbehelf einzulegen oder das Recht auf Schadensersatz in Anspruch zu nehmen, sofern dieses im Recht der Mitgliedstaaten vorgesehen ist. Die Mitgliedstaaten können vorsehen, dass diese Einrichtungen, Organisationen oder Verbände das Recht haben, unabhängig vom Auftrag einer betroffenen Person in dem betreffenden Mitgliedstaat eine eigene Beschwerde einzulegen, und das Recht auf einen wirksamen gerichtlichen Rechtsbehelf haben sollten, wenn sie Grund zu der Annahme haben, dass die Rechte der betroffenen Person infolge einer nicht im Einklang mit dieser Verordnung stehenden Verarbeitung verletzt worden sind. Diesen Einrichtungen, Organisationen oder Verbänden kann unabhängig vom Auftrag einer betroffenen Person nicht gestattet werden, im Namen einer betroffenen Person Schadenersatz zu verlangen.

(143) Any natural or legal person has the right to bring an action for annulment of decisions of the Board before the Court of Justice under the conditions provided for in Article 263 TFEU. As addressees of such decisions, the supervisory authorities concerned which wish to challenge them have to bring action within two months of being notified of them, in accordance with Article 263 TFEU. Where decisions of the Board are of direct and individual concern to a controller, processor or complainant, the latter may bring an action for annulment against those decisions within two months of their publication on the website of the Board, in accordance with Article 263 TFEU. Without prejudice to this right under Article 263 TFEU, each natural or legal person should have an effective judicial remedy before the competent national court against a decision of a supervisory authority which produces legal effects concerning that person. Such a decision concerns in particular the exercise of investigative, corrective and authorisation powers by the supervisory authority or the dismissal or rejection of complaints. However, the right to an effective judicial remedy does not encompass measures taken by supervisory authorities which are not legally

(143) Jede natürliche oder juristische Person hat das Recht, unter den in Artikel 263 AEUV genannten Voraussetzungen beim Gerichtshof eine Klage auf Nichtigerklärung eines Beschlusses des Ausschusses zu erheben. Als Adressaten solcher Beschlüsse müssen die betroffenen Aufsichtsbehörden, die diese Beschlüsse anfechten möchten, binnen zwei Monaten nach deren Übermittlung gemäß Artikel 263 AEUV Klage erheben. Sofern Beschlüsse des Ausschusses einen Verantwortlichen, einen Auftragsverarbeiter oder den Beschwerdeführer unmittelbar und individuell betreffen, so können diese Personen binnen zwei Monaten nach Veröffentlichung der betreffenden Beschlüsse auf der Website des Ausschusses im Einklang mit Artikel 263 AEUV eine Klage auf Nichtigerklärung erheben. Unbeschadet dieses Rechts nach Artikel 263 AEUV sollte jede natürliche oder juristische Person das Recht auf einen wirksamen gerichtlichen Rechtsbehelf bei dem zuständigen einzelstaatlichen Gericht gegen einen Beschluss einer Aufsichtsbehörde haben, der gegenüber dieser Person Rechtswirkungen entfaltet. Ein derartiger Beschluss betrifft insbesondere die Ausübung von Untersuchungs-, Abhilfe- und Genehmigungs-

Recitals of the GDPR	Erwägungsgründe zur DS-GVO

binding, such as opinions issued by or advice provided by the supervisory authority. Proceedings against a supervisory authority should be brought before the courts of the Member State where the supervisory authority is established and should be conducted in accordance with that Member State's procedural law. Those courts should exercise full jurisdiction, which should include jurisdiction to examine all questions of fact and law relevant to the dispute before them.

Where a complaint has been rejected or dismissed by a supervisory authority, the complainant may bring proceedings before the courts in the same Member State. In the context of judicial remedies relating to the application of this Regulation, national courts which consider a decision on the question necessary to enable them to give judgment, may, or in the case provided for in Article 267 TFEU, must, request the Court of Justice to give a preliminary ruling on the interpretation of Union law, including this Regulation. Furthermore, where a decision of a supervisory authority implementing a decision of the Board is challenged before a national court and the validity of the decision of the Board is at issue, that national court does not have the power to declare the Board's decision invalid but must refer the question of validity to the Court of Justice in accordance with Article 267 TFEU as interpreted by the Court of Justice, where it considers the decision invalid. However, a national court may not refer a question on the validity of the decision of the Board at the request of a natural or legal person which had the opportunity to bring an action for annulment of that decision, in particular if it was directly and individually concerned by that decision, but had not done so within the period laid down in Article 263 TFEU.

befugnissen durch die Aufsichtsbehörde oder die Ablehnung oder Abweisung von Beschwerden. Das Recht auf einen wirksamen gerichtlichen Rechtsbehelf umfasst jedoch nicht rechtlich nicht bindende Maßnahmen der Aufsichtsbehörden wie von ihr abgegebene Stellungnahmen oder Empfehlungen. Verfahren gegen eine Aufsichtsbehörde sollten bei den Gerichten des Mitgliedstaats angestrengt werden, in dem die Aufsichtsbehörde ihren Sitz hat, und sollten im Einklang mit dem Verfahrensrecht dieses Mitgliedstaats durchgeführt werden. Diese Gerichte sollten eine uneingeschränkte Zuständigkeit besitzen, was die Zuständigkeit, sämtliche für den bei ihnen anhängigen Rechtsstreit maßgebliche Sach- und Rechtsfragen zu prüfen, einschließt. Wurde eine Beschwerde von einer Aufsichtsbehörde abgelehnt oder abgewiesen, kann der Beschwerdeführer Klage bei den Gerichten desselben Mitgliedstaats erheben. Im Zusammenhang mit gerichtlichen Rechtsbehelfen in Bezug auf die Anwendung dieser Verordnung können einzelstaatliche Gerichte, die eine Entscheidung über diese Frage für erforderlich halten, um ihr Urteil erlassen zu können, bzw. müssen einzelstaatliche Gerichte in den Fällen nach Artikel 267 AEUV den Gerichtshof um eine Vorabentscheidung zur Auslegung des Unionsrechts – das auch diese Verordnung einschließt – ersuchen. Wird darüber hinaus der Beschluss einer Aufsichtsbehörde zur Umsetzung eines Beschlusses des Ausschusses vor einem einzelstaatlichen Gericht angefochten und wird die Gültigkeit des Beschlusses des Ausschusses in Frage gestellt, so hat dieses einzelstaatliche Gericht nicht die Befugnis, den Beschluss des Ausschusses für nichtig zu erklären, sondern es muss im Einklang mit Artikel 267 AEUV in der Auslegung des Gerichtshofs den Gerichtshof mit der Frage der Gültigkeit befassen, wenn es den Beschluss für nichtig hält. Allerdings darf ein einzelstaatliches Gericht den Gerichtshof nicht auf Anfrage einer natürlichen oder juristischen Person mit Fragen der Gültigkeit des Beschlusses des Ausschusses befassen, wenn diese Person Gelegenheit hatte, eine Klage auf Nichtigerklärung dieses Beschlusses zu erheben – insbeson-

dere wenn sie unmittelbar und individuell von dem Beschluss betroffen war –, diese Gelegenheit jedoch nicht innerhalb der Frist gemäß Artikel 263 AEUV genutzt hat.

(144) Where a court seized of proceedings against a decision by a supervisory authority has reason to believe that proceedings concerning the same processing, such as the same subject matter as regards processing by the same controller or processor, or the same cause of action, are brought before a competent court in another Member State, it should contact that court in order to confirm the existence of such related proceedings. If related proceedings are pending before a court in another Member State, any court other than the court first seized may stay its proceedings or may, on request of one of the parties, decline jurisdiction in favour of the court first seized if that court has jurisdiction over the proceedings in question and its law permits the consolidation of such related proceedings. Proceedings are deemed to be related where they are so closely connected that it is expedient to hear and determine them together in order to avoid the risk of irreconcilable judgments resulting from separate proceedings.

(144) Hat ein mit einem Verfahren gegen die Entscheidung einer Aufsichtsbehörde befasstes Gericht Anlass zu der Vermutung, dass ein dieselbe Verarbeitung betreffendes Verfahren – etwa zu demselben Gegenstand in Bezug auf die Verarbeitung durch denselben Verantwortlichen oder Auftragsverarbeiter oder wegen desselben Anspruchs – vor einem zuständigen Gericht in einem anderen Mitgliedstaat anhängig ist, so sollte es mit diesem Gericht Kontakt aufnehmen, um sich zu vergewissern, dass ein solches verwandtes Verfahren existiert. Sind verwandte Verfahren vor einem Gericht in einem anderen Mitgliedstaat anhängig, so kann jedes später angerufene Gericht das Verfahren aussetzen oder sich auf Anfrage einer Partei auch zugunsten des zuerst angerufenen Gerichts für unzuständig erklären, wenn dieses später angerufene Gericht für die betreffenden Verfahren zuständig ist und die Verbindung von solchen verwandten Verfahren nach seinem Recht zulässig ist. Verfahren gelten als miteinander verwandt, wenn zwischen ihnen eine so enge Beziehung gegeben ist, dass eine gemeinsame Verhandlung und Entscheidung geboten erscheint, um zu vermeiden, dass in getrennten Verfahren einander widersprechende Entscheidungen ergehen.

(145) For proceedings against a controller or processor, the plaintiff should have the choice to bring the action before the courts of the Member States where the controller or processor has an establishment or where the data subject resides, unless the controller is a public authority of a Member State acting in the exercise of its public powers.

(145) Bei Verfahren gegen Verantwortliche oder Auftragsverarbeiter sollte es dem Kläger überlassen bleiben, ob er die Gerichte des Mitgliedstaats anruft, in dem der Verantwortliche oder der Auftragsverarbeiter eine Niederlassung hat, oder des Mitgliedstaats, in dem die betroffene Person ihren Aufenthaltsort hat; dies gilt nicht, wenn es sich bei dem Verantwortlichen um eine Behörde eines Mitgliedstaats handelt, die in Ausübung ihrer hoheitlichen Befugnisse tätig geworden ist.

(146) The controller or processor should compensate any damage which a person may suffer as a result of processing that infringes this Regulation. The controller or processor should be exempt from liability if it proves that it is not in any way responsible for the damage. The concept of dam-

(146) Der Verantwortliche oder der Auftragsverarbeiter sollte Schäden, die einer Person aufgrund einer Verarbeitung entstehen, die mit dieser Verordnung nicht im Einklang steht, ersetzen. Der Verantwortliche oder der Auftragsverarbeiter sollte von seiner Haftung befreit werden,

|

age should be broadly interpreted in the light of the case-law of the Court of Justice in a manner which fully reflects the objectives of this Regulation. This is without prejudice to any claims for damage deriving from the violation of other rules in Union or Member State law. Processing that infringes this Regulation also includes processing that infringes delegated and implementing acts adopted in accordance with this Regulation and Member State law specifying rules of this Regulation. Data subjects should receive full and effective compensation for the damage they have suffered. Where controllers or processors are involved in the same processing, each controller or processor should be held liable for the entire damage. However, where they are joined to the same judicial proceedings, in accordance with Member State law, compensation may be apportioned according to the responsibility of each controller or processor for the damage caused by the processing, provided that full and effective compensation of the data subject who suffered the damage is ensured. Any controller or processor which has paid full compensation may subsequently institute recourse proceedings against other controllers or processors involved in the same processing.

wenn er nachweist, dass er in keiner Weise für den Schaden verantwortlich ist. Der Begriff des Schadens sollte im Lichte der Rechtsprechung des Gerichtshofs weit auf eine Art und Weise ausgelegt werden, die den Zielen dieser Verordnung in vollem Umfang entspricht. Dies gilt unbeschadet von Schadenersatzforderungen aufgrund von Verstößen gegen andere Vorschriften des Unionsrechts oder des Rechts der Mitgliedstaaten. Zu einer Verarbeitung, die mit der vorliegenden Verordnung nicht im Einklang steht, zählt auch eine Verarbeitung, die nicht mit den nach Maßgabe der vorliegenden Verordnung erlassenen delegierten Rechtsakten und Durchführungsrechtsakten und Rechtsvorschriften der Mitgliedstaaten zur Präzisierung von Bestimmungen der vorliegenden Verordnung im Einklang steht. Die betroffenen Personen sollten einen vollständigen und wirksamen Schadenersatz für den erlittenen Schaden erhalten. Sind Verantwortliche oder Auftragsverarbeiter an derselben Verarbeitung beteiligt, so sollte jeder Verantwortliche oder Auftragsverarbeiter für den gesamten Schaden haftbar gemacht werden. Werden sie jedoch nach Maßgabe des Rechts der Mitgliedstaaten zu demselben Verfahren hinzugezogen, so können sie im Verhältnis zu der Verantwortung anteilmäßig haftbar gemacht werden, die jeder Verantwortliche oder Auftragsverarbeiter für den durch die Verarbeitung entstandenen Schaden zu tragen hat, sofern sichergestellt ist, dass die betroffene Person einen vollständigen und wirksamen Schadenersatz für den erlittenen Schaden erhält. Jeder Verantwortliche oder Auftragsverarbeiter, der den vollen Schadenersatz geleistet hat, kann anschließend ein Rückgriffsverfahren gegen andere an derselben Verarbeitung beteiligte Verantwortliche oder Auftragsverarbeiter anstrengen.

(147) Where specific rules on jurisdiction are contained in this Regulation, in particular as regards proceedings seeking a judicial remedy including compensation, against a controller or processor, general jurisdiction rules such as those of Regulation (EU) No 1215/2012 of the European Parlia-

(147) Soweit in dieser Verordnung spezifische Vorschriften über die Gerichtsbarkeit – insbesondere in Bezug auf Verfahren im Hinblick auf einen gerichtlichen Rechtsbehelf einschließlich Schadenersatz gegen einen Verantwortlichen oder Auftragsverarbeiter – enthalten sind, sollten die allgemeinen Vorschriften über die Ge-

ment and of the Council[1] should not prejudice the application of such specific rules.

(148) In order to strengthen the enforcement of the rules of this Regulation, penalties including administrative fines should be imposed for any infringement of this Regulation, in addition to, or instead of appropriate measures imposed by the supervisory authority pursuant to this Regulation. In a case of a minor infringement or if the fine likely to be imposed would constitute a disproportionate burden to a natural person, a reprimand may be issued instead of a fine. Due regard should however be given to the nature, gravity and duration of the infringement, the intentional character of the infringement, actions taken to mitigate the damage suffered, degree of responsibility or any relevant previous infringements, the manner in which the infringement became known to the supervisory authority, compliance with measures ordered against the controller or processor, adherence to a code of conduct and any other aggravating or mitigating factor. The imposition of penalties including administrative fines should be subject to appropriate procedural safeguards in accordance with the general principles of Union law and the Charter, including effective judicial protection and due process.

(149) Member States should be able to lay down the rules on criminal penalties for infringements of this Regulation, including for infringements of national rules adopted pursuant to and within

richtsbarkeit, wie sie etwa in der Verordnung (EU) Nr. 1215/2012 des Europäischen Parlaments und des Rates[1] enthalten sind, der Anwendung dieser spezifischen Vorschriften nicht entgegenstehen.

(148) Im Interesse einer konsequenteren Durchsetzung der Vorschriften dieser Verordnung sollten bei Verstößen gegen diese Verordnung zusätzlich zu den geeigneten Maßnahmen, die die Aufsichtsbehörde gemäß dieser Verordnung verhängt, oder an Stelle solcher Maßnahmen Sanktionen einschließlich Geldbußen verhängt werden. Im Falle eines geringfügigeren Verstoßes oder falls voraussichtlich zu verhängende Geldbuße eine unverhältnismäßige Belastung für eine natürliche Person bewirken würde, kann anstelle einer Geldbuße eine Verwarnung erteilt werden. Folgendem sollte jedoch gebührend Rechnung getragen werden: der Art, Schwere und Dauer des Verstoßes, dem vorsätzlichen Charakter des Verstoßes, den Maßnahmen zur Minderung des entstandenen Schadens, dem Grad der Verantwortlichkeit oder jeglichem früheren Verstoß, der Art und Weise, wie der Verstoß der Aufsichtsbehörde bekannt wurde, der Einhaltung der gegen den Verantwortlichen oder Auftragsverarbeiter angeordneten Maßnahmen, der Einhaltung von Verhaltensregeln und jedem anderen erschwerenden oder mildernden Umstand. Für die Verhängung von Sanktionen einschließlich Geldbußen sollte es angemessene Verfahrensgarantien geben, die den allgemeinen Grundsätzen des Unionsrechts und der Charta, einschließlich des Rechts auf wirksamen Rechtsschutz und ein faires Verfahren, entsprechen.

(149) Die Mitgliedstaaten sollten die strafrechtlichen Sanktionen für Verstöße gegen diese Verordnung, auch für Verstöße gegen auf der Grundlage und in den Grenzen dieser Verordnung

---

1. Regulation (EU) No 1215/2012 of the European Parliament and of the Council of 12 December 2012 on jurisdiction and the recognition and enforcement of judgments in civil and commercial matters (OJ L 351, 20.12.2012, p. 1).

1. Verordnung (EU) Nr. 1215/2012 des Europäischen Parlaments und des Rates vom 12. Dezember 2012 über die gerichtliche Zuständigkeit und die Anerkennung und Vollstreckung von Entscheidungen in Zivil- und Handelssachen (ABl. L 351 vom 20.12.2012, S. 1).

the limits of this Regulation. Those criminal penalties may also allow for the deprivation of the profits obtained through infringements of this Regulation. However, the imposition of criminal penalties for infringements of such national rules and of administrative penalties should not lead to a breach of the principle of *ne bis in idem*, as interpreted by the Court of Justice.

(150) In order to strengthen and harmonise administrative penalties for infringements of this Regulation, each supervisory authority should have the power to impose administrative fines. This Regulation should indicate infringements and the upper limit and criteria for setting the related administrative fines, which should be determined by the competent supervisory authority in each individual case, taking into account all relevant circumstances of the specific situation, with due regard in particular to the nature, gravity and duration of the infringement and of its consequences and the measures taken to ensure compliance with the obligations under this Regulation and to prevent or mitigate the consequences of the infringement. Where administrative fines are imposed on an undertaking, an undertaking should be understood to be an undertaking in accordance with Articles 101 and 102 TFEU for those purposes. Where administrative fines are imposed on persons that are not an undertaking, the supervisory authority should take account of the general level of income in the Member State as well as the economic situation of the person in considering the appropriate amount of the fine. The consistency mechanism may also be used to promote a consistent application of administrative fines. It should be for the Member States to determine whether and to which extent public authorities should be subject to administrative fines. Imposing an administrative fine or giving a warning does not affect the application of other powers of the supervisory authorities or of other penalties under this Regulation.

erlassene nationale Vorschriften, festlegen können. Diese strafrechtlichen Sanktionen können auch die Einziehung der durch die Verstöße gegen diese Verordnung erzielten Gewinne ermöglichen. Die Verhängung von strafrechtlichen Sanktionen für Verstöße gegen solche nationalen Vorschriften und von verwaltungsrechtlichen Sanktionen sollte jedoch nicht zu einer Verletzung des Grundsatzes „ne bis in idem", wie er vom Gerichtshof ausgelegt worden ist, führen.

(150) Um die verwaltungsrechtlichen Sanktionen bei Verstößen gegen diese Verordnung zu vereinheitlichen und ihnen mehr Wirkung zu verleihen, sollte jede Aufsichtsbehörde befugt sein, Geldbußen zu verhängen. In dieser Verordnung sollten die Verstöße sowie die Obergrenze der entsprechenden Geldbußen und die Kriterien für ihre Festsetzung genannt werden, wobei diese Geldbußen von der zuständigen Aufsichtsbehörde in jedem Einzelfall unter Berücksichtigung aller besonderen Umstände und insbesondere der Art, Schwere und Dauer des Verstoßes und seiner Folgen sowie der Maßnahmen, die ergriffen worden sind, um die Einhaltung der aus dieser Verordnung erwachsenden Verpflichtungen zu gewährleisten und die Folgen des Verstoßes abzuwenden oder abzumildern, festzusetzen sind. Werden Geldbußen Unternehmen auferlegt, sollte zu diesem Zweck der Begriff „Unternehmen" im Sinne der Artikel 101 und 102 AEUV verstanden werden. Werden Geldbußen Personen auferlegt, bei denen es sich nicht um Unternehmen handelt, so sollte die Aufsichtsbehörde bei der Erwägung des angemessenen Betrags für die Geldbuße dem allgemeinen Einkommensniveau in dem betreffenden Mitgliedstaat und der wirtschaftlichen Lage der Personen Rechnung tragen. Das Kohärenzverfahren kann auch genutzt werden, um eine kohärente Anwendung von Geldbußen zu fördern. Die Mitgliedstaaten sollten bestimmen können, ob und inwieweit gegen Behörden Geldbußen verhängt werden können. Auch wenn die Aufsichtsbehörden bereits Geldbußen verhängt oder eine Verwarnung erteilt haben, können sie ihre anderen Befugnisse ausüben oder andere Sanktionen nach Maßgabe dieser Verordnung verhängen.

(151) The legal systems of Denmark and Estonia do not allow for administrative fines as set out in this Regulation. The rules on administrative fines may be applied in such a manner that in Denmark the fine is imposed by competent national courts as a criminal penalty and in Estonia the fine is imposed by the supervisory authority in the framework of a misdemeanour procedure, provided that such an application of the rules in those Member States has an equivalent effect to administrative fines imposed by supervisory authorities. Therefore the competent national courts should take into account the recommendation by the supervisory authority initiating the fine. In any event, the fines imposed should be effective, proportionate and dissuasive.

(152) Where this Regulation does not harmonise administrative penalties or where necessary in other cases, for example in cases of serious infringements of this Regulation, Member States should implement a system which provides for effective, proportionate and dissuasive penalties. The nature of such penalties, criminal or administrative, should be determined by Member State law.

Chapter IX: Provisions relating to specific processing situations

(153) Member States law should reconcile the rules governing freedom of expression and information, including journalistic, academic, artistic and or literary expression with the right to the protection of personal data pursuant to this Regulation. The processing of personal data solely for journalistic purposes, or for the purposes of academic, artistic or literary expression should be subject to derogations or exemptions from certain provisions of this Regulation if necessary to reconcile the right to the protection of personal data with the right to freedom of expression and information, as enshrined in Article 11 of the Charter. This should apply in particular to the processing of personal data in the audiovisual field and in news archives and press libraries.

(151) Nach den Rechtsordnungen Dänemarks und Estlands sind die in dieser Verordnung vorgesehenen Geldbußen nicht zulässig. Die Vorschriften über die Geldbußen können so angewandt werden, dass die Geldbuße in Dänemark durch die zuständigen nationalen Gerichte als Strafe und in Estland durch die Aufsichtsbehörde im Rahmen eines Verfahrens bei Vergehen verhängt wird, sofern eine solche Anwendung der Vorschriften in diesen Mitgliedstaaten die gleiche Wirkung wie die von den Aufsichtsbehörden verhängten Geldbußen hat. Daher sollten die zuständigen nationalen Gerichte die Empfehlung der Aufsichtsbehörde, die die Geldbuße in die Wege geleitet hat, berücksichtigen. In jeden Fall sollten die verhängten Geldbußen wirksam, verhältnismäßig und abschreckend sein.

(152) Soweit diese Verordnung verwaltungsrechtliche Sanktionen nicht harmonisiert oder wenn es in anderen Fällen – beispielsweise bei schweren Verstößen gegen diese Verordnung – erforderlich ist, sollten die Mitgliedstaaten eine Regelung anwenden, die wirksame, verhältnismäßige und abschreckende Sanktionen vorsieht. Es sollte im Recht der Mitgliedstaaten geregelt werden, ob diese Sanktionen strafrechtlicher oder verwaltungsrechtlicher Art sind.

zu Kapitel IX: Vorschriften für besondere Verarbeitungssituationen

(153) Im Recht der Mitgliedstaaten sollten die Vorschriften über die freie Meinungsäußerung und Informationsfreiheit, auch von Journalisten, Wissenschaftlern, Künstlern und/oder Schriftstellern, mit dem Recht auf Schutz der personenbezogenen Daten gemäß dieser Verordnung in Einklang gebracht werden. Für die Verarbeitung personenbezogener Daten ausschließlich zu journalistischen Zwecken oder zu wissenschaftlichen, künstlerischen oder literarischen Zwecken sollten Abweichungen und Ausnahmen von bestimmten Vorschriften dieser Verordnung gelten, wenn dies erforderlich ist, um das Recht auf Schutz der personenbezogenen Daten mit dem Recht auf Freiheit der Meinungsäußerung und Informationsfreiheit, wie es in Artikel 11 der

Therefore, Member States should adopt legislative measures which lay down the exemptions and derogations necessary for the purpose of balancing those fundamental rights. Member States should adopt such exemptions and derogations on general principles, the rights of the data subject, the controller and the processor, the transfer of personal data to third countries or international organisations, the independent supervisory authorities, cooperation and consistency, and specific data-processing situations. Where such exemptions or derogations differ from one Member State to another, the law of the Member State to which the controller is subject should apply. In order to take account of the importance of the right to freedom of expression in every democratic society, it is necessary to interpret notions relating to that freedom, such as journalism, broadly.

Charta garantiert ist, in Einklang zu bringen. Dies sollte insbesondere für die Verarbeitung personenbezogener Daten im audiovisuellen Bereich sowie in Nachrichten- und Pressearchiven gelten. Die Mitgliedstaaten sollten daher Gesetzgebungsmaßnahmen zur Regelung der Abweichungen und Ausnahmen erlassen, die zum Zwecke der Abwägung zwischen diesen Grundrechten notwendig sind. Die Mitgliedstaaten sollten solche Abweichungen und Ausnahmen in Bezug auf die allgemeinen Grundsätze, die Rechte der betroffenen Person, den Verantwortlichen und den Auftragsverarbeiter, die Übermittlung von personenbezogenen Daten an Drittländer oder an internationale Organisationen, die unabhängigen Aufsichtsbehörden, die Zusammenarbeit und Kohärenz und besondere Datenverarbeitungssituationen erlassen. Sollten diese Abweichungen oder Ausnahmen von Mitgliedstaat zu Mitgliedstaat unterschiedlich sein, sollte das Recht des Mitgliedstaats angewendet werden, dem der Verantwortliche unterliegt. Um der Bedeutung des Rechts auf freie Meinungsäußerung in einer demokratischen Gesellschaft Rechnung zu tragen, müssen Begriffe wie Journalismus, die sich auf diese Freiheit beziehen, weit ausgelegt werden.

(154) This Regulation allows the principle of public access to official documents to be taken into account when applying this Regulation. Public access to official documents may be considered to be in the public interest. Personal data in documents held by a public authority or a public body should be able to be publicly disclosed by that authority or body if the disclosure is provided for by Union or Member State law to which the public authority or public body is subject. Such laws should reconcile public access to official documents and the reuse of public sector information with the right to the protection of personal data and may therefore provide for the necessary reconciliation with the right to the protection of personal data pursuant to this Regulation. The reference to public authorities and bodies should in that context include all authorities or other bodies covered by Member State law on public access to documents. Directive

(154) Diese Verordnung ermöglicht es, dass bei ihrer Anwendung der Grundsatz des Zugangs der Öffentlichkeit zu amtlichen Dokumenten berücksichtigt wird. Der Zugang der Öffentlichkeit zu amtlichen Dokumenten kann als öffentliches Interesse betrachtet werden. Personenbezogene Daten in Dokumenten, die sich im Besitz einer Behörde oder einer öffentlichen Stelle befinden, sollten von dieser Behörde oder Stelle öffentlich offengelegt werden können, sofern dies im Unionsrecht oder im Recht der Mitgliedstaaten, denen sie unterliegt, vorgesehen ist. Diese Rechtsvorschriften sollten den Zugang der Öffentlichkeit zu amtlichen Dokumenten und die Weiterverwendung von Informationen des öffentlichen Sektors mit dem Recht auf Schutz personenbezogener Daten in Einklang bringen und können daher die notwendige Übereinstimmung mit dem Recht auf Schutz personenbezogener Daten gemäß dieser Verordnung regeln.

2003/98/EC of the European Parliament and of the Council[1] leaves intact and in no way affects the level of protection of natural persons with regard to the processing of personal data under the provisions of Union and Member State law, and in particular does not alter the obligations and rights set out in this Regulation. In particular, that Directive should not apply to documents to which access is excluded or restricted by virtue of the access regimes on the grounds of protection of personal data, and parts of documents accessible by virtue of those regimes which contain personal data the re-use of which has been provided for by law as being incompatible with the law concerning the protection of natural persons with regard to the processing of personal data.

Die Bezugnahme auf Behörden und öffentliche Stellen sollte in diesem Kontext sämtliche Behörden oder sonstigen Stellen beinhalten, die vom Recht des jeweiligen Mitgliedstaats über den Zugang der Öffentlichkeit zu Dokumenten erfasst werden. Die Richtlinie 2003/98/EG des Europäischen Parlaments und des Rates[1] lässt das Schutzniveau für natürliche Personen in Bezug auf die Verarbeitung personenbezogener Daten gemäß den Bestimmungen des Unionsrechts und des Rechts der Mitgliedstaaten unberührt und beeinträchtigt diesen in keiner Weise, und sie bewirkt insbesondere keine Änderung der in dieser Verordnung dargelegten Rechte und Pflichten. Insbesondere sollte die genannte Richtlinie nicht für Dokumente gelten, die nach den Zugangsregelungen der Mitgliedstaaten aus Gründen des Schutzes personenbezogener Daten nicht oder nur eingeschränkt zugänglich sind, oder für Teile von Dokumenten, die nach diesen Regelungen zugänglich sind, wenn sie personenbezogene Daten enthalten, bei denen Rechtsvorschriften vorsehen, dass ihre Weiterverwendung nicht mit dem Recht über den Schutz natürlicher Personen in Bezug auf die Verarbeitung personenbezogener Daten vereinbar ist.

(155) Member State law or collective agreements, including 'works agreements', may provide for specific rules on the processing of employees' personal data in the employment context, in particular for the conditions under which personal data in the employment context may be processed on the basis of the consent of the employee, the purposes of the recruitment, the performance of the contract of employment, including discharge of obligations laid down by law or by collective agreements, management, planning and organisation of work, equality and diversity in the workplace, health and safety at work, and for the purposes of the exercise and enjoyment, on an individual or collective basis,

(155) Im Recht der Mitgliedstaaten oder in Kollektivvereinbarungen (einschließlich ‚Betriebsvereinbarungen') können spezifische Vorschriften für die Verarbeitung personenbezogener Beschäftigtendaten im Beschäftigungskontext vorgesehen werden, und zwar insbesondere Vorschriften über die Bedingungen, unter denen personenbezogene Daten im Beschäftigungskontext auf der Grundlage der Einwilligung des Beschäftigten verarbeitet werden dürfen, über die Verarbeitung dieser Daten für Zwecke der Einstellung, der Erfüllung des Arbeitsvertrags einschließlich der Erfüllung von durch Rechtsvorschriften oder durch Kollektivvereinbarungen festgelegten

---

1. Directive 2003/98/EC of the European Parliament and of the Council of 17 November 2003 on the reuse of public sector information (OJ L 345, 31.12.2003, p. 90).

1. Richtlinie 2003/98/EG des Europäischen Parlaments und des Rates vom 17. November 2003 über die Weiterverwendung von Informationen des öffentlichen Sektors (ABl. L 345 vom 31.12.2003, S. 90).

Recitals of the GDPR	Erwägungsgründe zur DS-GVO
of rights and benefits related to employment, and for the purpose of the termination of the employment relationship.	Pflichten, des Managements, der Planung und der Organisation der Arbeit, der Gleichheit und Diversität am Arbeitsplatz, der Gesundheit und Sicherheit am Arbeitsplatz sowie für Zwecke der Inanspruchnahme der mit der Beschäftigung zusammenhängenden individuellen oder kollektiven Rechte und Leistungen und für Zwecke der Beendigung des Beschäftigungsverhältnisses.
(156) The processing of personal data for archiving purposes in the public interest, scientific or historical research purposes or statistical purposes should be subject to appropriate safeguards for the rights and freedoms of the data subject pursuant to this Regulation. Those safeguards should ensure that technical and organisational measures are in place in order to ensure, in particular, the principle of data minimisation. The further processing of personal data for archiving purposes in the public interest, scientific or historical research purposes or statistical purposes is to be carried out when the controller has assessed the feasibility to fulfil those purposes by processing data which do not permit or no longer permit the identification of data subjects, provided that appropriate safeguards exist (such as, for instance, pseudonymisation of the data). Member States should provide for appropriate safeguards for the processing of personal data for archiving purposes in the public interest, scientific or historical research purposes or statistical purposes. Member States should be authorised to provide, under specific conditions and subject to appropriate safeguards for data subjects, specifications and derogations with regard to the information requirements and rights to rectification, to erasure, to be forgotten, to restriction of processing, to data portability, and to object when processing personal data for archiving purposes in the public interest, scientific or historical research purposes or statistical purposes. The conditions and safeguards in question may entail specific procedures for data subjects to exercise those rights if this is appropriate in the light of the purposes sought by the specific processing along with technical and organisational measures aimed at minimising the processing of personal data in pursuance of the	(156) Die Verarbeitung personenbezogener Daten für im öffentlichen Interesse liegende Archivzwecke, zu wissenschaftlichen oder historischen Forschungszwecken oder zu statistischen Zwecken sollte geeigneten Garantien für die Rechte und Freiheiten der betroffenen Person gemäß dieser Verordnung unterliegen. Mit diesen Garantien sollte sichergestellt werden, dass technische und organisatorische Maßnahmen bestehen, mit denen insbesondere der Grundsatz der Datenminimierung gewährleistet wird. Die Weiterverarbeitung personenbezogener Daten zu im öffentlichen Interesse liegende Archivzwecken, zu wissenschaftlichen oder historischen Forschungszwecken oder zu statistischen Zwecken erfolgt erst dann, wenn der Verantwortliche geprüft hat, ob es möglich ist, diese Zwecke durch die Verarbeitung von personenbezogenen Daten, bei der die Identifizierung von betroffenen Personen nicht oder nicht mehr möglich ist, zu erfüllen, sofern geeignete Garantien bestehen (wie z. B. die Pseudonymisierung von personenbezogenen Daten). Die Mitgliedstaaten sollten geeignete Garantien in Bezug auf die Verarbeitung personenbezogener Daten für im öffentlichen Interesse liegende Archivzwecke, zu wissenschaftlichen oder historischen Forschungszwecken oder zu statistischen Zwecken vorsehen. Es sollte den Mitgliedstaaten erlaubt sein, unter bestimmten Bedingungen und vorbehaltlich geeigneter Garantien für die betroffenen Personen Präzisierungen und Ausnahmen in Bezug auf die Informationsanforderungen sowie der Rechte auf Berichtigung, Löschung, Vergessenwerden, zur Einschränkung der Verarbeitung, auf Datenübertragbarkeit sowie auf Widerspruch bei der Verarbeitung personenbezogener Daten zu im öffentlichen Interesse liegende Archivzwecken, zu wissenschaftlichen oder historischen

proportionality and necessity principles. The processing of personal data for scientific purposes should also comply with other relevant legislation such as on clinical trials.

(157) By coupling information from registries, researchers can obtain new knowledge of great value with regard to widespread medical conditions such as cardiovascular disease, cancer and depression. On the basis of registries, research results can be enhanced, as they draw on a larger population. Within social science, research on the basis of registries enables researchers to obtain essential knowledge about the long-term correlation of a number of social conditions such as unemployment and education with other life conditions. Research results obtained through registries provide solid, high-quality knowledge which can provide the basis for the formulation and implementation of knowledge-based policy, improve the quality of life for a number of people and improve the efficiency of social services. In order to facilitate scientific research, personal data can be processed for scientific research purposes, subject to appropriate conditions and safeguards set out in Union or Member State law.

(158) Where personal data are processed for archiving purposes, this Regulation should also apply to that processing, bearing in mind that this Regulation should not apply to deceased persons.

Forschungszwecken oder zu statistischen Zwecken vorzusehen. Im Rahmen der betreffenden Bedingungen und Garantien können spezifische Verfahren für die Ausübung dieser Rechte durch die betroffenen Personen vorgesehen sein – sofern dies angesichts der mit der spezifischen Verarbeitung verfolgten Zwecke angemessen ist – sowie technische und organisatorische Maßnahmen zur Minimierung der Verarbeitung personenbezogener Daten im Hinblick auf die Grundsätze der Verhältnismäßigkeit und der Notwendigkeit. Die Verarbeitung personenbezogener Daten zu wissenschaftlichen Zwecken sollte auch anderen einschlägigen Rechtsvorschriften, beispielsweise für klinische Prüfungen, genügen.

(157) Durch die Verknüpfung von Informationen aus Registern können Forscher neue Erkenntnisse von großem Wert in Bezug auf weit verbreiteten Krankheiten wie Herz-Kreislauferkrankungen, Krebs und Depression erhalten. Durch die Verwendung von Registern können bessere Forschungsergebnisse erzielt werden, da sie auf einen größeren Bevölkerungsanteil gestützt sind. Im Bereich der Sozialwissenschaften ermöglicht die Forschung anhand von Registern es den Forschern, entscheidende Erkenntnisse über den langfristigen Zusammenhang einer Reihe sozialer Umstände zu erlangen, wie Arbeitslosigkeit und Bildung mit anderen Lebensumständen. Durch Register erhaltene Forschungsergebnisse bieten solide, hochwertige Erkenntnisse, die die Basis für die Erarbeitung und Umsetzung wissensgestützter politischer Maßnahmen darstellen, die Lebensqualität zahlreicher Menschen verbessern und die Effizienz der Sozialdienste verbessern können. Zur Erleichterung der wissenschaftlichen Forschung können daher personenbezogene Daten zu wissenschaftlichen Forschungszwecken verarbeitet werden, wobei sie angemessenen Bedingungen und Garantien unterliegen, die im Unionsrecht oder im Recht der Mitgliedstaaten festgelegt sind.

(158) Diese Verordnung sollte auch für die Verarbeitung personenbezogener Daten zu Archivzwecken gelten, wobei darauf hinzuweisen ist, dass die Verordnung nicht für verstorbene Personen

|

Public authorities or public or private bodies that hold records of public interest should be services which, pursuant to Union or Member State law, have a legal obligation to acquire, preserve, appraise, arrange, describe, communicate, promote, disseminate and provide access to records of enduring value for general public interest. Member States should also be authorised to provide for the further processing of personal data for archiving purposes, for example with a view to providing specific information related to the political behaviour under former totalitarian state regimes, genocide, crimes against humanity, in particular the Holocaust, or war crimes.

(159) Where personal data are processed for scientific research purposes, this Regulation should also apply to that processing. For the purposes of this Regulation, the processing of personal data for scientific research purposes should be interpreted in a broad manner including for example technological development and demonstration, fundamental research, applied research and privately funded research. In addition, it should take into account the Union's objective under Article 179(1) TFEU of achieving a European Research Area. Scientific research purposes should also include studies conducted in the public interest in the area of public health. To meet the specificities of processing personal data for scientific research purposes, specific conditions should apply in particular as regards the publication or otherwise disclosure of personal data in the context of scientific research purposes. If the result of scientific research in particular in the health context gives reason for further measures in the interest of the data subject, the general rules of this Regulation should apply in view of those measures.

gelten sollte. Behörden oder öffentliche oder private Stellen, die Aufzeichnungen von öffentlichem Interesse führen, sollten gemäß dem Unionsrecht oder dem Recht der Mitgliedstaaten rechtlich verpflichtet sein, Aufzeichnungen von bleibendem Wert für das allgemeine öffentliche Interesse zu erwerben, zu erhalten, zu bewerten, aufzubereiten, zu beschreiben, mitzuteilen, zu fördern, zu verbreiten sowie Zugang dazu bereitzustellen. Es sollte den Mitgliedstaaten ferner erlaubt sein vorzusehen, dass personenbezogene Daten zu Archivzwecken weiterverarbeitet werden, beispielsweise im Hinblick auf die Bereitstellung spezifischer Informationen im Zusammenhang mit dem politischen Verhalten unter ehemaligen totalitären Regimen, Völkermord, Verbrechen gegen die Menschlichkeit, insbesondere dem Holocaust, und Kriegsverbrechen.

(159) Diese Verordnung sollte auch für die Verarbeitung personenbezogener Daten zu wissenschaftlichen Forschungszwecken gelten. Die Verarbeitung personenbezogener Daten zu wissenschaftlichen Forschungszwecken im Sinne dieser Verordnung sollte weit ausgelegt werden und die Verarbeitung für beispielsweise die technologische Entwicklung und die Demonstration, die Grundlagenforschung, die angewandte Forschung und die privat finanzierte Forschung einschließen. Darüber hinaus sollte sie dem in Artikel 179 Absatz 1 AEUV festgeschriebenen Ziel, einen europäischen Raum der Forschung zu schaffen, Rechnung tragen. Die wissenschaftlichen Forschungszwecke sollten auch Studien umfassen, die im öffentlichen Interesse im Bereich der öffentlichen Gesundheit durchgeführt werden. Um den Besonderheiten der Verarbeitung personenbezogener Daten zu wissenschaftlichen Forschungszwecken zu genügen, sollten spezifische Bedingungen insbesondere hinsichtlich der Veröffentlichung oder sonstigen Offenlegung personenbezogener Daten im Kontext wissenschaftlicher Zwecke gelten. Geben die Ergebnisse wissenschaftlicher Forschung insbesondere im Gesundheitsbereich Anlass zu weiteren Maßnahmen im Interesse der betroffenen

Recitals of the GDPR	Erwägungsgründe zur DS-GVO

Person, sollten die allgemeinen Vorschriften dieser Verordnung für diese Maßnahmen gelten.

(160) Where personal data are processed for historical research purposes, this Regulation should also apply to that processing. This should also include historical research and research for genealogical purposes, bearing in mind that this Regulation should not apply to deceased persons.

(160) Diese Verordnung sollte auch für die Verarbeitung personenbezogener Daten zu historischen Forschungszwecken gelten. Dazu sollte auch historische Forschung und Forschung im Bereich der Genealogie zählen, wobei darauf hinzuweisen ist, dass diese Verordnung nicht für verstorbene Personen gelten sollte.

(161) For the purpose of consenting to the participation in scientific research activities in clinical trials, the relevant provisions of Regulation (EU) No 536/2014 of the European Parliament and of the Council[1] should apply.

(161) Für die Zwecke der Einwilligung in die Teilnahme an wissenschaftlichen Forschungstätigkeiten im Rahmen klinischer Prüfungen sollten die einschlägigen Bestimmungen der Verordnung (EU) Nr. 536/2014 des Europäischen Parlaments und des Rates[1] gelten.

(162) Where personal data are processed for statistical purposes, this Regulation should apply to that processing. Union or Member State law should, within the limits of this Regulation, determine statistical content, control of access, specifications for the processing of personal data for statistical purposes and appropriate measures to safeguard the rights and freedoms of the data subject and for ensuring statistical confidentiality. Statistical purposes mean any operation of collection and the processing of personal data necessary for statistical surveys or for the production of statistical results. Those statistical results may further be used for different purposes, including a scientific research purpose. The statistical purpose implies that the result of processing for statistical purposes is not personal data, but aggregate data, and that this result or the personal data are not used in support of measures or decisions regarding any particular natural person.

(162) Diese Verordnung sollte auch für die Verarbeitung personenbezogener Daten zu statistischen Zwecken gelten. Das Unionsrecht oder das Recht der Mitgliedstaaten sollte in den Grenzen dieser Verordnung den statistischen Inhalt, die Zugangskontrolle, die Spezifikationen für die Verarbeitung personenbezogener Daten zu statistischen Zwecken und geeignete Maßnahmen zur Sicherung der Rechte und Freiheiten der betroffenen Personen und zur Sicherstellung der statistischen Geheimhaltung bestimmen. Unter dem Begriff „statistische Zwecke" ist jeder für die Durchführung statistischer Untersuchungen und die Erstellung statistischer Ergebnisse erforderliche Vorgang der Erhebung und Verarbeitung personenbezogener Daten zu verstehen. Diese statistischen Ergebnisse können für verschiedene Zwecke, so auch für wissenschaftliche Forschungszwecke, weiterverwendet werden. Im Zusammenhang mit den statistischen Zwecken wird vorausgesetzt, dass die Ergebnisse der Verarbeitung zu statistischen Zwecken keine personenbezogenen Daten, sondern aggregierte Daten sind und diese Ergebnisse oder personenbezogenen Daten nicht für Maßnahmen oder

---

1. Regulation (EU) No 536/2014 of the European Parliament and of the Council of 16 April 2014 on clinical trials on medicinal products for human use, and repealing Directive 2001/20/EC (OJ L 158, 27.5.2014, p. 1).

1. Verordnung (EU) Nr. 536/2014 des Europäischen Parlaments und des Rates vom 16. April 2014 über klinische Prüfungen mit Humanarzneimitteln und zur Aufhebung der Richtlinie 2001/20/EG Text von Bedeutung für den EWR (ABl. L 158 vom 27.5.2014, S. 1).

Entscheidungen gegenüber einzelnen natürlichen Personen verwendet werden.

(163) The confidential information which the Union and national statistical authorities collect for the production of official European and official national statistics should be protected. European statistics should be developed, produced and disseminated in accordance with the statistical principles as set out in Article 338(2) TFEU, while national statistics should also comply with Member State law. Regulation (EC) No 223/2009 of the European Parliament and of the Council[1] provides further specifications on statistical confidentiality for European statistics.

(163) Die vertraulichen Informationen, die die statistischen Behörden der Union und der Mitgliedstaaten zur Erstellung der amtlichen europäischen und der amtlichen nationalen Statistiken erheben, sollten geschützt werden. Die europäischen Statistiken sollten im Einklang mit den in Artikel 338 Absatz 2 AEUV dargelegten statistischen Grundsätzen entwickelt, erstellt und verbreitet werden, wobei die nationalen Statistiken auch mit dem Recht der Mitgliedstaaten übereinstimmen müssen. Die Verordnung (EG) Nr. 223/2009 des Europäischen Parlaments und des Rates[1] enthält genauere Bestimmungen zur Vertraulichkeit europäischer Statistiken.

(164) As regards the powers of the supervisory authorities to obtain from the controller or processor access to personal data and access to their premises, Member States may adopt by law, within the limits of this Regulation, specific rules in order to safeguard the professional or other equivalent secrecy obligations, in so far as necessary to reconcile the right to the protection of personal data with an obligation of professional secrecy. This is without prejudice to existing Member State obligations to adopt rules on professional secrecy where required by Union law.

(164) Hinsichtlich der Befugnisse der Aufsichtsbehörden, von dem Verantwortlichen oder vom Auftragsverarbeiter Zugang zu personenbezogenen Daten oder zu seinen Räumlichkeiten zu erlangen, können die Mitgliedstaaten in den Grenzen dieser Verordnung den Schutz des Berufsgeheimnisses oder anderer gleichwertiger Geheimhaltungspflichten durch Rechtsvorschriften regeln, soweit dies notwendig ist, um das Recht auf Schutz der personenbezogenen Daten mit einer Pflicht zur Wahrung des Berufsgeheimnisses in Einklang zu bringen. Dies berührt nicht die bestehenden Verpflichtungen der Mitgliedstaaten zum Erlass von Vorschriften über das Berufsgeheimnis, wenn dies aufgrund des Unionsrechts erforderlich ist.

(165) This Regulation respects and does not prejudice the status under existing constitutional law of churches and religious associations or communi-

(165) Im Einklang mit Artikel 17 AEUV achtet diese Verordnung den Status, den Kirchen und religi-

---

1. Regulation (EC) No 223/2009 of the European Parliament and of the Council of 11 March 2009 on European statistics and repealing Regulation (EC, Euratom) No 1101/2008 of the European Parliament and of the Council on the transmission of data subject to statistical confidentiality to the Statistical Office of the European Communities, Council Regulation (EC) No 322/97 on Community Statistics, and Council Decision 89/382/EEC, Euratom establishing a Committee on the Statistical Programmes of the European Communities (OJ L 87, 31.3.2009, p. 164).

---

1. Verordnung (EG) Nr. 223/2009 des Europäischen Parlaments und des Rates vom 11. März 2009 über europäische Statistiken und zur Aufhebung der Verordnung (EG, Euratom) Nr. 1101/2008 des Europäischen Parlaments und des Rates über die Übermittlung von unter die Geheimhaltungspflicht fallenden Informationen an das Statistische Amt der Europäischen Gemeinschaften, der Verordnung (EG) Nr. 322/97 des Rates über die Gemeinschaftsstatistiken und des Beschlusses 89/382/EWG, Euratom des Rates zur Einsetzung eines Ausschusses für das Statistische Programm der Europäischen Gemeinschaften (ABl. L 87 vom 31.3.2009, S. 164).

Recitals of the GDPR	Erwägungsgründe zur DS-GVO

ties in the Member States, as recognised in Article 17 TFEU.

öse Vereinigungen oder Gemeinschaften in den Mitgliedstaaten nach deren bestehenden verfassungsrechtlichen Vorschriften genießen, und beeinträchtigt ihn nicht.

Chapter X: Delegated acts and implementing acts

zu Kapitel X: Delegierte Rechtsakte und Durchführungsrechtsakte

(166) In order to fulfil the objectives of this Regulation, namely to protect the fundamental rights and freedoms of natural persons and in particular their right to the protection of personal data and to ensure the free movement of personal data within the Union, the power to adopt acts in accordance with Article 290 TFEU should be delegated to the Commission. In particular, delegated acts should be adopted in respect of criteria and requirements for certification mechanisms, information to be presented by standardised icons and procedures for providing such icons. It is of particular importance that the Commission carry out appropriate consultations during its preparatory work, including at expert level. The Commission, when preparing and drawing-up delegated acts, should ensure a simultaneous, timely and appropriate transmission of relevant documents to the European Parliament and to the Council.

(166) Um die Zielvorgaben dieser Verordnung zu erfüllen, d. h. die Grundrechte und Grundfreiheiten natürlicher Personen und insbesondere ihr Recht auf Schutz ihrer personenbezogenen Daten zu schützen und den freien Verkehr personenbezogener Daten innerhalb der Union zu gewährleisten, sollte der Kommission die Befugnis übertragen werden, gemäß Artikel 290 AEUV Rechtsakte zu erlassen. Delegierte Rechtsakte sollten insbesondere in Bezug auf die für Zertifizierungsverfahren geltenden Kriterien und Anforderungen, die durch standardisierte Bildsymbole darzustellenden Informationen und die Verfahren für die Bereitstellung dieser Bildsymbole erlassen werden. Es ist von besonderer Bedeutung, dass die Kommission im Zuge ihrer Vorbereitungsarbeit angemessene Konsultationen, auch auf der Ebene von Sachverständigen, durchführt. Bei der Vorbereitung und Ausarbeitung delegierter Rechtsakte sollte die Kommission gewährleisten, dass die einschlägigen Dokumente dem Europäischen Parlament und dem Rat gleichzeitig, rechtzeitig und auf angemessene Weise übermittelt werden.

(167) In order to ensure uniform conditions for the implementation of this Regulation, implementing powers should be conferred on the Commission when provided for by this Regulation. Those powers should be exercised in accordance with Regulation (EU) No 182/2011. In that context, the Commission should consider specific measures for micro, small and medium-sized enterprises.

(167) Zur Gewährleistung einheitlicher Bedingungen für die Durchführung dieser Verordnung sollten der Kommission Durchführungsbefugnisse übertragen werden, wenn dies in dieser Verordnung vorgesehen ist. Diese Befugnisse sollten nach Maßgabe der Verordnung (EU) Nr. 182/2011 des Europäischen Parlaments und des Rates ausgeübt werden. In diesem Zusammenhang sollte die Kommission besondere Maßnahmen für Kleinstunternehmen sowie kleine und mittlere Unternehmen erwägen.

(168) The examination procedure should be used for the adoption of implementing acts on standard contractual clauses between controllers and processors and between processors; codes of conduct; technical standards and mechanisms for

(168) Für den Erlass von Durchführungsrechtsakten bezüglich Standardvertragsklauseln für Verträge zwischen Verantwortlichen und Auftragsverarbeitern sowie zwischen Auftragsverarbeitern; Verhaltensregeln; technische Standards und Ver-

Recitals of the GDPR	Erwägungsgründe zur DS-GVO
certification; the adequate level of protection afforded by a third country, a territory or a specified sector within that third country, or an international organisation; standard protection clauses; formats and procedures for the exchange of information by electronic means between controllers, processors and supervisory authorities for binding corporate rules; mutual assistance; and arrangements for the exchange of information by electronic means between supervisory authorities, and between supervisory authorities and the Board.	fahren für die Zertifizierung; Anforderungen an die Angemessenheit des Datenschutzniveaus in einem Drittland, einem Gebiet oder bestimmten Sektor dieses Drittlands oder in einer internationalen Organisation; Standardschutzklauseln; Formate und Verfahren für den Informationsaustausch zwischen Verantwortlichen, Auftragsverarbeitern und Aufsichtsbehörden im Hinblick auf verbindliche interne Datenschutzvorschriften; Amtshilfe; sowie Vorkehrungen für den elektronischen Informationsaustausch zwischen Aufsichtsbehörden und zwischen Aufsichtsbehörden und dem Ausschuss sollte das Prüfverfahren angewandt werden.
(169) The Commission should adopt immediately applicable implementing acts where available evidence reveals that a third country, a territory or a specified sector within that third country, or an international organisation does not ensure an adequate level of protection, and imperative grounds of urgency so require.	(169) Die Kommission sollte sofort geltende Durchführungsrechtsakte erlassen, wenn anhand vorliegender Beweise festgestellt wird, dass ein Drittland, ein Gebiet oder ein bestimmter Sektor in diesem Drittland oder eine internationale Organisation kein angemessenes Schutzniveau gewährleistet, und dies aus Gründen äußerster Dringlichkeit erforderlich ist.
(170) Since the objective of this Regulation, namely to ensure an equivalent level of protection of natural persons and the free flow of personal data throughout the Union, cannot be sufficiently achieved by the Member States and can rather, by reason of the scale or effects of the action, be better achieved at Union level, the Union may adopt measures, in accordance with the principle of subsidiarity as set out in Article 5 of the Treaty on European Union (TEU). In accordance with the principle of proportionality as set out in that Article, this Regulation does not go beyond what is necessary in order to achieve that objective.	(170) Da das Ziel dieser Verordnung, nämlich die Gewährleistung eines gleichwertigen Datenschutzniveaus für natürliche Personen und des freien Verkehrs personenbezogener Daten in der Union, von den Mitgliedstaaten nicht ausreichend verwirklicht werden kann, sondern vielmehr wegen des Umfangs oder der Wirkungen der Maßnahme auf Unionsebene besser zu verwirklichen ist, kann die Union im Einklang mit dem in Artikel 5 des Vertrags über die Europäische Union (EUV) verankerten Subsidiaritätsprinzip tätig werden. Entsprechend dem in demselben Artikel genannten Grundsatz der Verhältnismäßigkeit geht diese Verordnung nicht über das für die Verwirklichung dieses Ziels erforderliche Maß hinaus.
Chapter XI: Final provisions	**zu Kapitel XI: Schlussbestimmungen**
(171) Directive 95/46/EC should be repealed by this Regulation. Processing already under way on the date of application of this Regulation should be brought into conformity with this Regulation within the period of two years after which this Regulation enters into force. Where processing is	(171) Die Richtlinie 95/46/EG sollte durch diese Verordnung aufgehoben werden. Verarbeitungen, die zum Zeitpunkt der Anwendung dieser Verordnung bereits begonnen haben, sollten innerhalb von zwei Jahren nach dem Inkrafttreten dieser Verordnung mit ihr in Einklang gebracht

based on consent pursuant to Directive 95/46/EC, it is not necessary for the data subject to give his or her consent again if the manner in which the consent has been given is in line with the conditions of this Regulation, so as to allow the controller to continue such processing after the date of application of this Regulation. Commission decisions adopted and authorisations by supervisory authorities based on Directive 95/46/EC remain in force until amended, replaced or repealed.

(172) The European Data Protection Supervisor was consulted in accordance with Article 28(2) of Regulation (EC) No 45/2001 and delivered an opinion on 7 March 2012[1].

(173) This Regulation should apply to all matters concerning the protection of fundamental rights and freedoms *vis-à-vis* the processing of personal data which are not subject to specific obligations with the same objective set out in Directive 2002/58/EC of the European Parliament and of the Council[2], including the obligations on the controller and the rights of natural persons. In order to clarify the relationship between this Regulation and Directive 2002/58/EC, that Directive should be amended accordingly. Once this Regulation is adopted, Directive 2002/58/EC should be reviewed in particular in order to ensure consistency with this Regulation.

werden. Beruhen die Verarbeitungen auf einer Einwilligung gemäß der Richtlinie 95/46/EG, so ist es nicht erforderlich, dass die betroffene Person erneut ihre Einwilligung dazu erteilt, wenn die Art der bereits erteilten Einwilligung den Bedingungen dieser Verordnung entspricht, so dass der Verantwortliche die Verarbeitung nach dem Zeitpunkt der Anwendung der vorliegenden Verordnung fortsetzen kann. Auf der Richtlinie 95/46/EG beruhende Entscheidungen bzw. Beschlüsse der Kommission und Genehmigungen der Aufsichtsbehörden bleiben in Kraft, bis sie geändert, ersetzt oder aufgehoben werden.

(172) Der Europäische Datenschutzbeauftragte wurde gemäß Artikel 28 Absatz 2 der Verordnung (EG) Nr. 45/2001 konsultiert und hat am 7. März 2012[1] eine Stellungnahme abgegeben.

(173) Diese Verordnung sollte auf alle Fragen des Schutzes der Grundrechte und Grundfreiheiten bei der Verarbeitung personenbezogener Daten Anwendung finden, die nicht den in der Richtlinie 2002/58/EG des Europäischen Parlaments und des Rates[2] bestimmte Pflichten, die dasselbe Ziel verfolgen, unterliegen, einschließlich der Pflichten des Verantwortlichen und der Rechte natürlicher Personen. Um das Verhältnis zwischen der vorliegenden Verordnung und der Richtlinie 2002/58/EG klarzustellen, sollte die Richtlinie entsprechend geändert werden. Sobald diese Verordnung angenommen ist, sollte die Richtlinie 2002/58/EG einer Überprüfung unterzogen werden, um insbesondere die Kohärenz mit dieser Verordnung zu gewährleisten.

---

1. OJ C 192, 30.6.2012, p. 7.
2. Directive 2002/58/EC of the European Parliament and of the Council of 12 July 2002 concerning the processing of personal data and the protection of privacy in the electronic communications sector (Directive on privacy and electronic communications) (OJ L 201, 31.7.2002, p. 37).

---

1. ABl. C 192 vom 30.6.2012, S. 7.
2. Richtlinie 2002/58/EG des Europäischen Parlaments und des Rates vom 12. Juli 2002 über die Verarbeitung personenbezogener Daten und den Schutz der Privatsphäre in der elektronischen Kommunikation (Datenschutzrichtlinie für elektronische Kommunikation) (ABl. L 201 vom 31.7.2002, S. 37).